Jamais ceder!

WINSTON CHURCHILL

Jamais ceder!

Os melhores discursos de Winston Churchill

Selecionado e organizado pelo seu neto:
WINSTON S. CHURCHILL

Seleção, apresentação da edição brasileira e notas:
ARTHUR ITUASSU

JORGE ZAHAR EDITOR
Rio de Janeiro

Tradução: Antonio Carlos Braga
Preparação de originais: Janaína Fidelis e Arthur Ituassu
Revisão tipográfica: Eduardo Faria e Elisabeth Spaltemberg
Capa: Miriam Lerner
Ilustração da capa: Winston Churchill, discurso no Royal Albert Hall,
27 de maio de 1954. © Hulton-Deutsch Collection/CORBIS

Título original:
Never Give In! (Winston Churchill's finest speeches)

Tradução autorizada de texto selecionado da primeira edição inglesa
publicada em 2003 por Pimlico, de Londres, Inglaterra

Jorge Zahar Editor Ltda.
rua México 31 sobreloja
20031-144 Rio de Janeiro, RJ
tel.: (21) 2240-0226 / fax: (21) 2262-5123
e-mail: jze@zahar.com.br
site: www.zahar.com.br

CIP-Brasil. Catalogação-na-fonte
Sindicato Nacional dos Editores de Livros, RJ.

Churchill, Winston, sir, 1874-1965
C488j Jamais ceder!: os melhores discursos de Winston Churchill/selecionado e organizado pelo seu neto Winston S. Churchill; seleção e apresentação da edição brasileira e notas Arthur Ituassu; tradução de Antonio Carlos Braga. – Rio de Janeiro: Jorge Zahar Ed., 2005

il.

Tradução de: Never Give In!: (the best of Winston Churchill's speeches)
Apêndices
ISBN 85-7110-885-4

1. Churchill, Winston, Sir, 1874-1965 – Discursos. 2. Oratória política – Grã-Bretanha. I. Churchill, Winston S. (Winston Spencer), 1940 –. II. Ituassu, Arthur. III. Título.

CDD 320.941
05-2767 CDU 32(41)

Sumário

Parte IV
Os anos de glória (1939-1945)

Ilustrações

Todos os esforços foram feitos para descobrir os detentores dos direitos autorais das fotos e fazer contato com eles. Os editores estão prontos para corrigir erros ou omissões em edições futuras.

Apresentação da edição brasileira

Como é importante o canto do pássaro que não desperdiça gorjeios, que sabe o quanto é falso dizer que os pássaros são livres[1]. Em meio à tragédia, eis que surge o pássaro da chuva. Os discursos de Winston Churchill, que o leitor tem agora em mãos, são mais do que cantos do passado, são notas que constituem a música do tempo.

Como na máxima eliotiana – "o tempo presente e o tempo passado estão ambos talvez presentes no tempo futuro e o tempo futuro contido no tempo passado"[2] –, Churchill trata dos fatos ciente de que a humanidade caminha pela história. "Nosso passado é a chave para o nosso futuro", afirmou, ao agradecer o título de Cidadão Honorário dos Estados Unidos, que recebeu do presidente John F. Kennedy, em 1963, tema do último discurso desta obra. Como pergunta a filósofa alemã Hannah Arendt, se é a história que empurra o Homem para frente, onde está a nossa tradição?[3]

Os discursos que aqui foram selecionados nada mais fazem do que compor uma narrativa histórica. O leitor está convidado a viajar pelo tempo ao lado de Winston Churchill, sem dúvida um dos personagens mais lúcidos e importantes de uma época em que a tragédia morou ao lado. Afinal, o que foi o século XX senão o século das guerras? O próprio Churchill comentou o que nunca seria capaz de lamentar, o destino de testemunhar tempos tão turbulentos: "Foi minha sina viver como uma pessoa adulta ao longo de mais da metade do mais violento século no registro dos homens", afirmou, em 21 de junho de 1955, depois de passar por duas guerras mundiais.

A preocupação fundamental da seleção que aqui se apresenta foi a de que o leitor pudesse buscar o seu tempo e a si mesmo nas palavras de Churchill. A idéia foi a de construir uma estrada pelo passado, que vai dos últimos anos do século XIX à Guerra Fria. Uma que começa na África do Sul, para onde o jovem Churchill, jornalista e correspondente do *London Morning Post,* se dirigiu, atrás dos movimentos do antigo Império Britânico pelo continente. Passa pela Primeira Guerra Mundial e pelas negociações de paz do período entre guerras. Chega à Segunda Guerra Mundial e ao "melhor momento", o da resistência britânica contra o fanatismo nazista de Hitler. Termina no pós-guerra, nas negociações da ONU e nas homenagens devidas a um personagem que se tornou herói.

Os temas são muitos: nazismo, comunismo, socialismo, ONU, a união da Europa, os problemas na Palestina, islamismo radical na Arábia Saudita, bomba atômica. Passado, presente e futuro. No entanto, o leitor irá perceber que a estrada não tem início nem fim. Nos últimos momentos da era britânica, Churchill transforma o Império em uma idéia, em muitas idéias, e assim o eterniza, tornando-o tradição. Que arma melhor para derrotar Hitler e todo o poder de uma Alemanha pronta para a guerra?

"Esta é a sabedoria do passado, porque sabedoria não pode ser do presente."[4]

Arthur Ituassu

Notas

1 Carlos Lacerda, *A casa do meu avô*, Rio de Janeiro, Nova Fronteira, 1976, p.12.

2 T.S. Eliot, *Poesia*, Rio de Janeiro, Nova Fronteira, 1981, p.199 [trad.: Ivan Junqueira].

3 Hanna Arendt, *Entre o passado e o futuro*, São Paulo, Perspectiva, 1997.

4 Ver Parte III: "Uma derrota total e absoluta".

Prefácio do editor

O encontro de Winston Churchill com o destino ocorreu em 10 de maio de 1940, com a sua indicação para primeiro-ministro em meio a uma crise na Grã-Bretanha. Naquele dia, Hitler começou a sua *Blitzkrieg*[1] contra a França, a Bélgica e os Países Baixos, destruindo tudo que havia pela frente. Foi então que Winston Churchill, já com 65 anos e, como ele mesmo dizia, "apto a receber a sua aposentadoria por idade", levou o poder da sua oratória ao centro do conflito. Depois de anos durante os quais a nação britânica somente tinha ouvido as vozes do apaziguamento e da rendição, de repente uma nova postura se anunciava. Numa transmissão de rádio à nação em 19 de maio de 1940, Churchill declarou: "Falo a vocês pela primeira vez como primeiro-ministro numa hora solene para a sobrevivência do nosso país, do nosso império, de nossos aliados, e, acima de tudo, do princípio da liberdade."

Após um relato vívido dos avanços devastadores das forças nazistas sobre o continente, continuou: "Nós divergimos e discutimos no passado, mas agora um vínculo nos une a todos: o de lutar a guerra até a vitória e de jamais nos rendermos à servidão e à humilhação, qualquer que seja o custo e a agonia."

O impacto de suas palavras foi fulminante. Embora a situação pudesse parecer irremediável, com os exércitos francês e belga – que haviam se mantido firmes durante quatro longos e sangrentos anos na Primeira Guerra Mundial – desmoronando em poucas semanas diante da agressiva ofensiva alemã e com as sobras do pequeno e mal-equipado exército da Grã-Bretanha preparando-se para a retirada em Dunquerque, e quando muitos, mesmo os seus aliados, acreditavam que a Grã-Bretanha também seria forçada a se render, Winston Churchill – na frase memorável do grande correspondente de guerra norte-americano Edward J. Murrow –, "mobilizou a língua inglesa e a enviou para a batalha".

Com a sua inata compreensão dos instintos e do caráter do povo britânico, acumulada desde a liderança exercida em batalhas como oficial júnior em conflitos na fronteira noroeste da Índia, no Sudão e na África do Sul, bem como nas trincheiras de Flandres, na Primeira Guerra Mundial, Churchill inspirou o povo britânico a realizar façanhas de coragem e resistência, feitos dos quais este povo não sabia ou nem mesmo imaginava que era capaz. No seu primeiro discurso à Câmara dos Comuns, três dias após se tornar primeiro-ministro, pronunciou as famosas palavras (13 de maio de 1940): "Nada tenho a oferecer senão sangue, trabalho, lágrimas e suor."

Não foi somente a nação britânica que foi inspirada e encorajada durante os cinco longos anos da guerra, mas também – como eu descobri – as suas palavras deram esperança às nações tiranizadas da Europa ocupada. Há poucos anos, tive o privilégio de discursar numa cerimônia de comemoração na Universidade de Londres, por ocasião do qüinquagésimo aniversário do levante do gueto de Varsóvia. Logo depois, uma senhora admiravelmente atraente aproximou-se e me disse: "Senhor Churchill, eu era uma menina de apenas 12 anos, que vivia no gueto na época do levante, quando os membros das tropas de choque da Alemanha nazista estavam nos atacando para nos levar aos campos de concentração. Sempre que o seu avô falava pelo rádio na BBC, todos nos reuníamos em torno do rádio. Eu não compreendia o inglês, mas sabia que, se eu e minha família deveríamos ter alguma esperança de sobreviver àquela guerra, isso dependia inteiramente daquela voz estranha e oculta, que eu não entendia. Nós fomos todos levados para Bergen Belsen[2] e eu fui a única sobrevivente. Fui libertada pelo Exército britânico, na verdade pelo homem que você vê aqui ao meu lado, que é hoje em dia o meu marido." Senti um profundo orgulho no momento, mesmo que com humildade.

Com a sua belicosidade e o seu endiabrado senso de humor, Winston Churchill prendeu a atenção da nação britânica e foi bem-sucedido em persuadir os seus colegas compatriotas de que – embora todas as outras principais nações da Europa já tivessem capitulado às hordas invasoras nazistas – a Grã-Bretanha poderia lutar e lutaria sozinha.

Já deve ter havido oradores melhores, no sentido tradicional de ter a habilidade para ficar diante de uma tribuna improvisada em praça pública e – sem notas ou microfones – prender a atenção e mexer com uma multidão de dez ou vinte mil pessoas. Os nomes mais óbvios que vêm à mente são os de Gladstone[3] e Lloyd George[4], embora seja fato que mesmo neste grupo Winston Churchill poderia estar em primeiro plano. Onde, no entanto, ele realmente brilhava era no comando da Câmara dos Comuns e, acima de tudo, nas transmissões de rádio pela BBC para o povo da Grã-Bretanha e do resto do mundo.

A tecnologia neste caso veio ajudá-lo na hora certa. Por muitos séculos, desde que William Caxton inventou a prensa tipográfica no ano de 1474, os únicos meios de comunicação de massa eram os jornais que – no início do século XX – tinham caído nas mãos de meia dúzia de magnatas da mídia, os quais exerciam um poder político imenso, tanto individual como coletivamente. Porém, em 1924 – apenas 15 anos antes da deflagração da Segunda Guerra Mundial – Stanley Baldwin se tornou o primeiro dos primeiros-ministros britânicos a fazer uma transmissão pelo rádio. Naquele tempo, havia menos de 125 mil aparelhos de rádio no país. Todavia, em 1940, esse número tinha aumentado para perto de dez milhões, praticamente um em cada residência e certamente um em cada *pub* da Grã-Bretanha.

Este salto tecnológico deu a Churchill um contato direto com as grandes massas populares e se mostrou valioso. O estilo por ele adotado e que se mostrou tão eficiente foi o de se dirigir à multidão, não como um conglomerado invisível, mas como indivíduos. Ele imaginava a sua audiência como se fora um casal e sua família reunidos em torno da lareira da casa. Deste modo, foi bem-sucedido em formar um vínculo pessoal ao mesmo tempo popular, com o homem e a mulher comum, das ruas. E foi esse vínculo que o ajudaria – e a eles também – ao longo dos cinco anos da guerra mais cruel que o mundo já conheceu. Embora na época não houvesse equipamento para a transmissão pelo rádio dos discursos feitos no Parlamento, a BBC (*British Broadcasting Corporation*), no caso dos discursos mais importantes, fazia Churchill lê-los novamente diante dos seus microfones, de modo que os discursos pudessem ser ouvidos não só em toda a Grã-Bretanha mas também em toda a Europa ocupada – bem como nos Estados Unidos e nos postos mais longínquos da Comunidade e do Império britânicos.

Estão aqui, neste trabalho, num único volume manuseável, o que considero como os melhores e mais importantes discursos do meu avô. De início, eu não tinha idéia da tarefa em que estava embarcando. Sabia que meu avô era prolífico como escritor, com cerca de 30 livros de história e biografias a seu crédito. Estava também ciente da sua produção fenomenal como artista, com praticamente quinhentos quadros completos – alguns notáveis pela qualidade –, guardados em sua casa em Chartwell (Kent), na época da sua morte.

Porém, não tinha idéia da escala e tamanho dos discursos que ele esmeradamente escreveu, ensaiou e apresentou. A grande maioria foi reunida por meu colega parlamentar falecido, Robert Rhodes James, em seu *Winston Churchill: Discursos Completos 1897-1963*, publicado em 1974, uma coleção de oito volumes compreendendo mais de oito mil páginas impressas com letras pequenas – ou 12.500 páginas em qualquer tipo de letra normal – totalizando algo como cinco milhões de palavras.

De vez em quando, em palestras nos Estados Unidos, me perguntam: "Quem era o escritor dos discursos do seu avô?". Minha resposta é simples: "Era um homem notável chamado Winston Spencer Churchill." Numa era em que os políticos de primeiro time, quase sem exceção, possuem autores de discursos em grande quantidade, minha resposta provoca surpresa. Minha tia, Mary Soames, a última sobrevivente dos filhos do meu avô, me disse recentemente:

> Meu pai, em nenhum estágio de sua vida, jamais usou os serviços de um escritor para os discursos. Em várias ocasiões de sua carreira, ao lidar com assuntos departamentais, ele era suprido por funcionários com diversas estatísticas e anotações, especialmente em relação a assuntos técnicos ou legais.
>
> Mais ainda, havia um cavalheiro chamado George Christ – a quem meu pai insistia em convocar com as palavras: "Chamem o Cristo!" – que era um funcionário do escritório central do Partido Conservador e que fazia sugestões sobre pontos que ele poderia considerar incluir em seus discursos na Conferência Anual do Partido Conservador, durante os anos em que era líder do partido.
>
> Mas era o meu pai – e apenas ele – que rascunhava todos os seus principais discursos, principalmente, é claro, aqueles para a Câmara dos Comuns. Jane Portal (lady Williams), que era uma de suas secretárias particulares na época, conta como meu pai, já com 80 anos e nos meses finais de seu segundo mandato como primeiro-ministro, ele mesmo elaborou – num intervalo de sete a oito horas – um discurso longo e detalhado sobre a bomba de hidrogênio.

O falecido sir John Colville, um dos secretários particulares do meu avô nos anos da guerra, disse-me pouco antes da sua morte: "No caso dos seus famosos discursos de guerra, proferidos na Câmara dos Comuns ou transmitidos pelo rádio à nação, o seu avô investia aproximadamente uma hora de preparação para cada minuto de leitura." Portanto, ele dedicava trinta horas de escrita, ensaio e refinamento a um discurso de meia hora. É aí sem dúvida que está a melhor explicação por que os discursos mexiam com os corações de milhões de pessoas na maior guerra da História e por que, mesmo nos dias atuais, eles têm todo este poder emotivo.

Minha tarefa de enxugar a produção fenomenal de discursos de Churchill – atravessando mais de sessenta anos de sua vida política ativa – para um único livro, de modo a colocá-los prontamente disponíveis pela primeira vez para o leitor em geral, foi assustadora. Alguns – especialmente os famosos discursos

O orador com o neto, *Downing Street*, 10; 1952.

de guerra – eu reproduzi por inteiro, outros foram enxugados em graus variados de rigor, ao passo que um grande número, por absoluta falta de espaço, teve de ser omitido inteiramente. Meu objetivo, do princípio ao fim, foi deixar para o leitor o melhor dos discursos de Winston Churchill – e ao mesmo tempo posicioná-los dentro do contexto da longa duração de sua carreira de altos e baixos, com vales profundos e picos fascinantes.

Este livro conduz o leitor pela fase inicial da carreira de Winston Churchill, de sua eleição para o Parlamento aos 26 anos de idade, passando pela sua saída em 1904 do Partido Conservador para o Liberal e pela sua ascensão meteórica às principais posições da política britânica, vindo a ser em sucessão rápida: subsecretário das Colônias (1906), presidente da Junta Comercial (1908) e secretário do Interior (1910). Trata-se de um agitador político, propondo a abolição da Câmara dos Lordes, bem como um reformista social, colocando as pedras fundamentais e originais da previdência social e do bem-estar, antes de se tornar primeiro lorde do Almirantado (1911-15), quando lhe coube preparar a Marinha britânica para a guerra.

Retornando ao gabinete como ministro das Munições (1917-19) e secretário de Estado da Guerra e do Ar no governo Lloyd George, ele então se tornou secretário das Colônias. Em 1922, na Conferência do Cairo[5], foi responsável pela criação dos reinos da Jordânia e do Iraque e por colocar os governantes hashemitas[6], Abdullah e Feisal, nos seus respectivos tronos em Amã e Bagdá, assim como por delinear pela primeira vez as fronteiras políticas da Palestina bíblica.

Nós o seguimos, quando ele atravessa de novo a sala da Câmara dos Comuns e se filia novamente ao Partido Conservador e depois o acompanhamos na função de chanceler do Tesouro com o primeiro-ministro Stanley Baldwin. Porém, é só no começo da década de 1930, quando está novamente fora do gabinete e inicia a sua campanha para alertar os britânicos e o mundo com relação aos perigos de uma Alemanha rearmada sob a liderança de Adolf Hitler, que atingimos o verdadeiro cerne deste trabalho. Churchill vai ficando cada vez mais alarmado com a evolução dos eventos na Europa, assim como já estava com a loucura do governo Baldwin de continuar pelo caminho do desarmamento, enquanto, ao mesmo tempo, a 4.800 quilômetros de distância pelo Oceano Atlântico, os Estados Unidos permaneciam distantes em relação à crise que se desenrolava.

Estes foram os "anos de ostracismo" de Winston Churchill, anos em que, a despeito dos argumentos convincentes que apresentava ao Parlamento e de sua detalhada organização dos fatos, chamando a atenção para a escala enorme do rearmamento germânico, ninguém ouvia os seus alertas, e os governos da Grã-Bretanha e da França escondiam-se como avestruzes na declarada política do apaziguamento. No momento da crise de Munique (setembro de 1938) – quando os governos da Grã-Bretanha e da França traíram a população tcheca, numa vergonhosa tentativa de ganhar tempo para si mesmos – Churchill podia contar nos dedos de uma das mãos os seus verdadeiros aliados e companheiros políticos no Parlamento.

Embora 1940 e os anos do período da guerra como primeiro-ministro tenham sido sem dúvida seus anos de glória, é a minha crença que, em termos de coragem moral e determinação obstinada, o melhor momento de Winston Churchill ocorreu no fim da década de 1930, quando ele – insultado pelo seu partido e denunciado como "fomentador da guerra" – prosseguiu com a sua batalha valente embora inútil para alertar o povo britânico a respeito do perigo iminente, convencido de que a ação decisiva unida e conjunta dos antigos aliados – Grã-Bretanha, França e Estados Unidos – poderia parar Hitler e de que, mesmo em 1936, isso poderia ser feito sem se disparar um único tiro.

Após Munique, depois que o primeiro-ministro Neville Chamberlain orgulhosamente proclamou que tinha em suas mãos um pedaço de papel, com as assinaturas dele e de *Herr* Hitler, jurando que a Grã-Bretanha e a Alemanha jamais iriam novamente entrar em guerra, os véus lentamente caíram dos olhos de seus compatriotas, à medida que Hitler rasgava não só os tratados que haviam encerrado a Primeira Guerra Mundial como também os acordos feitos posteriormente.

Finalmente, a maré da opinião pública começou a virar contra os arquitetos do apaziguamento e um crescente apelo da opinião pública veio a ser ouvido, demandando o retorno de Winston Churchill ao gabinete. Porém, foi somente em 3 de setembro de 1939 – o dia em que a Segunda Guerra Mundial foi declarada e que os blindados de Hitler invadiram e ocuparam a Polônia – que Winston Churchill foi chamado de volta a seu velho posto de primeiro lorde do Almirantado e ficou encarregado da tarefa de preparar a Marinha real para a guerra contra a Alemanha, pela segunda vez em um quarto de século. No instante do seu retorno ao Almirantado, o sinal foi dado à frota: "Winston está de volta". Como ele mesmo contou em suas memórias:

> Foi assim que voltei à sala que havia deixado com dor e tristeza há quase um quarto de século ... Uma vez mais, devemos lutar pela vida e pela honra contra todo o poderio e a fúria desta raça germânica valente, disciplinada e implacável. Mais uma vez! Então que assim seja.

O mundo esquece rapidamente – e a geração mais jovem quase certamente não tem idéia disso – de que foram a Grã-Bretanha e a França que declararam guerra à Alemanha nazista, pela violação e invasão da Polônia com a qual estavam comprometidos por um tratado de alianças.

Assim, seguiu-se a chamada guerra "falsa" em que, na frente ocidental, não houve abertura de hostilidades em terra, embora no mar o conflito fosse bem real. Foi somente em 10 de maio de 1940 que Hitler se sentiu fortalecido o suficiente para começar a *Blitzkrieg* contra a França, a Bélgica e a Holanda. Naquele mesmo dia, quando a crescente tempestade política varreu Chamberlain para fora do gabinete, Winston Churchill foi convidado a se tornar primeiro-ministro.

Longe de ficar atemorizado com a tarefa que tinha pela frente, Churchill ficou animado. Como confessou em suas anotações:

> Quando fui para a cama às três da manhã, estava consciente de um profundo sentimento de alívio. Finalmente, eu tinha a autoridade para orientar a respeito de todo o panorama. Senti como se estivesse passeando com o destino e que toda a minha vida não tinha sido senão uma preparação para esta hora e esta experiência.

Na ausência de armamentos efetivos, acima do poder da Marinha Real no mar, e nos céus com uma Real Força Aérea novata e ainda não testada, Winston Churchill disponibilizou para o combate os seus poderes de oratória, em toda a sua simplicidade, majestade e eloqüência. Com o início da batalha, aqueles que tinham se recusado a prestar atenção em seus avisos francos sobre a realidade sombria nos anos pacíficos da década de 1930 se tornaram seus ouvintes e partidários ávidos. Churchill estava chocado com a velocidade com que, em rápida sucessão, os governos da Bélgica e da França se renderam a Hitler. Estava absolutamente determinado de que a Grã-Bretanha não sucumbiria da mesma maneira.

Lembro-me de minha falecida mãe, embaixatriz Pamela Harriman, me contando sobre aqueles dias críticos no fim de maio e início de junho de 1940, quando o Exército britânico retirou-se em Dunquerque e recuou pelo Canal, quando a França estava sucumbindo e quando Hitler se preparava para iniciar a Operação "Leão-Marinho", senha para a invasão da Grã-Bretanha. Minha mãe, com apenas 20 anos e grávida (de mim), estava morando com os seus sogros na *Downing Street*, 10[7]. Eles normalmente jantavam cedo, muitas vezes apenas a minha mãe e os meus avós na mesa, quando lá pelas nove e meia ou dez da noite soavam os primeiros avisos de ataques aéreos e íamos todos para o porão.

Ela me relatou como numa determinada noite o primeiro-ministro estava ruminando na mesa de jantar, preocupado com os seus pensamentos. Nada foi dito. De repente, ele direcionou os seus olhos, focando diretamente os de minha mãe, e rosnou ferozmente: "Se o bárbaro vier, estou contando que cada um de vocês leve uma arma com vocês antes de sair!". "Mas, não tenho um revólver", exclamou a minha mãe, "e mesmo que tivesse não saberia como usá-lo." "Mas, minha querida", voltou a falar o meu avô com a voz crescente de poder e ameaça e com o punho no alto: "Você pode ir à cozinha e pegar uma faca!". Embora ele nunca tenha usado uma linguagem tão direta ao se dirigir ao povo britânico, foi com este mesmo espírito que ele inspirou a nação.

Agora, enfim, a nação estava ávida para ouvir e pronta para seguir a sua liderança, enquanto Churchill provocava e proclamava os instintos mais profundos. Embora pudesse ser algo contra toda a razão, eles passaram a partilhar a convicção de Churchill de que – viesse o que viesse – poderíamos sobreviver em nossa ilha, socorridos pela nossa comunidade e pelo nosso império pelos mares e, logo, pelo poderoso apoio material dos Estados Unidos, tendo por base o Acordo de Empréstimo e Arrendamento[8].

Churchill, no entanto, era suficientemente realista para saber que, por conta própria, a Grã-Bretanha não tinha forças para libertar as nações da Europa ocupada e derrotar a Alemanha nazista. Seu plano de jogo era simples: ganhar tempo e esperar até que a "Grande República do outro lado do mar", como ele afetuosamente chamava a América, terra natal de sua mãe, pudesse ser persuadida a entrar na briga. Muitos de seus discursos objetivavam angariar não só o apoio material, mas o próprio envolvimento ativo dos Estados Unidos.

Em seu discurso à Câmara dos Comuns (18 de junho de 1940), no que veio a ser conhecido como o discurso do "melhor momento", ele pronunciou as famosas palavras:

> Aquilo que o general Weygand chamou de "a batalha da França" acabou. A "batalha da Grã-Bretanha" está para começar. Desta batalha depende a sobrevivência da civilização cristã. Dela depende a própria vida britânica e a continuidade de nossas instituições e de nosso império. Toda a fúria e o poder do inimigo devem muito em breve se virar contra nós. Hitler sabe que terá de nos fazer sucumbir nesta ilha ou perder a guerra. Se nós pudermos enfrentá-lo, toda a Europa poderá ser livre e a vida do mundo poderá continuar na direção de campos amplos e ensolarados.
>
> Mas, se nós falharmos, o mundo inteiro – inclusive os Estados Unidos, inclusive todos os que conhecemos e com quem nos importamos – irá afundar no abismo de uma nova era de trevas, tornada mais sinistra e talvez mais prolongada, pelas luzes da ciência pervertida. Vamos, portanto, nos unir em torno de nossos deveres. E saber que, se o Império Britânico e a Comunidade dos Estados Britânicos durarem mil anos, os homens ainda dirão: "Este foi o seu melhor momento."

Seria difícil exagerar a sensação de alívio profundo que o arrebatou quando – cerca de 18 meses mais tarde – soube do ataque japonês à frota dos Estados Unidos em Pearl Harbor, pois estava convencido da idéia de que a América agora se engajaria "até o pescoço e até a morte". A partir daquele momento, Churchill nunca mais duvidou do resultado vitorioso da causa aliada, mas – mesmo três anos antes do momento da vitória – tinha ficado profundamente angustiado com o que seria a configuração da Europa pós-guerra, tendo o Exército Vermelho soviético em seu bojo.

A despeito da sua rejeição pelo eleitorado britânico no momento da vitória no verão de 1945, começou novas campanhas em Fulton, Missouri (5 de março de 1946) para alertar a América e o mundo sobre o perigo mortal imposto às nações da Europa pelo Exército russo, que ocupava a Europa central e a Europa oriental com o disfarce de libertadores – mas na realidade com o intento de escravizar. E também para fazer uma cruzada pela construção de uma Europa unida, a partir das cinzas e ruínas da Segunda Guerra Mundial, como ele proclamou em Zurique (19 de setembro de 1946), quando declarou corajosamente:

> Vou dizer algo que vai espantá-los. O primeiro passo na recriação da família européia deve ser uma parceria entre a França e a Alemanha. Apenas deste modo, a França pode recuperar a liderança moral da Europa. A Europa não pode renascer sem uma França espiritualmente forte e sem uma Alemanha espiritualmente forte. A estrutura dos Estados Unidos da Europa, se for verdadeiramente bem construída, será uma a ponto de fazer com que a força material de um Estado individual se torne pouco importante.

Surpreendentemente, após seis anos como líder da oposição, tendo reconstruído a sua posição política e – por meio de seus esforços como escritor – tendo também reconstruído as suas finanças, aos 76 anos Churchill se tornou primeiro-ministro pela segunda vez. Por mais quatro anos, trabalhou para tentar assegurar um abrandamento da tensão entre os herdeiros de Stálin e as potências ocidentais, numa tentativa de evitar o desastre naquele momento que veio a ser conhecido como a Guerra Fria.

Concluo este livro com o discurso de Winston Churchill em que aceitou com orgulho a cidadania honorária, conferida a ele pelo presidente John F. Kennedy e pelo Congresso dos Estados Unidos. Meu avô, já com 88 anos de idade, e muito frágil para fazer esta viagem a Washington, pediu a seu filho, Randolph, para fazer em seu nome o que seria o seu discurso final. Eu acompanhei o meu pai naquela ocasião memorável, quando a 9 de abril de 1963 o presidente Kennedy, numa cerimônia no jardim das rosas na Casa Branca, proclamou Winston Churchill como cidadão honorário dos Estados Unidos. A mensagem de Churchill concluía:

> Neste século de tempestade e tragédia, contemplo com grande satisfação o constante progresso entrelaçado e crescente dos nossos povos. Nossa camaradagem e irmandade na guerra foram sem precedentes. Ficamos juntos e, por causa disso, o mundo livre sobrevive.

Winston S. Churchill
30 de novembro de 2002

Notas

1 Blitzkrieg: Em alemão, "guerra relâmpago". Doutrina militar alemã que previa uma operação veloz, com veículos rápidos, para pegar o inimigo de surpresa e não dar tempo deste preparar sua defesa. A doutrina foi concebida pelo general prussiano Leonhard Graf von Blumenthal, no século XIX.

2 Bergen Belsen: Campo de concentração nazista onde foram mortas pelo menos 50 mil pessoas durante a guerra. O campo foi construído perto da antiga cidade de Belsen, hoje chamada de Hohne, na baixa Saxônia, nordeste da Alemanha.

3 Gladstone: William Gladstone, estadista britânico (1809-1898), quatro vezes primeiro-ministro pelo Partido Liberal. Foi conhecido pelos discursos populistas e pelo caráter reformista. Foi o principal oponente político de Benjamin Disraeli (1804-1881), fundador do Partido Conservador britânico (ver Parte IV, nota 46).

4 Lloyd George: David Lloyd George (1863-1945), político britânico, amigo de Winston Churchill e o último membro do Partido Liberal a ocupar o cargo de primeiro-ministro. Conhecido também como o "mágico galês", comandou o governo britânico entre 1916 e 1922.

5 Conferência do Cairo: Conferência reunida por Winston Churchill em 12 de março de 1921. Todas as posses britânicas conquistadas na Primeira Guerra Mundial estavam na agenda da Conferência: o que é hoje o Estado de Israel, a Cisjordânia, a Jordânia, o Iraque, a Síria e o Líbano.

6 Hashemitas: Dinastia árabe pertencente ao "clã de Hashem", o bisavô de Maomé, originária das tribos da região árabe de Hejaz, nas proximidades do Mar Vermelho.

7 Residência oficial do primeiro-ministro britânico.

8 Acordo de Empréstimo e Arrendamento [Lend-Lease Agreement]: Em 30 de outubro de 1941, o então presidente dos Estados Unidos, Franklin Delano Roosevelt, aprovou um empréstimo de US$ 1 bilhão à Grã-Bretanha com base no Ato de Empréstimo e Arrendamento de 11 de março de 1941, que deu permissão ao governo americano para fazer este tipo de operação com "qualquer outro governo cuja a defesa é vital à defesa dos Estados Unidos da América". O Ato proporcionou o poder ao governo dos EUA de prover as forças aliadas de recursos materiais sem o envolvimento direto do país na guerra.

Parte I

Jovem estadista

1899-1914

Quando o pai lorde Randolph Churchill morreu, em 1895, com apenas 46 anos, Winston decidiu, na primeira oportunidade, abandonar o Exército e iniciar sua carreira política. Fazia questão de defender a memória do pai, a quem venerava como herói, apesar de ter sido sempre tratado, por ele, com certa frieza e desprezo. A captura de Churchill pelos boers na África do Sul em novembro de 1899, durante a Guerra dos Boers[1]*, e a fuga dramática do cativeiro levaram-no às manchetes e serviram de palanque inicial para o futuro político, que não tinha muitos recursos. Assim, em outubro de 1900, aos 25 anos, foi eleito representante do Parlamento, por Oldham (Lancashire) e, a partir daí, veio a servir na Casa durante o reinado de seis soberanos, até outubro de 1964, com apenas uma breve interrupção.*

Logo no início, não demorou muito para que Churchill perdesse a simpatia para com o Partido Conservador, especialmente por causa da questão do protecionismo, ao qual se opunha fortemente, e em maio de 1904 "atravessou a sala" para se filiar aos liberais na oposição. Por sorte, a mudança foi em boa hora: dois anos depois, os conservadores perderam o poder com uma derrota esmagadora e logo em seguida foi lhe oferecido o cargo ministerial de subsecretário para as Colônias, no governo liberal de Herbert Asquith[2]*. A partir daí, Churchill teve um crescimento meteórico nos principais cargos da política, tornando-se, numa sucessão rápida: presidente da Junta Comercial em 1908, secretário do Interior em 1910 e primeiro lorde do Almirantado em 1911, quando coube a ele preparar a frota britânica para a guerra contra a Alemanha.*

FUGA!

23 de dezembro de 1899
Sede da Prefeitura de Durban, Natal, África do Sul

Na África do Sul, como correspondente do London Morning Post, *para cobrir a Guerra dos Boers, Churchill foi feito prisioneiro de guerra pelos colonizadores holandeses na África do Sul em 15 de novembro de 1899, no que veio a ser chamado de O Incidente do Trem Blindado*[3]*. Passou o aniversário de 25 anos cercado por arame farpado, num campo de prisioneiros de guerra em Pretória, planejando a fuga. Na noite de 12 para 13 de dezembro, escapou e, depois de dez dias – incluindo várias noites numa mina de carvão infestada de ratos, escondido por um administrador inglês – alcançou a África oriental portuguesa e a liberdade. Foi então de navio para Durban, onde os colonizadores britânicos lhe deram calorosas boas-vindas. Assim é o relato em suas memórias:*

> *Cheguei a Durban como um herói popular. Fui recebido como se tivesse obtido uma grande vitória. O porto estava decorado com bandeiras. As bandas e a multidão amontoavam-se no cais. ... Fui levado aos degraus da sede da prefeitura, carregado nos ombros da multidão, à qual somente um discurso poderia contentar. Depois de uma conveniente relutância, fui induzido a fazê-lo.*

Por causa da captura e da fuga, Churchill tinha tornado-se o herói daquele momento e feito nome suficiente para deslanchar a carreira política que ambicionava.

Não é o momento para um discurso longo. Estamos fora do terreno das palavras: temos de ir para o terreno das ações. Estamos agora na região da guerra – e nesta guerra ainda não chegamos à metade do caminho. Porém, com a determinação de um grande império, cercado por colônias de lealdade sem precedentes, iremos conduzir nossa política a um final bem-sucedido e, unidos pela velha bandeira, haverá uma era de paz, liberdade, igualdade e bom governo na África do Sul. Agradeço mais uma vez a vocês pela enorme gentileza. Com certeza, sinto uma imensa gratidão, a mesma que qualquer inglês que ame o seu país deve sentir com relação aos leais e devotados colonos de Natal[4].

"Fuga!" Sede da prefeitura de Durban, África do Sul,
23 de dezembro de 1899.

Discurso de estréia: "Uma certa memória esplêndida"

18 de fevereiro de 1901
Câmara dos Comuns

O representante de 26 anos ocupou seu lugar como um membro do Partido Conservador no novo Parlamento, que foi aberto pelo rei Eduardo VII, um mês após a morte da rainha Vitória. Apenas quatro dias depois, Churchill fez seu discurso de estréia, o qual terminou com uma conveniente referência ao pai, lorde Randolph Churchill, morto seis anos antes, após uma carreira política meteórica, porém fracassada. O jornal conservador Daily Telegraph *noticiou no dia seguinte: "Ele teve uma grande oportunidade e conseguiu satisfazer as mais altas expectativas." O* Daily Express *relatou: "Manteve uma Casa cheia e fascinada."*

Entendo que o honrado representante cujo discurso a Casa acaba de ouvir pretendia apresentar um aparte. O texto do aparte que apareceu nos jornais era singularmente moderado e brando no tom. Mas, mesmo sendo moderado e brando, nem o honrado representante nem seus amigos políticos se preocupou em expô-lo à crítica ou em aceitar alguma divergência. De fato, quando comparamos a moderação do aparte com o discurso amargo que o honrado representante apresentou, é difícil evitar a conclusão de que a moderação do aparte era a dos amigos políticos do honrado representante – e que a amargura do discurso é sua mesmo. Alguém sugeriu que talvez tivesse sido melhor que o honrado representante, em vez de fazer o discurso, sem apresentar o aparte, tivesse apresentado o aparte sem fazer o discurso.

Não me queixaria de nenhuma das observações do honrado representante, se isso me fosse cobrado. Na minha opinião, com base na experiência dos mais famosos homens cujos nomes enfeitam os registros desta Casa, nenhuma emergência nacional – exceto, digamos, uma invasão verdadeira deste país – deveria de algum modo restringir ou impedir a liberdade total da discussão parlamentar. Além disso, não acredito que os boers dariam importância específica às expressões do honrado representante. Nenhum povo no mundo recebeu tanta simpatia verbal e pouco apoio prático quanto os boers. Se eu fosse um boer lutando no campo de guerra – e, se eu fosse um boer, estaria lutando

– não me permitiria deixar levar por nenhuma mensagem de simpatia, nem mesmo se estivesse assinada por cem honrados representantes. ...

Qual deveria ser a política atual do governo? Imagino que há um consenso nesta Casa de que deveria ser a política de fazer com que a rendição fosse fácil e honrosa para os boers e que fosse brutal e perigoso para eles continuarem a luta. Deixem o governo prosseguir nessas duas linhas concomitantemente e com velocidade. Simpatizo de coração com o meu honrado amigo e representante de Oldham que, num discurso apresentado no ano passado, mostrou uma ansiedade enorme no sentido de que tudo fosse feito para que os boers entendessem exatamente os termos que estavam sendo oferecidos a eles. Espero ardentemente que o correto e honrado cavalheiro secretário das Colônias faça tudo para convencer aqueles homens corajosos que lutam no campo de guerra de que, logo que estejam preparados para reconhecer que sua pequena independência precisa se fundir com as liberdades mais amplas do Império Britânico, haverá garantia plena para a segurança de sua propriedade e religião, garantia de direitos iguais, promessa de instituições representativas e, por último, mas não menos importante, aquilo que o Exército britânico irá certamente concordar com relação a bravos e duros inimigos – todas as honras da guerra.

Espero que o correto e honrado cavalheiro não seja desencorajado por quaisquer recusas que seus enviados possam encontrar, e que se empenhe para levar a essas pessoas as condições nas quais, a qualquer momento, possam obter a paz e a amizade da Grã-Bretanha. Naturalmente, só podemos prometer, ficando para os boers a decisão de aceitar ou não nossas condições. Podem recusar os termos generosos oferecidos e permanecer ou cair com o velho grito, "morte ou independência!". Não vejo nada para nos alegrarmos com essa perspectiva porque, se isso acontecer, a guerra entrará numa fase triste e sombria. Se os boers ficarem surdos diante da voz da razão e cegos para a mão da amizade, e recusarem todas as aberturas e desdenharem de todos os termos, então, embora possamos admirar a sua determinação e paciência, só podemos esperar que a nossa própria raça, por uma justa causa, demonstre tanto uma forte determinação quanto uma paciência duradoura. ...

Não posso me sentar sem deixar de dizer o quanto estou grato pela gentileza e paciência com que a Casa me ouviu – as quais me foram concedidas, bem sei, não por minha causa, mas sim por causa de uma certa memória esplêndida que muitos honrados representantes ainda preservam.

UM SIMPLES RECEPTÁCULO DA PLUTOCRACIA

4 de junho de 1904
Alexandra Palace, Londres

Em 31 de maio de 1904, Churchill "atravessou a sala" na Câmara dos Comuns para ocupar o seu lugar junto ao Partido Liberal, nas fileiras da oposição. Ele o fez em defesa do livre-comércio, tema abandonado pelo Partido Conservador, que se curvara aos cartéis protecionistas. Alguns dias depois, na companhia dos líderes do Partido Liberal, sir Henry Campbell-Bannerman e Lloyd George, Churchill tomou a palavra durante um encontro para celebrar o centenário de Richard Cobden, membro do partido, defensor do livre-comércio e fundador da escola de economia de Manchester[5].

E como vai o Partido Conservador? Não estão muito contentes comigo. Eles dizem que eu deveria me filiar ao Partido Liberal. Não é má idéia. Vou pensar nisso cuidadosamente. Tenho um sincero respeito pelo Partido Conservador. É um partido antigo e acredito que eles terão de tempos em tempos uma função útil e válida para o país. Mas, o Partido Conservador tornou-se um instrumento da ambição. Passou a advogar uma política perigosa e reacionária. Deixou-se embarcar num jogo de aluguel do poder, uma aposta com a comida do povo. E, em conseqüência, em alguma hora o Partido Conservador sofrerá uma derrota eleitoral – merecida, em minha opinião – num futuro não muito distante.

Mas, um perigo bem mais grave do que a derrota ameaça o Partido Conservador. Há coisas piores do que a derrota – a desonra é pior. O Partido está ameaçado por uma mudança revolucionária de caráter e de posição, uma mudança que fará dele não um partido nacional, um partido constitucional, um partido imperial, nem mesmo um partido aristocrático: está em perigo de se tornar um partido capitalista. Corre o grande risco de se tornar um simples receptáculo da plutocracia, o motor da tarifa e do cartel, uma confederação de interesses e monopólios reunida para corromper e saquear a comunidade. Este é o perigo do qual muitos dos homens mais sábios dentro do partido estão tentando livrá-lo – e, quaisquer que sejam nossas opiniões políticas, devemos esperar que o partido seja resguardado deste perigo. O que se pode dizer do estadista que é responsável por toda essa turbulência – o senhor Chamberlain[6]? Como caíram os valorosos![7] "Ainda ontem a palavra de César podia ser usada contra o mundo"[8] – e agora ele tem de se sentar perto do capelão![9]

Há um ano, o senhor Chamberlain ia varrer o país. Agora não ousa enfrentar um debate na Câmara dos Comuns. O senhor Chamberlain nega que tenha fugido do debate na Câmara dos Comuns. Não o acuso de fugir. Vi hoje de manhã uma frase no Relatório de Guerra que expressa de forma exata a situação. Ele não fugiu – ele executou um movimento estratégico de recuo. O senhor Chamberlain está muito zangado porque lorde Hugh Cecil[10] o acusou de covardia. Não o acuso de covardia; acho que agiu como um homem sábio e prudente ao evitar o debate, porque a verdade singela é que seus correligionários são tão incompetentes, seus argumentos são tão tolos, seus números são tais que ele não ousa submetê-los ao debate livre e imparcial da Câmara dos Comuns. Não, ele vai guardá-los para as reuniões da Liga da Reforma Tarifária, aquelas reuniões que são presenciadas por trabalhadores bem vestidos, escolhidos cuidadosamente, e por desempregados que pagam 15 xelins cada um para entrar.

Estamos aqui nesta tarde para celebrar o centenário do senhor Cobden e me orgulho do dever honroso e importante que me foi confiado de levar adiante esta celebração. Está na moda hoje em dia falar com desprezo da Escola de Manchester, e nenhum insulto parece suficiente para atingir o senhor Cobden. No entanto, penso que alguns de vocês aqui acreditam que chegou a hora de as doutrinas pacíficas, filantrópicas e sociais dos senhores Bright e Cobden serem ouvidas com mais consideração pelos estadistas que governam a nossa pátria. Não alegamos que tudo aquilo que o Cobden disse esteja certo – ou que o sistema político de pensamento que estabeleceu tenha sido uma revelação completa e definitiva de conhecimento do mundo. Mas na escadaria da conquista e do progresso da humanidade, que a labuta e o sacrifício de gerações estão edificando, o trabalho de Cobden representou uma vigorosa pedra fundamental. Outras pedras foram depositadas, pedras de padrões sociais e de reforma social, pedras de responsabilidade imperial – e basta você andar pelas ruas de Londres para ver que ainda há muito trabalho a ser feito por um mestre-pedreiro. Mas acreditamos que o trabalho feito por Cobden durará para sempre; que o marco de pedra colocado por ele nunca será transplantado, que as alturas por ele alcançadas jamais serão esquecidas.

Podemos divergir entre nós, e provavelmente divergimos, no que diz respeito a quanto, quão rápido e para qual direção devemos avançar, mas em um ponto todos concordamos – não andaremos um milímetro sequer para trás. Não andaremos para trás porque os princípios que defendemos são princípios que perduram de uma geração para outra. Os homens mudam, os costumes mudam, as maneiras mudam, governos e primeiros-ministros mudam, mesmo secretários Coloniais mudam – algumas vezes mudam seus escritórios, algumas vezes suas opiniões. Mas princípios não mudam. O que era cientificamente verdadeiro nas relações econômicas estabelecidas há 60 anos, na controvérsia de uma geração bem mais brilhante que a nossa, é tão verdadeiro em 1904 como era em 1846 – e continuará sendo verdade enquanto os homens continuarem a comercializar mercadorias na superfície habitável do globo.

A DÁDIVA DA INGLATERRA

31 de julho de 1906
Câmara dos Comuns

Cinco anos após a vitória decisiva, porém cara, da Grã-Bretanha sobre os boers na África do Sul, coube a Churchill elaborar a constituição destinada a lhes dar autonomia. A medida do seu sucesso foi evidenciada pelo fato de que, nas duas guerras mundiais, os boers ficaram, em maioria, ao lado da Grã-Bretanha. No seu discurso, Churchill lança um apelo inútil aos conservadores para apoiarem o governo, fazendo com que a Constituição de Transvaal[11] *seja "a dádiva da Inglaterra" – e não a de um partido só.*

Acabei de apresentar perante a Casa todo o projeto constitucional e gostaria de dizer que nossas propostas são interdependentes. Devem ser consideradas como um todo; devem ser aceitas ou rejeitadas como um todo. Digo isso sem a intenção de faltar com respeito ao comitê, mas evidentemente se trata de um assunto sobre o qual o governo deverá decidir com sua própria responsabilidade, e, se a política que estamos definindo for modificada, então novos instrumentos teriam de ser encontrados para se levar adiante um outro plano. Estamos preparados para fazer esse acordo em nome do Partido Liberal. Nossa autoridade já é suficiente; mas existe uma autoridade maior com a qual nós realmente gostaríamos de contar.

Não estou fazendo um apelo, mas me dirijo em particular aos corretos e honrados cavalheiros que se sentam do lado oposto, que têm experiência em questões públicas, e que não podem fugir a vida inteira da grande responsabilidade que têm pela África do Sul. São os líderes reconhecidos de um partido que, embora em minoria nesta Casa, não obstante incorpora quase a metade da nação. Convido-os com toda a seriedade a considerar uma pausa antes de fazerem denúncias violentas ou precipitadas sobre esse grande acordo. Convido-os a considerar uma colaboração conosco para darmos uma livre Constituição ao Transvaal, com a chancela de uma sanção nacional.

Mesmo com toda a nossa maioria, só podemos fazer disso a dádiva do partido. Vocês podem fazer disso a dádiva da Inglaterra. E, se assim for, estou certo de que todos os benefícios inestimáveis a serem gerados a partir dessa decisão serão obtidos com mais segurança e mais rapidamente. E será o primeiro passo efetivo para afastar os assuntos da África do Sul da arena da política partidária britânica, os quais produziram danos a ambos os partidos políticos e pelos quais vocês também sofreram dolorosas perdas. Convido-os a considerar tudo isso; mas, de qualquer modo, estamos preparados para prosseguir a sós – e a Carta Patente vai ser emitida em estrita conformidade com o acordo que expliquei esta tarde – se nós continuarmos a desfrutar do apoio da maioria parlamentar.

A CAUSA DOS MILHÕES DE EXCLUÍDOS

11 de outubro de 1906
Saint Andrew's Hall, Glasgow

Embora fosse neto de um duque, o jovem Churchill tinha uma consciência social aguçada e estava profundamente chocado com a pobreza que afligia milhões da população. Isto o levou a adotar idéias que, na época, eram encaradas como causas radicais, tais como o seguro-desemprego, o salário-mínimo e melhores condições de trabalho, sobretudo para os que se ocupavam das minas.

A causa do Partido Liberal é a causa dos milhões de excluídos. Como acreditamos que não há no mundo atualmente outro instrumento com a mesma potência e eficácia para os objetivos da melhoria social, somos obrigados pelo dever e pela honra a protegê-lo contra todos os ataques, sejam provenientes da violência ou da reação.

Não há necessidade de mergulharmos hoje à noite numa discussão sobre as divergências filosóficas entre o socialismo e o liberalismo. Não é possível desenhar uma linha precisa e firme separando o individualismo do coletivismo. Não se pode desenhá-la nem na teoria nem na prática. É aí que o socialista comete um erro. Não vamos imitar esse erro. Nenhum homem pode ser apenas um coletivista ou apenas um individualista. Deve ser ambos – um individualista e um coletivista. A natureza do homem é uma natureza dual. O caráter da organização da sociedade humana é dual. O homem é ao mesmo tempo um ser único e um animal gregário.

Para alguns propósitos, deve ser coletivista; para outros, é, e sempre permanecerá sendo, um individualista. Coletivamente, temos um Exército, uma Marinha e um serviço público civil; coletivamente, temos os correios, uma polícia e o governo; coletivamente, iluminamos nossas ruas e fornecemos nossa água; coletivamente, entregamo-nos cada vez mais a todas as necessidades de comunicação. Mas, não fazemos amor coletivamente, e as moças não se casam conosco coletivamente, e não comemos coletivamente, e não morremos coletivamente, e não é coletivamente que enfrentamos as tristezas e esperanças, os ganhos e as perdas, neste mundo de acidentes e tempestades. ...

Fico na expectativa pelo estabelecimento universal de padrões mínimos de vida e trabalho e sua progressiva melhoria, na medida em que as crescentes formas de produção o permitirem. Não penso que o liberalismo em nenhuma circunstância possa se afastar desse terreno fértil do esforço social. E recomendaria a vocês que não tenham medo de discutir qualquer uma dessas propostas só porque algumas velhas senhoras aparecem e lhe dizem que são socialistas. Se vocês considerarem meu conselho, irão julgar cada caso pelos seus próprios méritos. Quando vocês acharem que a empresa estatal deve ser ineficiente, então usem empresas privadas e não invejem seus lucros.

A atual organização da sociedade tem por base um motivo principal – a seleção competitiva. Pode ser uma organização bem imperfeita da sociedade, mas é o que temos entre nós e o barbarismo. É tudo o que pudemos criar por meio de incontáveis séculos de esforço e sacrifício. É todo o tesouro que as gerações passadas foram capazes de assegurar e foram capazes de nos transmitir. E, mesmo que sejam enormes e numerosos os males da condição na sociedade em nosso país, as vantagens e realizações do sistema social são, ainda assim, bem maiores. Mais ainda, este sistema oferece uma quase infinita capacidade de aperfeiçoamento.

Podemos progressivamente eliminar seus males. Podemos progressivamente aumentar as coisas boas que o sistema contém. Não quero ver a competição com seu vigor debilitado, mas há muito que podemos fazer para minimizar os efeitos do insucesso. Queremos desenhar uma linha abaixo da qual não permitiremos que as pessoas vivam e trabalhem – e acima da qual possam competir com todas as forças da humanidade. Queremos ter livre a competição para cima. Negamo-nos a permitir que a livre competição se esgote.

Não queremos puxar para baixo as estruturas da ciência e da civilização, mas sim estirar uma rede acima do abismo. E tenho certeza de que, se a visão de uma utopia justa, que entusiasme os corações e ilumine a imaginação das multidões que trabalham, se transformar algum dia em realidade, isto se fará por intermédio de desenvolvimentos, transformações e melhorias na atual organização competitiva da sociedade. E acredito que o liberalismo mobilizado e ativo, como é hoje em dia, será um fator principal e indispensável nessa nobre evolução.

Por quase seis anos, numa vida ainda curta, treinei como um soldado e vou usar uma metáfora militar. Não há nenhuma operação de guerra mais perigosa ou mais importante do que conduzir uma ação de retaguarda e o salvamento de uma retaguarda em um terreno difícil e acidentado. Na guerra longa que a humanidade trava contra os elementos da natureza, o principal corpo do exército teve a sua vitória. Moveu-se para um campo aberto, para um acampamento agradável próximo das fontes de água e da luz do sol, entre cidades simpáticas e campos férteis.

No entanto, a retaguarda está emaranhada nos desfiladeiros, a retaguarda ainda está lutando em campo montanhoso, atacada e assaltada por todos os lados por um inimigo sem piedade. A retaguarda está encarregada dos feridos, obstruída por todos os veículos quebrados que foram ficando para trás da primeira linha de combate, com todos os vagabundos e fracos que foram caindo pelo caminho – e que não podem mais lutar. É para a retaguarda do exército que a atenção deve ser direcionada. Lá é o lugar para os soldados mais corajosos e para os generais mais confiáveis. É lá que todos os recursos da ciência militar e sua mais pesada artilharia deveriam ser empregados: para salvar a retaguarda – e não trazer o principal exército para trás, longe das boas posições que já ocupa, não jogar fora uma vitória que já se conseguiu contra as forças brutas da natureza – mas sim trazer a retaguarda para o terreno plano, de tal modo que possa também residir numa terra de paz e fartura.

Este é o objetivo do Partido Liberal, e, se nós trabalharmos juntos, iremos fazer algo para a sua realização definitiva.

A CANETA: LIBERTADORA DO HOMEM E DAS NAÇÕES

17 de fevereiro de 1908
Author's Club, Londres

Tendo trabalhado também como correspondente de guerra durante o período que passou no Exército, na fronteira noroeste da Índia, na fronteira do Afeganistão, no Sudão e na África do Sul, Churchill já publicara seis obras significativas, incluindo uma importante biografia de seu pai já falecido.

As pessoas de sorte no mundo – as únicas pessoas de sorte no mundo para mim – são aquelas cujo trabalho é também um prazer. Esta classe não é muito grande e nem é mesmo sequer do tamanho com que às vezes é apresentada. Os escritores talvez sejam um dos mais importantes elementos na sua composição. A este respeito, desfrutam uma verdadeira vida em harmonia. Para mim, ser capaz de fazer do seu trabalho o seu prazer é uma distinção de classe nesse mundo para a qual vale a pena o esforço. E não me espanto que outros invejem os felizes seres humanos que conseguem ganhar a vida com suas fantasias alegres, aqueles para os quais cada hora de trabalho é uma hora de prazer, aqueles para os quais o repouso – mesmo que necessário – é um interlúdio cansativo, e até mesmo um feriado é quase uma privação. Independentemente de se escrever bem ou mal, ter muito ou pouco a dizer, o homem que se preocupa em escrever vai apreciar os prazeres da redação.

Sentar-se numa mesa num domingo de manhã, com quatro horas livres e calmas sem interrupções, belos papéis em branco e uma caneta: isto é a felicidade total. A completa absorção da mente com uma ocupação agradável – o que mais existe que se possa desejar? O que interessa que esteja acontecendo lá fora? A Câmara dos Comuns pode fazer o que quiser, assim como a Câmara dos Lordes. Os pagãos podem enraivecer-se furiosamente em qualquer parte do globo. O fundo do poço pode ser atingido no mercado financeiro norte-americano. Móveis podem cair e sufragistas podem aparecer. Não interessa. Durante quatro horas, de qualquer modo, vamo-nos afastar desse mundo comum, mal governado e desordenado – e com a chave da fantasia abrir aquele armário no qual todas as coisas boas do infinito estão guardadas.

Muitas vezes, eu me fortaleço diante das incertezas e tormentos da vida política, sabendo que tenho uma linha de retirada num campo fértil e pacífico, no qual jamais estaremos entediados, ociosos ou mesmo completamente sem poder. É aí então, na verdade, que agradeço ao fato de ter nascido gostando de escrever. É aí, na verdade, que me sinto grato a todos os corajosos e generosos espíritos que, em todas as idades e todos os lugares, lutaram para estabelecer a liberdade inquestionável da caneta.

Que instrumento notável é a língua inglesa. Não se pode escrever sequer uma página sem se experimentar um prazer positivo com a riqueza e a variedade, a flexibilidade e a profundeza da nossa língua-mãe. Se um escritor inglês não consegue dizer o que tem para ser dito em inglês – e num inglês simples – é porque provavelmente não vale a pena dizê-lo. Uma pena que a língua inglesa não seja ainda mais estudada. ...

Sou um grande admirador dos gregos, embora, é claro, tenha de depender do que os outros me dizem sobre eles. Gostaria de ver nossos educadores imitando pelo menos em um aspecto o exemplo grego. Como é que os gregos fizeram da sua língua o meio de expressão mais gracioso e organizado já conhecido pelos homens? Será que passaram muito tempo estudando as línguas que precederam a sua? Será que exploraram com persistência incansável os dialetos e as estruturas antigas do mundo desaparecido? De jeito nenhum. Estudaram a língua grega. Estudaram a sua própria língua. Amaram-na, cultivaram-na, adornaram-na, expandiram-na – e é por esta razão que ela sobrevive como um modelo e um deleite para toda a posteridade.

Certamente, nós, cuja língua-mãe já ganhou para si todo um império inigualável no mundo moderno, podemos aprender pelo menos essa lição dos antigos gregos – e dedicar mais atenção e uma parcela maior de anos de estudo ao aprendizado de uma língua que deverá talvez exercer um papel predominante no progresso futuro da humanidade.

UMA VIOLENTA RUPTURA DA PRÁTICA CONSTITUCIONAL

4 de setembro de 1909
Palace Theatre, Londres

Uma crise constitucional se aproximava por causa da ameaça da Câmara dos Lordes, que naquele tempo representava a aristocracia dos proprietários de terra,

Em campanha eleitoral, Manchester, 1908.

de rejeitar o "orçamento do povo", do chanceler do Tesouro, David Lloyd George, do Partido Liberal. O chanceler solicitava um adicional de 4 milhões de libras para permitir que fossem introduzidas aposentadorias para os idosos e para construir sete novos couraçados para a Marinha Real. Propôs fazer isso com um aumento de impostos sobre os segmentos mais ricos da sociedade, especialmente os donos de propriedades. A ameaça desafiadora de Churchill à Câmara dos Lordes lhe rendeu uma surpreendente repreensão por parte do rei, na forma de uma carta sem precedentes para o jornal The Times, *enviada pelo secretário particular do monarca.*

Eleições gerais causadas por uma rejeição do Orçamento pelos Lordes não podem e não devem ser disputadas com base apenas na discussão do Orçamento. Orçamentos vêm e vão, como disse o falecido lorde Salisbury[12], em 1894. Cada governo tem a sua própria despesa, em cada ano. Até hoje, tem sido dado a cada governo o direito de fazer provisões para cobrir as despesas. Há um Orçamento por ano. Mesmo sendo memorável o Orçamento do meu correto e honrado amigo, com implicações políticas de longo prazo, o projeto da lei financeira afinal de contas é apenas um assunto anual, pela sua própria natureza.

Mas, a rejeição do Orçamento pela Câmara dos Lordes não é um assunto anual. Seria uma violenta ruptura da prática constitucional de mais de 300 anos, algo reconhecido durante todo esse tempo pelos líderes de cada partido no país. Representaria uma forte e sensível ruptura com as tradições do passado. E de que depende a Câmara dos Lordes senão das tradições do passado?

Representaria uma tentativa de revolução – não pelos pobres, mas pelos ricos, não pelas massas, mas pelos poucos privilegiados, não em nome do progresso, mas em nome da reação, não pelo propósito de alargar o arcabouço do Estado, mas sim de estreitá-lo. Tal tentativa, independentemente do que vocês pensem dela, seria histórica no seu caráter, e os resultados da batalha a ser disputada, seja quem for que vença, deverão inevitavelmente assumir um caráter permanente e definitivo – e não anual. O resultado das eleições deverá significar uma alteração no poder de veto da Câmara dos Lordes. Se eles vencerem, terão confirmado o direito não apenas de rejeitar a legislação da Câmara dos Comuns, mas sim de controlar as finanças do país. E, se eles perderem, iremos quebrar em pedaços o seu poder de veto.

Digo a vocês que não estamos buscando a luta. Temos nosso trabalho a fazer. Mas, se é para começar, não poderia começar em melhor hora do que agora. Nunca mais, pelo menos nos próximos anos, uma oportunidade como esta será apresentada à democracia britânica. Nunca mais o terreno será tão favorável. Nunca mais as questões estarão tão claramente definidas.

As questões são se os impostos, que todos admitem como necessários, devem incidir sobre os produtos de luxo, supérfluos e monopólios, ou sobre as necessidades básicas da vida; se você deve tributar o aumento da propriedade ou o pão de cada dia do trabalho; se a política de reforma social construtiva, na qual estamos envolvidos e que se aprofunda à medida que avançamos, deve ser levada adiante e receber uma justa oportunidade ou se deve ser levada à paralisia – e todas as atenções e energias do Estado serem dedicadas a armamentos de patriotas radicais e aventuras no exterior sem sentido.

E, finalmente, a questão será decidir se o povo britânico no ano da graça de 1909 vai ser governado por uma assembléia representativa eleita por seis ou sete milhões de eleitores – e sobre a qual cada um neste país tem a chance de ser consultado – ou se o povo vai permitir ser dominado e direcionado por uma miserável minoria de pessoas com títulos de nobreza que não representam ninguém, não são responsáveis por ninguém, e que só correm a Londres para votar nos interesses do seu partido, nos interesses da sua classe, e nos seus próprios interesses.

Estes serão os temas da luta, e estou feliz pelo fato de que a responsabilidade por esta batalha, se vier a ocorrer, vai ficar com a própria Câmara dos Lordes. Mas, se vier, não há necessidade de nos queixarmos. Não vamos recuar. Vamos nos engajar nela com nossos corações, ficando sempre entendido que a luta será até o fim – e que grandes penalidades, de acordo com os interesses nacionais, serão cobradas do inimigo derrotado.

A MONARQUIA MAIS ANTIGA E GLORIOSA

4 de dezembro de 1909
Empire House, Southport, Lancashire

Churchill – motivo de ferozes críticas por parte dos conservadores, que o consideravam não só um renegado, mas um traidor da classe – lutava para deixar claro o seu apoio à instituição da monarquia hereditária, enquanto ao mesmo tempo desdenhava e ridicularizava a Câmara mais alta do Parlamento, cujos membros permanecem em seus postos também até o fim da vida.

Não há dificuldade para se defender o princípio da monarquia hereditária. A experiência de vários países e de todos os tempos, o raciocínio prático do bom senso, os argumentos de teorias respeitadas, os argumentos da experiência prática – tudo se une para mostrar a profunda sabedoria que coloca a liderança suprema do Estado além do alcance da ambição privada e acima dos choques e mudanças da luta partidária. Mais ainda, não nos esqueçamos que vivemos sob uma monarquia constitucional e limitada. O soberano reina, mas não governa. Esta é uma máxima que nos foi ensinada não só pelos livros da escola.

Os poderes do governo são exercidos com base nos conselhos dos ministros responsáveis perante o Parlamento. Estes ministros são passíveis de serem desalojados – e várias vezes o são – por uma Câmara dos Comuns eleita livremente por milhões de eleitores. A monarquia britânica não tem interesses divergentes daqueles do povo britânico. Venera apenas aquelas idéias e causas em torno das quais todo o povo britânico está unido. Fundada nos interesses permanentes e prevalecentes da nação, e mesmo em meio às rápidas mudanças dos últimos cem anos, mesmo em meio às intensas evoluções de um Estado democrático, a monarquia britânica se tornou a mais confiável – assim como é a mais antiga e mais gloriosa em todo o mundo cristão.

Seria uma catástrofe se soldados atirassem no povo

7 de fevereiro de 1911
Câmara dos Comuns

Nesse momento, Churchill era secretário do Interior. A explosão de violência e destruição de propriedades nos vales do Sul de Gales, como resultado da greve dos mineiros, fez com que fosse criticado pelos conservadores, por não levar tropas com rapidez suficiente, e pelos socialistas, por usar força em excesso. Arthur Balfour[13]*, líder da oposição, comandou o ataque dos conservadores sobre a administração da crise por parte do secretário do Interior.*

Ontem, fui motivo de ataques de ninguém menos do que o líder da oposição. Ele me atacou, não pelo excesso no emprego da força, mas por não empregar força suficiente – por ter enviado a polícia, em vez de mandar militares com antecedência. O correto e honrado cavalheiro dedicou tanto tempo ao tema no discurso que fez no começo desta sessão que estou realmente surpreso que, no desenrolar deste debate, embora tenha esperado, para dar oportunidade a isso, nenhum outro membro da oposição tenha apoiado os ataques que foram feitos contra o governo e o secretário do Interior. Permitam que eu leia à Casa o que diz o correto e honrado cavalheiro. Ele diz:

> Muitas dessas ocorrências deploráveis poderiam ter sido evitadas se ele não tivesse recusado, num momento crítico, a concretização, de forma efetiva e decisiva, das providências que imaginava. Se ele não tivesse contido os militares e se não tivesse mostrado dúvida e hesitação num momento crítico, a destruição de propriedades e outros eventos desagradáveis, que todos – quaisquer que sejam suas opiniões – encaram como uma grande mancha nos procedimentos da sociedade civilizada, poderiam ter sido inteiramente evitados.

Isto é, estou certo, uma acusação muito séria. ...

Gostaria de dizer à Casa que as forças que o governo enviou, a pedido do chefe de polícia e das autoridades locais no vale do Rhondda, eram mais adequadas ao serviço do que as forças de infantaria que foram pedidas nesta manhã. Policiais acostumados a lidar com multidões são mais eficientes nestes assuntos do que soldados, especialmente a infantaria. E nós enviamos muitos policiais e também um considerável número de agentes montados, em lugar das duas companhias de infantaria que foram pedidas. E mandamos ainda mais, como suporte, dois esquadrões de cavalaria.

Por conseguinte, nenhum ataque poderia ser feito ao governo por não ter enviado um bom número de forças à cena, ou por não ter enviado as forças adequadas. Pelo contrário, as forças enviadas eram maiores e mais adequadas do que aquelas que foram solicitadas. ...

Podemos ser culpados de qualquer coisa, mas não houve vacilação. Talvez obstinação, mas vacilação não. Nunca nos afastamos da decisão de usar a polícia como cobertura e escudo para os militares. O que eu tinha em mente, como principal motivo de apreensão, era a idéia da chegada noturna de um corpo de soldados, enviados às pressas de longa distância por trem, desembarcando sob um clima de excitação e sendo levados da estação para uma colisão direta com uma multidão zangada, que não estava de modo algum acostumada a ver soldados e talvez não estivesse familiarizada com as armas que carregavam ou com as questões presentes numa ação militar. Isto é o que eu estava decidido a evitar, dentro do possível, ao procurar manter a lei e a ordem. ...

A população de mineiros do sul de Gales é, como a Casa sabe, um grupo de homens bem-educados, pacíficos, inteligentes e obedientes à lei, e tem sido julgada – estou expressando minha opinião pessoal – de forma equivocada durante esses problemas dos quais, na minha análise, não foram os únicos causadores. Na minha opinião, os tumultos foram causados principalmente por jovens brigões e arruaceiros de fora, estranhos ao distrito – e acho importante registrar isto por justiça aos mineiros do sul de Gales, que vêm sendo atacados de modo geral por pessoas que não sabem nada a respeito do assunto. Autoridades locais e empresas privadas estão sempre prontas, e com razões insuficientes, para chamar as tropas. As tropas não lhes custam nada, enquanto a polícia custa dinheiro às autoridades locais. E há uma predisposição geral em alguns locais para supor que todo o Exército britânico está sempre disponível, independentemente das circunstâncias, para atender à demanda de qualquer autoridade local. A autoridade local pede tropas – e acha que as tropas devem ser sempre enviadas, sem pensar muitas vezes nos efeitos das armas militares ou na dificuldade que envolve a ação militar.

A lei e a ordem têm de ser preservadas. Mas, tenho certeza de que a Casa irá concordar comigo que um grande objetivo da política pública é evitar uma colisão entre soldados e multidões envolvidas em disputas industriais. Todas essas colisões se caracterizam por perdas de vida e uso de armas de fogo, geram grande dano ao Exército – que é um exército voluntário e cuja relação com as forças civis do país deve ser cuidadosamente protegida – e também causam contendas e ressentimentos que duram gerações. Seria uma catástrofe para a nossa vida nacional, se soldados atirassem no povo. Caso único entre nações, ou quase único, temos evitado essa experiência melancólica e incomum por muitos anos. E vale a pena, ouso pensar, para o ministro responsável pelo risco de cabeças ou janelas quebradas, incorrer em despesas e algumas inconveniências para fazer arranjos com a polícia e aceitar a responsabilidade imediata, a fim de evitar o derramamento de sangue britânico por soldados britânicos como, graças a Deus, foi evitado de forma bem-sucedida no sul de Gales.

SEGURO-DESEMPREGO

22 de maio de 1911
Câmara dos Comuns

Churchill defendia de forma intensa a necessidade de fornecer aos chefes de cada família na Grã-Bretanha uma proteção contra o risco do desemprego. Ele e o chanceler do Tesouro, David Lloyd George, foram os principais arquitetos dessa ação de reforma social e de longo alcance.

Não existe nenhuma proposta no campo político que me interesse mais do que esse grande projeto de seguridade – e o que gostaria de dizer é que não deverá haver nenhum atraso na condução do seguro-desemprego ou na condução do seguro-invalidez. Fortes como são os argumentos para se criar um seguro-invalidez, não são menos fortes – na verdade, são mais fortes – os argumentos com relação ao seguro-desemprego. Há alguns anos, todo mundo estava profundamente impressionado com a situação insatisfatória dos negócios, o que deixava nossa civilização aberta a um desafio a esse respeito: um homem com vontade de trabalhar, e que pedisse para atenderem as suas necessidades, não poderia encontrar os meios nem para conseguir trabalho nem para ser assistido. Isso só poderia deixar as pessoas desconfortáveis e ansiosas. A Providência fez com que os seres humanos tivessem uma memória curta – e a dor e a ansiedade foram rapidamente esquecidas. Mas, será que nós devemos sempre oscilar entre o pânico e o torpor?

As pessoas falam da imprevidência do trabalhador. Sem dúvida, ele tem de assumir sua responsabilidade. No entanto, como se pode esperar de um trabalhador, com poucos prazeres e com poucos recursos, e com a pressão constante exercida sobre ele, que seja capaz de examinar os ciclos de negócios e que saiba discernir com a precisão de funcionários da Junta Comercial os índices e flutuações dos mercados mundiais. O seu fracasso em fazê-lo é desculpável. Mas, o que se pode dizer da Câmara dos Comuns? Nós temos o conhecimento e a experiência – e é nosso dever pensar no futuro. É nosso dever preparar e fazer provisões para aqueles pelos quais somos responsáveis. O que se poderia dizer e o que poderia desculpar nossa imprevidência se a próxima depressão nos encontrasse a todos mal-preparados? Há algo a ser dito em favor do trabalhador que não se protege contra o desemprego. Pode não recair sobre ele. A grande maioria dos trabalhadores não ficará desempregada nos principais negócios. Um trabalhador pode escapar, mas o Estado não vai escapar – e a Câmara dos Comuns não vai escapar.

O problema irá voltar para a Câmara dos Comuns com tanta certeza como a morte, e com a mesma crueldade – e então será muito tarde. Não adianta tentar criar proteção contra o desemprego quando a situação está diante de você e concentra a sua atenção. Não adianta circular entre os trabalhadores desempregados e pedir a eles que se protejam contra o desemprego. É somente naqueles anos bons que podemos fazer provisões para assegurar os recursos que vão nos permitir enfrentar os anos magros. Todos os nossos cálculos se baseiam na consideração de anos bons e ruins. Devemos começar agora, quando o desemprego não é uma característica da nossa vida e da discussão política. Devemos começar agora, se é para o fundo começar forte. Devemos muito ao chanceler do Tesouro em relação a esse grande projeto. Ele o planejou e o fez possível na vida pública desse país. Forneceu-nos algo que produz uma base comum para todos os nossos melhores esforços – e acho que vai ser considerada uma das forças mais influentes em torno da qual esse país poderá se unir.

Há regozijo no estudo das questões do seguro porque há uma sensação de que foram elaborados novos e progressivos mecanismos dedicados para servir à humanidade. Não é apenas uma questão da ordem diante da confusão. Não é só uma questão da força coletiva da nação, que torna eficazes a poupança e os esforços do indivíduo, mas é algo que traz a mágica dos números à ajuda de milhões.

MANTER A SUPREMACIA NAVAL É O NOSSO OBJETIVO

9 de novembro de 1911
Banquete para o prefeito, *Guildhall*, Londres

A deterioração das relações entre a França e a Alemanha, combinada com uma grande expansão da Marinha germânica e o surgimento inesperado do navio alemão Panther, *no porto marroquino de Agadir, em julho, geraram ansiedade em Londres. Winston Churchill, que tinha circulado por colegas de gabinete um memorando notável e detalhado com o nome de "Aspectos militares do problema continental", fora abruptamente transferido ao fim de outubro para o cargo de primeiro lorde do Almirantado, onde ficaria encarregado da Marinha Real pelos quatro anos seguintes.*

A Marinha é forte – temos de mantê-la forte, ou seja, forte o bastante para ser utilizada no que tiver de ser feito, e também pronta para poder colocar sua maior força com a melhor vantagem possível. ... Mas quero dizer algumas palavras com a máxima sinceridade. Nossos preparativos navais têm necessariamente por base os preparativos navais de outras nações. Seria fingimento – e um tipo bem fútil de fingimento – dar a entender que o crescimento rápido e repentino da Marinha germânica não é a principal influência na nossa determinação de fazer gastos com novas construções. Disfarçar isso seria não fazer justiça aos prodigiosos e extraordinários avanços que resultaram da energia e da ciência germânicas nos últimos anos.

Mais ainda, seria tolice negar a simples verdade de que a competição naval entre esses dois impérios poderosos – os quais sempre possuíram interesses comuns e nunca tiveram causas naturais para contenda – se situa na base e é pano de fundo de quase todas as dificuldades que vêm frustrando os esforços mais sérios feitos repetidamente – e nos quais a cidade de Londres vem tendo uma nobre participação – para se chegar a um sentimento de amizade entre os dois países.

Enquanto a competição prossegue, cada elemento de desconfiança e nervosismo permanece quente e ativo – e um mal leva a outro numa longa e triste concatenação. Não somos tão arrogantes assim para achar que a culpa e o erro – que seguem as pegadas humanas – estejam apenas de um lado. Mas, manter a supremacia naval é nosso fundamento. Todo o império tem por base essa supremacia, não apenas a ampla prosperidade comercial do nosso povo, não apenas a ótima posição nos negócios globais. Em nossa supremacia naval se baseiam nossas vidas e a liberdade que protegemos por quase mil anos.

No ano que vem, a Lei da Marinha na Alemanha – a qual, quando completada, dará a Berlim uma frota magnífica e formidável, atrás apenas da nossa –, prevê que o limite de expansão terá sido atingido e que a quota anual de novos navios adicionados à Marinha germânica cairá para a metade da quota dos anos mais recentes. Até agora, esta lei, na forma deliberada pelo Parlamento germânico, não foi excedida de modo algum. E felizmente sou testemunha de que as declarações dos ministros alemães sobre esse tema têm sido confirmadas pelos eventos. A situação mundial está de tal modo que a simples observância dessa lei, sem nenhum acréscimo, traria à Europa um grande e considerável alívio.

Devemos achar que, mesmo sendo a despesa naval indubitavelmente pesada, a marca mais elevada foi atingida – e no mundo inteiro os homens poderiam respirar mais livremente e as nações poderiam entrar num clima mais confiável e mais amigável. Todos devemos nos unir em torno disso. Mas se, por outro lado, meu senhor Prefeito, os já enormes programas marítimos de outras nações para a guerra forem ampliados, com novas expansões, isso seria um tema de profunda lamentação para nós e outros Estados. Sou forçado a dizer em nome do governo de sua majestade que a Grã-Bretanha, entre todos os Estados e nações, será a melhor capacitada para suportar a pressão e a última a falhar ao chamado do dever.

Por que a Irlanda não pode ter uma oportunidade?

8 de fevereiro de 1912
Campo de futebol do Celtic Park, Belfast

Por mais de uma geração, a "questão irlandesa" tinha sido um campo de batalha que confundia e muitas vezes dominava a política britânica, azedando as relações entre a Irlanda e o resto das ilhas britânicas. O governo liberal estava determinado a conceder a autonomia aos irlandeses, que teriam o seu próprio Parlamento dentro do Império Britânico. Winston Churchill era um importante proponente desta política, ao passo que os violentos protestantes do Ulster, no norte da Irlanda, eram extremamente contrários a serem colocados sob comando da Dublin católica. Sem evitar ir à cova do leão, Churchill – contra a fúria dos protestantes – dirigiu-se a uma multidão de mais de cinco mil pessoas na área católica de Belfast. Os sentimentos estavam tão agitados na comunidade protestante que um batalhão inteiro de brigada teve de ser trazido para garantir a segurança.

Estou feliz por estar aqui com vocês. O contato com a Irlanda é o contato com a história. E como podemos saber se este grande encontro que está se realizando hoje, sob circunstâncias peculiares, não poderá ser visto no futuro como um marco para a história da Irlanda e da Grã-Bretanha? Estou vindo perante vocês como representante de um governo que por mais de seis anos vem dirigindo os negócios do Estado, seis anos de progresso pacífico e os seis melhores anos de comércio que estas ilhas já tiveram. Um governo que aprovou excelentes leis, que teve de lidar com poderosos antagonistas – e que normalmente foi bem-sucedido em suas tarefas.

E venho até vocês na véspera do projeto de lei da *Home Rule*. Pretendemos apresentar ao Parlamento nosso plano de um melhor governo à Irlanda. Será um plano harmonioso com os interesses imperiais e estamos certos de que será um plano a ser creditado com louvor aos seus autores. Não desejamos ser responsáveis pelo destino de uma medida que não seja colocada seriamente para ser a lei do país. Nós consultamos, e vamos consultar ainda mais, os líderes da opinião pública irlandesa, mas a decisão será nossa.

O projeto que vamos apresentar – e que se transformará em lei – será um projeto do governo britânico, destinado a suavizar o caminho do Império Britânico e liberar novas tropas aos seus exércitos. Ao deixar isso claro, não estamos pressionando a confiança de nossos amigos irlandeses. Por mais de 25 anos, a *Home Rule* tem sido a criança adotada do Partido Liberal. Durante toda uma geração, no governo ou na oposição, com sorte ou falta de sorte, os liberais foram ensinados pelo senhor Gladstone[14] a acreditar que a melhor solução para as dificuldades irlandesas se encontra no estabelecimento de um Parlamento irlandês com uma responsabilidade executiva. A cada ano, as razões nas quais isto se baseia foram fortalecidas por fatos novos e por novas experiências – e avançaram juntamente com a evolução geral dos acontecimentos. ...

Uma solução para essa longa disputa entre o governo britânico e o povo irlandês seria – para o Império Britânico – uma bênção e uma dádiva, um tesouro encontrado num navio, um reforço valioso e sem comparação. ...

O principal argumento que vem sustentando, ao longo de todos esses anos, a causa da *Home Rule* tem sido a contínua e inalterável demanda por parte do povo irlandês, em uma maioria impressionante, por intermédio de cada canal reconhecido da vontade nacional, pelo estabelecimento de uma legislatura irlandesa. Esse apelo irlandês nunca foi tratado de forma justa pelos estadistas da Grã-Bretanha. Nunca tentaram lidar com a Irlanda no mesmo espírito com que os dois grandes partidos enfrentam os problemas maiores do Império Britânico. E na verdade: por que a Irlanda não pode ter uma oportunidade? Por que sua nacionalidade não pode desfrutar de um reconhecimento e uma existência respeitada? Por que não poderia seu ponto de vista obter uma forma completa de expressão? Por que é que o Império, o mundo em geral, deveria ficar desprovido de uma nova contribuição à soma dos esforços humanos?

História e poesia, justiça e bom senso – tudo pede para que essa raça de talento, virtude e coragem, que existe há tanto tempo e que resistiu tanto, não seja – em vista do seu desejo apaixonado – deixada de fora da família das nações, não seja perdida para sempre entre as multidões indiscriminadas de homens. Quais os problemas que sentimentos e sonhos irlandeses poderiam trazer às idéias, à estrutura do poder britânico, se a plena liberdade for dada ao Parlamento irlandês? Será que a chegada de um Parlamento irlandês a esse brilhante estágio do mundo moderno não seria um aprimoramento e uma glória adicional aos tesouros do Império Britânico?

Apelo ao Ulster que dê um passo à frente – com nobre coragem – e que, por um ato supremo de generosidade e espírito público, vença o grande prêmio da paz irlandesa, para eles mesmos e para o mundo. Tenho me lembrado novamente, nas últimas semanas, das palavras que lorde Randolph Churchill usou há mais de um quarto de século. O que sinto pela sua memória bem como o que estudei de sua vida pública me fazem satisfeito por deixar para outros o julgamento sobre a continuidade entre o seu trabalho e o que venho tentando fazer. Tenho certeza de que o Partido Liberal nunca irá se tornar um instrumento de injustiça e opressão aos protestantes do Ulster. Sei que o povo do Ulster não irá faltar para com esse dever. É uma tarefa e uma confiança depositada em nome da Irlanda, em nome do Império Britânico, em nome da Justiça e da boa vontade, para nos ajudar a resolver bem a questão irlandesa, com sabedoria, e agora para sempre. Esta é a tarefa que a história destinou a eles, e é num sentido diferente que aceito e repito as palavras de lorde Randolph Churchill, "O Ulster vai lutar e o Ulster vai estar no caminho certo". Deixem o Ulster lutar pela dignidade e honra da Irlanda. Deixem-no lutar pela reconciliação das raças e pelo perdão de erros antigos. Deixem-no lutar pela unidade e consolidação do Império Britânico. Deixem-no lutar pela difusão da caridade, da tolerância e do esclarecimento entre os homens. Aí então certamente "O Ulster vai lutar e o Ulster vai estar no caminho certo".[15]

Uma época de violência iminente

18 de março de 1912
Câmara dos Comuns

Churchill entregou-se com gosto ao Almirantado. Embora quase três anos antes estivesse conspirando com Lloyd George, no Gabinete, para cortar o programa de construção naval do Almirantado, agora a ameaça germânica era evidente e ele se atirou à tarefa com prazer, deixando claro que, se a guerra viesse, a Marinha estaria preparada. Neste detalhado discurso, demonstrando conhecimento, ele propõe uma "folga naval" à Alemanha, prometendo que a Grã-Bretanha não se lançaria a novos navios se a Alemanha fizesse o mesmo. Já se a Alemanha prosseguisse construindo, então a Grã-Bretanha a superaria com 60% a mais de construções ao ano.

Proponho, com a permissão da Casa, revelar esta tarde, com toda a franqueza, a situação da Marinha. Em especial, é necessário fazer isso em comparação a uma outra potência. Lamento esta necessidade, mas não se ganha nada usando modos indiretos de expressão. Ao contrário, os alemães representam um povo de mentes saudáveis, cujo sentido de masculinidade e muita coragem não os faz recuar e nem serem ofendidos por declarações francas e duras sobre os fatos, se expressados com cortesia e sinceridade. De qualquer modo, tenho de fazer meu dever para com a Casa e o país. Chegou a hora em que ambas as nações deveriam compreender, sem ranzice ou fingimento, quais serão as condições nas quais a competição naval será conduzida durante os próximos anos.

O custo e a força de uma marinha dependem de dois fatores principais: primeiro, há a situação dos navios e dos homens mantidos em várias hierarquias; em segundo lugar, a taxa de crescimento e o montante de novas construções com as quais as frotas existentes são renovadas ou aumentadas. Uma melhoria na situação de grandes marinhas, como a britânica e a germânica, não significa tantos acréscimos à despesa anual como no caso de novas construções. Por outro lado, o custo dos aumentos em novas construções está limitado aos anos em que ocorrem e chega ao fim com a conclusão dos navios, ao passo que o aumento no número de homens, embora comparativamente menor no que diz respeito ao custo anual, implica em obrigações de pagamentos e pensões que se repetem ano após ano por toda uma geração. ...

Não temos mais que tratar como o nosso maior perigo potencial, a aliança e a cooperação de duas potências navais com aproximadamente a mesma força, por causa das fraquezas e incertezas inerentes a estas combinações. No entanto, já há algum tempo temos de considerar o crescimento e desenvolvimento de uma marinha muito poderosa e homogênea, constituída e treinada pelas pessoas mais organizadas do mundo, obedecendo à autoridade de um único governo – e concentrada bem perto das nossas costas. ...

O padrão efetivo de novas construções seguido, de fato, pelo Almirantado, nos últimos anos, tem sido o de desenvolver uma superioridade da ordem de 60% em navios do tipo couraçado sobre a Marinha germânica, tomando por base a presente lei de frotas. Há outros padrões mais elevados para os navios menores com os quais não vou complicar o debate, já que não afetam as finanças. ...

Aplicando o padrão à lei germânica, sem novas adições – o que quer dizer dois navios por ano pelos próximos seis anos, pois é isso o que a lei prescreve –, e protegendo-nos cuidadosamente contra desenvolvimentos em outros países que não podem ser previstos, seria necessário construir pelos próximos seis anos quatro navios, e três em anos alternados, começando com quatro este ano. ...

Quero deixar claro, porém, que qualquer atraso ou redução na construção germânica será, dentro de certos limites, prontamente seguido aqui, logo que isto fique aparente, por reduções maiores e proporcionais. Por exemplo, se a Alemanha decidisse retirar uma, ou mesmo duas, dessas quotas anuais – e colocasse este dinheiro no bolso, para a alegria do seu povo e para o desenvolvimento da sua prosperidade – nós iríamos imediatamente, na ausência de algum desenvolvimento perigoso e imprevisto em outro lugar, apagar a nossa quota correspondente, e a redução pela Alemanha seria acompanhada naturalmente numa maior escala por nós.

Por certo, tanto a Grã-Bretanha quanto a Alemanha têm de considerar, entre outras coisas, a construção de navios por outras potências, embora a liderança de ambos os países seja no momento considerável sobre qualquer outra potência.

Observem, como um exemplo desta proposição que estou apresentando para consideração geral, o ano de 1913. Neste ano, pelo que sei, a Alemanha vai construir três navios excelentes – e será necessário para nós construirmos cinco. Mas vamos imaginar que ambos os países tivessem uma folga naval nesse ano. Vamos supor que introduzíssemos uma página em branco no livro das incompreensões. Vamos supor que a Alemanha não construísse navio algum nesse ano, o país pouparia algo entre seis e sete milhões de libras esterlinas. Mas isso não é tudo. Em condições normais, não deveríamos começar nossos navios antes que a Alemanha começasse. Os três navios que Berlim não teria construído iriam automaticamente anular não menos do que cinco potenciais couraçados britânicos – e isso é mais do que eles podem esperar de uma ofensiva naval perfeita. Quanto aos resultados indiretos, mesmo num único ano, estes não podem ser medidos apenas entre as duas grandes nações irmãs, mas em todo o mundo. São resultados que devem ser medidos pelo que geram de esperança e sabedoria.

Esta, portanto, é a posição que tomamos. Os alemães não vão ser superiores a nós, no que diz respeito ao poder naval, com qualquer acréscimo que façam – e não serão inferiores, pelo que apresentei, com relação a qualquer redução. Aqui está um plano simples e claro para um acordo. Sem nenhuma negociação diplomática, sem nenhuma barganha, sem a mínima restrição sobre a liberdade e a soberania de cada potência, essa cara rivalidade naval pode a qualquer momento ser diminuída. É melhor, estou certo, mostrar isto bem francamente, para os Parlamentos e os povos julgarem eles mesmos. ...

Os efeitos da derrota no mar são muito maiores para nós do que para a Alemanha ou para a França. Não há similaridade entre as nossas necessidades navais e as dos dois países que mencionei. Não há paridade de risco. Nossa posição é altamente artificial. Somos alimentados pelo mar. Somos um povo desarmado. Possuímos um exército muito pequeno. Somos a única potência na Europa que não possui um grande exército. Não podemos ameaçar a independência ou o interesse vital de nenhum grande Estado continental. Não podemos invadir nenhum Estado continental. Não queremos fazer isto – mas, mesmo que tivéssemos vontade, não teríamos como.

Estes são fatos que justificam a supremacia naval britânica diante do mundo. Se algum dia uma nação fosse capaz de manter a frota mais forte com um exército impressionante, o mundo inteiro estaria em risco – e uma catástrofe rapidamente ocorreria. As pessoas falam de uma determinada proporção que as marinhas de diferentes países deveriam ter em relação aos interesses comerciais de diferentes nações – a proporção da França, a proporção da Itália, a proporção da Alemanha – ou em relação às respectivas marinhas mercantes. Mas, quando nós consideramos nossa força naval, não estamos pensando em nosso comércio, mas na nossa liberdade.

Não estamos pensando em nossos negócios, mas em nossas vidas. É claro que nada pode nos deixar absolutamente seguros contra certas alianças que a imaginação possa fazer. Nós já enfrentamos várias alianças no passado – e por vezes com chances reduzidas. Mas, não devemos organizar nossos assuntos de tal modo que a marinha de uma única potência possa ser capaz de atacar em algum momento específico, mesmo em nosso momento menos favorável, com alguma esperança razoável de sucesso. Se isto é arrogância insular, é também a primeira condição para a nossa existência.

Estou contente em poder assegurar à Casa que não vai haver nenhuma dificuldade para serem feitos os acertos de modo a manter a nossa posição relativa no futuro próximo – e para garantir as margens adequadas de segurança tão rapidamente quanto necessário. Estou contente também porque estas providências não envolverão nenhuma despesa excessiva ou desproporcional.

Não precisamos, é claro, construir mais navios do que aqueles a que me referi sob o título de "novas construções".

Tudo o que precisamos fazer é levar, quando quisermos, e não antes, uma maior proporção da nossa frota existente a um status mais elevado de atividade e, conseqüentemente, de prontidão. Nós estamos propondo também neste momento, tendo em vista os acréscimos que estão em progresso, passar a limpo completamente a organização da frota. Com a nova organização, os navios disponíveis para a defesa da terra serão divididos em primeira, segunda e terceira frotas, sendo que todas as três frotas compreendem oito esquadrões de batalha, com oito navios cada, juntamente com os cruzadores, as flotilhas e todas as embarcações auxiliares. ...

Espero que a Casa perceba, pelo relatório, que estou deixando claro o princípio geral de administração naval a que nós aderimos: homogeneidade de esquadrões; simplicidade dos tipos e classes; modernidade de material; concentração nas áreas decisivas; prontidão constante e imediata para a guerra; confiança no poder de tiro; confiança na velocidade; e, acima de tudo, confiança nos 136 mil oficiais e marinheiros, orgulho da nossa raça, criados desde a juventude para o permanente serviço no mar. Esses são os princípios aos quais pedimos a aprovação da Câmara dos Comuns. Quanto ao resto, tenho apenas uma palavra a dizer.

O espetáculo que os armamentos navais da cristandade oferecem no momento irá sem dúvida excitar a curiosidade e o espanto das gerações futuras. Aqui estão todas as pessoas educadas do mundo, como se movidas por um impulso espontâneo, dedicando ano a ano uma enorme e crescente proporção de sua riqueza, de sua idade adulta, e de seu conhecimento científico à construção de uma maquinaria militar gigantesca – que fica obsoleta logo que é criada; que se despedaça quase imediatamente depois de ser atingida; que tem de ser continuamente renovada e refeita em grande escala; que suga os cofres de qualquer governo; que nega e restringe as necessidades das pessoas; e que pretende ser um meio de proteção contra perigos que talvez não tenham outra origem senão os próprios medos e as suspeitas mútuas dos homens.

A interpretação mais otimista que se pode dar a esse estranho fenômeno é a de que as rivalidades militares e navais são o substituto moderno para aquilo que em outras épocas seriam guerras verdadeiras. E, assim como as operações de crédito superam nos dias de hoje os pagamentos à vista em dinheiro, assim também as invejas e disputas entre nações são cada vez mais decididas apenas pela simples posse do poder de guerra – sem a necessidade do emprego efetivo deste poder. Se isto for verdade, a grande loucura do século XX passaria a demonstrar um aspecto menos desagradável. Ainda assim, não podemos esconder de nós mesmos o fato de que vivemos uma época de violência iminente e de intranqüilidade forte e arraigada. Mesmo para o vencedor, a utilidade da guerra pode ser, em muitos casos, uma mera ilusão.

Certamente, as guerras de todos os tipos serão destituídas de qualquer prerrogativa positiva ao Império Britânico. Mas, a própria guerra, se vier um dia, não será uma ilusão – uma única bala vai ser suficientemente real. O Almirantado deve deixar a outros a tarefa de reformar os tempos em que vivemos – e se restringir ao dever mais limitado e mais simples de garantir que, qualquer que seja a época, nossa ilha e seu povo possam atravessá-la com segurança.

O MUNDO ESTÁ ARMADO COMO NUNCA ESTEVE ANTES

17 de março de 1914
Câmara dos Comuns

Este discurso, apresentando as estimativas navais, durou mais de duas horas. Foi notável pela minúcia, pela força, pelo domínio completo de Churchill sobre o tema e a Casa. O jornal conservador Daily Telegraph, *que não era amigo do primeiro lorde do Almirantado, o descreveu como "o mais longo e talvez o mais denso e eloqüente discurso que a Câmara dos Comuns ouviu nesta geração".*

Temos de começar reconhecendo como é diferente o papel representado pela nossa Marinha em comparação à marinha de qualquer outro país. Caso único entre os grandes Estados modernos, não podemos defender o solo onde vivemos nem subsistir somente com a nossa produção. Nosso Exército regular está sujeito a ser enviado ao exterior para a defesa da Índia. A comida do nosso povo, a matéria-prima de nossas indústrias e o comércio que constitui a nossa riqueza precisam ser protegidos enquanto atravessam oceanos, milhares de milhas a partir de várias regiões do globo. Temos de considerar a disparidade de riscos e perigos entre nós e outras potências navais.

Para a Alemanha, a derrota no mar não significa nada senão a perda de navios afundados ou destruídos na batalha. Por trás dos couraçados germânicos, estão 4,5 milhões de soldados – e uma costa pequena cheia de fortalezas e baterias. Nada que pudéssemos fazer, após uma vitória naval, poderia afetar a segurança ou a liberdade de um único vilarejo alemão.

Já no caso da linha britânica de batalha, encontram-se trechos longos e indefesos da costa Leste, nossas rotas de comércio e de comida, nosso pequeno Exército e nossa vasta e pacífica população com suas imensas posses. A carga de responsabilidade depositada na Marinha britânica é pesada – e seu peso aumenta ano a ano. O mundo inteiro está construindo navios de imenso poder, treinando oficiais e marinheiros, criando arsenais, e, de forma ampla, as bases para o futuro permanente da expansão e do desenvolvimento naval. Em cada país, crescem interesses poderosos e grandes indústrias, que tornarão qualquer tentativa de parar ou cessar o aumento no número de navios mais e mais difícil, à medida que o tempo passa.

Além das grandes potências, há muitos pequenos Estados que estão comprando ou construindo grandes navios de guerra e que podem, com a compra, com a formação de uma aliança militar ou por meio de alguma coação, ser dirigidos contra nós. Nenhum desses países precisa, como nós, de navios para defender a sua independência ou a sua segurança efetiva. Eles os constroem para exercer um papel nos assuntos mundiais. É esporte para eles. É vida ou morte para nós. Estas possibilidades foram descritas por lorde Crewe[16] na Câmara dos Lordes, no ano passado. Não se trata de dizer que o mundo inteiro vai se virar contra nós – ou que nossos preparativos deveriam contemplar uma contingência tão monstruosa. Com uma sóbria e modesta conduta, com uma diplomacia hábil, podemos desarmar e dividir em partes os elementos desse perigo potencial.

Mas, duas coisas precisam ser consideradas. Em primeiro lugar, nossa diplomacia depende em grande medida de nossa posição naval para ser efetiva – e nossa força naval é o grande fator de equilíbrio com o qual podemos contribuir para a nossa própria segurança e paz mundial. Em segundo lugar, não somos um povo jovem com uma história em branco e uma herança limitada. Conquistamos uma fatia excepcional da riqueza e do tráfego de comércio no mundo em momentos em que outras nações poderosas estavam paralisadas pela barbárie ou por guerras internas.

Temos tudo o que desejamos em termos de território. Mas, o objetivo de não sermos questionados ao desfrutarmos de nossas vastas e esplêndidas riquezas, por vezes adquiridas em guerras e mantidas pela força, não é visto pelos outros de forma tão razoável quanto por nós. Além disso, intervimos regularmente, como era nosso dever fazê-lo – e não podíamos evitar – nos assuntos da Europa e do mundo, e muitos benefícios à paz européia resultaram de nossa interferência, mesmo neste último ano. Temos responsabilidades em muitas regiões hoje em dia. Estamos longe de ficarmos distanciados em relação aos problemas da Europa. Atravessamos um ano de ansiedade contínua e, embora o governo de sua majestade acredite que os fundamentos da paz, entre as grandes potências, tenham sido fortalecidos, ainda assim as causas que poderiam levar a uma guerra geral não foram eliminadas, e muitas vezes nos lembram da sua presença.

Não houve nenhuma redução nos preparativos naval e militar. Pelo contrário, estamos testemunhando este ano aumentos nas despesas em armamentos por parte das potências continentais e que vão além de qualquer experiência anterior. O mundo está armado como nunca esteve antes. Qualquer sugestão ou interrupção ou limitação até agora foi ineficaz. De tempos em tempos, coisas estranhas acontecem e surgem situações que exigem resposta rápida da força naval a nossa disposição. Em tais ocasiões, os deveres que pesam sobre o Almirantado aparecem com brutal realidade para aqueles que são responsáveis, e, a não ser que nossa força naval seja mantida com solidez, de forma ampla e inabalável, o governo não poderá sentir que está cumprindo o seu dever para com o país.

A GUERRA SERÁ LONGA E SOMBRIA

11 de setembro de 1914
National Liberal Club, Londres

Em 25 de julho, foi dada a notícia em Londres sobre o ultimato da Áustria à Sérvia. No dia seguinte, foram mandadas ordens para a frota não se dispersar, após um teste de mobilização que estava sendo feito por acaso. Em 1º de agosto, a Marinha Real já estava a postos para a guerra. O evento crítico ocorreu em 3 de agosto, com a invasão da Bélgica e da França pela Alemanha. O governo britânico lançou um ultimato à Alemanha para que respeitasse a neutralidade belga. Quando o ultimato expirou à meia-noite de 4 de agosto, a ordem foi lançada pelo Almirantado da frota britânica: "Comecem as hostilidades contra a Alemanha!"

Encontramo-nos num momento sério, mas venho falar a vocês hoje à noite de bom ânimo e com confiança no futuro e na tarefa em que nos envolvemos.

Ainda é muito cedo para especular sobre os resultados da grande batalha que está ocorrendo na França. Tudo o que ouvimos durante quatro longos dias de ansiedade parece apontar para uma firme e substancial mudança de tendência.

Temos visto os Exércitos francês e britânico suficientemente fortes para conter e parar a avalanche devastadora que varreu a fronteira francesa, mas que, agora, finalmente, não por uma hora ou por um dia, mas por quatro longos dias em sucessão, foi firmemente repelida. Com as batalhas ocorrendo numa frente de 150 ou 250 quilômetros, deve-se ter muito cuidado para que não sejam criadas expectativas muito altas com relação a resultados que são alcançados mesmo em grandes áreas do campo de guerra. Não somos crianças buscando encorajamento simples ou vão, mas homens engajados numa tarefa que tem de ser levada adiante.

Ainda assim, mesmo considerando todo o desconto sobre as incertezas que essas grandes operações envolvem, acho que é justo e correto dizer que a situação hoje à noite é melhor, muito melhor, do que os frios cálculos a respeito das forças disponíveis, em ambos os lados e antes da guerra, poderiam nos levar a esperar nesse estágio inicial.

O que está acontecendo agora certamente não é o que os alemães planejaram, e eles ainda precisam demonstrar que podem adaptar-se à força das circunstâncias, criada pelo poder militar dos seus inimigos, com a mesma eficiência que, sem dúvida, mostraram em relação aos planos preparados há muito tempo, metodicamente ensaiados, e executados com precisão deliberada.

Posso dizer que a batalha nos dá motivo para nos encontrarmos hoje à noite com bom ânimo. Mas, quero dizer-lhes francamente que, se esta batalha tivesse sido desastrosa, e não, graças a Deus, triunfante como parece estar sendo, eu teria vindo a vocês com a confiança e com a certeza de que temos de continuar com os nossos esforços para levar esta guerra à conclusão que desejamos e que queremos.

Não entramos na guerra com a esperança de uma vitória fácil. Não entramos na guerra com nenhum desejo de estender nosso território ou de aumentar ou melhorar nossa posição no mundo, nem com nenhum desejo romântico de derramar nosso sangue e gastar nosso dinheiro nas rivalidades continentais. Nós entramos nesta guerra relutantemente, depois de termos feito todo o esforço compatível com a honra para evitá-la. Entramos nesta guerra com a plena noção dos sofrimentos, das perdas, dos desapontamentos, das aflições e das ansiedades, e dos esforços contínuos e estarrecedores que recairiam sobre nós pela nossa própria ação.

Winston visita a cantina dos trabalhadores
na produção de munições em Enfield, 1915.

A guerra será longa e sombria. Terá muitas mudanças de destino e muitas esperanças desmentidas por eventos posteriores. Temos de retirar da nossa causa, da força que existe em nós, das tradições e da história de nossa raça, do apoio e da ajuda de nosso império em todo o mundo, os meios para fazer este país superar os obstáculos de todos os tipos e continuar até o fim da esteira, qualquer que seja a labuta e o sofrimento.

Embora tenhamos entrado nessa guerra sem ilusões sobre os incidentes que marcariam a sua evolução, ou sobre os fluxos e refluxos do acaso nesta e naquela parte do gigantesco campo de guerra, nós entramos – e entramos corretamente – com a esperança forte e certeira e a expectativa de trazê-la a um final vitorioso. Estou certo de que se nós, o povo do Império Britânico, assim quisermos, independentemente do que venha a acontecer no meio do caminho, vamos poder no fim fazer essa guerra acabar de acordo com nossos interesses e com os interesses da civilização.

Vamos construir uma base sólida. Não vamos entrar no jogo da sorte, buscando vitórias aqui e oportunidades felizes ali. Vamos tomar medidas que estão sob o nosso poder, vamos tomar medidas que sejam práticas – medidas que possamos iniciar imediatamente e que possamos conduzir dia a dia com certeza e eficácia. Vamos adotar providências que, no longo prazo, quaisquer que sejam os acidentes e incidentes do período intermediário, irão nos assegurar a vitória – vitória da qual depende não apenas o destino de nossos aliados e da Europa, mas também nossa vida e nossa existência como nação.

Notas

1 Guerra dos Boers: Houve duas Guerras dos Boers, a primeira entre 1880 e 1881, e a segunda entre 1899 e 1902. Ambas foram travadas entre o Império Britânico e os colonos holandeses, alemães e franceses na África do Sul, que por duas vezes tentaram estabelecer uma república independente na região. Os colonos eram chamados de Boers, Afrikaners ou Voortrekkers.

2 Herbert Asquith: Herbert Henry Asquith (1852-1928), político do Partido Liberal que ocupou o cargo de primeiro-ministro britânico entre 1908 e 1916.

3 Incidente do Trem Blindado: um trem blindado foi enviado à província de KwaZulu-Natal para investigar o andamento da Guerra dos Boers na região. Winston Churchill estava no trem como correspondente do jornal *The Morning Post.* Na volta, o trem foi atacado e com isso aumentou a velocidade, sendo perseguido por homens a cavalo foi em direção a uma emboscada. Alguns passageiros foram mortos, outros ficaram feridos e muitos foram levados capturados na operação.

4 Natal: província da África do Sul.

5 Escola de Economia de Manchester: A "Escola de Manchester" foi um termo cunhado pelo estadista britânico Benjamin Disraeli, que assim se referia ao movimento pelo livre comércio na Grã-Bretanha, no século XIX. Fazia menção também a aqueles, como Richard Cobden (1804-1865), que se opunham às Leis do Milho (Corn Laws), da primeira metade dos anos 1800, pelas quais o governo britânico proibia a importação do alimento.

6 Chamberlain: Joseph Chamberlain (1836-1914), político britânico pai de Austen e Neville Chamberlain. Foi secretário da Indústria e do Comércio e ganhou a ira de Churchill com a defesa do imperialismo e do protecionismo.

7 "Como caíram os valorosos, e pereceram as armas de guerra!", citação da Bíblia, Livro II Samuel 1:27.

8 "But yesterday the world of Caesar might have stood against the world"; citação tirada da obra *Júlio César*, de William Shakespeare.

9 Representante da Igreja Anglicana na Casa, lê as preces e acompanha o presidente da Câmara na sua chegada e saída do Parlamento.

10 Lorde Hugh Cecil Lowther (1857-1944). Nobre inglês esportista e conhecido *bon vivant* da época.

11 Transvaal foi uma província da África do Sul entre 1910 e 1994. Colonizada pelos Boers, a região foi dividida nos anos 1990 em quatro províncias: Gauteng, North West, Limpopo e Mpumalanga.

12 Lorde Salisbury: Robert Arthur Talbot Gascoyne-Cecil, 3º Marquês de Salisbury (1830-1903), conhecido como lorde Robert Cecil antes de 1865 e como visconde Cranborne, de 1865 a 1868. Político britânico, foi primeiro-ministro de julho de 1885 a fevereiro de 1886, de agosto de 1886 a agosto de 1892 e de junho de 1895 a julho de 1902.

13 Arthur Balfour: Arthur James Balfour, político britânico e primeiro-ministro de 1902 a 1905; ficou conhecido pela famosa "declaração Balfour" que, emitida em 1917, quando Balfour era secretário de Relações Exteriores do governo de lorde Rothschild, tornou pública e oficial a posição de Londres em favor da criação de uma nação judaica na região da Palestina, área sob o mandato da Grã-Bretanha após o fim da ocupação pelo Império Turco-Otomano.

14 Ver "Prefácio do Editor", nota 3.

15 Do original: "Ulster will fight and Ulster will be right".

16 Lorde Crewe: Robert Offley Ashburton Crewe-Milnes, 1º marquês de Crewe (1858-1945). Líder liberal da Câmara dos Lordes, ocupou vários cargos em governos britânicos diferentes e teve ampla participação na aprovação do Ato Parlamentar de 1911, que retirou o poder de veto da Câmara dos Lordes.

Parte II

Esquecimento e redenção

1917-1928

Depois do fracasso do desembarque britânico em Dardanelos, no Leste do Mediterrâneo, para o qual serviu de bode expiatório, Churchill foi forçado a deixar o cargo de primeiro lorde do Almirantado, que o havia colocado no centro do esforço de guerra britânico em alto-mar. Convencido de que sua carreira política estava arruinada e descrevendo a si mesmo como um "bode expiatório em fuga", Churchill, no início de 1916, abriu mão da Câmara dos Comuns em troca das trincheiras de Flandres, para servir como um soldado na linha de frente, onde comandou o 6º batalhão dos Fuzileiros Reais Escoceses. Somente em julho de 1917 retornou ao Gabinete, sendo nomeado ministro das Munições pelo novo primeiro-ministro, David Lloyd George. A partir daí, serviu como secretário para Guerra e Ar, bem como secretário das Colônias.

Perdendo, no entanto, progressivamente, a simpatia do Partido Liberal, em função do alinhamento crescente com o iniciante Partido Trabalhista, Churchill decidiu abandonar as fileiras liberais e "atravessar a sala" pela segunda vez.

Em seguida, foi surpreendido quando, em outubro de 1924, o recém-eleito primeiro-ministro conservador, Stanley Baldwin, o convidou para ser chanceler do Tesouro, um cargo que seu pai ocupara anteriormente. Logo Churchill retornaria a congregação conservadora. Seu período no Tesouro se destacaria pelo retorno da Grã-Bretanha ao padrão-ouro[1], mas o momento mostrou-se infeliz, em vista da iminente crise de 1929 e da grande depressão que se seguiu.

PERIGOS, DORES E SOFRIMENTOS QUE NÃO MERECEMOS

10 de dezembro de 1917
Bolsa do Milho, Bedford

O ano de 1917 foi o mais amargo da Primeira Guerra Mundial. O moral do Exército francês estava abalado pelo fracasso da ofensiva do general Nivelle[2] *e o ataque do Exército britânico em Passendale tinha sido atrapalhado pela lama e pelo arame farpado. Na frente oriental, o grande Exército russo tinha entrado em colapso, solapado pela revolução comunista de outubro. A única perspectiva animadora era a entrada dos Estados Unidos no conflito.*

Há dois meses, declarei em Londres que a guerra estava entrando em sua fase mais severa, mas tenho de admitir que a situação neste momento é mais séria do que seria razoável esperar, há 60 dias. O país está ameaçado. Está em perigo como nunca esteve desde que a batalha do Marne[3] salvou Paris e as batalhas de Ypres[4] e de Yser[5] salvaram os portos do Canal. A causa dos aliados encontra-se em perigo. O futuro do Império Britânico, da democracia e da civilização está em suspenso e vai continuar assim por um período de tempo considerável, em um equilíbrio instável e em uma preocupante tensão.

É impossível, mesmo que fosse desejável, esconder estes fatos de nossos inimigos. Seria loucura não enfrentarmos os fatos nós mesmos de forma corajosa. Na verdade, penso que muitas pessoas neste país, nesta maravilhosa ilha, já estão enfrentando com sinceridade e de forma resoluta a situação. Lemos nos jornais e ouvimos discursos com apelos ao governo para dizer a verdade sobre a guerra, dizer a verdade sobre os objetivos da guerra, e, realmente, a maior parte do povo britânico já tem uma idéia clara sobre o que estamos passando e uma idéia ainda mais clara do que estamos pretendendo.

Qualquer um pode ver por si mesmo o que aconteceu na Rússia. A Rússia foi inteiramente batida pelos alemães. Seu grande coração se partiu – não só pelo poder germânico, mas pela intriga germânica, não só pelo aço germânico, mas pelo ouro germânico. A Rússia foi ao chão prostrada em exaustão e em agonia. Ninguém é capaz de prever as terríveis vicissitudes que poderão ocorrer na Rússia, nem quando Moscou vai se reerguer – mas, com certeza, reerguer-se irá.

É nesse clima de melancolia que a guerra se prolonga, que rouba dos Exércitos da França, da Grã-Bretanha e da Itália o prêmio que talvez estivesse quase ao alcance deste verão. Foi esse evento [a queda da Rússia] – e somente esse evento – que expôs a nós os perigos, as dores e os sofrimentos que não merecemos, que não podemos evitar, mas que não nos farão ceder. ...

Ao invés de se enfraquecer, nosso povo se fortalece na guerra. Temos todos os meios para fazer nossa parte e trazer a vitória. Há algo, no entanto, muito maior do que tudo isso. Se a Rússia, por enquanto, deixou o nosso plantel, os Estados Unidos da América chegaram. A grande República ocidental, com mais de cem milhões de pessoas, com a mais letrada e científica democracia do mundo, está vindo para nos ajudar, marchando em todas as estradas da América, navegando pelo oceano, organizando suas indústrias para a guerra, gastando sua riqueza como água, desenvolvendo lentamente – mas de forma irresistível e incessante – as forças mais elementares e gigantescas, jamais dominadas e aplicadas no triunfo da causa certa. O surgimento deste grande poder, do outro lado do mundo, restaurou a nós os destinos da guerra, e recuperou – ou mais do que recuperou – tudo o que sofremos com a perda da Rússia.

A intervenção da América significa praticamente a união do mundo inteiro, com o que isso significa em termos de recursos, contra o poder germânico. Não há como falhar. A vitória está assegurada.

Ganhamos a guerra

16 de dezembro de 1918
Almoço no *Australia and New Zeland Club*, Connaught Rooms, Londres

Apenas cinco semanas antes, em 11 de novembro de 1918, a maior guerra da história mundial tinha chegado ao fim. Churchill agradece aos domínios leais da Comunidade dos Estados Britânicos (Commonwealth) e do Império Britânico; do Canadá à Índia, da África do Sul à Austrália e à Nova Zelândia, cada um destes países que – sem serem solicitados – correram em defesa da terra-mãe. Aqui, ele saúda os Anzacs, o corpo do Exército da Austrália e da Nova Zelândia.

Ganhamos a guerra. Todos os nossos sonhos viraram realidade. Chegamos ao fim de um longo caminho. E que vitória! Não sei o que vocês estão sentindo, mas posso falar por mim mesmo que – nas cinco semanas que já se passaram, desde que o tiroteio parou na frente ocidental – venho sentindo uma nova e leve satisfação a cada dia, ao contemplar a magnitude e o esplendor do nosso feito e do nosso sucesso. Cresce na gente como uma chama viva e que segue queimando. Enche nossos corações de orgulho e gratidão, por vivermos um momento como este e pertencermos a uma raça como esta.

Quando olhamos para trás, para o período anterior à guerra, vemos como era fácil para os estrangeiros imaginar que o Império Britânico era apenas uma fantasia da imaginação. Vemos como era fácil para eles imaginar que estávamos entregues ao desleixo, à preguiça, ao luxo e à política partidária, que éramos um grande povo cujo clímax já tinha sido atingido nas batalhas de Trafalgar[6] e Waterloo[7] – e que agora estávamos caminhando placidamente para baixo, na ladeira pela qual desceram tantos outros grandes impérios e nações.

Não os culpo. Não culpo estas nações estrangeiras, amigas, neutras ou inimigas, por este grande erro de cálculo. Mas que erro de cálculo! Esta guerra demonstrou a força da raça britânica, em todos os sentidos. Não houve nenhum teste ao qual ela não fosse submetida – e foram extraordinariamente variados estes testes. Não houve um teste no qual o conjunto não provasse ser absolutamente resistente. Vemos as vitórias e os prodígios executados pelos nossos exércitos, bem como o grande trabalho da Marinha britânica, do qual todos dependemos. Foram, no entanto, as instituições britânicas que triunfaram tanto quanto as façanhas de guerra pela água, pela terra e pelo ar. No mundo inteiro, em cada país, estão todos de olho agora no modo britânico de se fazer as coisas.

De todos os testes de resistência das nossas instituições, nenhum pôde igualar a prova que foi dada quando as grandes comunidades, os domínios da Coroa pelos mares, distantes milhares de quilômetros da área de conflito, desfrutando de liberdade absoluta, desfrutando em todos os sentidos de independência, sob nenhum tipo de pressão, mas apenas com um sentimento puro e espontâneo, sem obedecer a nenhum outro chamado senão o do sangue, estes grandes domínios, sem hesitar por um momento, entraram na luta – para cujo início eles não foram consultados – e correram para derramar seu sangue e seus recursos, e desempenharam na luta armada um papel primordial. Esta dádiva que voltou a nós nesta terra antiga, nesta pequena ilha, pelos princípios da liberdade – esta é uma das maiores e mais espantosas provas da firmeza das instituições britânicas, e que a Grande Guerra revelou.

Atrocidades bolcheviques

11 de abril de 1919
Almoço no *Aldwych Club, Connaught Rooms*, Londres

Enquanto uma guerra civil ocorria na Rússia entre "brancos" (czaristas) e "vermelhos" (comunistas), Churchill fazia o que podia para levar munições e suprimentos às forças anti-soviéticas. Posteriormente, admitiu que havia tentado "estrangular o bolchevismo no berço".

O governo britânico publicou um relatório oficial apresentando um quadro vivo, com base em provas autênticas, das atrocidades cometidas pelos bolcheviques. A tirania se apresenta de diversas formas. A nação britânica é inimiga da tirania em qualquer de suas manifestações. É por esta razão que combatemos o kaiserismo – e o combateríamos novamente. É por esta razão que nos opomos ao bolchevismo. De todas as tiranias na história, a bolchevique é a pior, a mais destrutiva e a mais degradante. É engano imaginar que não é pior do que o militarismo germânico. As misérias do povo russo sob o jugo dos bolcheviques ultrapassam qualquer coisa que tenham sofrido, mesmo com o czar.

As atrocidades de Lênin e Trotski são incomparavelmente mais repugnantes, em escala muito maior e mais numerosas do que qualquer uma pela qual o kaiser seja responsável. Há também para ser lembrado: quaisquer que fossem os crimes cometidos pelos germânicos – e não os poupamos quando formulamos nossa denúncia – eles pelo menos ficaram firmes com seus aliados. Eles iludiram-nos, exploraram-nos, mas não os desertaram, nem os traíram. Pode haver honra entre ladrões – e isso é melhor do que a desonra entre assassinos.

Lênin e Trotski tomaram o poder não sem antes levar a nobre nação russa para longe do caminho da honra. Ficamos inteiramente a sós, nós e nossos aliados, a enfrentar um dilúvio inteiro de reforços germânicos, que caíram sobre nós em março e abril do ano passado. Cada soldado britânico e francês morto no ano passado foi de fato levado à morte por Lênin e Trotski; não numa guerra justa, mas pela deserção traiçoeira de um aliado, algo sem paralelo na história mundial.

Há ainda exércitos russos no campo, sob o comando do almirante Koltchak e do general Deniken – os quais nunca esmoreceram na sua fé e na sua lealdade à causa aliada –, e que estão combatendo valentemente e com algum sucesso a grosseira combinação de crime e barbárie que constitui o regime bolchevique. Estamos ajudando estes homens, dentro dos limites a nós permitidos e no máximo possível de nossa capacidade. Estamos os ajudando com armas e munições, com instruções e especialistas técnicos que se apresentaram como voluntários ao serviço. Não seria certo mandarmos à Rússia nossos exércitos convocados compulsoriamente. A Rússia deve ser salva pela coragem russa. Mas todos os nossos corações estão com estes homens que são verdadeiros para com a causa aliada, em sua luta esplêndida para recuperar a honra da Rússia unida – e para reconstruir com alicerces modernos e democráticos a liberdade, a prosperidade e a felicidade desse povo fiel e de bom coração.

OS JUDEUS DEVEM TER UMA RESIDÊNCIA NACIONAL

31 de março de 1921
Resposta a uma delegação muçulmana, *British Government House*[8], Jerusalém

Churchill, que tinha retornado ao Gabinete como ministro das Munições, ao fim da guerra, era agora secretário das Colônias. No cargo, tinha acabado de participar e presidir a Conferência do Cairo, na qual, a partir das ruínas do Império Otomano (que tinha se aliado à Alemanha), os estados da Jordânia e do Iraque foram estabelecidos sob o comando dos emires hashemitas[9] *Abdullah e Feisal. Ao mesmo tempo, as fronteiras da Palestina bíblica foram delineadas pela primeira vez. Como um sólido defensor da Declaração de Balfour*[10]*, Churchill deixou clara a opinião de que a Palestina deveria ser uma residência nacional para os judeus, mas não com a exclusão dos palestinos.*

Considero o discurso de vocês parcialmente incorreto e partidário. Vocês me pedem para repudiar a Declaração de Balfour e cessar com a imigração. Não tenho esse poder e não é meu desejo. ... Além disso, é certo que os judeus dispersos deveriam ter um centro nacional e uma residência nacional onde pudessem reunir-se. E onde mais senão na Palestina, à qual os judeus estão intimamente e profundamente associados por três mil anos? Nós achamos que isso é bom para o mundo, bom para os judeus e bom para o Império Britânico – e que também é bom para os árabes que habitam a Palestina, e pretendemos que assim seja. Eles não serão suplantados nem sofrerão, mas irão participar dos benefícios e do progresso do sionismo.

Chamo a sua atenção para a segunda parte da Declaração de Balfour, enfatizando a inviolabilidade dos direitos civis e religiosos de vocês. Lamento que vocês considerem isso como algo sem importância. É vital para vocês – e vocês deveriam defender e reivindicar isso com firmeza. Se uma promessa se mantém, a outra também. Nós iremos fielmente cumprir as duas. ... Examinem as palavras cuidadosas do senhor Balfour: a Palestina deve ser "uma residência nacional" e não "a residência nacional" – um significado bastante diferente.

O estabelecimento de uma residência nacional não significa um governo judeu para dominar os árabes. A Grã-Bretanha é o maior Estado muçulmano do mundo[11] – e está bem relacionada com os árabes, com quem cultiva a amizade. ... Vocês não precisam temer o futuro. A Grã-Bretanha prometeu uma oportunidade justa ao movimento sionista, mas este só será bem-sucedido pelos seus próprios méritos. ... Nós não podemos tolerar a expropriação de um conjunto de pessoas pelo outro. A forma atual de governo vai continuar por muitos anos. Passo a passo, iremos desenvolver instituições representativas, levando à autodeterminação plena – mas os filhos dos nossos filhos já terão desaparecido antes que isto se conclua.

Lênin

8 de junho de 1921
Almoço na Câmara de Comércio, Manchester

O massacre de milhões de cidadãos russos, pelo governo bolchevique da Rússia, estava sendo lentamente absorvido pelo Ocidente.

Algumas pessoas consideram Lênin inteligente, mas temos de concordar que ele teve uma educação das mais caras. Não imagino que outro homem desde o início do mundo tenha tido uma educação tão custosa quanto este cavalheiro. Talvez sete ou oito milhões tenham perdido suas vidas – e muitos mais tiveram suas vidas absolutamente arruinadas – a fim de se ensinar ao *monsieur* Lênin os rudimentos da política econômica. Ele foi um aluno negligente. Disseram-lhe que a propriedade privada existia como um prêmio à labuta humana e à poupança. Ele não acreditou. Matou alguns milhares de pessoas de quem discordava – e causou a morte de muitos milhares mais a fim de descobrir a verdade daquela proposição, antes que chegasse à conclusão de que os outros estavam certos e ele estava errado.

Afinal de contas, um homem precisa aprender – e esta foi sem dúvida, aos olhos de Lênin, uma experiência interessante. O *monsieur* dirigiu então sua atenção para a moeda. Ao ver as máquinas imprimindo papel-moeda, teve um lampejo de pura genialidade comunista. Achou que tudo o que precisava fazer para resolver o problema social era manter a máquina imprimindo tão rapidamente quanto o possível. Achou que tinha encontrado uma maneira de fazer todo mundo ficar rico – e de pagar a cada trabalhador muito dinheiro por ano. Ele destruiu a moeda da Rússia de tal maneira que dizem que, se uma pessoa toma um táxi em Moscou, tem de pegar outro táxi só para carregar as notas para pagar a tarifa. Destruiu assim o fator vital aos meios de troca e de comércio entre a cidade e o campo, a tal ponto que as pessoas estão passando fome nas cidades porque não têm produtos para dar aos camponeses em troca dos alimentos que eles plantam.

Esta fome nas cidades da Rússia causou um forte impacto no *monsieur* Lênin. Deveria ter causado um impacto nas cidades. Mas, ele é um aluno negligente – e a sua educação está apenas melhorando lentamente. Ainda nem começou com os dez mandamentos – "não roubarás" e "não matarás". Isto pertence a uma fase posterior na sua educação – que, sem dúvida, ainda vai custar milhares de vidas a mais. Enquanto assistimos a este terrível panorama da miséria russa, vamos extrair uma moral que deveria servir como um guia e uma ajuda. A Rússia não pode ser salva pelo seu próprio empenho, mas pode pelo menos salvar outras nações pelo seu próprio exemplo. A lição da Rússia, escrita em letras brilhantes, é o total fracasso da teoria socialista e comunista e da ruína que esta traz para os que estão sujeitos a sua cruel opressão.

A CULTURA E AS GLÓRIAS DA RAÇA ÁRABE

14 de junho de 1921
Câmara dos Comuns

Já naqueles dias, Churchill enxergava os perigos trazidos pelo extremismo da seita wahhabi[12] *da Arábia Saudita, que tem sido responsável nas últimas décadas por espalhar no mundo muçulmano milhares de madrasas, seminários religiosos dedicados à propagação do fundamentalismo extremista, combinado com um perigoso ódio aos valores e à cultura ocidental.*

De uma maneira geral, há duas políticas que podem ser adotadas em relação à raça árabe. Uma é a política de mantê-los divididos, de desencorajar suas aspirações nacionais, de organizar administrações de notáveis em cada província ou cidade e de exercer influência por meio da inveja de uma tribo em relação à outra. Esta foi em muitos casos a política turca antes da guerra e, apesar de cínica, sem dúvida atingiu um certo grau de sucesso. A outra política, aquela que penso ser a única compatível com o cumprimento sincero das promessas que fizemos durante a guerra, à raça árabe e aos líderes árabes, é a tentativa de construir, em torno da antiga capital Bagdá, de uma forma cordial para a Grã-Bretanha e seus aliados, um estado que possa reviver e incorporar a velha cultura e as glórias da raça árabe – e que tenha uma oportunidade completa e justa de fazer isso, se a raça árabe demonstrar-se capaz de se beneficiar com isso. Destas duas políticas, definitivamente escolhemos a segunda.

Se vai haver um empenho para organizar os negócios no sentido de satisfazer a nacionalidade árabe, vai haver a percepção, acredito, de que a melhor estrutura em torno da qual se deve construir – na verdade, a única estrutura deste tipo que está disponível – é a casa, a família e os seguidores do xarife[13] de Meca. Foi o rei Hussein quem, na crise, declarou guerra contra os turcos e levantou a bandeira árabe. Em torno dessa bandeira se reuniram seus quatro filhos capazes – dos quais o emir Feisal e o emir Abdulla são os mais conhecidos em nosso país – e também muitos dos principais chefes e celebridades do mundo árabe. Com eles ao nosso lado e com a ajuda deles como valiosos auxiliares, lorde Allenby[14] arrancou os turcos da Palestina. O emir Feisal e o emir Abdulla têm grande influência no Iraque entre os militares e também entre as classes religiosas, tanto sunitas quanto xiitas[15].

Os partidários do emir Feisal enviaram-lhe um convite para ir à Mesopotâmia e se apresentar ao povo e à assembléia que deve reunir-se proximamente – e o rei Hussein deu permissão ao filho para aceitar o convite. O emir Abdulla, irmão mais velho, renunciou a seus direitos e reivindicações. Já tratei de fazer com que o emir Feisal seja informado, em resposta a sua consulta, de que nenhum obstáculo será colocado contra a sua candidatura, que está liberado para prosseguir para a Mesopotâmia e que, se for escolhido, irá receber o patrocínio e o apoio da Grã-Bretanha. Por conseguinte, o emir Feisal já saiu de Meca no dia 12 deste mês e está agora a caminho da Mesopotâmia, onde irá chegar dentro de

Em campanha eleitoral no caminho de volta para Westminster, 1924.

dez dias. Temos de ver como a opinião pública vai reagir e qual será a visão da Assembléia Nacional quando for eleita. Não posso tentar prever o curso dos acontecimentos. Mas, não hesito em dizer que, se o emir Feisal for aceito pelo povo em geral e pela Assembléia, uma solução terá sido alcançada, oferecendo – na opinião das mais respeitadas autoridades, nas quais estou me embasando – as melhores possibilidades para um futuro feliz e próspero.

Recentemente, porém, tem havido no Iraque – particularmente na província de Basra – um movimento considerável no sentido de se continuar com o comando direto britânico. As pessoas sempre parecem querer algo diferente daquilo que está sendo feito. Quando estávamos no comando direto há alguns anos, eles se rebelaram. Agora que lhes oferecemos o estado árabe – que era tão ardentemente demandado antes – surge um sentimento considerável de que talvez ao fim das contas o domínio britânico possa ser mais estável. Esse é um dos poucos cumprimentos que temos recebido nesta parte do mundo. Acho que reflete muito a influência de sir Percy Cox[16] que, num curto espaço de tempo, promoveu uma considerável mudança no sentimento público em relação a nós. Mas, não posso dar esperanças de que continuaremos com essa responsabilidade direta.

O nosso objetivo e o nosso plano de ação são montar um governo árabe: fazê-lo tomar a responsabilidade, com a nossa ajuda, a nossa orientação, e com uma medida efetiva do nosso apoio, até que se fortaleça o bastante para poder se manter sem ajuda – e assim encorajar o desenvolvimento da sua independência, de modo a permitir a diminuição rápida e constante de nossa obrigação. Não posso dizer, em relação à Mesopotâmia, que há interesses estratégicos britânicos envolvidos de forma primária e direta. A defesa da Índia pode ser conduzida a partir da sua própria fronteira estratégica. A Mesopotâmia não é, como o Egito, um lugar que, num sentido estratégico, seja de importância fundamental para os nossos interesses – e a nossa política na Mesopotâmia é a de reduzir os nossos compromissos e nos livrarmos dos fardos, enquanto, ao mesmo tempo, vamos satisfazendo as nossas obrigações de forma honrada e construindo um governo árabe forte e efetivo, que será sempre amigo da Grã-Bretanha e, vou acrescentar, amigo da França.

Estamos pendendo fortemente para o que posso chamar de solução dos xarifes, tanto na Mesopotâmia, para a qual está seguindo o emir Feisal, como na Transjordânia, onde o emir Abdulla está atualmente encarregado. Estamos também dando ajuda e assistência ao rei Hussein, o xarife de Meca, cujo Estado e cujas finanças foram cruelmente afetados pela interrupção da peregrinação [muçulmana] – pela qual os nossos parceiros maometanos estão tão interessados e que desejamos ver reiniciada.

A repercussão dessa política de xarifes sobre os outros chefes árabes deve ser olhada com cuidado. Nos vastos desertos da Arábia, que se expandem para o Leste e para o Nordeste, da vizinhança de Meca para o Golfo Pérsico e para as fronteiras da Mesopotâmia, habitam os povos de Nejd, poderosas tribos nômades, no comando das quais se conserva o notável chefe Bin Saud. Este chefe árabe há muito tempo mantém um estado de guerra, invasão e represália contra o rei Hussein e contra os seus vizinhos em geral.

Um grande número de seguidores de Bin Saud pertence à seita wahhabi, uma forma de maometanismo que reflete, falando de modo simples, a mesma associação ao Islã ortodoxo que a mais militante forma de calvinismo manteria em relação a Roma nos tempos mais violentos das guerras religiosas. Os wahhabis professam uma vida de excessiva austeridade – e o que praticam para si mesmos querem rigorosamente forçar sobre os outros. Consideram como um dever, bem como um artigo de fé, matar todos os que não comungam das suas opiniões e transformar em escravos as mulheres e crianças deles. Mulheres foram mortas em cidades wahhabis simplesmente por aparecer nas ruas. É um delito penal usar roupa de seda. Homens têm sido assassinados por fumar um cigarro – e, quanto ao crime da bebida, o mais enérgico defensor da causa da sobriedade alcoólica neste país fica muito atrás deles.

Austeros, intolerantes, bem armados e sedentos de sangue, nas suas próprias regiões, os wahhabis representam uma força distinta que precisa ser levada em consideração. Eles têm sido, e ainda são, muito perigosos às cidades de Meca e Medina – e à própria instituição da peregrinação, com a qual nossos súditos indianos estão tão profundamente preocupados. O emir Bin Saud tem-se mostrado capaz de liderar e, dentro de limites consideráveis, controlar esses temíveis sectários.

CONSERVADOR MAIS UMA VEZ

16 de setembro de 1925
Jantar no Clube dos Conservadores de Midlands, Birmingham

Em 1922, o governo de coalizão do período de guerra, liderado por Lloyd George, tinha sido retirado do comando pelos conservadores, que vieram a ter uma vitó-

ria retumbante. Todavia, apenas um ano depois, o novo líder do Partido Conservador convocou eleições, o que levou à formação do primeiro governo trabalhista. Enquanto isso, Churchill, por uma margem de diferença de dez mil votos, perdeu o seu lugar no Parlamento como representante de Dundee para um proibicionista[17] *chamado Scrimgeour – a quem Churchill descreveu como "um possuidor de todas as virtudes que desprezo e de nenhum dos pecados que admiro". Ele ficaria fora do Parlamento por um ano inteiro, durante o qual passou a gravitar de volta em torno do Partido Conservador, que ele encarava como o mais efetivo reduto contra o socialismo.*

Em outubro de 1924, Churchill voltou ao Parlamento no assento de Epping – e o Partido Conservador, com o novo líder Stanley Baldwin, teve uma vitória impressionante. Assim Churchill comentou em suas memórias: "Fiquei surpreso e o Partido Conservador chocado, quando ele (o primeiro-ministro Stanley Baldwin) me convidou para ser chanceler do Tesouro." Assim, no espaço de 20 anos tumultuados, Churchill "atravessou a sala" pela segunda vez e estava de novo de volta ao grupo conservador. Anos mais tarde, comentaria: "Qualquer um pode desertar uma causa, mas retomar essa causa requer um certo grau de criatividade."

Já se passaram mais de 25 anos desde que fui presidente do Clube dos Conservadores de Midlands e me dirigi aos seus membros nesta sala. Vinte e cinco anos representam um longo período nas nossas vidas breves – e um tempo apreciável na história de uma nação. Mas que época representaram estes 25 anos que atravessamos! Jamais eventos tão gigantescos e terríveis tinham sido concentrados num tempo tão curto, e jamais haviam acontecido, no mesmo período, tantas mudanças, e mudanças tão profundas, na estrutura social, política e econômica da Grã-Bretanha, da Europa e do mundo. Cinco grandes impérios – o Império Germânico, o Império Austríaco, o Império Russo, o Império Turco e o Império Chinês – foram sobrepujados por várias formas de destruição.

Quando avaliamos este panorama tremendo e assustador que se desenrolou diante de nós, parece quase milagroso que a nossa pequena ilha, com a sua população numerosa e as suas posses espalhadas, tenha sobrevivido intacta, unida, segura. Isto deveria nos estimular com sentimentos de profunda gratidão a respeito do passado – e nos inspirar com confiança e coragem para as dificuldades do presente e do futuro.

Mas, mesmo aqui na Inglaterra, onde o fio da continuidade histórica não se partiu – caso único entre Estados antigos –, mudanças enormes, algumas boas, outras ruins, varreram nossa vida nacional e política. A velha ordem do governo e da sociedade acabou. As mulheres começaram a participar de nossa vida pública – até agora sem precedentes no mundo. A união entre a Grã-Bretanha e a Irlanda foi repelida, e a questão irlandesa mergulhou numa solução amarga porém esperançosa. Em terceiro lugar, e não menos relevante entre os importantes acontecimentos domésticos, milhões de eleitores, que estavam acostumados – ou cujos pais estavam acostumados – a buscar o progresso sob a direção do Partido Liberal transferiram a sua lealdade para os padrões socialistas e estão agora, pobres rapazes, balbuciando as tristes falácias de Karl Marx.

Finalmente, preparou-se em Moscou uma vasta organização de propaganda revolucionária, dirigida por uma seita de homens competentes e brutais, armados com recursos remanescentes de um império outrora poderoso, cujo propósito manifesto é envolver a todos os outros países na mesma ruína e escravidão que dispensaram à Rússia.

Eu disse "todos os outros países". Mas, será que podemos ficar cegos ao fato de que os interesses britânicos, o Império Britânico e a Grã-Bretanha foram selecionados como os primeiros e principais alvos da malignidade deles. Esta nossa comunidade insular, que em todas as grandes querelas dos últimos 400 anos, sempre defendeu – e até agora com sucesso – a causa da liberdade ordenada, posiciona-se como um obstáculo forte no caminho dos revolucionários bolcheviques. Derrubar, quebrar em pedaços, triturar a pó, com todos os recursos da violência ou da esperteza – esta é a tarefa deles. Eles já reconheceram isso. Vamos reconhecer também.

Estas são as principais grandes mudanças que ocorreram na vida política britânica – e acho que vocês concordarão comigo que elas fazem com que seja necessário para nós, cada um de nós e todos nós, escolhermos com resolução o caminho que devemos tomar. ...

O atual governo conservador e o seu primeiro-ministro permanecem como um corpo central sólido de vigoroso senso comum e de moderação. Após três eleições gerais em três anos – com os custos e as preocupações que as acompanharam, com governos se formando e caindo como castelos de areia –, a nação produziu há um ano uma nova Câmara dos Comuns de impressionante maioria conservadora, eleita praticamente por sufrágio universal e designada, segundo a Constituição, para um período de governo de cinco anos. O desejo da nação, expresso de forma inequívoca, foi o de que deveria haver uma fase de estabilidade e calmaria, durante a qual a lei e a ordem deveriam ser firmemente mantidas e as práticas constitucionais estritamente observadas, e durante a qual também uma política de paz, de paciência e de perseverança deveria receber uma oportunidade justa por muitos anos.

AS TOLICES DO SOCIALISMO

11 de dezembro de 1925
Town Hall, Battersea

As tolices do socialismo são inesgotáveis. Falam de camaradagem e pregam a irmandade dos homens. Quem são eles? São as pessoas mais deploráveis. Falam sobre uma irmandade comum no mundo inteiro! Mesmo entre eles, há 20 facções discordantes que se odeiam umas às outras, até mais do que odeiam a você ou a mim. Que falsidade! Vocês não podem sentir uma sensação de náusea na presunção arrogante de superioridade dessas pessoas? Superioridade de intelecto! "Estamos buscando", eles dizem, "um estágio da humanidade muito melhor do que a atual esquálida raça humana jamais poderá atingir." E quando se trata da prática, caem por completo não só ao nível dos homens comuns mas a um ponto muito abaixo da média.

E há no socialismo este elemento que vem de fora, o qual penso ser merecedor de repulsa em cada peito britânico. Por que eles não pensaram ao menos uma única idéia por si mesmos? Tomam emprestadas todas as suas idéias da Rússia e da Alemanha. Eles adulam todo canalha e assassino estrangeiro que aparece. Toda a análise econômica é tirada de Karl Marx – e toda a política, das ações de Lênin. Com sentimentos de indignação, contemplo várias vezes o dano que os socialistas têm feito, ao corromper e perverter grandes massas do nosso país, com as suas doutrinas importadas e absurdas. Se estão querendo acelerar um movimento de reforma social, será que é necessário ensinar as pessoas a dançarem de acordo com a sua feia melodia?

Atrás do socialismo, está o comunismo. Atrás do comunismo, está Moscou, esse poder obscuro, sinistro, maléfico que apareceu no mundo – um bando de conspiradores cosmopolitas, reunidos a partir do submundo da Europa e da América, que agarrou o grande povo russo pelos cabelos e os conserva sob controle, roubando-os da vitória, da prosperidade e da liberdade. Este irritante bando de conspiradores tem por objetivo constante derrubar a todos os países civilizados e reduzir cada nação ao nível da miséria a qual foi afundado o grande povo da Rússia. Atacam em qualquer lugar, com qualquer método, por intermédio de qualquer via que se mostre aberta – mas não há nenhum outro país ao qual ataquem tanto como a nossa ilha.

TRAPACEIRO ESPERTO!

22 de abril de 1926
Câmara dos Comuns

As regras relativas àquilo que integra a "linguagem parlamentar" eram evidentemente interpretadas de forma mais liberal na década de 1920 do que nos tempos atuais. Certamente, o temporal de epítetos atirados a Churchill, chanceler do Tesouro, deve constituir algo próximo de um recorde.

Um grande número de palavras duras e fortes vem sendo usado nestes debates. E vou solicitar, como estou certo de que me será permitido, a mais completa liberdade e latitude, para responder às sérias acusações que vêm sendo feitas. Pedi a um cavalheiro que fizesse a gentileza de passar os olhos por todos os pronunciamentos e que me desse uma avaliação estatística da força da linguagem utilizada – e a sua análise foi muito interessante. A palavra "roubo" ou "roubado" foi usada 67 vezes; "confisco", 10; "saqueador", 10; "furtar", 3 – e mais uma pelo correto e honrado cavalheiro, representante de Derby, nas suas últimas observações, que chegaram depois da lista ter sido fechada; "assalto", 11; "saque", 2; "carregador", 1; "seqüestro", 1; e houve uma "mentira", creditada ao correto e honrado cavalheiro, representante de Spen Valley (sir J. Simon). "Quebra de confiança", 19; "traição", 5; "escândalo", 1; "infâmia", 1; "desonestidade", 1; "perfídia", 1; "maldade", 15; "sem valor", 1; "desprezível", 1; "desgastado", 1; e "covarde", 3.

Recebi os seguintes cumprimentos: "vilão", "ladrão", "saqueador", "arrombador", e "trapaceiro esperto". Acho que isto é bastante elogioso, tendo em vista a sua origem. Os mais exuberantes membros do partido do lado oposto já estão acostumados há anos, pelo menos nas eleições, a me saudar pela expressão "assassino" – e por este ponto de vista, "ladrão" é um tipo de promoção. Mostra que estou fazendo algum avanço na sua estima. Palavras que podem ser motores poderosos – em ocasiões apropriadas – perdem seu peso, seu poder e seus valores quando não são apoiadas por fatos ou transportadas pela verdade, quando representam apenas a expressão de um sentimento forte e não são relacionadas de modo algum aos fatos da situação.

Uma fábula do desarmamento

24 de outubro de 1928
Aldersbrook

Em 1925, a Alemanha tinha sido trazida de volta à comunidade das nações e tinha se tornado signatária do Pacto de Locarno, de acordo com o qual os vitoriosos europeus da Grande Guerra, Grã-Bretanha e França, se obrigavam a se desarmar. Mas toda a discussão sobre armas e desarmamento serviu apenas para fazer com que as nações envolvidas se olhassem com suspeição e desconfiança – situação a que Churchill faz alusão nesta alegoria irônica.

A discussão dos últimos dois anos trouxe questões navais, militares e aéreas a uma posição de proeminência internacional que não é de modo algum justificada, na atual situação pacífica do mundo. Os governos têm sido forçados a examinar todos os tipos de possibilidades imaginárias e imaturas que nunca serão traduzidas em realidade, se pelo menos uma das grandes e livres democracias do mundo puder fazer prevalecer a sua posição.

Para evitar ofender alguém, resolvi apresentar uma parábola. Um belo dia todos os animais do zoológico decidiram que iriam se desarmar – e resolveram fazer uma conferência para organizar o tema. Então, o rinoceronte disse, ao inaugurar o debate, que o uso dos dentes era bárbaro e horrível e deveria ser estritamente proibido por consenso geral. Chifres, que eram principalmente armas defensivas, teriam naturalmente de ser permitidos.

O búfalo, o veado, o porco-espinho e mesmo o pequeno ouriço disseram que votariam todos com o rinoceronte, mas o leão e o tigre tomaram uma posição diferente. Defenderam dentes e garras, as quais descreveram como sendo armas honradas, da antigüidade imemorial. A pantera, o leopardo, o puma, e a tribo inteira de pequenos gatos apoiaram, todos, o leão e o tigre. Então falou o urso. Propôs que tanto os dentes quanto os chifres fossem banidos e nunca mais usados em lutas por qualquer animal. Já seria o bastante se fosse permitido aos animais dar bons abraços em meio a uma disputa. Ninguém podia objetar contra isso. Era tão fraternal – e isso poderia ser um grande passo para a paz. Porém, todos os outros animais se sentiram muito ofendidos pelo urso – e o peru entrou em pânico.

A discussão esquentou e se tornou agressiva. Todos aqueles animais, quando discutiam as intenções pacíficas que os tinham reunido, começaram a pensar em chifres, dentes e abraços – e começaram a se olhar uns aos outros de modo muito ruim. Felizmente, os guardas foram capazes de acalmá-los e persuadi-los a voltar calmamente às jaulas – e eles começaram a se sentir bastante amigáveis novamente uns com os outros.

NOTAS

1 Modelo macroeconômico utilizado entre 1776 e 1914 na Grã-Bretanha e que se tornou padrão mundial. No Padrão Ouro, o Banco Central britânico (*Bank of England*) garantia a total convertibilidade da libra pelo ouro em uma relação fixa entre as duas referências de valor. Os bancos centrais de outros países faziam o mesmo com relação às respectivas moedas nacionais.

2 General Nivelle: Robert Georges Nivelle, militar francês comandante na Primeira Guerra Mundial. Ficou conhecido pelas táticas militares ofensivas que empregou contra os alemães no conflito.

3 Batalha do Marne: batalha travada durante a Primeira Guerra Mundial, entre 5 e 10 de setembro de 1914. As forças franco-britânicas venceram o exército alemão, comandado pelo general Von Moltke.

4 Batalha de Ypres. Houve quatro batalhas de Ypres. A primeira, junto com a Batalha do Yser, marcou o fim da "corrida pelo mar", na qual os alemães buscavam alcançar o porto de Calais, na costa francesa do Canal da Mancha, e a cidade de Dunquerque, que faziam parte das principais rotas de suprimento à Força Expedicionária Britânica na guerra.

5 Batalha de Yser. Ver nota anterior.

6 A Batalha de Trafalgar ocorreu em 21 de outubro de 1805 e foi a mais significativa batalha naval das guerras napoleônicas. Muitos a consideram uma das batalhas mais importantes do século XIX. A Marinha Real britânica com 27 navios derrotou a frota aliada franco-espanhola de 33 navios a oeste do Cabo Trafalgar, na costa sudoeste da Espanha. Na batalha, os aliados perderam 22 navios e a Grã-Bretanha nenhum. O comandante da Marinha Real almirante lorde Nelson morreu na batalha e assim entrou para o rol dos grandes heróis militares britânicos. A vitória da Coroa estabeleceu a hegemonia da Marinha Real nos mares e impediu a planejada invasão da Grã-Bretanha pelo mar por Napoleão.

7 A Batalha de Waterloo foi travada em 18 de junho de 1815, na Bélgica, e foi a última das guerras napoleônicas. Após a derrota, Napoleão se exilou na ilha de Elba.

8 Government House é o nome usualmente dado à residência do governador-geral, governador ou vice-governador na Comunidade dos Estados Britânicos ou no antigo Império Britânico.

9 Hashemitas: ver "Prefácio do editor", nota 6.

10 Declaração de Balfour: emitida em 1917, por Arthur James Balfour, então secretário de Relações Exteriores do governo britânico, tornou pública e oficial a posição de Londres

em favor da criação de uma nação judaica na região da Palestina, área sob o mandato da Grã-Bretanha após o fim da ocupação pelo Império Turco-Otomano.

11 A Grã-Bretanha é o maior Estado muçulmano do mundo: já que continha o domínio da Índia, que englobava o que é hoje a Índia e o Paquistão.

12 Wahhabismo: movimento islâmico preponderante na Arábia Saudita que segue os ensinamentos de Muhammad Ibn Abd al Wahhab (1703-1792). De fato, os "wahhabis" se chamam de salafistas, ao seguirem originalmente o pensamento de Al-Salaf- Al-Salih, de quem Ibn Abd al Wahhab foi seguidor. O movimento passou a despertar mais a atenção ocidental após os ataques de 11 de setembro, dado que o terrorista islâmico Osama Bin Laden foi, como é hoje notório, educado, como muitos na Arábia Saudita, pela vertente wahhabista.

13 Líder muçulmano ou descendente de Maomé pela sua filha Fátima.

14 Lorde Allenby: Allenby, marechal de campo, 1º lorde Allenby (1861-1936), antes: general sir Edmund Allenby. Comandante das forças britânicas na campanha do Oriente Médio, na Primeira Guerra Mundial, derrotando os turcos e ocupando cidades como Jerusalém e Damasco. Foi alto-comissário britânico para o Egito entre 1919 e 1925.

15 Sunitas e xiitas. Os muçulmanos que seguem a tradição sunita são grande maioria (80%-90%) da população islâmica mundial. A separação dos muçulmanos sunitas e xiitas ocorreu após a morte do profeta Maomé. Enquanto os primeiros aceitaram a liderança de Abu Bakr, amigo mais íntimo e sogro do profeta, os xiitas acusaram a liderança do escolhido como ilegítima e tornaram-se seguidores do cunhado do profeta Ali ibn Abi Talib, que teria sido anunciado pelo próprio Maomé como o seu sucessor. A terminação "xiita" pouco tem a ver, como é comumente utilizada, como sinônimo de um "muçulmanismo radical", percepção que se tornou popular após a Revolução Islâmica no Irã, país preponderantemente xiita, comandada pelo aiatolá Khomeini, em 1979.

16 Percy Cox: sir Percy Zachariah Cox (1864-1937) foi diplomata e administrador britânico no mandato da Coroa sobre o Iraque. Estabeleceu o Exército e a Constituição iraquiana.

17 Proibicionismo: movimento social britânico pela proibição do álcool.

Parte III

Os anos de ostracismo

1931-1939

A partir de maio de 1929, quando os liberais voltaram ao poder apoiando um governo de minoria trabalhista, Churchill ficou de fora do governo por mais de dez anos. A partir do início da década de 1930, primeiro na Índia, depois no processo de paz diante de uma Alemanha rearmada, Churchill ficou ainda mais afastado da liderança e da predominância do Partido Conservador – até um ponto em que, no fim dos anos 30, quando Hitler já estava devastando a Europa, poderia contar nos dedos de uma das mãos seus amigos e aliados políticos no Parlamento.

Com premonição e clareza, viu que o mundo estava caminhando para a catástrofe. Convencido de que o desastre poderia ser evitado, ele fez tudo o que estava ao seu alcance para alertar os povos da Grã-Bretanha, dos Estados Unidos e da Europa Ocidental sobre os perigos, mas ninguém o ouviria. Repudiado e ofendido como um "fomentador da guerra", estes foram os anos em que Churchill mais foi posto à prova. Pelo ponto de vista da moral, da coragem e da determinação, não há dúvida de que este foi o melhor momento de Winston Churchill.

A Crise de Munique, na qual os governos britânico e francês vergonhosamente traíram a independência da Tchecoslováquia, com a esperança de acalmar o apetite de Hitler pela agressão – provou ser o momento decisivo. Inicialmente, o primeiro-ministro Neville Chamberlain foi exaltado como o homem que salvou a paz mas, com o passar do tempo, o público britânico veio a perceber que tinha sido enganado e que Churchill estivera certo o tempo todo. A partir daí, o clamor cada vez mais insistente pela volta de Churchill ao poder passou a dominar a política britânica.

Um advogado separatista de meia-tigela

23 de fevereiro de 1931
Winchester House, Epping

Uma das primeiras ações do governo trabalhista foi a de propor, com o apoio dos conservadores, o status de Domínio, com autonomia política, à Índia, algo com o qual Churchill não concordava. Este discurso, um violento ataque ao líder nacionalista hindu Mahatma Gandhi, provocou ofensas e foi muito criticado, não só na Índia mas também na Grã-Bretanha.

Sobre a administração da Índia, na minha opinião deveríamos nos dissociar da forma mais pública e mais formal possível de qualquer cumplicidade com a fraca, teimosa e infeliz administração levada à frente pelos socialistas e pelo vice-rei[1]. É alarmante e também nauseante ver o senhor Gandhi, um advogado separatista de meia-tigela, posando agora de faquir, como um tipo bem conhecido no Oriente, subindo seminu os degraus do palácio do vice-rei enquanto, ao mesmo tempo, organiza e conduz uma campanha desafiante de desobediência civil, para negociar em termos iguais com o representante do rei. Tal espetáculo só aumenta os problemas na Índia.

Abandonando a Índia

18 de março de 1931
Royal Albert Hall, Londres

Churchill, que tivera muitos anos de experiência na Índia como soldado, estava firmemente convencido de que a remoção efetiva do poder britânico levaria não só à morte do Império, mas também à violência e ao derramamento de sangue entre hindus e muçulmanos. Tragicamente, a história provou que ele estava certo. Não obstante, por sua posição no tema, ele perdeu o apoio de uma boa parte do Partido Conservador, num momento em que, pouco depois, precisaria de todo amigo e aliado político que pudesse juntar.

Abandonar a Índia ao governo dos brâmanes[2] seria um ato de negligência cruel e perigosa. Envergonharia para sempre os culpados de tal ato. Estes brâmanes, que balbuciam e manuseiam os princípios do liberalismo ocidental e que posam como políticos democráticos e filosóficos, são os mesmos brâmanes que negam direitos fundamentais de existência para quase 60 milhões de seus compatriotas, a quem chamam de "intocáveis" e aos quais de fato ensinaram a aceitar esta triste posição durante milhares de anos de opressão. Eles não irão comer com estes 60 milhões, nem beber com eles, nem tratá-los como seres humanos. Consideram-se contaminados até mesmo pela aproximação dos outros. E agora então, de um momento para o outro, dão uma volta e começam a falar de John Stuart Mill[3] ou recorrer aos direitos do homem como Jean-Jacques Rousseau[4].

Enquanto qualquer comunidade social ou religiosa endossar tais práticas e se declarar resolvida a manter eternamente 60 milhões de compatriotas num estado de servidão subumana, não podemos reconhecer sua reivindicação ao atestado de democracia. Menos ainda podemos entregar ao seu poder descontrolado aqueles milhões de desamparados que desprezam. Lado a lado com esta teocracia brâmane e com a imensa população hindu – castas angélicas e intocáveis –, moram na Índia setenta milhões de muçulmanos, raça de vigor físico e ferocidade bem maior, armada com uma religião que se presta muito facilmente à guerra e à conquista.

Enquanto o hindu elabora o seu argumento, o muçulmano afia sua espada. Entre estas duas raças e credos, mesmo havendo tantas pessoas encantadoras e talentosas em plena glória da juventude, não há casamento. O abismo é intransitável. Se vocês consideram os antagonismos da França e da Alemanha, ou os antagonismos dos católicos e dos protestantes, juntos e multiplicados por dez, vocês não chegarão à divisão que separa estas duas raças misturadas aos milhões nas cidades e planícies da Índia. Mas, acima de ambos, a regra imparcial da Grã-Bretanha tem até agora levantado o cetro apaziguador. Até que as reformas de Montagu-Chelmsford[5] começassem a levantar as questões da soberania local e da dominação, eles tinham se acostumado a morar lado a lado, numa tolerância razoável.

Mas passo a passo, à medida que foram acreditando na nossa saída ou retirada da Índia, esta tremenda rivalidade e ódio entre as raças renasceu. Está se tornando mais grave a cada dia que passa. Se fôssemos lavar as nossas mãos de qualquer responsabilidade e nos desligássemos de todos os poderes, como nossos sentimentalistas desejam, guerras civis ferozes entre muçulmanos e hindus rapidamente iriam surgir. Ninguém que conheça a Índia irá duvidar disso.

A proibição

Novembro/dezembro de 1931
Viagem aos Estados Unidos

Tendo perdido na Crise de 1929 a maior parcela de tudo o que ganhara com escritos e palestras nos seus primeiros 30 anos de vida adulta, Churchill se lançou em uma grande viagem de conferências pelos Estados Unidos. O trecho aqui transcrito vem das suas anotações para os discursos. Ele adotou forte objeção à "proibição", tanto por motivos políticos como por questões de inconveniência pessoal. Randolph que, como um estudante de 18 anos, tinha acompanhado seu pai, Churchill, dois anos antes em viagem semelhante ao Canadá e aos Estados Unidos, ficara responsável por várias garrafas "medicinais" com formas variadas, contendo um líquido acastanhado que não era originário senão da Escócia!

Acho que nós temos tido mais sucesso do que vocês no combate aos males sociais chocantes da destemperança. No nosso país, como no de vocês, um enorme problema de miséria, pobreza e crime, de vidas destruídas e de casas arruinadas, resultou do álcool. ... Mas, usamos armas diferentes. Usamos as armas da taxação e da regulamentação. Não hesitamos em cuidar desta questão diabólica. ... Mas a tratamos de forma pragmática, como uma doença e não como uma questão moral.

Bandos de jovens teutônicos robustos

23 de novembro de 1932
Câmara dos Comuns

Começou em 1932 a campanha de Churchill para alertar os britânicos e o mundo a respeito dos perigos do desarmamento aliado diante do implacável rearmamento germânico. Dez semanas depois do discurso, Adolf Hitler foi eleito chanceler da Alemanha.

Do outro lado, encontra-se a Alemanha – a mesma poderosa Alemanha que recentemente ameaçou quase o mundo todo com as suas armas. A Alemanha que resistiu com uma força terrível, exigindo duas ou três vidas dos aliados em troca de uma vida germânica, nos quatro anos da Grande Guerra. A Alemanha que também tem aliados, amigos e associados no seu comboio – nações poderosas que consideram a sua política, de algum modo, associada à deles. A Alemanha cuja quota anual de jovens em idade militar já é quase o dobro da juventude da França. A Alemanha cujo sistema parlamentar e suas salvaguardas – as quais nos disseram confiáveis depois da Grande Guerra – estão suspensos. Hoje, não sei onde está o sistema parlamentar da Alemanha, mas, com certeza, os poderes principais estão nas mãos dos militares.

Desde a guerra, a Alemanha pagou uma indenização da ordem de um bilhão de libras esterlinas, mas tomou empréstimos no mesmo período de cerca de dois bilhões de libras, para poder pagar esta própria indenização e equipar fábricas. Suas terras foram evacuadas muito antes do tempo estipulado – e fico contente com isso – e agora, foi – em Lausanne[6] – virtualmente liberada de todas as reparações solicitadas pelas nações cujos territórios tinham sido devastados pela guerra ou cuja prosperidade, como nós, tinha sido minada pelo conflito. Ao mesmo tempo, suas dívidas comerciais podem muito bem se revelar ao fim irrecuperáveis.

O que faço não é indiciar a Alemanha. Tenho respeito e admiração pelos alemães e desejo que possamos ter sentimentos e relações frutíferas com eles. Mas, devemos olhar para o fato de que cada concessão que foi feita – muitas concessões foram feitas e muitas outras ainda serão – foi seguida imediatamente por uma nova demanda.

Agora, o pedido é que a Alemanha tenha permissão para se rearmar. Não se iludam. Não deixem o governo de Sua Majestade acreditar – estou certo de que não acreditam – que a Alemanha pede apenas um status de igualdade. Creio que o termo refinado agora é: status qualitativo de igualdade – ou, como alternativa, status qualitativo de igualdade com estágios postergados indefinidamente. Não é isso o que a Alemanha está buscando. Todos esses bandos de jovens teutônicos robustos, marchando pelas ruas e estradas da Alemanha, tendo nos olhos a luz do desejo de sofrer pela pátria, não estão procurando qualquer status. Estão procurando armas e, quando as tiverem, podem acreditar, vão pedir a devolução das colônias e dos territórios perdidos – e quando esta exigência for feita, certamente estarão abalados e possivelmente destruídos, em suas fundações, cada um dos países que mencionei e outros que não mencionei.

Além da Alemanha, há a Rússia. A Rússia fez de si mesma um Ismael entre as nações[7] e é um fator titânico na economia mundial e na diplomacia. A Rússia que se arma de forma poderosa, que desenvolve de forma intensa a produção de gás venenoso, aeronaves, tanques e todo o tipo de fruto proibido. A Rússia, com seus ilimitados recursos humanos e ódio corrosivo, gera pressão sobre toda uma linha de países, alguns pequenos, outros não, do mar Báltico ao mar Negro, todos adjacentes ao território russo.

Estes países acabaram de ganhar independência. Independência e nacionalismo são algo sagrado para eles que, na maioria – nunca devemos esquecer – foram esculpidos, no todo ou em parte, dentro do velho Império Russo, o Império Russo de Pedro o Grande e de Catarina a Grande. E alguns desses países ainda têm uma profunda preocupação com relação à Alemanha.

Tenho certeza de que não exagerei o quadro. Eu organizei os fatos, mas não exagerei o quadro. Podemos nos perguntar, qualquer pessoa razoável, sem preconceitos, amante da paz, pode se perguntar, nas atuais circunstâncias, se há medo na Europa e, por trás do medo, se estão sendo tomadas precauções – talvez em alguns casos exageradas – provocadas pelo medo? Nós nestas ilhas, com nosso dever e nossa responsabilidade imperial, devemos ser muito cuidadosos para não nos intrometermos de forma imprevidente ou além da nossa capacidade, além da nossa parcela proporcional, nesta grande estrutura européia. Se tivermos que atacar as fundações – ainda que estas tenham por base a força – podemos facilmente liberar a catástrofe que a maioria de nós quer evitar. E o que aconteceria conosco? Ninguém pode prever. No entanto, se tivermos precipitado esta catástrofe pelo papel que desempenhamos nas relações européias, então penso que a nossa honra estará envolvida além dos limites prescritos por tratados e acordos.

Não devemos esquecer, e a Europa e os Estados Unidos não devem esquecer: nós nos desarmamos. Sozinhos entre as nações, nos desarmamos, enquanto outros se rearmaram.

A Inglaterra

24 de abril de 1933
Royal Society of St. George, Londres

De modo a não ser cortado no meio da fala pelos controladores da BBC, Churchill usa a alegoria de São Jorge (o santo padroeiro da Inglaterra) e o dragão para zombar e desdenhar dos esforços do governo para apaziguar a Alemanha, que é colocada no papel da fera.

Sou um grande admirador dos escoceses. Sou muito amigo dos gauleses, especialmente de um deles[8]. Tenho de confessar um certo sentimento para com a velha Irlanda, a despeito da máscara feia que tenta usar. Mas, esta não é a noite deles. Nesta única noite em um ano inteiro, a nós é permitido usar uma palavra esquecida e quase proibida. Temos permissão para mencionar o nome do nosso próprio país, falar de nós mesmos como "ingleses" e podemos até levantar o slogan: "São Jorge para a feliz Inglaterra".

Temos de tomar cuidado, porém. Vocês vêem estes microfones? Foram colocados nas nossas mesas pela BBC. Pensem nos riscos que estes senhores eminentes estão correndo. Podemos quase vê-los de olho na nossa mente, reunindo-se naquele prédio muito caro com aquelas estátuas questionáveis à frente. Podemos imaginar sir John Reith[9], com a transpiração cobrindo a sua testa arrogante, com a sua mão no botão de controle, imaginando, enquanto expresso cada palavra, se não é o seu dever proteger a inocente audiência de alguma coisa irreverente que eu possa dizer sobre o senhor Gandhi ou sobre os bolcheviques ou mesmo sobre o nosso peripatético primeiro-ministro. Mas, deixem-me reconfortá-lo, tenho tópicos muito mais sérios a discutir. Tenho de falar a vocês sobre "São Jorge e o dragão". Tenho imaginado o que aconteceria se aquela lenda fosse repetida em condições modernas.

São Jorge chegaria na Capadócia, acompanhado não por um cavalo, mas por um secretariado. Estaria armado não com uma lança, mas com soluções flexíveis. Seria, claro, recebido no escritório local da Liga da União das Nações. Proporia uma conferência com o dragão – sem dúvida uma conferência em mesa redonda – pois seria mais conveniente para a cauda do dragão. Faria um acordo comercial com o dragão. Emprestaria ao dragão um monte de dinheiro para os contribuintes da Capadócia. O comunicado inaugural se referiria a Genebra e reservaria todos os direitos ao dragão. Finalmente, São Jorge seria fotografado com o dragão – para divulgar o comunicado.

Há algumas coisas que me arrisco a dizer sobre a Inglaterra, e que são ditas sem hostilidade. Aqui, dificilmente ocorreria a alguém que os bancos pudessem fechar as suas portas para os depositantes. Aqui, ninguém suspeita da justiça dos tribunais e do Judiciário. Aqui, ninguém pensa em perseguir um homem por conta de sua religião ou de sua raça. Aqui, cada um, exceto os criminosos, olha para o policial como um amigo e servidor do público. Aqui, provemos a pobreza e o infortúnio com mais compaixão do que qualquer outro país, a despeito de nossas obrigações. Aqui, podemos garantir os direitos do cidadão em face ao Estado ou criticar o governo da época, sem estarmos falhando com nosso dever junto à Coroa ou nossa lealdade junto ao rei.

Esta antiga e poderosa Londres onde ainda estamos reunidos é o centro financeiro do mundo. Do prédio do Almirantado, a menos de um quilômetro de distância, pode-se mandar ordens à frota, a qual – embora menor do que costumava ser, ou do que deveria ser – ainda é insuperável nos mares. Mais de 80% das vítimas britânicas na Grande Guerra foram ingleses. Mais de 80% dos impostos são pagos por ingleses. Temos o dever de mencionar estes fatos – e de extrair daí autoridade e coragem.

Os historiadores notaram, ao longo dos séculos, uma peculiaridade do povo inglês que tem lhe custado caro. Depois da vitória, jogamos fora a maior parte das vantagens que ganhamos na disputa. As piores dificuldades sofridas por nós não vêm de fora. Vêm de dentro. Não vêm das casas dos assalariados. Vêm de um tipo peculiar de intelectual, facilmente encontrado em nosso país, e que – se adiciona alguma coisa à cultura – tira muito da nossa força.

Nossas dificuldades vêm do clima de injustificada auto-humilhação, dentro do qual fomos colocados por um segmento poderoso de nossos próprios intelectuais. Vêm da aceitação de doutrinas derrotistas por uma ampla parcela de nossos políticos. Mas, o que será que eles têm a oferecer, senão um vago internacionalismo, um esquálido materialismo e a promessa de utopias impossíveis?

Nada pode salvar a Inglaterra se ela não salvar a si mesma. Se perdermos a fé em nós mesmos, na nossa capacidade de dirigir e governar, se perdermos a nossa vontade de viver, então com certeza nossa história vai estar encerrada. Se ficarmos paralisados por nossas doutrinas teóricas ou mergulhados no estupor de um cansaço do pós-guerra, enquanto, em todos os cantos, nações estrangeiras estão a cada dia reafirmando um nacionalismo militante e agressivo pelas armas e pelo comércio, então tudo o que os pessimistas predizem será verdadeiro – e nossa ruína será rápida e final. Despida do seu império no Oriente, desprovida da soberania dos mares, carregada de dívidas e impostos, com o comércio e os negócios de frete fechados por tarifas estrangeiras e quotas, a Inglaterra afundaria ao nível de uma potência de quinta categoria e nada restaria de todas as suas glórias – exceto uma população muito maior do que esta ilha pode suportar.

Por que deveríamos quebrar a sólida estrutura do poder britânico, com base em tanta saúde, bondade e liberdade, por sonhos que podem se tornar verdadeiros algum dia, mas que agora são apenas sonhos – e, alguns, pesadelos? Nós devemos, como nação e império, resistir a qualquer tempestade pelo menos tão bem quanto qualquer outro sistema de governo dos homens. Somos ao mesmo tempo mais experientes e mais verdadeiramente unidos do que qualquer outro povo no mundo.

Pode até ser que os mais gloriosos capítulos da nossa história ainda estejam para ser escritos. De fato, os problemas e perigos que circundam a nós e ao nosso país deveriam fazer com que os homens e as mulheres desta geração estivessem felizes de estar aqui nesta hora. Deveríamos nos regozijar com as responsabilidades que o destino nos honrou – e estarmos orgulhosos de que somos guardiões do nosso país, numa época em que a sua vida está em risco.

AS GUERRAS CHEGAM MUITO DE REPENTE

7 de fevereiro de 1934
Câmara dos Comuns

Este discurso representa a abertura da ofensiva de cinco anos de Churchill, pedindo à Grã-Bretanha para se rearmar diante da prova clara de que Hitler e os nazistas estavam determinados a jogar por terra as cláusulas sobre o desarmamento estabelecidas no Tratado de Versalhes[10]. *O principal tema de Churchill era a vulnerabilidade das cidades britânicas ao ataque aéreo e a necessidade de se estabelecer uma Força Aérea pelo menos tão poderosa quanto a mantida por qualquer inimigo potencial.*

As guerras chegam muito de repente. Vivi em um período no qual se olhava para frente, como fazemos agora, com grande ansiedade e incerteza sobre o que aconteceria no futuro. De repente, algo aconteceu – intenso, rápido, dominador, implacável. Quero lembrar a Casa sobre o que aconteceu em 1914. Não havia absolutamente nenhuma disputa entre a Alemanha e a França. Numa tarde de julho, o embaixador germânico foi ao Quai d'Orsay[11] e disse, eu acho, para o *monsieur* Viviani, o primeiro-ministro francês: "Fomos forçados a nos mobilizar contra a Rússia e a guerra será declarada. Qual vai ser a posição da França?". O primeiro-ministro francês deu a resposta, com a qual seu gabinete tinha concordado, de que a França agiria de acordo com o que considerava ser o seu próprio interesse. O embaixador perguntou: "Vocês têm uma aliança com a Rússia, não têm?". "Exatamente", disse o primeiro-ministro francês.

Este foi o processo pelo qual em poucos minutos a área de conflito, que já era preocupante no Leste, foi alargada e multiplicada pela entrada das duas grandes nações ocidentais em cada um dos lados. Algumas vezes, mesmo uma declaração de neutralidade não é suficiente.

Nesta mesma ocasião, sabemos agora, o embaixador alemão estava autorizado pelo seu governo – no caso da França não confirmar seu dever para com o seu aliado russo, no caso de demonstrar qualquer disposição para se omitir do conflito que tinha sido decidido pela nação germânica – a pedir que as fortalezas de Toul e de Verdun[12] fossem entregues às tropas germânicas, como uma garantia de que a França, declarando neutralidade, não pudesse mudar de idéia num momento posterior.

Foi assim que este grande acontecimento surgiu em nossas vidas, e estou propenso a dizer que não posso ver na administração atual da Alemanha nenhuma segurança de que eles seriam, para tratar de uma situação vital e suprema como esta, mais gentis do que o governo imperial da Alemanha, responsável pelo procedimento adotado em relação à França. Não senhor. E podemos – dentro de um certo período de tempo, ainda no período de vida daqueles que estão aqui –, se não tivermos o nível adequado de segurança, nos confrontar em alguma ocasião com a visita de um embaixador e ter de dar uma resposta em poucas horas. E se essa resposta não for satisfatória, dentro das horas seguintes o barulho de bombas explodindo em Londres e cataratas de pedras, fogo e fumaça irão nos alertar sobre a falta de adequação que foi permitida às nossas defesas aéreas. Estamos vulneráveis como nunca estivemos antes.

Por vezes, ouço críticas ao governo liberal no período anterior à guerra. Diz-se que sua diplomacia não era suficientemente clara e precisa, que embrulhava as coisas em verborragia, que deveria ter dito logo e claramente o que faria, houve críticas à falta de preparo, e assim por diante. Tudo o que posso dizer é que uma situação mais grave está recaindo agora sobre aqueles que estão no poder e se, por algum acaso – contra nossas vontades e nossas esperanças –, algum problema ocorrer, será algo muito mais grave.

Nenhuma das lições do passado foi aprendida, nenhuma foi aplicada e a situação é incomparavelmente mais perigosa. Nós tínhamos a Marinha – e nenhuma ameaça aérea que merecesse ser discutida. A Marinha era então o "escudo certo" da Grã-Bretanha. Desde que estivesse pronta a tempo e bem posicionada, podíamos dizer a qualquer governo estrangeiro: "Bem, e agora, o que você vai fazer? Não vamos nos entregar. Vamos tomar nosso próprio caminho, seguir nosso próprio curso. Não temos qualquer vontade ou desejo de ferir alguém, e não seremos pressionados ou forçados a qualquer ação apressada, a não ser que achemos cabível ou correto."

Hoje, não podemos dizer isso. O amaldiçoado e demoníaco desenvolvimento da guerra pelo ar mudou nossa posição. Não somos mais o mesmo país que costumávamos ser há 20 anos. Isso está me preocupando mais do que qualquer outra coisa. Não é meramente uma questão sobre o que gostamos e não gostamos, sobre ambições e desejos, sobre direitos e interesses – mas sim uma questão de segurança e independência. É disto que se trata agora, como nunca antes. ...

Não posso conceber como, no atual estado da Europa e da nossa posição na Europa, podemos atrasar no estabelecimento de uma Força Aérea pelo menos tão vigorosa quanto a de qualquer outra potência que possa chegar até nós. Acho que isso é algo perfeitamente razoável. Começaria a nos colocar de volta na posição a que fomos levados.

Temos vivido sob o escudo da Marinha. Ter uma Força Aérea tão poderosa quanto a da França ou a da Alemanha, qualquer que seja a mais forte, é uma decisão que o Parlamento deveria tomar e o governo reafirmar.

ESTAMOS A MINUTOS DE DISTÂNCIA

16 de novembro de 1934
Transmissão de rádio, Londres

Esta foi uma das raras ocasiões, durante os anos de ostracismo de Churchill, em que as autoridades da BBC – que exerciam o monopólio sobre as ondas de rádio, eram altamente tendenciosas para o apaziguamento e sempre temerosas de transmitir qualquer coisa que fizesse Herr *Hitler zangado – permitiram colocar no ar a voz solitária de Churchill.*

À medida em que vamos tocando a vida neste país pacífico, de gente decente e ordeira, que conduz seus negócios sob instituições livres, com tanta tolerância e respeito pelas leis e costumes, é assustador e terrível perceber que não estamos mais seguros dentro da nossa própria ilha, que é a nossa casa. Por quase mil anos, a Inglaterra nunca viu os soldados de um invasor. Os mares revoltosos e a nossa Marinha Real têm sido nossa defesa segura. Não só temos preservado nossa vida e nossa liberdade por séculos, mas gradualmente conseguimos ser o coração e o centro de um império que cerca o globo. É certamente com a dor de uma punhalada que vemos tudo isso em perigo mortal.

Mil anos são necessários para formar um Estado,
Uma hora pode transformá-lo em poeira[13]. ...

A algumas horas de distância pelo ar, há uma nação de quase 70 milhões de pessoas – das mais educadas, trabalhadoras, científicas e disciplinadas do mundo – que estão sendo ensinadas desde a infância a pensar na guerra e na conquista como um exercício glorioso e na morte em meio à batalha como o destino mais nobre do homem. Há uma nação que abandonou todas as liberdades a fim de aumentar o poder coletivo. Há uma nação que, com toda a sua força e todas as suas virtudes, está sob o controle de um grupo de homens brutais, pregando um evangelho de intolerância e o orgulho racial, sem restrições da lei, do Parlamento ou da opinião pública. Há apenas 20 anos estes nossos vizinhos lutaram com o mundo inteiro – e quase o derrotaram.

Agora, eles estão se rearmando com extrema velocidade. Em suas mãos, encontra-se disponível esta nova lamentável arma do ar contra a qual nossa Marinha não serve como defesa – diante da qual mulheres e crianças, o fraco e o frágil, o pacifista e o nacionalista, o guerreiro e o civil, as trincheiras da linha de frente e a pequena casa, todos se encontram em perigo igual e imparcial.

Ainda pior, com a nova arma veio um novo método – ou mesmo estão de volta os mais brutais métodos do barbarismo antigo: a possibilidade de forçar a submissão das raças pelo terror e pela tortura da população civil. E o pior de tudo: quanto mais civilizado é um país, quanto mais amplas e esplêndidas forem as suas cidades, quanto mais intrincada for a sua vida econômica e social – tanto mais vulnerável estará; tanto mais à mercê estará daqueles que o fizerem a sua presa.

No momento, estamos a poucos minutos de distância do litoral da França, da Holanda e da Bélgica – e a poucas horas dos grandes aeroportos da Europa Central. Estamos a uma distância de tiro de canhão do continente. Assim tão perto! Será prudente, será possível, mesmo que possamos desejar isso, dar as costas para a Europa e ignorar qualquer coisa que aconteça por lá? Cada um pode julgar a questão por si mesmo, e todos deveriam se decidir sem demora. Está no cerne dos nossos problemas. De minha parte, cheguei à conclusão – admito que de forma relutante – de que não podemos escapar. Aqui estamos e temos de fazer o melhor. Mas não subestime os riscos – os riscos graves – que temos de correr.

Eu espero, rezo, e, no geral, agarrando-me à esperança maior, acredito que nenhuma guerra irá recair sobre nós. Mas se, no futuro próximo, a Grande Guerra de 1914 retornar à Europa após o armistício – pois é isto o que pode ocorrer – sem dúvida sob condições diferentes, ninguém pode dizer onde e como terminará, ou quando seremos puxados para dentro, da mesma forma que os Estados Unidos foram arrastados contra a vontade em 1917. Independentemente do que possa acontecer e do que seja feito, será um tempo de perigo assustador para nós. ... Portanto, a mim parece que não podemos nos descolar da Europa, e que, para a nossa segurança e preservação, estamos obrigados a nos esforçar e correr os riscos necessários pela manutenção da paz. Há alguns que dizem – na verdade, tem sido o clamor do momento – que deveríamos correr o risco de nos desarmar, a fim de dar exemplo aos outros. Já fizemos isso pelos últimos cinco anos – mas nosso exemplo não tem sido seguido. Pelo contrário, produziu o resultado oposto. Todos os outros países se armaram e pesadamente; e as discussões e intrigas sobre o desarmamento só alimentaram o mal entre as nações.

Vocês arruinaram tudo e não construíram nada

5 de junho de 1935
Câmara dos Comuns

Este ataque feroz contra a administração conservadora (seu próprio partido) marca o fim da longa batalha de Churchill a respeito da Índia, descrita por sir Samuel Hoare – responsável por conduzir a aprovação da Lei da Índia[14] *na Câmara dos Comuns – como "A Guerra dos Sete Anos de Churchill"*[15].

Churchill estava convencido de que a fuga apressada, a política estabelecida pelos partidos Liberal, Conservador e Trabalhista, só levaria à tragédia e ao derramamento de sangue de milhões no subcontinente indiano, fortemente dividido entre hindus e muçulmanos.

Vocês arruinaram tudo e não construíram nada. Aqueles com os quais vocês procuraram conciliar são aqueles a quem mais ofenderam. Aqueles mais necessários à missão de vocês são aqueles que vocês abandonaram completamente. Aqueles com os quais vocês devem sempre contar são aqueles a quem estão ensinando a não contar com vocês.

Vocês devem se perguntar uma última questão, a maior de todas: este projeto de lei significa uma melhoria de vida na Índia? Uma ampliação e elevação do pensamento indiano? Significa que o trabalhador indiano, quando acorda para sua tarefa diária, terá uma oportunidade melhor, nas palavras da Constituição americana, para exercer o direito "à vida, à liberdade e à busca da felicidade"?

A Índia é um país, quase um continente, onde a influência da paz, da ordem e da justiça britânica – e de todas as aplicações da ciência moderna – só geraram um aumento na população. Houve um tremendo aumento da população por lá. Mais riqueza, mais comida, novas facilidades de locomoção, mais higiene, mais oportunidades, o desenvolvimento na agricultura e na silvicultura – nada disso gerou o bem-estar das massas indianas. Tudo isso apenas trouxe à vida, nos últimos 50 anos, mais cem milhões de almas na Índia. Uma população gigantesca tem permanecido na subsistência – e se tornado cada vez mais numerosa.

Uma massa tão desprotegida requer orientação britânica adicional, mais eficiência do governo, mais servidores civis britânicos e uma administração mais vigorosa e rígida em todos os assuntos técnicos. Tudo o que vocês oferecem a eles são fórmulas liberais, uma administração desleixada e declínio. À grande máquina do governo indiano será permitido diminuir de velocidade, logo no momento em que os habitantes da Índia se multiplicaram muito além do limite de sua produção de alimentos, logo no momento em que eles precisam, acima de todas as coisas, de um grau muito maior de autocracia, isenta e esclarecida, logo neste preciso momento, vocês oferecem este buquê de flores desbotadas de liberalismo vitoriano, que apesar de ser admirável, não tem nada a ver com a Ásia e está sendo totalmente ridicularizado e descartado no continente europeu.

Isaac Foot[16]*:* Tanto pior para a Europa.

Churchill (cont.): Por este buquê, vocês terão de pagar um preço elevado. O dinheiro arrecadado com impostos na Índia, que, como o imposto do sal, extraem recursos dos mais pobres, de pessoas cuja pobreza é inconcebível mesmo para os muito pobres em nosso país, é necessário, mas a sua arrecadação só é justificada se for usada para financiar hospitais, prevenção de pragas, educação técnica, irrigação melhorada e outros aparatos modernos. Apenas desta maneira poderá ser mantida no seu nível atual uma população que representa um sexto da raça humana. No que tange à qualidade de vida, eles estão no limite. A mínima queda que seja do atual padrão de vida na Índia significa fome e um real perigo de morte, não de milhões, mas de dezenas de milhões de pessoas que vieram ao mundo com a ajuda e sob o escudo e a proteção do poder britânico. ...

Vocês decidiram e têm o poder para tanto. Vocês mostraram que têm o poder para levar isso à frente – e sem dúvida vocês têm o poder para impor isso ao povo da Índia. Agora, no entanto, parece que mesmo as classes políticas não estão satisfeitas com o governo que vocês estão dando para elas, com a constituição que vocês estão oferecendo – ou com o sacrifício a ser pedido às massas indianas. Por meio de todos os veículos pelos quais eles podem expressar suas opiniões, rejeitam o governo e cospem na sua generosidade, se é que é generosidade. Mesmo as classes das ricas, pequenas e não-representativas minorias, que vocês se prepararam para cuidar, rejeitaram o prato oferecido.

Este, portanto, é o plano de vocês para um melhor governo na Índia. Agradecemos a Deus por não termos participação neste plano. Vocês fizeram o que queriam fazer. Agora há uma tarefa mais difícil a vocês: gostar do que fizeram. Somente os anos mostrarão se vocês serão bem-sucedidos ou não. O que me espantou é que o governo tenha pressionado tão obstinadamente por esta política, que provoca tanta agonia em muitos elementos importantes do Partido Conservador, num momento em que a situação política doméstica está tão incerta, com o continente europeu sendo conduzido para a catástrofe e quando temos diante de nós apenas alguns meses para enfrentar este terrível hiato na força aérea e nas defesas vitais da Grã-Bretanha. Eu pensava que a prudência habitual deveria levá-los a fazer algumas modificações nos planos, que são reconhecidamente provisórios, que não estão de acordo com a lógica ou a harmonia e que não são fixados por nenhum acordo ou tratado com nenhum elemento da vida pública indiana. Fiquei surpreso que isso não lhes tenha ocorrido. ...

Acho que esta é uma medida sem futuro. Estou certo de que está errada. Para usar as palavras de um nobre amigo, é uma fraude ao poder e uma malversação da confiança política.

A Abissínia foi invadida

8 de outubro de 1935
Chingford

A 3 de outubro, os exércitos italianos do ditador fascista Benito Mussolini invadiram o antigo reino da Abissínia (Etiópia) na África Oriental. A Liga das Nações acusou a Itália de agressão e impôs sanções econômicas ao país, exceto na única área em que a punição poderia ter sido efetiva: a do petróleo.

Desde que falei a última vez em Londres, as coisas se tornaram mais sérias e também mais simples. A perspectiva é lamentável, mas é também mais fácil de ser analisada. Sabemos onde estamos e o que vamos fazer – e também sabemos o que não vamos fazer.

Podemos ver os limites dos nossos compromissos imediatos e o perigo. A grande maioria da nação e todos os partidos estão amplamente de acordo em apoiar a política do governo de Sua Majestade. Os ministros explicaram-na tão claramente que ninguém pode ter qualquer dúvida.

Vamos ver então que política é essa. Primeiro, mantemos as nossas obrigações com a Liga das Nações. Vamos fazer a nossa parte, no máximo da nossa capacidade, em qualquer medida que o conselho da Liga das Nações possa prescrever contra o declarado agressor nesta guerra.

O governo, correta e sabiamente, tomou as necessárias precauções para colocar em segurança frotas e esquadrões britânicos no Mediterrâneo e no mar Vermelho, durante o que pode vir a ser um período prolongado de tensão. Não há razão para imaginar que o nosso histórico controle sobre o Mediterrâneo será desafiado. Por outro lado, declaramos que não vamos tomar nenhuma ação ou ir além do que outros países decidam fazer. Creio que a grande maioria do povo britânico está profundamente de acordo tanto com as medidas quanto com as limitações que estas implicam.

Ninguém pode dizer que o governo de Sua Majestade não tenha cumprido todas as obrigações assumidas, não só na letra como no espírito. Com efeito, fomos além de nossas rígidas obrigações. Tomamos a liderança, e estamos tomando a liderança, para encorajar a Liga das Nações a afirmar sua autoridade da maneira mais efetiva – e, sem dúvida, em conseqüência, nos expusemos ao ódio da Itália.

Se deveríamos ter tomado a liderança, como fizemos, é um assunto para ser discutido. É certamente o caminho com que os mais generosos elementos da vida pública britânica irão simpatizar. Mas ninguém pode nos acusar de termos falhado em algum aspecto com o nosso dever internacional. Pelo contrário, como de costume, fizemos melhor do que a nossa palavra – e espero que os nossos amigos na França venham a pesar e ponderar a respeito desta verdade profícua e de longo alcance.

Tendo nos decidido e tomado este caminho, não há nada a fazer senão conduzir adiante esta política com autocontrole e persistência. É difícil ver muito à frente. Começou a guerra entre a Itália e a Abissínia. A Abissínia foi invadida. Tribos abissínias estão sendo atacadas por grandes exércitos italianos equipados com as mais terríveis armas da ciência moderna. Estão sendo bombardeadas pelo ar, com canhões, atropeladas por tanques e estão lutando tão bem quanto é possível, em sua maneira primária de defender famílias e casas, direitos e liberdade.

Seria precipitado prever como a guerra prosseguirá. Os relatos nos jornais são muitos, interessantes e obscuros. Não parece que tenha acontecido muita coisa até agora. Vamos poder julgar melhor quando a invasão italiana tiver penetrado mais profundamente no coração daquele país pedregoso e difícil e quando a linha de comunicação italiana se estender por mais de 250 quilômetros. Até então, é mais prudente suspender qualquer julgamento sobre o problema militar.

Nem sabemos quais são as sanções que a Liga das Nações irá prescrever contra o agressor. O que quer que aconteça, faremos a nossa parte. Mas esta é uma questão dolorosa para a França – e é importante que compreendamos o quadro cruel e de ansiedade sobre este assunto que se apresenta ao povo francês.

Eles vêem os alemães se armando dia e noite, gastando num único ano, com dinheiro emprestado, pelo menos 700 ou 800 milhões de libras em preparativos de guerra. Eles sabem que a Alemanha tem quase duas vezes a sua força de trabalho, e que uma enorme população militar está sendo organizada e equipada numa velocidade e a um custo jamais igualado em tempos de paz. De fato, a Alemanha está, neste momento, vivendo e trabalhando sob condições de guerra – exceto pelo fato de que não há nenhuma luta em andamento.

A Alemanha não teme ninguém

Março de 1936
Comitê de Relações Exteriores do Partido Conservador – Câmara dos Comuns

Embora permanecendo nas fileiras do Partido Conservador, Churchill há cinco anos já não tinha a simpatia da liderança e dos que predominavam no partido. Suas discordâncias públicas sobre a Índia e agora com relação ao fracasso do governo em se rearmar diante da crescente ameaça da Alemanha nazista deixaram-no completamente isolado. Destemido, ele prosseguia batalhando.

Durante 400 anos, a política externa da Inglaterra tem sido a de se opor ao poder mais forte, mais agressivo, mais dominador no continente – e particularmente de evitar que os Países Baixos caiam nas mãos deste poder. Vistos à luz da história, estes quatro séculos de coerência persistente em meio a tantas mudanças de nomes e de fatos, de circunstâncias e condições, devem figurar como um dos mais notáveis episódios que demonstram os registros de qualquer raça, nação, povo ou Estado. Além disso, em todas as ocasiões, a Inglaterra tomou o caminho mais difícil. Enfrentada por Felipe II da Espanha, contra Luís XIV sob o comando de Guilherme III e Marlborough, contra Napoleão, ou contra Guilherme II da Alemanha, teria sido mais fácil e deve ter sido tentador juntar-se aos mais fortes e usufruir os frutos da conquista.

Porém, sempre escolhemos o caminho mais difícil, juntamo-nos às potências mais fracas, fizemos combinações e assim derrotamos e frustramos o tirano militar continental quem quer que fosse, qualquer que fosse a nação que comandasse. Assim, preservamos as liberdades da Europa, protegemos o desenvolvimento de sua intensa e variada sociedade e emergimos depois de quatro terríveis lutas com uma fama que cresce e um império em expansão, e com os Países Baixos seguros em sua independência. Aqui está a maravilhosa tradição inconsciente da política externa britânica. Hoje em dia, todas as nossas opiniões se baseiam nesta tradição. Não sei de nada que tenha ocorrido para alterar ou enfraquecer a justiça, a sabedoria, o valor e a prudência, idéias sobre as quais nossos ancestrais agiram.

Não sei de nada que tenha acontecido com a natureza humana que altere a natureza dessas conclusões. Não sei de nada, nos campos militares, políticos, econômicos ou científicos, que me faça sentir que não deveríamos ou não poderíamos marchar pela estrada de sempre. Aventuro-me a colocar esta proposição bem geral perante vocês porque me parece que – se ela for aceita – tudo se torna muito mais simples.

Observe-se que a política da Inglaterra não leva em conta qual é a nação que pretende dominar toda a Europa. Não importa se é a Espanha ou a monarquia francesa, ou o Império Francês, ou o Império Germânico, ou o regime de Hitler. Não tem nada a ver com governantes ou nações. Estamos preocupados apenas com quem é o mais forte ou o tirano dominador em potencial. Por conseguinte, não devemos ter medo de nos acusarem de ser a favor da França ou contra a Alemanha. Se as circunstâncias fossem diferentes, poderíamos igualmente ser a favor da Alemanha e contra a França. É uma norma da política pública que estamos seguindo – e não mero expediente ditado por circunstâncias acidentais, ou gostos ou desgostos, ou qualquer outro sentimento.

A questão, portanto, que se coloca, é quem é hoje o mais poderoso na Europa, quem é o mais forte, e quem procura num sentido perigoso e opressivo dominar. Hoje, neste ano, e provavelmente em parte de 1937, o Exército francês é o mais forte na Europa, mas ninguém tem medo da França. Todo mundo sabe que a França quer ficar em paz, e que para o país é apenas um caso de preservação. Todo mundo sabe que os franceses são pacíficos e estão ameaçados pelo medo. Eles são ao mesmo tempo bravos, decididos, amantes da paz e preocupados. Eles são uma nação liberal, com instituições parlamentares livres.

A Alemanha, por outro lado, não teme ninguém. Está se armando de uma maneira nunca vista antes na história germânica. É conduzida por um punhado de bandidos triunfantes. O dinheiro está ficando escasso e estão surgindo descontentes por baixo destes governantes despóticos. Logo, terão de escolher entre, por um lado, o colapso econômico-financeiro e a revolta interna, e, por outro, uma guerra que – se for bem-sucedida – não poderá ter outro fim, não poderá ter outro resultado senão uma Europa germanizada sob o controle nazista.

Desta forma, parece-me que as velhas condições se apresentam novamente e que a nossa própria salvação nacional depende de juntarmos de novo todas as forças da Europa para conter, restringir e, se necessário, frustrar a dominação germânica. Pois, podem acreditar: se qualquer um daqueles outros poderosos – Espanha, Luís XIV, Napoleão, o imperador alemão Guilherme II – tivessem nossa ajuda para se tornarem senhores absolutos da Europa, eles nos teriam saqueado e nos teriam reduzido à insignificância e à penúria no dia seguinte da sua vitória. Nossa maior obrigação deve ser manter a vida e a tolerância do Império Britânico e a grandeza desta ilha, e não sermos levados por ilusões sobre um mundo ideal, o que só significaria que outras e piores regras tomariam o nosso lugar, controlando a nossa direção futura.

É neste estágio que o entendimento amplo e a organização vital da Liga das Nações se apresentam como um fator primordial. A Liga das Nações é, em termos práticos, uma idéia britânica – e se harmoniza perfeitamente com os nossos métodos e ações do passado. Além disso, harmoniza-se com os nossos ideais do que é certo ou errado e da paz com base no controle do maior agressor, o que sempre temos seguido. Nós desejamos o reinado da lei e da liberdade entre as nações e dentro das nações. E foi por esta razão, nada mais, que lutaram e venceram no passado os arquitetos de nossa reputação, de nossa magnitude e de nossa civilização. O sonho de um reinado da lei internacional, onde as decisões sobre as disputas seriam tomadas com base em debates pacientes, mas ainda de acordo com o que é legal e justo, é muito caro ao povo britânico.

Vocês não devem subestimar a força que estes ideais exercem sobre a moderna democracia britânica. Não sabemos como estas sementes são plantadas pelos ventos dos séculos nos corações do povo trabalhador. Mas estão lá – e tão fortes quanto o seu amor pela liberdade. Não devemos negligenciá-las, porque representam a essência da genialidade desta ilha. Portanto, acreditamos que no estímulo e fortalecimento da Liga das Nações é que serão encontrados os melhores meios para defender a segurança da nossa ilha, bem como para manter as grandes causas universais, com as quais nossos próprios interesses se encontram em um acordo natural.

Minhas três proposições principais são: em primeiro lugar, a de que devemos nos opor ao pretenso dominador ou agressor em potencial; em segundo lugar, a de que a Alemanha – com o atual regime nazista e seus prodigiosos armamentos que se desenvolvem tão rapidamente – se encaixa inequivocamente neste papel; e, em terceiro lugar, a de que a Liga das Nações possa reunir muitos países e unir nosso próprio povo da maneira mais efetiva a controlar o pretenso agressor. Arrisco-me respeitosamente a submeter estes temas principais à consideração de vocês. Tudo o mais segue a partir daí.

É sempre mais fácil descobrir e proclamar princípios gerais do que aplicá-los. Primeiro, temos de considerar nossa associação efetiva com a França. Isso não significa que devemos desenvolver um clima desnecessariamente hostil contra a Alemanha. É parte do nosso dever e do nosso interesse manter baixas as tensões entre estes dois países. Não vamos ter nenhuma dificuldade, com relação a isso, no que diz respeito à França. Como nós, são uma democracia parlamentar com tremendas inibições contra a guerra e, como nós, têm consideráveis desvantagens para preparar a sua defesa. Por conseguinte, devemos olhar a nossa associação defensiva com a França como fundamental. O resto deve ser visto de modo apropriadamente subordinado a isso, agora que os tempos se tornaram tão perigosos.

Aqueles que possuem um corpo definitivo de doutrinas e de convicções profundamente enraizadas sobre isso ficam numa posição muito melhor para lidar com as mudanças e surpresas dos assuntos diários do que aqueles que simplesmente adotam visões de curto prazo – e se entregam a impulsos naturais quando são suscitados pelo que lêem no dia-a-dia. A primeira coisa é decidir para onde você quer ir. Por mim, sou a favor de uma liga armada de todas as nações, ou das muitas que conseguirmos, contra o agressor potencial, tendo a Inglaterra e a França como o núcleo central. Não vamos negligenciar nada em nosso poder para estabelecer este grande arcabouço internacional. Se isto ficar além da nossa força, ou se decompor pela fraqueza ou delito de outros, então pelo menos vamos ter certeza de que a Inglaterra e a França, os dois grandes países livres sobreviventes da Europa, podem conjuntamente atravessar qualquer tempestade que venha a ocorrer, com esperanças boas e razoáveis de se chegar mais uma vez em segurança ao porto.

MARTELOS BATENDO DIA E NOITE NA ALEMANHA

26 de março de 1936
Câmara dos Comuns

Em 7 de março, os exércitos de Hitler invadiram a região da Renânia[17], em desafio completo aos Tratados de Versalhes e de Locarno – um fato recebido quase sem protesto pelos governos britânico e francês. Para Churchill, era a confirmação dos alertas que fizera sobre a agressividade da Alemanha nazista.

A invasão da Renânia [pelos nazistas] é séria do ponto de vista da ameaça a que expõe a Holanda, a Bélgica e a França. Também é séria pelo fato de que, quando fortificada – e ouvi com apreensão o que disse o secretário de Estado sobre a rejeição dos alemães em parar de se entrincheirar durante o período de negociações; ouvi isso com tristeza –, quando houver lá uma linha de fortificações, como acho que vai haver, isso vai produzir um grande impacto sobre a situação européia. Será uma barreira à frente da porta de entrada da Alemanha, o que vai deixá-la livre para sair na direção Leste e na direção Sul pela porta de trás.

A despeito da seriedade com que ataco a reocupação da Renânia, devo dizer que esta parece ser a parte menor do problema. Qual é o problema real, o perigo real? Não é a reocupação da Renânia, mas o enorme processo de rearmamento da Alemanha. Eis o perigo. Meu correto honrado amigo do lado oposto diz que, nas eleições, eu parecia estar perseguido por esta idéia. Confesso que fico preocupado com a idéia de grandes máquinas girando e de martelos batendo dia e noite na Alemanha, transformando toda a indústria daquele país em um arsenal, toda aquela população talentosa e valente numa grande e disciplinada máquina de guerra.

Eis o problema diante de vocês. Eis o que está trazendo a guerra. Este assunto da Renânia é só um degrau, é só um estágio, é só um incidente no processo. Concordo com o porta-voz oficial da oposição trabalhista, quando ele diz que há medo. Há medo, em todos os países, em todo lugar. Mesmo aqui, neste país, com alguma proteção da distância, o medo existe, um medo profundo. Qual é o medo e qual é a pergunta que resulta deste medo? É a seguinte: "Como vamos parar esta guerra que parece estar se movendo em nossa direção?"

Na prática, claro, há duas opções de política externa ao nosso país. A primeira é uma aliança entre a Grã-Bretanha e a França, as duas democracias liberais ocidentais sobreviventes, que, fortemente armadas, ricas, poderosas, com os mares à disposição, grandes forças aéreas e exércitos, ficariam de costas para o oceano e deixariam a explosão que possa ocorrer na Europa achar um caminho em direção ao Leste ou ao Sul. Esta é uma política externa pragmática, mas espero que não nos resignemos a isso, sem primeiro perseverar num esforço sério com relação à outra política, ou seja, no estabelecimento de uma real segurança coletiva sob a Liga das Nações, com o reinado da lei e do respeito à lei internacional por toda a Europa.

Arrisco-me a fazer uma sugestão que, penso, não será totalmente repugnante àqueles do lado oposto. Digo que, independentemente desta emergência específica e das medidas tomadas pelo secretário do Exterior, deveríamos nos empenhar, agora com resolução, em estabelecer um ambiente de segurança coletiva efetiva. Em minha opinião, todas as nações e Estados que estão alarmados com o desenvolvimento dos armamentos alemães deveriam concordar na ajuda mútua, em pactos de assistência mútua, aprovados pela Liga das Nações e de acordo com as suas cláusulas.

Ouvimos falar num cerco à Alemanha. O último orador da idéia disse quase recentemente que um cerco de guerra seria intolerável, mas um cerco pacífico, defensivo, pode ser inevitável, até que os alarmes de todas as nações sejam calados. Não forçaríamos nenhum cerco à Alemanha que não pudéssemos submeter a nós mesmos. Não é o caso do cerco à Alemanha, mas do cerco ao agressor em potencial. Se formos agressores, temos de ser cercados e trazidos à razão pela pressão dos outros países. Se a França é agressora, que seja contida da mesma maneira; e se for a Alemanha, que esta tome as medidas determinadas pelos países que se submetem à lei e que estão preparados para executá-la.

A prioridade é estabelecer os pactos de ajuda e assistência mútua. Meu correto honrado amigo, o membro de Carnarvon Boroughs (senhor Lloyd George), que não está aqui agora, disse, certa vez, palavras de alerta sobre os tratados militares. Não se pode, no entanto, ter arranjos efetivos de ajuda mútua, em contingências de perigo, a não ser que se tenham tratados. Esta é a prioridade.

Em segundo lugar, concordo com o que foi dito pelo correto honrado cavalheiro que abriu o debate pela oposição: as principais potências, uma vez entrelaçadas nesta forte confederação para a defesa e a paz, deveriam dar à Alemanha uma garantia absoluta da inviolabilidade do solo germânico e uma promessa de que, se alguém invadi-la, todos agirão contra o ofensor – e, se a Alemanha atacar de volta, todos agirão em defesa da vítima. Estou buscando a paz. Estou procurando uma maneira de se evitar a guerra, mas não se pára a guerra com sentimentos e apelos piedosos. Só se pára a guerra com medidas pragmáticas.

Quando estas duas condições estiverem firmemente estabelecidas; quando estiverem interligadas as forças, para defesa, à disposição da Liga; quando forem dadas garantias à Alemanha; então este será o momento de se dirigir coletivamente à Alemanha, não somente com relação à questão menor do Reno, mas também sobre a questão suprema do rearmamento germânico. Depois, deve-se convidar a Alemanha a apresentar os seus descontentamentos, colocá-los ao conselho e permitir que sejam por nós trabalhados. Mas não nos permita parecer que somos uma ralé diante de forças que não ousaríamos enfrentar. Vamos resolver as diferenças negociando com força e não com fraqueza, negociando com unidade e não divididos ou isolados. Vamos negociar e buscar justiça porque temos poder para tanto.

Toda a história do mundo resume-se ao fato de que as nações quando são fortes não são sempre justas – e quando pretendem seguir a justiça freqüentemente não são as mais fortes. Desejo ver as forças unidas do mundo investidas de um poder superior. Se a idéia é administrar o problema no limite e na dependência de um detalhe, de um jeito ou de outro, haverá a guerra. Mas se houver cinco ou dez de um lado, para cada um do outro, todos rigorosamente obrigados por contratos e tratados, então, na minha opinião, há uma oportunidade de se fazer um acordo que irá curar as feridas do mundo. Que nos seja permitida esta união de poder e justiça:

> Concordai com vosso adversário rapidamente enquanto vós estais no caminho com ele[18].

Vamos livrar o mundo da proximidade de uma catástrofe, que carrega calamidades e transtornos que estão além do que a língua do homem pode contar.

Graças a Deus pelo Exército francês

24 de setembro de 1936
Théâtre des Ambassadeurs, Paris

Próximo ao Canal inglês, o Exército francês – muitas vezes maior do que o da Grã-Bretanha – serviu como o principal obstáculo entre as ilhas e o poderio blindado da Alemanha nazista. Churchill faz o que pode para dar sustentação e resolução ao governo da França. Infelizmente, sua fé no Exército francês estava equivocada.

No momento, há três tipos de nações no mundo. Há as nações que são governadas pelos nazistas, as nações que são governadas pelos bolcheviques e as nações que são governadas por si mesmas. É nesta terceira classe de nações que os povos francês e inglês estão mais interessados. Estamos interessados nas nações que se governam por intermédio de Parlamentos eleitos livremente, sob uma franquia democrática. Estas são as nações onde as pessoas têm o direito de criticar os ministros e os funcionários do Estado. Podem escolher a natureza do governo que desejam para administrar as suas questões. Podem fazer reuniões públicas para expressar as suas diferentes opiniões. Se o cidadão individual se sentir lesado, tem o direito de processar legalmente o Estado – e há tribunais imparciais para dizer quem está com o direito, se o cidadão ou o Poder Executivo.

Nestes países, o Estado existe para proteger os direitos do indivíduo, para capacitá-lo a dar o melhor de si mesmo e para assegurar o livre desenvolvimento da vida em família, dentro de sua casa. Moramos em países onde o povo é dono do governo – e não em países onde o governo é dono do povo. O pensamento é livre, o discurso é livre, a religião é livre, ninguém pode dizer que a imprensa não é livre. Em resumo, moramos numa sociedade liberal – o resultado direto dos grandes avanços conquistados nos valores, na dignidade e no bem-estar da humanidade, que sempre serão a glória do século XIX.

Temos também a impressão de que na França, na Inglaterra, nos Estados Unidos, na Suíça, na Bélgica, na Holanda e na Escandinávia não só fizemos constituições liberais que asseguram os nossos direitos, mas também fomos capazes de produzir uma prosperidade material maior – e mais amplamente difundida entre as massas populares – do que qualquer forma de despotismo tenha mostrado até agora. Nestes países que se autogovernam, podemos reivindicar tanto a liderança do mundo no acúmulo de riqueza quanto no tratamento misericordioso do infortúnio.

Temos de reconhecer que se trata de um grande tesouro a proteger, que esta herança por nós possuída representa uma conquista de séculos e que não há sequer um, dos nossos simples e incontáveis direitos, pelo qual homens melhores do que nós não tenham morrido na guilhotina ou nos campos de batalha. Não só temos um grande tesouro – temos uma grande causa. Estamos tomando todas as providências em nosso poder para defender esta causa?

Estou certo de que as democracias francesa, britânica ou americana se sentiriam miseráveis se fossem repentinamente colocadas sob o comando nazista ou bolchevique. A França e a Inglaterra são os principais arquitetos da moderna civilização, e os Estados Unidos são o herdeiro e defensor de nossas idéias. Tendo sido educados numa atmosfera livre, como poderíamos suportar ser amordaçados e calados, ter espiões, bisbilhoteiros e delatores em cada esquina, ter até mesmo conversas particulares anotadas e usadas pela polícia secreta e por todos os seus agentes e colaboradores, ser presos e internados sem julgamento ou ser julgados por cortes políticas e partidárias, por crimes até então desconhecidos dos códigos civis?

Como poderíamos suportar ser tratados como meninos de colégio quando somos homens adultos; ser levados a paradas militares com dezenas de milhares para marchar e dar vivas a este slogan ou aquele; ver filósofos, professores e autores intimidados e forçados até a morte a trabalhar em campos de concentração; ser forçados a cada hora a esconder os pensamentos naturais normais do intelecto humano e as pulsações do coração? Para não nos submetermos a uma tal opressão, não há limite a que não devamos ir. Nossa causa é boa. Nossos direitos são bons. Tenhamos certeza de que nossas armas são boas. Tenhamos certeza de que nossa conduta é inteligente. Tenhamos certeza de que é governada pela sagacidade e habilidade de um estadista.

A República Francesa e o Império Britânico devem estar lado a lado contra a agressão. Afinal de contas, não somos tão fracos e indefesos como algumas pessoas sugerem. Há quatro anos, quando tudo era muito diferente, exclamei à Câmara dos Comuns: "Graças a Deus pelo Exército francês." Repito isto aqui com a convicção informada de que o Exército francês é hoje o melhor do mundo. O futuro é incerto – há ansiedades graves sobre o futuro – mas devemos falar do hoje com confiança. Sobre a frota britânica, posso falar com uma particular segurança. É hoje certamente muito mais forte do que qualquer frota ou combinação de frotas na Europa em relação ao que era em 1914, e, com as providências que agora estão sendo tomadas pelo governo de Sua Majestade, sua preponderância será mantida no futuro, com certeza.

Resta o problema dos céus, que requer o mais urgente estudo das democracias ocidentais e mais esforços em comparação ao que já foi feito. De qualquer modo, seria um grande erro imaginar que no presente estaríamos indefesos frente a esta nova arma. Temos os meios de defesa que ainda nos fazem senhores de nossos destinos.

Mas apenas uma boa defesa jamais nos permitiria sobreviver neste mundo moderno, terrível e gigantesco. É necessário adicionar às defesas o poder soberano das motivações generosas e dos altos ideais, aquela causa da liberdade moral e intelectual, a qual me empenhei em descrever. Temos de confiar no poder das idéias esclarecidas. Temos de confiar em nossa determinação em não sermos impacientes, agressivos ou arrogantes. Buscamos a paz. Desejamos a paz. Rezamos pela paz. Não buscamos territórios. Não temos como alvo nenhum monopólio odioso de matérias-primas. Nossas consciências estão limpas. Não temos velhas dívidas para pagar. Nós nos submetemos com o coração aberto, orgulhosamente, à Convenção da Liga das Nações. Desejamos, com fé e justiça, fazer a nossa parte na construção de uma verdadeira segurança coletiva, que não só tornará mais fácil a vida de milhões, mas também criará os meios pelos quais o descontentamento de grandes nações insatisfeitas, se justificado, possa vir a ser pacificamente remediado.

Outra grande guerra acabaria com o que restou da civilização do mundo e a glória da Europa despencaria no abismo escuro por gerações sem conta. Queremos evitar esta guerra. Só podemos fazer isso se estivermos armados e fortes, se estivermos unidos por princípios fundamentais, se servirmos com igual lealdade, lado a lado, a um mesmo propósito elevado – a nenhum propósito egoísta, nenhum propósito estritamente nacional, nenhum propósito reacionário – e sim a um propósito conhecido por todos nós, compreendido por todos nós, a um propósito digno da genialidade da humanidade.

É da natureza dos extremistas ser violentos e furiosos, ao passo que a grande massa da humanidade, moderada, tolerante, de bom temperamento, costuma ser débil na ação e na liderança. Mas se a causa da liberdade ordenada, do governo representativo e dos direitos do indivíduo contra o Estado vale a pena ser defendida, então vale a pena defendê-la de modo eficiente. Se formos levados a uma competição como esta, vamos ter certeza de que venceremos. Vamos ter certeza de que a força do direito não esteja desacompanhada do direito da força. Na Grã-Bretanha, como na França, a grande maioria das pessoas deseja o certo. Aos que têm a responsabilidade da liderança, que esteja certo que a liderança terão.

Quando falamos de um governo representativo ou parlamentar, queremos dizer um sistema que de forma coerente e sem delongas provê as garantias da lei, da ordem e da justiça, sem as quais nenhum debate ou Parlamento é possível. Um regime parlamentar não deve se tornar uma mera simulação fraudulenta destinada a superar os avanços do nazismo ou do comunismo. Foi uma falta grave dos ministros espanhóis terem continuado a aceitar responsabilidades, mesmo depois que cessaram de ter poder[19]. Seus nomes foram sinônimo de um governo parlamentar, mas outros estavam agindo em nome deles. Isso é uma traição de confiança. Esta característica tem justificado – até mesmo imposto – uma neutralidade estrita de nossa parte.

Quando falamos de segurança coletiva, queremos dizer segurança coletiva real. Não apenas que uma ou duas potências devam correr grandes riscos enquanto outros deixam de fazer seu papel, de acordo com a sua força. Certamente, não queremos dizer uma multiplicação dos riscos para alguns sem nenhuma proteção compensatória. As nações que buscam a paz não devem desarmar-se enquanto aquelas que glorificam a guerra fabricam armas e preparam regimentos. Em segundo lugar, quando nós buscamos esta real segurança coletiva, nós a oferecemos seriamente para todos os outros. A Grã-Bretanha e a França não estão pedindo nenhuma garantia de segurança e independência que não possa com vontade e determinação ser estendida ao grande povo germânico, a quem sinceramente desejamos que viva em paz e em meio à boa vontade.

Alguém me perguntou: "Se a Alemanha e a Rússia começassem uma guerra, você ficaria a favor da Alemanha ou da Rússia?" Esta é uma pergunta muito fácil de responder. Nossos sentimentos e qualquer ação a que fôssemos forçados com base nas cláusulas da Liga das Nações seriam contra o agressor não-provocado. Não seria uma questão de Alemanha ou Rússia. Não seria uma questão de direita ou esquerda. Seria uma questão de certo ou errado. Gostaria de ver – e há muitos que têm o mesmo pensamento na Grã-Bretanha – uma tamanha organização de nações, pronta para cair em cima do agressor, de tal modo que ninguém ousasse quebrar a paz da Europa. Se os governos querem se associar em torno da segurança coletiva, precisam rigorosamente se abster de fazer qualquer interferência organizada nos assuntos internos de seus vizinhos e parceiros, membros da Liga. Quando falamos de agressão, queremos dizer agressão não-provocada. A propaganda financiada por dinheiro externo, em qualquer país, é uma forma séria de provocação.

Lawrence da Arábia

3 de outubro de 1936
Oxford High School, Oxford

Lawrence da Arábia fora amigo pessoal de Churchill por muitos anos. Freqüentemente, e muitas vezes sem avisar, chegava em Chartwell (residência de Churchill por mais de 40 anos) em sua motocicleta, para o almoço de domingo com Churchill e sua família. Foi Lawrence quem, vestido numa roupa árabe, organizou e inspirou a revolta contra os turcos otomanos na Primeira Guerra Mundial.

Embora já tenha se passado mais de um ano desde que Lawrence nos deixou, a impressão da sua personalidade permanece viva e vívida nas mentes de seus amigos – e a sensação da sua perda não está de maneira alguma diminuída entre seus compatriotas. Todos se sentem mais fracos porque ele partiu. Nestes dias, perigos e dificuldades pairam sobre a Grã-Bretanha e o seu império – e estamos todos conscientes da falta que fazem figuras proeminentes para superá-los. Este era um homem que possuía não somente uma imensa capacidade para o trabalho mas também aquele toque de genialidade que todo mundo reconhece e ninguém pode definir. Seja no seu grande período de liderança e aventuras, ou mesmo nos últimos anos de auto-supressão e de um auto-imposto eclipse, Lawrence sempre impressionou aqueles com quem tinha contato. Eles se sentiam na presença de um extraordinário ser. Sentiam que suas reservas latentes de força e sua força de vontade iam além do normal. Se despertava para a ação, não havia crise que ele não pudesse superar ou domar. Se as coisas estavam mal, ficava-se alegre ao vê-lo surgir na esquina.

Parte do segredo dessa estimulante liderança está, decerto, no seu desprezo por muitos dos prêmios, prazeres e confortos da vida. O mundo olha naturalmente com algum espanto para um homem que parece estar sempre despreocupadamente indiferente a casa, dinheiro, conforto, posição – ou mesmo poder e fama. O mundo sente – não sem uma certa apreensão – que aqui está alguém fora da sua jurisdição; alguém perante o qual as atrações mundanas podem ser mostradas em vão; alguém estranhamente emancipado, indomado, sem restrições de convenções, movendo-se de modo independente das correntes ordinárias da ação humana; um ser capaz de violenta revolta ou supremo sacrifício; um homem, solitário, austero, para o qual a existência não é mais do que um dever, ainda assim um dever a ser fielmente cumprido. Ele foi certamente um morador dos topos das montanhas, onde o ar é frio, agudo e rarefeito, e onde a visão de dias claros comanda todos os reinos do mundo e a sua glória.

Lawrence foi um daqueles seres cujo ritmo de vida foi mais rápido e mais intenso do que o usual. Assim como um avião voa com sua velocidade e pressão contra o ar, ele voava melhor e mais facilmente no furacão. Não estava em harmonia completa com a normalidade. A fúria da Grande Guerra elevou a intensidade da vida ao padrão Lawrence. As multidões foram trazidas para o mesmo ritmo. Neste período heróico, ele se encontrou em perfeita relação com os homens e os eventos.

Eu sempre desejei saber o que teria acontecido a Lawrence se a Grande Guerra tivesse continuado por vários anos a mais. Sua fama estava se espalhando rapidamente, com o ímpeto de uma lenda, por toda a Ásia. A terra tremia com a ira das nações guerreiras. Os metais estavam derretidos. Tudo estava em movimento. Ninguém podia dizer o que era impossível. Lawrence poderia ter realizado o sonho jovem de Napoleão de conquistar o Oriente. Poderia ter chegado a Constantinopla em 1919 ou 1920, liderando muitas das tribos e raças da Ásia Menor e da Arábia. Mas, o vento da tempestade cessou tão repentinamente quanto começou. Os céus ficaram claros; os sinos do armistício tocaram. A humanidade retornou com alívio indescritível à vida ordinária, cultivada com carinho, e que estava interrompida. E Lawrence ficou uma vez mais a se mover num plano e numa velocidade diferente.

É nisso que encontramos uma explicação para a última fase de sua vida tão breve. Não é a única explicação. Os sofrimentos e as tensões pelas quais passou durante a guerra, tanto em termos físicos quanto psíquicos, tinham deixado cicatrizes e ferimentos. Foram agravados pelo sofrimento que sentiu pelo que considerou o mau uso de seus amigos e aliados árabes, a quem ele tinha dado a palavra da Grã-Bretanha e a palavra de Lawrence. Ele era capaz de sofrer de dor mental num grau excepcional. Estou certo de que a experiência penosa de olhar o desamparo de seus amigos árabes, nas grandes confusões da Conferência de Paz, foi a principal causa que o fez decidir renunciar a todo poder e a todo interesse nos grandes negócios públicos.

Na sua aposentadoria prematura, teve de programar tarefas detalhadas com que pudesse preencher os dias e as horas. A redação do seu livro *Os sete pilares da sabedoria* foi uma formidável consolação. Para todos nós, é um dos tesouros da literatura inglesa. *Os sete pilares da sabedoria* como uma narrativa de guerra e aventura, como um retrato de tudo o que os árabes representam no mundo, é insuperável. Situa-se entre os grandes livros escritos na língua inglesa. Não é, acho eu, exagerado classificá-lo em interesse e fascínio junto com *O peregrino*, *Robinson Crusoe* e *As viagens de Gulliver*. Se Lawrence não tivesse feito mais nada, exceto escrever este livro como um mero exercício da imaginação, sua fama perduraria, na famosa frase de Macaulay[20], "enquanto a língua inglesa for falada em qualquer região do globo". Mas este foi um livro de fatos, não de ficção, e o autor foi o comandante.

Quando a maior parte da vasta literatura sobre a Grande Guerra tiver sido peneirada e superada pelos resumos, comentários e histórias de futuras gerações, quando as complicadas e custosas operações dos exércitos pesados se tornarem apenas uma preocupação do estudante militar, quando as nossas lutas forem vistas sob uma perspectiva mais amadurecida e numa proporção mais verdadeira, a narração de Lawrence da revolta no deserto vai brilhar com fogo imortal.

Depois que esta obra-prima literária foi escrita, perdida e escrita novamente; depois de cada ilustração ter sido profundamente analisada e de cada detalhe de tipografia e de divisão de parágrafos ter sido revisto meticulosamente; depois de Lawrence na sua bicicleta [motorizada] ter levado os preciosos exemplares aos poucos – muito poucos – que ele considerava dignos de leitura, encontrou felizmente outra tarefa que entusiasmou e confortou sua alma. Viu mais claramente do que qualquer outro o que se tornaria o poder aéreo, e tudo o que isso representa para o transporte e para a guerra. Encontrou na vida de um soldado da Força Aérea aquele bálsamo de paz e de equilíbrio que nenhuma grande posição de comando poderia ter-lhe concedido. Lawrence sentiu que, vivendo a vida de um soldado na Força Aérea Real, dignificaria aquela função honrosa e ajudaria a atrair tudo o que entusiasma nossa juventude para uma esfera urgentemente necessária. Por este serviço e exemplo, para o qual dedicou os últimos 12 anos de sua vida, temos com ele um débito à parte. Foi, em si mesmo, um presente magnífico.

Se, nesta ocasião, estou parecendo me estender sobre as tristezas e os sentimentos de Lawrence, em vez de sobre as suas realizações e a sua valentia, é porque estas já são com justiça conhecidas. Ele tinha a versatilidade de um gênio. Possuía uma daquelas chaves mestras que destrancam as portas de muitas casas preciosas. Era um sábio, bem como um soldado. Era um arqueólogo, bem como um homem de ação. Era um perfeito acadêmico, bem como um simpatizante árabe. Era um mecânico, bem como um filósofo. O pano de fundo de tristes experiências e reflexões parecia apenas expor mais brilhantemente o encanto e a alegria de sua companhia – e a generosa majestade de sua natureza.

Aqueles que o conheciam melhor sentem saudades. Mas, nosso país sente a sua falta acima de tudo – e sobretudo agora. Pois esta é uma época em que os grandes problemas nos quais seu pensamento e seu trabalho estiveram centrados por tanto tempo – os problemas da defesa aérea, os problemas das nossas relações com o povo árabe – preenchem um espaço cada vez maior em nossos assuntos. A despeito de todas as suas reiteradas renúncias, sempre senti que era um homem que se mantinha pronto para o chamado. Quando Lawrence estava vivo, sempre se sentia – e eu certamente percebia isso – que alguma necessidade incontrolável acabaria por retirá-lo do caminho modesto que escolheu trilhar e colocá-lo mais uma vez em plena ação, no centro de memoráveis eventos. Não era para ser. A convocação que chegou até ele, e para a qual estava igualmente preparado, foi de uma ordem diferente. Veio como ele desejaria, de forma rápida e repentina, nas asas da velocidade. Ele havia chegado ao último sobreposto do seu elegante caminho pela vida.

Tudo acabado! Corrida rápida.
Arremetida de cães livres de correias,
Vôo do falcão, limite do cervo,
Louco tropel de patas em nossas costas,
Ar frio entrando em nossos pulmões,
Ruído de muitas línguas[21].

O rei Jorge V escreveu ao irmão de Lawrence: "Seu nome viverá na História." Podemos duvidar de que isso é verdade? Viverá nas letras inglesas; viverá nas tradições da Força Aérea Real; viverá nos anais da guerra e nas lendas da Arábia. Também viverá aqui nesta velha escola, para sempre proclamado e honrado com este monumento que inauguramos hoje.

A Europa se aproxima do momento mais perigoso da sua história

25 de novembro de 1936
Almoço da *New Commonwealth Society*, Hotel Dorchester, Londres

Churchill viu, com mais clareza do que qualquer outro parlamentar, a importância nova e crucial do poder aéreo, bem como a extrema vulnerabilidade da Grã-Bretanha a esta forma de guerra.

A Europa, e talvez também o resto do mundo, se aproxima do momento mais perigoso da sua história. A luta que está sendo iniciada agora entre formas rivais de regimes ditatoriais ameaça perturbar a paz interna de muitos países e os atritam uns contra os outros. Apenas isso já nos traria um perigo grave. Ainda assim, sinto que o perigo poderia ser superado e mantido dentro dos limites se não fosse pelo fato de que nesta mesmíssima malfadada época os homens aprenderam a voar. O avião colocou todos os países e todas as regiões de cada país simultaneamente à mercê de um ataque repentino e explosivo. Nações indefesas já aceitam o bombardeio de cidades abertas e o massacre indiscriminado de habitantes civis como um lugar-comum e inevitável na rotina de guerra. O que foi planejado e o que está sendo planejado será certamente executado em tempos de guerra e com um efeito brutal.

O ataque pelo ar, além disso, não requer a mobilização de frotas e a lenta reunião dos exércitos. Pode ser iniciado com uma mera palavra ou um gesto – e, uma vez iniciado, será irrevogável nas suas conseqüências. É esta conjunção do novo poder aéreo com o crescimento dos regimes ditatoriais que trouxe a todos os países um perigo desconhecido nos tempos bárbaros, ou mesmo nos períodos mais brutais da história humana. Parece pouco provável que o mundo seja capaz de preservar qualquer aparência de civilização, a não ser que o bombardeio aéreo seja posto sob o controle de uma organização internacional.

Segue-se que, nas atuais circunstâncias, somos levados a apoiar todas as medidas consideradas necessárias para capacitar o país a se defender e a participar de um sistema defensivo combinado contra a agressão. Vemos com forte apreensão atividades como as do senhor Lansbury[22] e as de Canon Sheppard[23], que estão incessantemente tentando dissuadir a juventude deste país a se juntar às forças defensivas e que buscam impedir e desencorajar os preparativos militares que a situação mundial nos impõe.

Se for verdade, como o primeiro-ministro disse na semana passada, num deplorável discurso, que "a democracia está sempre dois anos atrás do ditador", então a democracia vai ser destruída. Na Grande Guerra, foram as nações parlamentares que venceram e os impérios autocráticos que caíram em pedaços, sem exceção. Se a democracia na Grã-Bretanha e em outros países está agora em perigo, como talvez esteja, não é a democracia que está falha, mas as lideranças que tem recebido.

Quem poderia dizer que a Europa não é capaz de se salvar, se tentar? Se a humanidade quer realmente ter paz, a sua vontade pode se tornar efetiva, mas somente se obedecer a um plano e à lei na qual este plano tem por base. Se há seis meses, o povo da Espanha pudesse prever o horror que os envolveu repentinamente[24], quão fácil não teria sido impedi-lo. Quando penso naquela tragédia, pergunto-me se não é um presságio que alerta a Europa sobre o destino que pode estar logo ali à frente, em uma escala na qual o horror espanhol seria apenas uma maquete. Peço a todos que estão preocupados com a paz que se ergam à altura dos eventos e não brinquem mais na beira do abismo, mas abracem os sacrifícios e a disciplina da mente e do corpo que a causa exige.

A ABDICAÇÃO DO REI EDUARDO VIII

10 de dezembro de 1936
Câmara dos Comuns

Churchill tornou-se ainda mais impopular e isolado ao adiantar-se como um defensor de seu amigo, o rei, que queria se casar com uma divorciada americana, a senhora Wallis Simpson.

Nada é mais certo ou mais óbvio: a recriminação ou a controvérsia neste momento seria não só inútil, mas prejudicial e errada. O que está feito está feito. O que foi feito ou deixado sem fazer pertence à História – e será deixado para a História pelo menos no que me concerne. Irei, portanto, fazer apenas duas observações. A primeira é esta: está claro, pelo que foi dito esta tarde, que não havia em nenhum momento uma questão constitucional entre o rei e seus ministros ou entre o rei e o Parlamento. A supremacia do Parlamento sobre a Coroa e o dever do soberano de agir de acordo com o conselho dos ministros, nada disso em nenhum momento esteve em questão. Apoiando o meu correto honrado amigo, líder do Partido Liberal, arrisco-me a dizer que nenhum soberano jamais obedeceu mais estrita e fielmente ao espírito e à letra da Constituição do que Sua atual Majestade. De fato, voluntariamente, ele fez um sacrifício pela paz e pela força do seu reinado que vai além dos limites exigidos pela lei e pela Constituição. Esta é a minha primeira observação.

Minha segunda é esta: o tempo todo venho implorando por tempo. Qualquer um pode ver como são graves os males de uma controvérsia prolongada. Por outro lado, em minha opinião, era nosso dever suportar estes males, mesmo com a séria inconveniência, enquanto houvesse alguma esperança de que o tempo traria uma solução. Se havia alguma esperança ou não, é um mistério que se tornou impossível de se resolver. O tempo também era importante sob outro ponto de vista. Era essencial que às calúnias, depois do evento, não fosse dada a oportunidade de dizer que o rei fora apressado por outros a tomar logo a sua decisão.

Acredito que, se a decisão tivesse sido tomada na semana passada, não se poderia declarar que fora uma decisão sem pressa – no que diz respeito ao próprio rei. Mas, agora, aceito sinceramente o que o primeiro-ministro demonstrou, ou seja, que a decisão desta semana foi tomada por Sua Majestade livre e voluntariamente, a seu próprio tempo e da sua própria maneira. Já que estive examinando este assunto, como é bem sabido, de um ângulo diferente de muitos dos honrados membros, achei que era meu dever colocar este fato também no registro.

Isto é tudo o que tenho a dizer sobre a parte discutível deste assunto. Mas espero que a Casa me tolere por um minuto ou dois. Era o meu dever como secretário do Interior, há mais de um quarto de século, ficar ao lado de Sua atual Majestade e proclamar seu estilo e títulos na sua investidura como príncipe de Gales, no meio das ensolaradas muralhas do castelo Carnarvon[25]. Desde então, ele me tem honrado, e também no tempo da guerra, com a sua bondade pessoal e, posso até dizer, amizade. Eu ficaria envergonhado se, na minha posição independente e não-oficial, eu não tivesse atuado por todos os meios legais, mesmo os mais perdidos, para mantê-lo no trono de seus pais, aos quais ele apenas recentemente havia sucedido, com as esperanças e orações de todos.

Neste príncipe enxergavam-se qualidades de coragem, de simplicidade, de simpatia, e, acima de tudo, de sinceridade – qualidades raras e preciosas que poderiam ter feito o seu reinado glorioso nos anais desta antiga monarquia. É o ápice da tragédia o fato de que estas mesmas virtudes, na esfera privada, levaram a esta melancolia e amargura. Mas, embora nossas esperanças hoje estejam enfraquecidas, ainda assim afirmo que sua personalidade será apreciada em épocas futuras, que será particularmente lembrada nas casas dos súditos mais pobres, e que estes desejarão sempre – no fundo de seus corações – a sua felicidade e paz interior e a felicidade daqueles que lhe são caros.

Devo dizer uma palavra mais, digo especialmente para aqueles que estão aqui e lá fora – e não subestime quantos –, para aqueles que estão mais profundamente aflitos pelo que ocorreu, o perigo se acumula em nosso caminho. Não podemos nos permitir – não temos o direito – de olhar para trás. Devemos olhar para frente; devemos obedecer à exortação do primeiro-ministro para olharmos para frente. Quanto mais um homem possa ser advogado do princípio monárquico, tanto mais zeloso ele deve esforçar-se para fortalecer o trono e dar ao sucessor de Sua Majestade aquela força que só pode vir do amor de uma nação e de um império.

Áustria anexada

14 de março de 1938
Câmara dos Comuns

Em 11 de março, a Alemanha invadiu e, praticamente sem resistência, anexou a Áustria.

A gravidade do evento de 11 de março não pode ser exagerada. A Europa se confronta com um programa de agressão, calculado e determinado no tempo, desvelando-se estágio por estágio. Só há uma escolha visível, não só para nós, mas para os outros países que estão infelizmente preocupados: ou se submeter, como a Áustria, ou então tomar medidas efetivas enquanto resta tempo para impedir o perigo e, se não puder ser impedido, para lidar com ele. A resistência vai ser dura. Ainda assim, estou convencido – o discurso do primeiro-ministro me confirma – de que é na definição de resistência a esta invasão arrogante que o governo de Sua Majestade irá chegar, e a Câmara dos Comuns irá certamente sustentá-lo para que seja possível exercer um papel preponderante no esforço de preservar a paz da Europa e, se esta não for preservada, de preservar a liberdade das nações da Europa.

Se nos atrasarmos, se continuarmos levando a vida à espera dos eventos, por um período considerável, quantos recursos – que estão agora à disposição da nossa segurança e da manutenção da paz – iremos jogar fora? Quantos amigos serão perdidos, quantos aliados potenciais devemos ver cair um a um no terrível abismo, quantas vezes o blefe pode ser bem-sucedido – até que, por trás dele, forças jamais reunidas possam impor a realidade? Onde estaremos daqui a dois anos, por exemplo, quando o Exército alemão certamente será maior do que o Exército francês, e quando todas as nações pequenas terão corrido de Genebra para prestar homenagens ao crescente poder do sistema nazista e para obter as melhores condições possíveis para elas mesmas?

Não podemos deixar a questão austríaca onde está. Esperamos a declaração ulterior do governo, mas é certo que não podemos aceitar como solução final do problema da Europa Central este evento ocorrido em 11 de março. A opinião pública tem-se concentrado nos aspectos morais e sentimentais da conquista nazista na Áustria: um país pequeno brutalmente batido, com o governo dispersado aos ventos, com a opressão do Partido Nazista sobre uma população católica e sobre as classes trabalhadoras da Áustria e de Viena. Em seguida, virá a dura perseguição – que provavelmente está em curso neste momento – daqueles que a esta hora, na semana passada, estavam exercendo indiscutíveis direitos políticos, desempenhando seus deveres fielmente a seu próprio país. Tudo isso vemos claramente, mas há algumas coisas que eu não vi na imprensa e que não parecem estar presentes na opinião pública – e são considerações práticas da mais alta significância.

Viena é o centro de comunicações de todos os países que formaram o velho Império Austro-Húngaro e de todos os países que estão no Sudeste da Europa. Um longo trecho do Danúbio encontra-se agora em mãos germânicas. Este domínio de Viena dá à Alemanha nazista o controle econômico e militar de todas as comunicações da Europa Oriental na direção Sul – por estrada, por rio e por trem.

Qual é o efeito sobre o que se chama de "balança de poder"[26], tal como é, e sobre o que é chamado de "a pequena entente"[27]? Devo dizer algo sobre este grupo de potências chamado de "a pequena entente". Tomados isoladamente, os três países da pequena entente podem ser considerados potências de segunda linha, mas são Estados muito vigorosos e, unidos, representam uma grande potência. Eles estavam até agora e ainda estão unidos por um acordo militar. Em conjunto, se completam como uma grande potência e como uma máquina militar de uma grande potência.

A Romênia tem o petróleo. A Iugoslávia tem os minérios e as matérias-primas. Ambos têm grandes exércitos, supridos principalmente com munições da Tchecoslováquia. Para ouvidos ingleses, o nome da Tchecoslováquia soa estranho. Sem dúvida, é apenas um pequeno Estado democrático, sem dúvida tem um Exército "apenas" duas ou três vezes maior que o nosso, sem dúvida tem uma oferta de munições "apenas" três vezes maior do que a da Itália e ainda são um povo viril, com direitos estabelecidos por tratados, com uma linha de defesa e uma forte e manifesta vontade de viver livremente.

A Tchecoslováquia está neste momento isolada, tanto no sentido econômico como no sentido militar. Sua saída comercial por Hamburgo, que tem base no Tratado de Paz[28], pode naturalmente ser fechada a qualquer momento. Agora, as suas comunicações por trem e por rio para o Sul, e depois do Sul para o Sudeste, são passíveis de serem cortadas a qualquer momento. Seu comércio pode ser submetido a tarifas de natureza absolutamente estranguladora.

Eis um país que foi certa vez a maior área manufatureira no velho Império Austro-Húngaro. Agora, está isolado e pode vir a ser estrangulado rapidamente, a não ser que – a partir das discussões que devem ocorrer – se façam acordos para assegurar as rotas da Tchecoslováquia. O país pode perder imediatamente as fontes de matérias-primas na Iugoslávia e os mercados naturais estabelecidos por lá. A vida econômica deste pequeno Estado pode ser praticamente destruída, como resultado do ato de violência perpetrado na noite da última sexta-feira. Um buraco foi aberto no coração do que se chama de "a pequena entente" – este grupo de países que tem tanto o direito de viver na Europa sem ser molestado como qualquer um de nós temos o direito de viver sem sermos molestados na nossa terra nativa.

Seria muito complicado tentar entender as reações econômicas, militares e materiais, além dos sentimentos morais, que se passam nos outros países. Levaria muito tempo. Mas, os efeitos do que aconteceu agora sobre a Romênia, sobre a Hungria, sobre a Bulgária e sobre a Turquia devem ser objeto de estudo o mais rapidamente possível, não só pelo governo de Sua Majestade, mas por todos os que aspiram tomar parte na discussão pública desses assuntos. Pelo que aconteceu, não é exagero dizer que – se as coisas forem deixadas assim – a Alemanha nazista, no ambiente atual, está numa posição capaz de dominar todo o Sudeste europeu. Numa área habitada talvez por 200 milhões de pessoas, o reinado do nazismo – e tudo o que isso envolve – está se movendo em direção ao controle absoluto. ...

Parece-me bastante claro que não podemos nos limitar apenas a um esforço renovado de rearmamento. Sei que alguns dos meus honrados amigos neste lado da Casa irão rir quando eu lhes dou este conselho. Eu digo: "Riam, mas ouçam-me." Afirmo que o governo deveria expressar em termos fortes nossa adesão às cláusulas da Liga das Nações e a nossa determinação de alcançar, pela ação internacional, o reinado da lei na Europa. Concordo inteiramente com o que tem sido dito pelos líderes dos dois partidos de oposição sobre este tema. E fiquei extremamente contente de notar que, no começo e na parte principal de seu discurso, o primeiro-ministro se referiu à Liga das Nações, fazendo disso uma das bases do nosso direito de intervir e de ser consultado sobre as questões da Europa Central. O tema tem importância neste país. Tem de haver uma base moral para o rearmamento britânico e a política externa britânica. Devemos ter esta base se vamos nos unir, inspirar o nosso povo e obter a sua ação sincera – e se vamos instigar as pessoas de língua inglesa pelo mundo.

Nossos assuntos chegaram a um tal ponto que não há outra saída senão correr riscos. Com toda a base da prudência e do dever, encorajo o governo de Sua Majestade a proclamar uma renovada, ressuscitada e firme adesão à Convenção da Liga das Nações. O que tem de ridículo na segurança coletiva? A única coisa ridícula sobre isso é que nós não a temos. Que nós possamos ao menos ver se é possível fazer algo em nome de algum elemento poderoso de segurança coletiva, para nós e para os outros.

Temos sido encorajados a adotar uma causa comum de autodefesa com a República Francesa. O que é isso senão o começo de uma segurança coletiva? Concordo com isso. Não tão facilmente as duas grandes democracias liberais podem ser desafiadas. Se desafiadas, não tão facilmente podem ser subjugadas. Este é o começo da segurança coletiva. Mas, por que parar aí? Por que ser imprensado e empurrado para mais longe e mais abaixo na ladeira, para uma multidão desordenada de Estados envergonhados. Por que não marcar posição enquanto ainda há uma boa companhia de países poderosos e unidos que partilham perigos e aspirações? Por que devemos demorar até que sejamos confrontados com um desmoronamento geral daqueles pequenos países, que não têm opção a não ser se entregar ao poder devastador do regime nazista?

Se um bom número de Estados fosse reunido em torno da Grã-Bretanha e da França num solene tratado pela defesa mútua contra a agressão; se tivessem suas forças sido organizadas no que se pode chamar de grande aliança; se houvesse uma centralização na organização dos recursos humanos; se isto se baseasse, como pode se basear, na Convenção da Liga das Nações, em busca de todos os seus propósitos e ideais; se tudo isso fosse apoiado, como seria, pelo senso moral do mundo; se fosse feito no ano de 1938 – acreditem-me, pode ser a última chance que há para fazê-lo –, então digo que seria possível agora mesmo parar esta guerra que se aproxima.

Talvez, assim, a maldição que aterroriza a Europa deixaria de existir. Talvez, assim, as paixões ferozes que atraem no momento a atenção de um grande povo se voltassem para dentro e não para fora – numa explosão interna, ao invés de externa – e a humanidade seria poupada desta provação mortal em que estamos caindo e afundando mês a mês.

Aventurei-me a indicar uma concepção positiva, uma concepção realista e prática – e estou convencido de que unirá todas as forças deste país sem cuja ajuda os exércitos não podem ser preenchidos, nem suas munições podem ser produzidas. Antes que joguemos fora esta esperança, esta causa e este plano – que tem o seu elemento de risco, não disfarço – vamos deixar todos aqueles que querem rejeitá-lo pensar bastante e seriamente sobre o que poderá acontecer conosco se, quando tudo o mais tiver sido jogado aos lobos, ficarmos abandonados para enfrentar o destino a sós.

As torres de sentinela dos acessos ocidentais

5 de maio de 1938
Câmara dos Comuns

Churchill denuncia o abandono pelo governo do direito de a Marinha Real usar três portos irlandeses, nos termos do Tratado da Irlanda de 1921. A concessão irresponsável e gratuita à República Irlandesa custaria caro à Grã-Bretanha que, em dois anos, estaria em luta contra os submarinos alemães.

Confesso que estava inteiramente despreparado para ler nos jornais que abandonamos todas as nossas posições no que diz respeito ao repúdio do Tratado [da Irlanda de 1921], às anuidades, e, acima de tudo – este é o tema sobre o qual me sinto compelido a falar – nossas posições com relação aos portos estratégicos. O tema dos portos estratégicos faz-me realizar esta tarefa ingrata de trazer alguns destes assuntos muito respeitosamente à atenção da Casa. Os portos em questão – Queenstown, Berehaven e Lough Swilly – devem ser entregues incondicionalmente, sem nenhuma garantia de qualquer tipo, como um gesto da nossa confiança e boa vontade, como disse o primeiro-ministro, ao governo da República Irlandesa.

Quando o Tratado da Irlanda estava tomando forma em 1921, fui orientado pelo Gabinete a preparar aquela parte do acordo que lidava com reservas estratégicas. Negociei com o senhor Michael Collins[29] e fui assessorado pelo almirante Beatty, que tinha por trás todo o pessoal do Almirantado, recém-saído da Grande Guerra de forma bem-sucedida. Por conseguinte, tínhamos ampla autoridade para prescrever o mínimo indispensável de reservas para a garantia da segurança estratégica.

O Almirantado daqueles dias me assegurou que, sem o uso desses portos, seria muito difícil, talvez impossível, alimentar esta ilha em tempo de guerra. Queenstown e Berehaven abrigam as flotilhas que mantêm desimpedidos os acessos para o Canal Bristol e o Canal inglês, e Lough Swilly é a base de onde pode-se cobrir o acesso a Mersey e Clyde[30]. Numa guerra contra um inimigo que possui uma numerosa e poderosa frota de submarinos, estas são as bases essenciais de onde é conduzida toda a operação de caçar submarinos e de proteger os comboios que chegam.

Estou muito triste por ter de fazer uma observação tão forte esta tarde, mas todas as opiniões devem ser ouvidas e registradas. Se nos negarem o uso de Lough Swilly e tivermos de trabalhar a partir [do porto] de Lamlash, devemos cortar aproximadamente 320 quilômetros do raio efetivo de alcance de nossas flotilhas, da terra para o mar. E, se nos for negados Berehaven e Queenstown, e tivermos de trabalhar com Pembrose Dock, devemos cortar cerca de 650 quilômetros do nosso raio de alcance, da terra para o mar. Estes portos são de fato as torres de sentinela dos nossos acessos ocidentais, das quais 45 milhões de pessoas nesta ilha dependem enormemente, por causa dos alimentos que vêm do exterior para a refeição diária, bem como para poderem conduzir o comércio, igualmente importante para a sua existência.

Em 1922, os delegados irlandeses não criaram nenhuma dificuldade sobre isso. Viram que era vital a nossa segurança que pudéssemos usar estes portos e o assunto passou na negociação do tratado sem nenhuma controvérsia séria. Agora, temos de desistir deles incondicionalmente para um governo irlandês comandado por homens – não quero usar palavras duras – cuja subida ao poder foi proporcional à animosidade com que eles agiram contra o nosso país, sem dúvida na execução de seus impulsos patrióticos e cuja posição atual no poder tem por base a violação dos compromissos solenes do tratado. ...

Gostaria que fosse possível, mesmo neste estágio, adiar a decretação da medida, e pergunto ao primeiro-ministro se isso é possível, mesmo no estágio atual, até que arranjos adicionais pudessem ser feitos sobre os portos do tratado ou que algum acerto mais geral pudesse ser feito sobre uma ação e defesa comum. Será que não seria muito melhor desistir de 10 milhões de libras e adquirir o direito legal, ao menos por via de um arrendamento garantido por tratado, de usar estes portos quando necessário? Certamente, deveria haver algum direito a nós preservado. A guarnição militar dos portos naturalmente é pequena no momento, pouco mais do que o suficiente para cuidar e mantê-los. Seria um passo muito sério para o governo de Dublin atacar estes fortes enquanto estiverem em nossa posse e enquanto tivermos o direito de ocupá-los. Seria um passo fácil para o governo de Dublin nos negar o uso depois que tivermos saído.

Os canhões estão lá, as minas estão lá. No entanto, mais importante a esta argumentação, o direito jurídico está lá. Estamos saindo, estamos desistindo dos portos e dando a este outro governo o direito e o poder de proibir a nossa volta. Vocês tinham os direitos. Vocês os cederam. Vocês esperam que eles tenham boa vontade suficiente para resistir a adversidades em nome de vocês. Suponhamos que não se tenha. Será inútil dizer, "Então, vamos retomar os portos". Vocês não terão o direito de fazê-lo. Violar a neutralidade irlandesa, sobretudo se isto for declarado no momento de uma grande guerra, pode deixá-los sem apoio na opinião mundial e pode enfraquecer a causa pela qual vocês poderão estar envolvidos na guerra. Se algum dia lutarmos de novo, estaremos lutando em nome da lei, do respeito aos direitos dos países pequenos – da Bélgica, por exemplo –, com base nisso e no âmbito da Convenção da Liga das Nações.

Quando estivermos prosseguindo, como devemos em circunstâncias infelizes, com base na lei e na eqüidade, de que forma podemos nos justificar se começarmos por violar a neutralidade de quem o mundo considera – e estamos ensinando o mundo a considerar – como a República Irlandesa independente? No momento em que a boa vontade dos Estados Unidos nas questões relativas aos bloqueios e aos suprimentos pode ser da mais alta importância, vocês poderiam ser forçados a adotar uma ação violenta contra a lei e contra as convenções aceitas ou, alternativamente, poderiam ser levados a sacrificar o Ulster ou, em terceiro lugar, a operar sem o uso destes portos estratégicos vitais e importantes.

Por que isto está sendo feito? Quais são os novos fatos que levaram a esta repentina retirada? Para mim, é incompreensível. Para o mundo, para todas as nações agressivas, será considerado um outro sinal de que basta pressionar a Grã-Bretanha e mantê-la preocupada por um tempo suficiente e com intensidade suficiente, para que ela ceda. Se assim for, por este mesmo fato vocês estão trazendo a possibilidade da guerra mais para perto e diminuindo os recursos necessários para lidar com o perigo. Estão alimentando demandas de todos os cantos do globo. Estão jogando fora instrumentos reais e importantes de segurança e sobrevivência, em troca de anteparos inúteis e de comodidade.

Salvar a humanidade do martírio

26 de setembro de 1938
Londres

Com a ameaça de Hitler de invadir os Sudetos[31] *da Tchecoslováquia, o então primeiro-ministro britânico, Neville Chamberlain, fez três viagens no espaço de duas semanas à Alemanha, numa tentativa fútil de garantir a paz. Enquanto isso, de forma igualmente inútil, Churchill apela ao governo e ao povo dos Estados Unidos que se envolvam na crise que se aprofunda.*

Há ainda uma boa chance de se preservar a paz. Uma advertência solene deveria ser apresentada ao governo alemão, em notas conjuntas ou simultâneas da Grã-Bretanha, França e Rússia, dizendo que a invasão da Tchecoslováquia na conjuntura atual seria considerada como um ato de guerra contra estas potências. Os termos desta nota deveriam ser comunicados a todos os países neutros, alguns dos quais podem estar avaliando suas ações, e particularmente ao governo dos Estados Unidos.

Se tais medidas tivessem sido tomadas há um mês, é improvável que os problemas tivessem atingido o ponto atual. Mesmo no último momento, uma ação clara e determinada pode evitar a catástrofe para a qual estamos sendo levados. Não só o governo alemão como também o povo alemão tem o direito de saber qual é a nossa posição.

Se o governo e o povo dos Estados Unidos tiverem uma palavra a dizer para a salvação do mundo, este é o momento – e agora é o último momento em que as palavras terão alguma utilidade. Mais tarde, nos anos de luta e tormento, somente as ações servirão – e isso está para acontecer. Será uma tragédia se este último esforço não for feito da única maneira em que pode ser efetivo para salvar a humanidade do martírio.

UMA DERROTA TOTAL E ABSOLUTA

5 de outubro de 1938
Câmara dos Comuns

No primeiro dia de outubro, Chamberlain retornou de um encontro com Hitler em Munique com uma recepção pública empolgante em Londres, agitando o agora infame acordo de Munique[32] *e prometendo que a Grã-Bretanha e a Alemanha nunca mais iriam à guerra. O discurso condenatório de Churchill lançou um tom dissonante, em contraste total ao louvor que estava sendo prestado a Chamberlain no Parlamento, na imprensa e no país. Naquele momento, Churchill podia contar com os dedos de uma das mãos os seus aliados políticos na Casa.*

Se não começo esta tarde prestando as homenagens normais, e quase imutáveis, ao primeiro-ministro, pelo manejo desta crise, não é com certeza por falta de respeito pessoal. Sempre tivemos, por muitos e muitos anos, relações muito agradáveis, e compreendi profundamente, pelas minhas próprias experiências pessoais, numa crise semelhante, a tensão e a pressão que ele tem suportado. Mas estou certo de que é sempre melhor dizer exatamente o que pensamos sobre os negócios públicos, e este não é o momento em que valha a pena trabalhar para cortejar a popularidade política. Tivemos um brilhante exemplo de firmeza de caráter do mais recente primeiro lorde do Almirantado, há dois dias. Ele mostrou aquela firmeza de caráter que não é influenciada por correntes de opinião, mesmo que possam ser rápidas e violentas.

Meu honrado amigo, o membro de South-West Hull (o senhor Law), cujo discurso compulsivo a Casa ouviu na segunda-feira – eu não tive a boa sorte de ouvir, mas li, e me foi assegurado por todos que ouviram que reviveu a memória de seu famoso pai, tão querido nesta Casa, e fez a todos sentir que os talentos do pai não haviam morrido –, está certo em lembrar que o próprio primeiro-ministro, na condução destes assuntos, vem mostrando indiferença a aplausos ou vaias e a alternâncias da crítica e da consagração. Sendo assim, estas qualidades e o entendimento elevado possibilitam que expressões honestas de opinião sejam trocadas nesta Casa sem o rompimento das relações pessoais. Desta forma, todos os pontos de vista podem ser expressos da forma mais completa possível.

Tendo sido fortalecido pelo exemplo dos outros, vou prosseguir e imitálos. Vou portanto começar dizendo a coisa mais impopular e menos bemvinda. Vou começar dizendo aquilo que todo mundo gostaria de ignorar ou esquecer, mas que, no entanto, deve ser colocado, ou seja: que nós sancionamos uma derrota total e absoluta e que a França padeceu até mais do que nós.

Viscondessa Astor[33]*:* Não faz sentido.

Churchill (cont.): Quando a nobre senhora grita "não faz sentido", ela talvez não deve ter ouvido o chanceler do Tesouro (sir John Simon) admitir agora há pouco, no seu discurso esclarecedor e abrangente, que *Herr* Hitler ganhara em substância, neste caso específico, tudo o que havia se preparado a ganhar. O máximo que meu correto honrado amigo primeiro-ministro foi capaz de conseguir, com todo o seu imenso esforço, com todos os esforços e as mobilizações que ocorreram neste país e com toda a angústia e a pressão pelas quais temos passado neste país, o máximo que ele foi capaz de ganhar foi... [membros do Parlamento: "a paz!"].

Peço que me seja permitido dizer o que pretendo na ordem certa e proponho-me a lidar com isso daqui a pouco. O máximo que ele foi capaz de ganhar para a Tchecoslováquia – e nos assuntos que estavam em questão – foi que o ditador alemão, em vez de abocanhar tudo que estava na mesa, ficou satisfeito em ser servido aos poucos.

O chanceler do Tesouro disse que foi a primeira vez que alguém fez com que *Herr* Hitler, de alguma forma, se retratasse – acho que foi esta a palavra. Depois de todo este longo debate, nós realmente não devemos perder tempo sobre a diferença entre as posições atingidas em Berchtesgaden, em Godesberg e em Munique[34]. Elas podem ser resumidas de forma simples, se a Casa me permitir variar a metáfora. Uma libra foi pedida com a pistola apontada. Quando foi dada, duas libras foram pedidas com a pistola apontada. Finalmente, o ditador consentiu em receber um pouco menos (uma libra dezessete xelins e seis centavos) – e o resto em promessas de boa vontade para o futuro.

Neste momento chego à questão, que foi mencionada agora mesmo em alguns cantos da Casa, sobre a preservação da paz. Ninguém tem sido um lutador mais determinado e inflexível pela paz do que o primeiro-ministro. Todo mundo sabe disso. Nunca houve uma determinação tão intensa e destemida para manter e assegurar a paz. Isso é bem verdade. No entanto, não entendo por que tanta preocupação com o envolvimento da Grã-Bretanha ou da França numa guerra contra a Alemanha neste momento se, de fato, os dois países sempre estiveram prontos para sacrificar a Tchecoslováquia.

Os termos que o primeiro-ministro trouxe consigo – até concordo que, no último momento, tudo tinha saído dos trilhos e somente a sua intervenção poderia ter mantido a paz, mas estou falando dos eventos do verão[35] – os termos poderiam ter sido facilmente acordados, creio, por meio de canais diplomáticos normais a qualquer instante durante o último verão. Vou dizer mais: acredito que os tchecos, se fossem deixados a sós, ou se soubessem que não teriam nenhuma ajuda das potências ocidentais, seriam capazes de fazer melhores acordos do que conseguiram – pois dificilmente conseguiriam pior – depois de toda esta tremenda perturbação.

Nunca se pode ter certeza de que haverá uma guerra se um lado está determinado a ceder completamente. Quando se lê os termos de Munique, quando se vê o que está acontecendo na Tchecoslováquia de hora em hora, quando se está certo não da aprovação parlamentar mas do consentimento parlamentar, quando o chanceler do Tesouro faz um discurso que tenta mostrar de maneira poderosa e persuasiva o fato de que, afinal de contas, o que foi feito era inevitável e, na verdade, justo – ou correto –, quando vemos tudo isso e a todos deste lado da Casa, inclusive membros do Partido Conservador, que se supõe sejam guardiões vigilantes e cuidadosos do interesse nacional, fica claro que nada que nos pudesse afetar de modo vital está em jogo. Parece-me então que se deve perguntar: afinal, sobre o que era toda essa inquietação e afobação?

A resolução foi levada à frente pelos governos britânico e francês. Quero dizer que é muito importante perceber que não é uma questão que coubesse somente ao governo britânico decidir. Admiro a maneira pela qual, nesta Casa, todas as referências de natureza recriminatória foram reprimidas, mas deve-se perceber que a resolução não emanou de um ou de outro governo, mas foi uma pela qual ambos os governos devem partilhar a responsabilidade. Quando foi levada à frente e quando um caminho foi seguido – prudente ou não, míope ou não –, quando se decidiu não fazer da defesa da Tchecoslováquia um assunto de guerra, então não havia razão – se o assunto tivesse sido tratado de forma normal durante o verão – para se criar todo esse formidável aparato de crise. Acho que este ponto deveria ser considerado.

Pedem-nos para votar por esta moção ["que esta Casa aprove a política do governo de Sua Majestade pela qual a guerra foi evitada na crise recente e apóie os esforços para assegurar uma paz duradoura"], que foi propriamente posta em documento. É uma moção formulada em termos pouco polêmicos, como também é a emenda trazida pelo lado da oposição. Eu mesmo, no entanto, não posso expressar minha concordância com as medidas que foram tomadas. Como o chanceler do Tesouro apresentou o seu lado do caso com tanta habilidade, vou tentar, se me permitirem, colocar o caso por um ângulo diferente.

Sempre mantive a opinião de que a manutenção da paz depende da acumulação de instrumentos de dissuasão contra o agressor, combinada com um esforço sincero para reparar algum descontentamento. A vitória de *Herr* Hitler, como muitas das famosas lutas que governaram o destino do mundo, foi obtida na mais estreita das margens. Após a dominação da Áustria em março, enfrentamos esta questão em nossos debates. Aventuro-me a apelar ao governo para ir mais além do que foi o primeiro-ministro e dar uma promessa, em conjunto com a França e outras potências, de que garantirão a segurança da Tchecoslováquia enquanto a questão dos Sudetos é examinada por uma comissão da Liga das Nações ou por algum organismo imparcial – e ainda acredito que, se este caminho já tivesse sido seguido, os eventos não teriam chegado a esta situação desastrosa.

Concordo com o meu correto honrado amigo representante de Sparkbrook (o senhor Amery) quando ele disse – não me lembro as suas palavras exatas – "Faça uma coisa ou outra: ou você diz que está completamente desinteressado no assunto ou dá um passo firme em direção a uma garantia que maximize a chance de assegurar a proteção do país".

A França e a Grã-Bretanha em conjunto, especialmente se tivessem mantido um contato mais próximo com a Rússia – e isso não foi feito – teriam tido influência naqueles dias de verão, quando tinham prestígio para influenciar os países menores da Europa – e acredito que podem ter determinado a postura da Polônia. Uma combinação assim, preparada em um momento em que o ditador alemão não estava compromissado com a sua nova aventura, teria dado, acredito, mais intensidade a todas as forças na Alemanha que resistiam a esta caminhada e a este novo objetivo. Eram várias forças – aquelas de caráter militar que declararam que a Alemanha não estava preparada para fazer uma guerra mundial, toda a massa de opinião moderada e popular que teme a guerra, além de alguns elementos com alguma influência no governo alemão.

Uma ação como esta daria força ao intenso desejo de paz que as massas germânicas abandonadas partilham com os seus companheiros britânicos e franceses. Como fomos lembrados, estas massas encontraram uma abertura apaixonada e raramente permitida nas manifestações alegres com que o primeiro-ministro foi aclamado em Munique.

Todas estas forças, adicionadas a outros elementos de dissuasão que fossem criados pela combinação de potências, grandes e pequenas, prontas a se manter firmes à frente da lei e remediando o descontentamento, poderiam ser efetivas. Naturalmente, não se pode dizer com certeza que o seriam. Eu tento argumentar de forma sincera com a Casa. Ao mesmo tempo, não acho justo agredir aqueles que queriam ver este caminho seguido, com consistência e determinação, como pessoas que desejam uma guerra imediata. Entre a submissão e a guerra imediata, havia uma terceira alternativa, que proporcionava uma esperança de paz e de justiça.

É verdade que uma política assim, a fim de ser bem-sucedida, demandava que a Grã-Bretanha declarasse com franqueza e com bastante antecedência que iria, juntamente com os outros, defender a Tchecoslováquia contra uma agressão não-provocada. O governo de Sua Majestade recusou-se a dar essa garantia quando teria salvo a situação. Ainda assim, ao fim, deram-na quando era tarde demais. E agora, para o futuro, renovam-na quando não têm mais o mínimo poder para corrigir o erro.

Tudo está acabado. Em silêncio, em meio à desolação, ao abandono, a Tchecoslováquia, vencida, recua na escuridão. A nação sofreu por seus laços com as democracias ocidentais e com a Liga das Nações, da qual fora sempre uma servidora obediente. Sofreu particularmente por sua associação com a França, cuja orientação e plano de ação seguiu por tanto tempo.

As próprias medidas tomadas pelo governo de Sua Majestade no acordo anglo-francês para dar à Tchecoslováquia a melhor chance possível – especificamente, a entrega de certos distritos no lugar de um plebiscito geral, funcionaram em seu detrimento porque vai haver de qualquer jeito um plebiscito nas grandes áreas e aquelas potências que tinham certos pleitos também vieram em cima da vítima indefesa. As eleições municipais e os votos sobre os quais se considera o cálculo de 50% foram organizadas sobre temas que nada tinham a ver com a decisão de se juntar à Alemanha. Quando vi *Herr* Henlein[36] por aqui, ele me assegurou que este não era o desejo de seu povo. Declarações positivas foram feitas no sentido de ser apenas uma questão de autonomia interna, de se ter uma posição própria no Estado tcheco. Ninguém pode dizer que o plebiscito a ser feito em áreas como o Sarre[37] e a entrega imediata das áreas onde há mais de 50% de sudetos, ninguém pode dizer que estas duas operações representam algum grau mínimo de autodeterminação. É uma fraude e uma farsa invocar este nome.

Nós neste país, como em outros países liberais e democráticos, temos o claro direito de exaltar o princípio da autodeterminação. Mas, isso cai mal quando sai daqueles que falam em nome de Estados totalitários, de Estados que negam até mesmo o menor elemento de tolerância em relação a qualquer segmento ou credo dentro de suas fronteiras. Entretanto, como quer que se queira analisar, este pedaço específico de terra, este grupo de seres humanos a serem entregues, jamais expressou o desejo de estar em poder do regime nazista. Não acredito que mesmo agora – se a sua opinião pudesse ser perguntada – exerceriam esta opção.

Qual é a opção que resta à Tchecoslováquia? Não só estão politicamente mutilados, mas, econômica e financeiramente, estão numa confusão completa. O sistema bancário e o transporte ferroviário estão cortados e arruinados, as indústrias estão mutiladas – e o dia-a-dia de sua população é o mais cruel. Os mineiros dos Sudetos, que são todos tchecos e cujas famílias viveram naquela área por séculos, devem agora escapar para uma área onde praticamente não há minas para eles trabalharem. É uma tragédia o que vem acontecendo.

Não gostei ontem de ouvir o ministro do Transporte falando sobre *humpty dumpty*[38]. Foi o ministro do Transporte que estava dizendo que era um caso de *humpty dumpty*, que jamais poderia ser refeito. Há de se ter sempre um profundo pesar e um sentimento de aflição nos corações britânicos, com o tratamento e os infortúnios que se abateram sobre a República Tcheca, e que não param por aqui. A qualquer momento, pode haver alguma guinada no programa. A qualquer momento, pode haver uma ordem de *Herr* Goebbels[39] para começar de novo a propaganda de calúnia e mentiras. A qualquer momento, algum incidente pode ser provocado. E agora que a linha de proteção foi abandonada, o que mais há para impedir a vontade do conquistador? É um assunto demasiado sério para ser tratado como brincadeira. Obviamente e no momento, não estamos em posição de dar a mínima ajuda, exceto aquilo que todo mundo está contente em saber que foi feito – uma ajuda financeira que o governo prontamente forneceu.

Arrisco-me a dizer que, no futuro, o Estado tcheco não poderá ser mantido como entidade independente. Vocês verão que, num espaço de tempo – que pode ser medido em anos, mas pode ser medido apenas em meses – a Tchecoslováquia será tragada pelo regime nazista. Talvez eles possam se juntar ao regime em desespero ou por vingança. De qualquer modo, a história está contada até o fim.

Não podemos, no entanto, considerar o abandono e a ruína da Tchecoslováquia somente à luz do que aconteceu no último mês. Esta é a mais dolorosa conseqüência do que fizemos e do que deixamos de fazer nos últimos cinco anos – cinco anos de boas intenções inúteis, cinco anos de uma busca ávida pela linha de menor resistência, cinco anos de ininterrupto recuo do poder britânico, cinco anos de negligência com as nossas defesas aéreas.

Estes são os elementos que insisto em declarar e que marcaram uma imprevidente administração e pelos quais a Grã-Bretanha e a França têm de pagar caro. Nós fomos rebaixados nestes últimos cinco anos de uma posição de segurança tão superior e tão indiscutível que não nos preocupamos em questioná-la. Fomos rebaixados de uma posição na qual considerava-se que a própria palavra "guerra" era usada somente por pessoas qualificadas para um asilo de lunáticos. Fomos rebaixados de uma posição de segurança e poder – poder para fazer o bem, poder para ser generoso com um inimigo derrotado, poder para fazer acordos com a Alemanha, poder para dar a correta reparação para o seu descontentamento, poder para impedi-la de se armar se assim escolhêssemos, poder para tomar qualquer medida de força, misericórdia ou justiça que achássemos correto – fomos rebaixados em cinco anos de uma posição segura e inquestionável para aquela onde nos encontramos agora.

Quando penso nas justas esperanças para uma paz duradoura que ainda havia para a Europa, no início de 1933, quando *Herr* Hitler chegou ao poder pela primeira vez, e em todas as oportunidades de parar o crescimento do poder nazista que foram jogadas fora, quando penso nos acordos e recursos ilimitados que foram negligenciados ou desperdiçados, não posso acreditar que tenha existido algo semelhante em todo o curso da história.

No que diz respeito a este país, a responsabilidade deve pesar sobre aqueles que tinham o controle indiscutível de nossos negócios políticos. Nem sequer evitaram que a Alemanha se rearmasse, nem nos rearmaram a tempo. Brigaram com a Itália sem salvar a Etiópia. Exploraram e desacreditaram a instituição da Liga das Nações e desprezaram a construção de alianças e associações que poderiam ter reparado erros anteriores. E assim deixaram-nos, na hora do julgamento, sem a defesa nacional adequada ou a segurança internacional efetiva.

De férias, achei que era uma oportunidade para estudar o reinado do rei Ethelred, o Despreparado[40]. A Casa vai se lembrar que este foi um período de grande infortúnio, no qual, a partir de uma posição forte que tínhamos conseguido, sob os descendentes do rei Alfredo, caímos rapidamente no caos. Foi o período do *Danegeld*[41] e das pressões externas. Devo dizer que as palavras ásperas da Crônica Anglo-saxônica, escrita há mil anos, me parecem adequadas, pelo menos tão adequadas como aquelas citações de Shakespeare com as quais fomos presenteados pelo último orador da fileira da oposição. Eis o que a Crônica Anglo-saxônica disse – e acho que as palavras se aplicam muito bem ao nosso relacionamento com a Alemanha:

> Todas estas calamidades caíram sobre nós por causa de maus conselhos, porque não lhes foi dada a atenção devida no momento certo – e nem sequer lhes foi apresentada resistência. Mas quando as calamidades já tinham feito o mal maior, aí então foi feita a paz.

Esta é a sabedoria do passado, porque sabedoria não pode ser do presente.

Arrisquei-me a expressar estas opiniões para justificar por que não posso apoiar a moção que está sendo trazida hoje à noite. Reconheço, no entanto, que este importante tema da Tchecoslováquia – e das responsabilidades da Grã-Bretanha e da França – já se transformou em história. Novos aspectos podem surgir, mas não estamos aqui para decidir se algumas daquelas medidas deveriam ter sido tomadas ou não. Já foram tomadas. Foram tomadas por aqueles que tinham direito de fazê-lo porque sustentam a mais alta responsabilidade executiva sob a Coroa.

Independentemente do que pensemos, devemos enxergar essas medidas como sendo pertencentes à categoria dos assuntos que já estão decididos, sem retorno. O passado não está mais aqui – e só se pode ter conforto quando se percebe que cada um fez o melhor que pôde para aconselhar corretamente e em boa hora. Desta forma, volto-me para o futuro e para a nossa situação atual. Aqui também tenho algo a dizer que não será de forma alguma bem-vindo.

Estamos diante de um desastre de primeira magnitude que aconteceu na Grã-Bretanha e na França. Não vamos ficar cegos para isso. Agora se deve aceitar que todos os países da Europa Central e do Leste europeu farão os melhores acordos possíveis com o poder nazista triunfante. O sistema de alianças na Europa Central de que a França dependia para a sua segurança foi varrido – e não consigo ver os meios pelos quais possa ser reconstituído.

A estrada pelo Vale do Danúbio na direção do mar Negro, os recursos de milho e óleo, a estrada que leva até a Turquia – tudo foi aberto. De fato, parece-me que todos aqueles países do meio da Europa, todos aqueles países do Danúbio irão, um depois do outro, ser puxados para este vasto sistema de política de poder – não só política de poder militar, mas também de poder econômico que se irradia de Berlim, e acredito que isso pode ser conseguido de maneira bem rápida e não irá necessariamente exigir sequer um único tiro. ...

Vocês verão, dia após dia, semana após semana, a total alienação daquelas regiões. Muitos daqueles países, por medo do crescimento do poder nazista, já têm políticos, ministros e governos que são pró-germânicos, mas sempre houve um amplo movimento popular na Polônia, na Romênia, na Bulgária e na Iugoslávia, que estava voltado para as democracias ocidentais, detestava a idéia de ter imposta a eles a regra arbitrária de um sistema totalitário e esperava que um posicionamento nosso fosse dado. Tudo isso foi arruinado. Estamos falando agora sobre países que estão muito distantes e dos quais, o primeiro-ministro poderia dizer, não sabemos nada. [*Interrupção.*] A nobre senhora diz que esta inofensiva alusão é...

Viscondessa Astor: Rude.

Churchill (cont.): Ela deve ter recebido recentemente um certificado no curso de boas maneiras. Qual será a posição, quero saber, da França e da Inglaterra neste ano e no próximo? Qual será a posição daquela frente ocidental da qual somos, com plena autoridade, garantidores? No momento atual, o Exército germânico é mais numeroso do que o da França, embora nem de longe tão experiente ou aperfeiçoado. No próximo ano, vai ficar ainda maior e o seu amadurecimento estará mais completo. Aliviados de toda a ansiedade no Leste, e tendo assegurado recursos que irão diminuir, senão remover completamente, o elemento de dissuasão de um bloqueio naval, os governantes da Alemanha nazista terão uma escolha livre para decidir em que direção se virar.

Se o ditador nazista escolher o lado ocidental, como pode, a França e a Inglaterra irão lamentar amargamente a perda daquele excelente exército da antiga Boêmia, que na semana passada estimava-se poder ser destruído com não menos do que trinta divisões germânicas.

Será que podemos ficar cegos para a grande transformação que ocorreu na situação militar e para os perigos que vamos encontrar pela frente? Estamos no processo, acredito, de acrescentar, em quatro anos, quatro batalhões ao Exército britânico. Não menos que dois já foram completados. Temos aqui pelo menos 30 divisões que devem ser levadas em consideração na frente francesa, além das 12 que foram capturadas quando a Áustria foi engolida.

Muitas pessoas acreditam honestamente que estão apenas se desligando dos assuntos da Tchecoslováquia, porém eu temo que vamos descobrir que abrimos mão profundamente – e talvez tenhamos colocado em perigo fatal – a segurança e mesmo a independência da Grã-Bretanha e da França. Isto não é meramente uma questão de desistir das colônias germânicas, como estou certo de que irão nos pedir para fazer. Nem é uma questão apenas de perder a influência na Europa. É muito mais profundo do que isso. Vocês têm de considerar o caráter do movimento nazista e as regras que estão implícitas.

O primeiro-ministro deseja ver relações cordiais entre este país e a Alemanha. Não há absolutamente nenhuma dificuldade de se ter relações cordiais com o povo germânico. Nossos corações vão até eles. Mas, o povo alemão não tem nenhum poder. Deve-se ter relações diplomáticas e corretas, mas nunca poderá haver amizade entre a democracia britânica e o poder nazista, poder que menospreza a ética cristã, que celebra a sua própria marcha com um paganismo bárbaro, que exalta o espírito de agressão e conquista, que obtém força e prazer pervertido com a perseguição e que usa, como temos visto, com impiedosa brutalidade, a ameaça de uma força assassina. Esta potência jamais poderá ser amiga confiável da democracia britânica.

O que acho insuportável é a sensação de ver o nosso país sob o poder, a órbita e a influência da Alemanha nazista – e de ver nossa existência dependente da sua boa vontade ou prazer. É para evitar isso que tenho tentado o melhor de mim, para encorajar a manutenção de cada reduto de defesa – em primeiro lugar, a criação no tempo certo de uma Força Aérea superior a qualquer coisa que esteja a uma distância capaz de atacar a nossa costa; em segundo lugar, a reunião conjunta da força coletiva de muitas nações; e, em terceiro lugar, o estabelecimento de alianças e tratados militares, tudo dentro da Convenção, a fim de se reunir forças, sob qualquer medida, para restringir o movimento desta potência para fora de suas fronteiras.

Tudo tem sido em vão. Cada posicionamento tem sido sucessivamente minado e abandonado com ilusórias e plausíveis desculpas. Não queremos ser levados e nos tornar um satélite do sistema nazista de dominação européia. Dentro de poucos anos, talvez dentro de poucos meses, seremos confrontados com demandas a que seremos convidados a obedecer. Estas demandas podem ter como efeito a entrega de território ou a entrega de liberdade.

Prevejo e prenuncio que a política de submissão irá carregar consigo restrições à liberdade de expressão e à de debate no Parlamento, em plataformas públicas e discussões na imprensa, pois alguém vai dizer – na verdade, de vez em quando já ouço dizerem – que não podemos permitir que a ditadura nazista seja criticada por políticos ingleses comuns e ordinários. Então, com uma imprensa sob controle direto (em parte) e indireto (em potencial), com todos os instrumentos de opinião pública dopados e anestesiados para o consentimento, nós seremos apenas conduzidos pelos próximos passos da nossa jornada.

Venho levantando pontos com o intuito de pensar que providências podem ser tomadas para a nossa proteção deste avanço do poder nazista e para assegurar as formas de vida que nos são tão caras. Qual é o único método que está disponível? O único método que nos está disponível é ganhar de volta a independência da nossa velha ilha pela aquisição da supremacia no ar que nos prometeram, aquela garantia das nossas defesas aéreas que nos asseguraram que tínhamos. Só assim poderemos ser uma ilha novamente. Isso, neste terrível cenário, se distingue como um fato dominante.

Um esforço de rearmamento como ainda não foi visto deveria ser feito imediatamente, e os recursos deste país e a sua força unida deveriam ser dirigidos para esta tarefa. Fiquei muito contente ao ver que lorde Baldwyn[42] disse ontem, na Câmara dos Lordes, que mobilizaria a indústria amanhã mesmo. Mas acho que teria sido muito melhor se lorde Baldwyn tivesse dito isso há dois anos e meio, quando todo mundo demandava a criação de um Ministério dos Suprimentos.

Vou-me aventurar a falar para os honrados cavalheiros sentados nas fileiras do governo, honrados amigos meus, aos quais agradeço pela paciência com que estão ouvindo o que tenho a dizer, que têm responsabilidade por tudo isso também porque, se tivessem batido um décimo das palmas dadas a esta negociação da Tchecoslováquia, ao pequeno grupo de membros que se esforçava em obter a aprovação para o rearmamento a tempo, poderíamos agora não estar na posição em que estamos. Os honrados cavalheiros do lado oposto e os honrados membros das fileiras liberais não estão autorizados a atirar estas pedras. Lembro-me que, por dois anos, tive de enfrentar a súplica do governo e a sua inflexível desaprovação. Lorde Baldwyn agora deu o sinal, embora possa parecer tardio: vamos pelo menos obedecê-lo.

Afinal de contas, agora não há segredo a respeito do que aconteceu no setor aéreo e na mobilização de nossas defesas antiaéreas. Estes assuntos foram vistos por milhares de pessoas, como disse meu honrado e elegante amigo representante do Grupo da Abadia de Westminster. Estas pessoas podem formar as suas próprias opiniões sobre o caráter das declarações feitas persistentemente pelos ministros, no que diz respeito a este tema. Quem alega agora que há paridade aérea com a Alemanha? Quem alega agora que nossas defesas antiaéreas foram adequadamente equipadas ou armadas? Sabemos que o quartel-general alemão está bem informado sobre estes assuntos, mas a Câmara dos Comuns não tem levado a sério até agora o seu dever de exigir ser informada sobre estes assuntos.

O secretário do Interior [sir Samuel Hoare] disse outra noite que recebe-ria como bem-vinda uma investigação. Muito foi feito, o que reflete o crédito a ser dado à Administração. Mas, queremos saber sobre estes assuntos vitais. Tenho pedido sempre durante três anos uma sessão secreta onde estes assuntos pudessem ser considerados, ou uma investigação feita por um comitê seleto da Casa, ou qualquer outro método. Agora, peço para que, quando nos encontrarmos de novo no outono, este seja um assunto no qual o governo deva confiar na Casa, porque temos o direito de saber onde estamos e que medidas estão sendo tomadas para garantir a nossa posição.

Lamento pelo nosso povo bravo e leal que estava pronto para fazer seu dever independentemente do custo e que não hesitou durante a tensão da semana passada, mas não lamento a explosão natural e espontânea de alegria e alívio quando souberam que a dura experiência não seria mais exigida no momento. Eles deveriam saber a verdade. Deveriam saber que houve negligência e deficiência em nossas defesas; deveriam saber que tivemos uma derrota sem ter uma guerra, cujas conseqüências irão viajar conosco nesta estrada; deveriam saber que passamos por um terrível marco na nossa história, quando todo o equilíbrio da Europa foi desorganizado, e que palavras terríveis foram pronunciadas contra as democracias ocidentais:

"Vós estais sendo medidos e considerados em falta."[43]

E não pensem que este é o fim. Este é apenas o começo do ajuste de contas. Este é apenas o primeiro trago, a primeira antecipação de uma amarga taça que será oferecida a nós ano a ano, a não ser que, por uma suprema recuperação da nossa saúde moral e do nosso vigor militar, levantemo-nos de novo e mantenhamos nossa postura pela liberdade, como nos velhos tempos.

Um silêncio paira sobre a Europa

8 de agosto de 1939
Transmitido de Londres para os EUA

Churchill faz um esforço final para acordar a "grande República" (os Estados Unidos), apenas quatro semanas antes da explosão da guerra na Europa.

Um silêncio paira sobre toda a Europa, mais ainda, sobre todo o mundo, quebrado apenas pelo maçante barulho de bombas japonesas caindo sobre cidades chinesas, sobre universidades chinesas ou perto de navios britânicos e americanos. Mas, afinal, a China fica tão longe, e, portanto, por que se preocupar? Os chineses estão lutando pelo que os fundadores da Constituição americana, na sua linguagem grandiosa, chamaram de: "vida, liberdade e busca da felicidade". E parecem estar lutando muito bem. Muitos dos bons analistas acreditam que eles vão vencer. De qualquer maneira, vamos desejar-lhes sorte! Vamos dar-lhes uma onda de encorajamento – como o presidente de vocês fez, na semana passada, quando noticiou o fim do tratado comercial[44].

Afinal de contas, os sofridos chineses estão lutando a nossa batalha – a batalha da democracia. Estão defendendo o solo, a boa terra, que tem sido deles desde o início dos tempos, contra uma agressão cruel e não-provocada. Dêem-lhes vivas pelos oceanos – ninguém sabe quem pode ser o próximo da vez. Se este hábito – ditaduras militares entrando pelas terras de outros povos com bombas, cartuchos e balas, roubando a propriedade e matando os proprietários – se espalhar, nenhum de nós vai poder pensar em férias de verão por um bom tempo.

Mas, volto ao silêncio que disse pairar sobre a Europa. Que tipo de silêncio é esse? Prestem antenção! É o silêncio da tensão – e em muitos lugares é o silêncio do medo. Ouçam! Não, ouçam cuidadosamente; acho que ouvi alguma coisa – sim, lá está, com muita clareza. Vocês não ouvem? É o pisotear dos exércitos triturando pedras com paradas militares, batendo na água em campos de chuva; o pisotear de dois milhões de soldados alemães e mais de um milhão de italianos – "fazendo manobras" – sim, somente manobras! Claro que são somente manobras – assim como no ano passado. Afinal de contas, os ditadores devem treinar os seus soldados. Eles não poderiam fazer por menos do que a simples prudência, quando dinamarqueses, holandeses, suíços, albaneses e, naturalmente, judeus podem saltar em cima deles a qualquer momento, tirar deles o tal "espaço-vital" e fazê-los assinar um outro papel dizendo quem, de fato, começou tudo isso.

Além disso, os exércitos alemães e italianos podem ter outro trabalho de libertação para executar. Há pouco tempo, no ano passado, libertaram a Áustria dos horrores de um governo autônomo. Há pouco tempo, em março, libertaram a República Tcheca da miséria da existência independente. Há apenas dois anos, *signor* Mussolini deu ao antigo reino da Abissínia a sua Carta Magna. Há apenas dois meses, a pequena Albânia obteve seu mandado de *habeas corpus* e Mussolini enviou a sua declaração de direitos para o rei Zog[45] aceitar. Bem, mesmo neste exato momento, montanheses do Tirol, população de fala germânica, que habitaram seus belos vales por mil anos, estão sendo *libertados*, ou seja, desenraizados da terra que amam, do solo que Andreas Hofer[46] morreu para defender. Não é de se espantar que os exércitos estejam perambulando quando há tanta libertação a ser feita – e não é de se espantar que haja silêncio entre os vizinhos da Alemanha e da Itália, enquanto aguardam para saber quem vai ser o próximo, a ser "libertado".

Os nazistas dizem que estão sendo cercados. Eles cercaram a si mesmos, com um anel de vizinhos que precisam seguir em frente, tentando adivinhar quem será o próximo alvo. Este tipo de adivinhação é um jogo muito cansativo. Os países, principalmente os países pequenos, já há muito tempo se cansaram de achar isso divertido. Vocês podem imaginar que os vizinhos da Alemanha, tanto grandes quanto pequenos, começaram a pensar em parar com o jogo, simplesmente dizendo aos nazistas, com base na Convenção da Liga das Nações: "Aquele que está atacando a um de nós, está atacando a todos. Aquele que ataca aos mais fracos vai descobrir que atacou aos mais fortes?" É assim que estamos passando nossas férias por aqui, com tempo ruim e muitas nuvens. Esperamos que as coisas estejam melhores para vocês.

Algo estranho que me impressiona é o ressurgimento do poder de um homem, após todos estes séculos de experiência e progresso. É curioso como os povos de língua inglesa sempre tiveram horror do poder de um único homem. Estão prontos para seguir um líder por um tempo, desde que prestativo para eles. A idéia, no entanto, de se entregarem inteiramente, incluindo tudo, corpo e alma, a um homem e venerá-lo como se fora um ídolo, isso tem sido sempre detestável e incompatível com a natureza de nossa civilização.

Os arquitetos da Constituição americana foram tão cuidadosos quanto os que moldaram a Constituição britânica, no sentido de proteger a vida, as riquezas e todas as leis e liberdades da nação, para que tudo isso não seja colocado nas mãos de um tirano. Controles e verificações no corpo político, amplas delegações a governos estaduais, instrumentos e processos de livre debate, recursos freqüentes aos princípios básicos, o direito de oposição aos mais poderosos governos e, acima de tudo, a vigilância incessante preservaram e preservarão as características das instituições britânicas e americanas. Mas, na Alemanha, no pico de uma montanha, senta-se um homem que em um único dia pode libertar o mundo do medo que hoje em dia oprime a todos ou que num único dia pode mergulhar tudo o que temos num vulcão de fumaça e chamas.

Se *Herr* Hitler não fizer a guerra, não haverá guerra. Ninguém mais vai fazer a guerra. A Grã-Bretanha e a França estão determinadas a não derramar nenhum sangue exceto em defesa própria ou em defesa de seus aliados. Ninguém jamais sonhou em atacar a Alemanha. Se a Alemanha deseja ter garantias contra ataques por parte de seus vizinhos, basta dizer a palavra e daremos a este país as garantias mais completas, de acordo com os princípios da Convenção da Liga. Dissemos repetidamente que não pedimos nada para nós – no que diz respeito à segurança – que não possa ser livremente repartido com o povo alemão. Por conseguinte, se a guerra vier, não pode haver dúvida sobre em qual cabeça recairá a culpa do sangue. Assim se encontra, neste momento, a grande questão e ninguém pode dizer como será resolvida.

Podem acreditar, meus amigos americanos, que não é por nenhum ignóbil medo da dor e da morte que os povos britânico e francês rezam pela paz. Não é porque temos dúvidas sobre como terminaria, em última instância, uma guerra entre a Alemanha nazista e o mundo civilizado, que rezamos hoje à noite e todas as noites pela paz. Mas, seja a paz ou a guerra – a paz com iluminada e irrestrita prosperidade, hoje ainda em nosso alcance; ou guerra com sua carnificina e destruição desmedida –, devemos aspirar compor no futuro algum sistema de relações humanas que venha a pôr um fim nesta prolongada e horrível incerteza, que venha a deixar as forças criativas e trabalhadoras do mundo continuarem o seu devir e que não mais deixe a vida da humanidade dependente das virtudes, do capricho ou da perversidade de um único homem.

Notas

1 Vice-rei da Índia: o governador-geral ou o vice-rei da Índia era o chefe da administração britânica na região. O cargo foi criado em 1773 e abandonado com a independência indiana em 1947.

2 Brâmanes: membros da casta de pregadores da religião hindu. Não confundir com "o brâmane", que para o hinduísmo significa o transcendente e o imanente.

3 John Stuart Mill (1806-1873): filósofo inglês e um dos mais importantes expoentes do pensamento clássico liberal do século XIX. Defendeu o utilitarismo, a teoria ética proposta pelo seu avô, Jeremy Bentham. Segundo o utilitarismo, o "belo" ou a "verdade" está naquela idéia ou concepção que maximiza algum bem para a sociedade ou para a humanidade, normalmente descrito em termos de felicidade ou prazer.

4 Jean-Jacques Rousseau (1712-1778): filósofo franco-suíço, escritor e teórico político crítico da razão como linguagem. Com o mito do "bom selvagem" influenciou a Revolução Francesa, bem como os escritos de Immanuel Kant e Karl Marx.

5 Reformas de Montagu-Chelmsford: reformas constitucionais levadas à frente pelo Ato do Governo da Índia de 1919. Edwin Samuel Montagu foi secretário de Estado britânico para a Índia e o visconde Chelmsford foi vice-rei do subcontinente indiano, que incluía os atuais Paquistão e Bangladesh. As reformas representaram concessões de autonomia feitas pelo Império britânico aos indianos, com a constituição de Conselhos Legislativos (central e de províncias). No entanto, o vice-rei ainda respondia apenas a Londres.

6 Lausanne: o acordo de Lausanne de 1932 estabelece o fim das reparações impostas pelos aliados às potências derrotadas na Primeira Guerra Mundial na Conferência de Paris, de 1919, quando foram assinados o Tratado de Versalhes, com a Alemanha, e outros com a Áustria, a Bulgária, a Hungria, o Império Turco-Otomano e o acordo de Faisal-Weizmann, sobre a Palestina (que durou pouco tempo e estabelecia a cooperação árabe-judaica para a criação de uma nação judaica na Palestina e outra árabe no Oriente Médio).

7 Para o judaísmo e para o cristianismo, Ismael é o primeiro filho de Abraão com a sua segunda mulher, Hagar. No livro do Gênesis (16) Sara, a mulher de Abraão, cede a serviçal Hagar ao marido ao acreditar que Deus a fez sem a capacidade de procriar (16:2). Hagar ficou grávida e passa a desprezar Sara (16:4), que a maltrata em retaliação. Hagar foge de Sara no deserto, onde foi encontrada por um anjo que a diz: "Você agora carrega uma criança e você terá um filho. Você dará o nome a ele de Ismael (Deus ouve) porque Deus ouviu a sua miséria" (16:11); "Ele será um cavalo selvagem entre os homens. A sua mão se levantará contra todos e todos contra ele, que viverá na hostilidade entre os seus irmãos."

8 David Lloyd George.

9 Sir John Reith: John Charles Walsham Reith, fundador da BBC.

10 Tratado de Versalhes: tratado de 1919, negociado durante seis meses na Conferência de Paris, também em 1919. Proclamou o fim da Primeira Guerra Mundial, determinou a responsabilidade da Alemanha sobre a guerra e impôs obrigações em forma de compensações financeiras que Berlim deveria pagar aos vitoriosos.

11 Quai d'Orsay: local de trabalho do ministro francês das Relações Exteriores.

12 Toul: cidade fortificada francesa, de 65 mil pessoas, entre Commercy and Nancy, às margens do rio Moselle. Verdun: comunidade na região de Lorraine, nordeste da França, nas proximidades do rio Mosa.

13 Do original: "A thousand years scarce serve to form a state, an hour may lay it in dust"; de lorde Byron [George Gordon Noel Byron (1788-1824): poeta romântico inglês].

14 Lei da Índia: o governo britânico aprovou, em 1935, a Lei da Índia, que dava autonomia aos indianos de organizar um governo próprio democrático mas não a independência.

15 A Guerra dos Sete Anos (1756-1773) é considerada uma continuidade do conflito pela sucessão na Áustria e envolveu a Grã-Bretanha, a França, a Prússia, a Áustria, a Rússia, a Suécia e, mais tarde, Portugal e Espanha.

16 Isaac Foot: político britânico que viveu entre 1880 e 1960.

17 Renânia: região de ambos os lados do rio Reno, na parte oeste da Alemanha. Depois do armistício de 1918, os aliados ocuparam a Renânia, incluindo cidades como Colônia. O Tratado de Versalhes de 1919 transformou a região numa zona desmilitarizada que funcionaria como uma área tampão entre a Alemanha e a França, a Bélgica e o Luxemburgo. Em violação ao Pacto de Locarno (1925) e ao Tratado de Versalhes, os alemães reocuparam a Renânia em 7 de março de 1936.

18 Citação da Bíblia, em Mateus 5:25.

19 Churchill aqui se refere ao início da guerra civil na Espanha, em 7 de julho de 1936.

20 Macaulay: Thomas Babington Macaulay (1800-1859), poeta, político e historiador britânico do século XIX.

21 Do original: "All is over! Fleet career. Dash of greyhound slipping with thongs, Flight of falcon, bound of deer, Mad hoof-thunder in our rear, Cold air rushing up our lungs, Din of many tongues"; do poeta britânico Adam Lindsey Gordon (1833-1870).

22 Lansbury: George Lansbury (1859-1940), político britânico, trabalhista e socialista. Foi editor de jornal, representante na Câmara dos Comuns e líder do Partido Trabalhista.

23 Canon Sheppard: Richard Sheppard, cônego da Catedral de St. Paul.

24 A guerra civil espanhola.

25 Carnarvon é a versão anglicana para Caernarfon, uma pequena cidade do noroeste do País de Gales.

26 Balança de poder: mecanismo clássico das relações internacionais, identificado com a doutrina do realismo político, pelo qual a ausência de guerras se daria pelo equilíbrio de poder entre os atores envolvidos, em boa parte em função das alianças estabelecidas por estes.

27 A "pequena entente" foi o nome da aliança formada em 1920 e 1921 entre a Tchecoslováquia, a Romênia e a Iugoslávia, que procuravam se defender conjuntamente da revisão das fronteiras húngaras e da restituição da dinastia Habsburgo. A França apoiava a "pequena entente" com acordos firmados com cada uma das nações que a compunham.

28 Churchill aqui faz referência ao Tratado de Paz de Saint-Germain (1919), pelo qual a monarquia austro-húngara foi dissolvida, reconhecia a independência da Tchecoslováquia, da Hungria e da Polônia, além do reino dos servos, croatas e eslovenos. Proibia também a união política e/ou econômica da Alemanha com a Áustria.

29 Michael Collins (1890-1922): líder revolucionário irlandês, foi ministro das Finanças da República da Irlanda, foi membro da delegação irlandesa na negociação do Tratado Anglo-Irlandês (1921), foi chefe do Governo Provisório Irlandês (1922) e comandante-chefe do Exército Nacional Irlandês. Foi assassinado em agosto de 1922, durante a guerra civil irlandesa.

30 Mersey e Clyde são dois rios da Grã-Bretanha.

31 Províncias da Tchecoslováquia onde se fala o alemão. Região montanhosa da Europa Central que se divide entre a Alemanha, a Polônia e a República Tcheca.

32 O Acordo de Munique foi assinado pelas grandes potências européias em 30 de setembro de 1938. Pelo tratado, que ficou marcado como símbolo da política do "apaziguamento", França e Grã-Bretanha abriram mão de defender a soberania da Tchecoslováquia ameaçada pelo regime nazista.

33 Nancy Astor (1879-1964), política britânica e mulher do 2º visconde de Astor.

34 Berchtesgaden, Godesberg e Munique: cidades alemãs.

35 Churchill aqui faz referência aos meses de verão no hemisfério Norte (junho, julho e agosto), de 1938, quando o governo britânico procurou com todas as forças fazer um acordo de paz com a Alemanha nazista.

36 Conrad Henlein: líder dos sudetos que visitou Churchill em maio de 1938. Churchill aprovou o plano de Henlein para a federalização da Tchecoslováquia mas avisou que a Grã-Bretanha e a França iriam em socorro dos tchecos caso a Alemanha invadisse o país vizinho, o que acabou não se provando verdade pelo Acordo de Munique.

37 A região do Sarre, entre a França e a Alemanha, administrada pela França desde o Tratado de Versalhes (1919), foi entregue pelo governo francês ao controle de Berlim depois de um plebiscito, no qual 90% da população optou em se aliar ao regime nazista.

38 *Humpty Dumpty:* pessoa ou coisa que, uma vez derrubada, não levanta mais. Expressão originária de histórias infantis do século XVIII. Aparece também em *Alice no país das maravilhas*, de Lewis Carrol, onde discute semântica com a personagem principal da história.

39 Joseph Goebells (1897-1945): líder nazista, ministro da Propaganda de Hitler desde 1933.

40 Ethelred II, conhecido como "Ethelred, o Despreparado" foi rei de 978 a 1013 e de 1014 a 1016. Seu reinado foi marcado por sucessivas invasões vikings provenientes das regiões nórdicas da Europa.

41 Danegeld: aumento de impostos feito pelos reis britânicos para pagar os vikings e assim dissuadi-los de saquear a ilha.

42 Stanley Baldwin (1867-1947), político britânico, ocupou o cargo de primeiro-ministro por três vezes: de 1923 a 1924, de 1924 a 1929 e de 1935 a 1937.

43 Citação da Bíblia: Daniel, 5:27.

44 Em 26 de julho de 1939, os Estados Unidos deram o aviso prévio previsto de seis meses ao Japão para o fim do tratado comercial que envolvia os dois países desde 1911. O cancelamento do acordo, bem como da cláusula de nação mais favorecida, removeu os obstáculos que faltavam para um possível embargo comercial contra Tóquio. A partir deste ponto, as relações comerciais entre os dois países passaram a ser decididas de um dia para o outro e estavam sujeitas ao rompimento imediato, por qualquer uma das partes.

45 Rei Zog (1895-1961): político, estadista albanês que foi primeiro-ministro (1922-1924), presidente (1925-1928) e rei da Albânia (1928-1939), neste último período no comando de um regime autocrático de Estado. O país foi invadido pela Itália em 1939 e tornou-se comunista em 1946.

46 Andreas Hofer: patriota tirolês (1767-1810).

Parte IV

Os anos de glória

1939-1945

No mesmo dia em que a Grã-Bretanha e a França declararam guerra à Alemanha nazista, o primeiro-ministro Neville Chamberlain convidou Churchill para retomar seu velho posto no Almirantado. Seis meses depois, Hitler iniciou sua Blitzkrieg[1] *contra a Bélgica, a França e os Países Baixos.*

Mais tarde, assumindo a liderança de guerra, sob o clamor do povo britânico, Churchill elegeu como tarefa principal manter a bandeira da liberdade tremulando até que "a grande república do outro lado do mar" (uma frase favorita sua) acordasse de seu repouso. Convencido, contra todas as probabilidades, de que a Grã-Bretanha poderia resistir contra Hitler em sua fortaleza insular, Churchill era suficientemente realista para saber que apenas a força conjunta do mundo de língua inglesa poderia, ao fim, derrotar a Alemanha nazista e libertar as nações escravizadas da Europa. Ele manteve a convicção otimista de que o presidente Roosevelt usaria qualquer oportunidade para se juntar à briga, mas foi preciso antes que ocorresse o ataque japonês à frota americana em Pearl Harbor – mais de 18 meses depois, em dezembro de 1941 – para que suas esperanças se tornassem realidade.

Churchill então desempenhou um papel-chave ao persuadir os Estados Unidos a dar prioridade à guerra contra a Alemanha, antes de se voltar contra o Japão. Assim, junto com o presidente Roosevelt, ele conduziu o mundo livre à vitória.

Guerra

3 de setembro de 1939
Câmara dos Comuns

No amanhecer de 1º de setembro, os exércitos de Hitler invadiram a Polônia. Em acordo com a garantia que os governos da Grã-Bretanha e da França deram à Polônia, um ultimato, em 2 de setembro, foi emitido exigindo a retirada da Alemanha e o respeito à soberania polonesa. Às 11h15 de 3 de setembro, o primeiro-ministro britânico, Neville Chamberlain, anunciou com sua voz melancólica que o ultimato tinha expirado sem nenhuma resposta da Alemanha e que, conseqüentemente, a Grã-Bretanha estava em guerra contra o regime nazista. Após um aviso de ataque aéreo, que se mostrou falso, a Câmara dos Comuns se reuniu no início da tarde e Churchill fez seu último discurso das fileiras de trás da Câmara dos Comuns.

Após o debate, Chamberlain convidou Churchill para ocupar o cargo de primeiro lorde do Almirantado. Às seis da tarde, Churchill tomou posse e o sinal foi enviado para a frota: "Winston voltou!". Como escreveu depois em suas memórias: "Assim foi que voltei à sala que deixara com dor e tristeza há quase um quarto de século. ... Mais uma vez, devemos lutar pela vida e pela honra contra todo o poderio e fúria da valente, disciplinada e cruel raça germânica. Mais uma vez! Que assim seja!".

Nesta hora solene, é um consolo lembrar e pensar sobre nossos repetidos esforços pela paz. Todos foram mal-afortunados, mas foram também sinceros e dedicados. Isso é de grande valor moral no momento; e não só valor moral como valor prático, porque a sincera cooperação de dezenas de milhões de homens e mulheres – cuja camaradagem e irmandade são indispensáveis – é o único alicerce sobre o qual as experiências e atribulações da guerra moderna podem ser enfrentadas e superadas.

Apenas esta convicção moral permite o ânimo sempre novo que restabelece a força e a energia do povo em dias negros, longos e difíceis. Lá fora, as tempestades da guerra podem soprar e as terras podem ser fustigadas com a fúria de ventanias, mas há paz em nossos corações nesta manhã de domingo. Nossas mãos podem estar em ação, mas a nossa consciência está em paz.

Não devemos subestimar a gravidade da tarefa ou a temeridade da experiência que temos pela frente, para a qual não devemos nos ver em desvantagem. Devemos sim esperar desapontamentos e muitas surpresas desagradáveis, mas podemos estar certos de que a tarefa que aceitamos livremente não está acima do compasso e da força do Império Britânico e da República Francesa. O primeiro-ministro disse que era um dia triste – e isso certamente é verdade – mas no momento há uma outra observação a ser feita, a de que há um sentimento de gratidão de que, se estas dificuldades tamanhas estiverem para ser enfrentadas por nossa ilha, há aqui uma geração de bretões pronta para se mostrar digna dos dias de outrora e digna daqueles grandes homens, pais da nossa terra, que prepararam os fundamentos das nossas leis e moldaram a grandeza do nosso país.

Não é uma questão de lutar por Danzig ou lutar pela Polônia. Estamos lutando para salvar o mundo inteiro da epidemia da tirania nazista e em defesa de tudo aquilo que é mais sagrado para o homem. Esta não é nenhuma guerra de dominação, engrandecimento imperial ou ganho material. Não é uma guerra para tirar de qualquer país a luz do Sol ou os seus meios de progresso. É uma guerra, percebida em suas características, com o objetivo de estabelecer em rochas inexpugnáveis os direitos do indivíduo – é uma guerra para consolidar e reviver a grandeza do homem.

Talvez possa parecer um paradoxo que uma guerra, conduzida em nome da liberdade e do direito, tenha de exigir, como parte necessária do processo, a desistência por algum tempo de muitos dos nossos direitos e liberdades de tanto valor. Nestes últimos dias, a Câmara dos Comuns votou dezenas de leis que passam para o Executivo o poder sobre as nossas mais valiosas liberdades tradicionais. Estamos seguros de que estas liberdades estarão em mãos que não irão delas abusar, que não irão usá-las para interesses de classe ou de partido, que irão cultivá-las e protegê-las e esperamos o dia, aguardando seguros e confiantes, em que as liberdades e os direitos nos serão restaurados e o dia em que seremos capazes de partilhá-los com os povos para os quais estas bênçãos são desconhecidas.

RÚSSIA: UMA CHARADA ENVOLVIDA EM MISTÉRIO, DENTRO DE UM ENIGMA

1º de outubro de 1939
Transmissão de rádio, Londres

Sob as cláusulas secretas do Pacto Nazi-soviético[2], os ditadores da Alemanha e da Rússia atacaram a Polônia pelo leste e pelo oeste para desmembrar o país.

Hoje à noite completa um mês desde que o Império Britânico e a República Francesa estão em guerra contra a Alemanha nazista. Ainda não chegamos de modo algum ao rigor da luta que deve ser esperado. Mas, três coisas importantes ocorreram.

Em primeiro lugar, a Polônia foi novamente invadida por duas das grandes potências que a mantiveram em cativeiro por 150 anos, mas que foram incapazes de sufocar o espírito da nação polonesa. A heróica defesa de Varsóvia mostra que a alma da Polônia é indestrutível e que o país se levantará de novo como uma montanha, que pode, por um momento, ficar submersa por uma onda gigantesca, mas permanece uma montanha.

Qual é o segundo fato deste primeiro mês? Naturalmente, é a demonstração de poder da Rússia. A Rússia tem buscado uma política fria de interesses próprios. Poderíamos ter desejado que as tropas russas estivessem em sua atual posição como amigas e aliadas da Polônia, em vez de invasoras. No entanto, foi amplamente necessário à segurança da Rússia contra a ameaça nazista que as tropas estivessem onde estão. De qualquer modo, a linha está lá – e foi criada uma frente oriental à qual a Alemanha nazista não ousa atacar. Quando *Herr* von Ribbentrop[3] foi chamado a Moscou na semana passada, foi para ouvir e aceitar o fato de que os planos nazistas com relação aos países do Báltico e à Ucrânia devem cessar totalmente.

Não posso prever a ação da Rússia. É uma charada envolvida em mistério, dentro de um enigma. Mas talvez haja uma pista. A chave é o interesse nacional russo. Não pode estar de acordo com o interesse ou a segurança da Rússia que a Alemanha venha a se instalar às margens do mar Negro ou que venha a invadir os Estados bálticos[4] e subjugar os povos eslavos do sudeste da Europa. Isto iria de encontro ao interesse vital e histórico da Rússia.

Nessa região do mundo – o sudeste da Europa – os interesses da Rússia são compatíveis com os da Grã-Bretanha e da França. Nenhuma dessas três potências pode se dar ao luxo de ver a Romênia, a Iugoslávia, a Bulgária e, sobretudo, a Turquia colocadas sob o domínio alemão. Em meio a brumas de confusão e incerteza, podemos distinguir com bastante clareza a comunhão de interesses que há entre a Inglaterra, a França e a Rússia – uma comunhão de interesses no sentido de evitar que os nazistas levem as chamas da guerra aos Bálcãs e à Turquia. Assim, meus amigos, mesmo correndo o risco de estar errado, proclamarei hoje à noite minha convicção de que o segundo grande fato do primeiro mês da guerra é que Hitler, e tudo aquilo que Hitler representa, foi e está sendo advertido a ficar de fora do Leste e do Sudeste da Europa.

Qual é o terceiro fato? Aqui, falo como o primeiro lorde do Almirantado, com cuidado especial. Parece que o ataque dos submarinos alemães sobre a vida das ilhas britânicas não se mostrou até agora bem-sucedido. É verdade que, quando nos apareceram, enquanto estávamos cuidando dos nossos afazeres habituais, com dois mil navios em constante movimento todos os dias nos mares, conseguiram provocar algum dano sério. Mas, a Marinha Real os atacou imediatamente e os persegue noite e dia – não vou dizer sem piedade porque Deus proíbe que devamos compactuar com isso – porém, de qualquer modo, com zelo e, até mesmo, com satisfação. Hoje à noite, tudo indica que são os U-boats[5] que estão sentindo a pressão e não a Marinha Real ou o comércio britânico. Já se passaram mais de sete dias desde que algum navio britânico, a sós ou em comboio, tenha sido afundado ou mesmo molestado por um submarino alemão em alto mar.

Durante o primeiro mês da guerra, com o nosso eficiente sistema de controle do contrabando, capturamos 150 mil toneladas a mais de mercadorias germânicas – alimentos, petróleo, minérios e outras matérias-primas – do que perdemos em todos os afundamentos reunidos, provocados por U-boats. De fato, até agora – por favor, observem que não faço promessas (devemos trabalhar com fatos, não com promessas) – até agora já conseguimos 150 mil toneladas de suprimentos primordiais a esta ilha, mais do que obteríamos se a guerra não tivesse sido declarada e se nenhum submarino alemão jamais tivesse abandonado marinheiros ao destino, em águas revoltas. Isso parece ser um fato sólido e tangível que emergiu do primeiro mês de guerra contra o reino nazista.

Naturalmente, a nós se diz que todos os U-boats foram para casa, informar aos seus superiores sobre as suas experiências e façanhas. Mas isto não é verdade porque todos os dias os atacamos, nas proximidades das ilhas britânicas. Alguns, sem dúvida, preferiram partir e afundar os navios neutros e desprotegidos da Noruega e da Suécia. Espero que chegue o dia em que o Almirantado possa convidar os navios de todas as nações a se juntar às esquadras britânicas e lhes dar alguma segurança em suas viagens. Devemos, é claro, esperar que os ataques dos U-boats contra o comércio marítimo mundial sejam renovados e em maior escala. Esperamos, no entanto, que ao fim de outubro venhamos a ter três vezes mais embarcações de ataque funcionando do que tínhamos no começo da guerra. E esperamos que, pelas providências que tomamos, os meios para sufocar esta praga cresçam continuamente. Posso assegurar que estamos bastante dedicados em tudo isso.

Portanto, para resumir os resultados do primeiro mês, podemos dizer que a Polônia foi invadida, mas se levantará novamente; a Rússia alertou Hitler sobre os seus sonhos com relação ao Leste; e os U-boats podem ser tranqüilamente deixados aos cuidados da Marinha britânica.

SANGUE, TRABALHO, LÁGRIMAS E SUOR

13 de maio de 1940
Câmara dos Comuns

Criticado cada vez mais, no Parlamento e no país, pela sua ineficaz liderança, Neville Chamberlain foi forçado a renunciar ao cargo de primeiro-ministro. Ele e a maioria do Partido Conservador eram favoráveis a lorde Halifax como sucessor, assim como o rei Jorge VI. Mas Halifax declinou ao convite, percebendo que, como membro da Câmara dos Lordes, sua aceitação geraria enormes dificuldades práticas e constitucionais.

Assim foi que a 10 de maio de 1940, Winston Churchill – já com 65 anos – aceitou a delegação de poderes do rei para formar um governo. Naquele mesmo dia, Hitler iniciou a devastadora Blitzkrieg *contra a Bélgica, a França e a Holanda. Em suas memórias, Churchill lembrou do que pensou quando foi se deitar naquela noite: "Senti como se estivesse caminhando com o destino e que toda a minha vida passada não tinha sido senão uma preparação para esta hora e para esta experiência."*

A 13 de maio, Churchill pediu à Câmara dos Comuns para confirmar seu apoio à nova administração. Era um momento crucial na vida da Grã-Bretanha. No país, as pessoas estavam confusas e alarmadas. Na Câmara, especialmente nas fileiras de seu próprio Partido Conservador, havia muitos inimigos que o viam com antipatia e desconfiança. Com este discurso, que foi subseqüentemente transmitido via rádio para o mundo, Churchill eletrizou a Casa e a nação. A mensagem foi completa: a Grã-Bretanha lutaria até a morte! No Parlamento, ao fim, houve um momento de silêncio e estupefação, seguido por uma ovação inteiramente excepcional, com todos de pé.

Imploro para que:

> Esta Casa saúde a formação de um governo que representa a determinação unida e inabalável da nação, no sentido de levar a guerra contra a Alemanha a uma conclusão vitoriosa.

Na noite da última sexta-feira, recebi a delegação de Sua Majestade para formar um novo governo. Foram evidentes o desejo e a vontade do Parlamento e da nação para que isso fosse concebido na base mais ampla possível e que incluísse todos os partidos, tanto aqueles que apoiaram o último governo quanto os da oposição. Completei a parte mais importante desta tarefa. Um Gabinete de Guerra foi formado com cinco membros, representando, com os liberais da oposição, a unidade da nação. Os três líderes dos partidos concordaram em servir ou no Gabinete de Guerra ou nos altos cargos do Executivo. Os três postos nas forças armadas foram preenchidos.

Foi necessário que isso tudo fosse feito em um único dia, por conta da urgência extrema e do rigor dos acontecimentos. Um bom número de outras posições, posições-chave, foi preenchido ontem – e estou submetendo uma lista adicional à Sua Majestade hoje à noite. Espero completar a indicação dos principais ministros durante o dia de amanhã. A indicação dos outros ministros normalmente leva um pouco mais de tempo, mas confio que, quando o Parlamento se reunir de novo, esta parte da minha tarefa estará completa – e o governo estará formado em todos os sentidos.

Considerei de interesse público sugerir que a Casa deveria ser convocada para se reunir hoje. O presidente do Parlamento concordou e tomou as providências necessárias, de acordo com os poderes conferidos por resolução da Casa. Ao fim dos procedimentos de hoje, será proposta a suspensão dos trabalhos do Parlamento até terça-feira, 21 de maio, incluindo naturalmente a provisão para uma reunião mais cedo se houver necessidade. O assunto a ser considerado na próxima semana será notificado aos membros na primeira oportunidade. Agora, solicito ao Parlamento, pela moção que está em meu nome, que confirme a sua aprovação às medidas que tomei e que declare sua confiança no novo governo.

Formar um governo desta escala e complexidade é em si mesmo uma tarefa séria, mas devemos lembrar que estamos no estágio preliminar de uma das mais duras batalhas da história, que estamos em ação em muitos outros pontos na Noruega e na Holanda, que devemos nos preparar no Mediterrâneo, que a batalha aérea é contínua e que muitas providências – tais como as que foram indicadas pelo meu honrado representante e amigo das fileiras de baixo[6] – têm de ser tomadas aqui. Em meio a esta crise, espero ser perdoado se não me dirijo à Casa com detalhes no dia de hoje. Espero que qualquer um dos meus amigos e colegas, ou antigos colegas, influenciados pela reestruturação política, levem em conta e desconsiderem qualquer falta de cerimônia que tenha sido necessária para agirmos. Eu diria à Casa, como disse para aqueles que se juntaram a este governo: "Nada tenho a oferecer exceto sangue, trabalho, lágrimas e suor."

Temos diante de nós um desafio dos mais graves. Temos diante de nós muitos, muitos e longos meses de luta e de sofrimento. Vocês perguntam: qual é o nosso plano de ação? Posso dizer: é travar a guerra pelo mar, pela terra e pelo ar, com todo o nosso poder e com toda a força que Deus nos possa dar; travar a guerra contra uma monstruosa tirania jamais suplantada nos registros sombrios e lamentáveis do crime humano. Este é o nosso plano de ação.

Vocês perguntam: qual é nosso objetivo? Posso responder em uma palavra: é a vitória, a vitória a todo custo, a vitória a despeito de todo o terror, a vitória mesmo que a estrada seja longa e penosa – pois sem vitória não há sobrevivência. Que isto seja entendido: sem vitória não há sobrevivência para o Império Britânico, não há sobrevivência para tudo aquilo que o Império Britânico tem representado, não há sobrevivência para os ímpetos e para os estímulos daquelas épocas em que a humanidade se move para frente, em direção aos seus objetivos. Assumo a minha tarefa com ânimo e esperança. Estou seguro de que a nossa causa não irá fracassar entre os homens. Neste momento, sinto-me autorizado a pedir a ajuda de todos, e digo: "Venham, vamos em frente juntos, com a força da nossa união."

Armem-se, sejam homens de valor!

19 de maio de 1940
Transmissão de rádio, Londres

Em 15 de maio, a Holanda tinha sido derrotada, enquanto as tropas francesas, diante do devastador ataque alemão pela terra e pelo ar, batiam em retirada. Em Paris, o governo falava de rendição. Enquanto isso, em Londres, o Gabinete foi informado de que lorde Gort, que comandava a Força Expedicionária Britânica ao Norte da França e na Bélgica, abrangendo quase todo o exército profissional da Grã-Bretanha, "estava avaliando uma possível retirada na direção de Dunquerque". Foi nestas horríveis circunstâncias que Churchill fez a sua primeira transmissão de rádio como primeiro-ministro ao povo britânico.

Falo a vocês pela primeira vez como primeiro-ministro numa hora solene para a sobrevivência do nosso país, do nosso império, de nossos aliados, e, acima de tudo, do princípio da liberdade. Uma terrível batalha está ocorrendo na França e em Flandres. Os alemães, com uma notável combinação de bombardeio aéreo e tanques blindados, romperam as defesas francesas ao norte da Linha Maginot[7] e poderosas colunas de veículos armados estão devastando o campo aberto, que nos primeiros dois dias se encontrava indefeso. Os alemães penetraram a fundo, espalhando medo e confusão no caminho. Agora estão aparecendo os vagões de infantaria e por trás destes avançam grandes grupamentos. A reunião das tropas francesas para criar uma resistência e atacar esta formação invasora tem prosseguido por vários dias, assistido pelos esforços magníficos da Força Aérea Real.

Não devemos nos permitir ser intimidados pela presença desses veículos blindados em lugares inesperados por trás de nossas linhas de defesa. Se eles assim estão, os franceses também estão em muitos pontos lutando ativamente por trás das linhas alemãs. Ambos os lados se encontram, portanto, em posição extremamente perigosa, e se o Exército francês e o nosso próprio exército forem bem manejados, como acredito que serão – se os franceses retiverem aquela genialidade para a recuperação e o contra-ataque pela qual são famosos há tanto tempo e se o Exército britânico mostrar persistente resistência e sólido poder de luta, como temos tantos exemplos disso no passado –, uma repentina mudança de situação pode ocorrer subitamente.

Seria tolice, porém, disfarçar a gravidade da hora. Seria ainda mais tolo perder o ânimo e a coragem, ou imaginar que exércitos bem treinados e equipados, contando com três ou quatro milhões de homens, possam ser superados em poucas semanas, ou mesmo meses, com um golpe de sorte ou um ataque blindado, quão formidável este seja. Podemos olhar com confiança à manutenção do fronte na França e ao envolvimento geral da população, que vai permitir aos soldados franceses e britânicos que fiquem à altura da qualidade dos seus adversários. Quanto a mim, tenho uma confiança invencível no Exército francês e em seus líderes. Apenas uma pequena parte desse esplêndido exército se envolveu até aqui, e somente uma pequena parte da França foi invadida.

Há bons indícios de que praticamente todas as forças especializadas e mecanizadas do inimigo já foram colocadas na batalha – e sabemos que perdas pesadas já lhes foram impostas. Nenhum oficial ou homem, nenhuma brigada ou divisão, que lute corpo a corpo com o inimigo, onde quer que seja, pode deixar de produzir uma contribuição valiosa para o resultado geral. Os exércitos devem abandonar a idéia de resistir por trás das linhas ou de obstáculos naturais. Precisam perceber que a supremacia só pode ser recuperada com investidas furiosas e implacáveis. Este espírito deve animar não só o alto comando bem como inspirar a cada homem que luta.

No ar – freqüentemente com sérios desequilíbrios, às vezes com desequilíbrios considerados esmagadores – derrubamos em média três ou quatro para cada um abatido pelos nossos inimigos. O equilíbrio relativo das forças aéreas da Grã-Bretanha e da Alemanha é agora consideravelmente mais favorável a nós do que no início da batalha. Ao derrubar os bombardeiros germânicos, estamos lutando a nossa guerra, bem como a da França. Minha confiança em nossa habilidade de lutar até o fim contra a Força Aérea Alemã foi reforçada pelos violentos embates que ocorreram e estão ocorrendo. Ao mesmo tempo, nossos bombardeiros pesados estão atacando todas as noites a raiz do poder mecanizado alemão e já impuseram danos sérios às refinarias de petróleo, das quais o esforço nazista de dominar o mundo depende diretamente.

Devemos esperar que, tão logo a estabilidade seja alcançada na frente ocidental, o principal do terrível aparato germânico de agressão – que levou ruínas e escravidão à Holanda em poucos dias, será direcionado a nós. Estou certo de que falo por todos quando digo que estamos prontos para enfrentá-lo, para resistir e para retaliar até o ponto permitido pelas leis não-escritas da guerra.

Haverá muitos homens e mulheres nesta ilha que, quando vier a dificuldade, como virá, sentirão consolo e mesmo orgulho de estarem partilhando os perigos de nossos rapazes na linha de frente – soldados, marinheiros e aviadores, Deus os abençoe – e retirando deles ao menos um pedaço do ataque furioso que terão de suportar. Não é esta a hora certa para que todos façamos o máximo do esforço ao nosso alcance?

Se for para vencermos esta batalha, devemos prover nossos homens com quantidades cada vez maiores das armas e munições de que eles necessitam. Precisamos ter, e ter rapidamente, mais aviões, mais granadas, mais armas de fogo. Há uma imperiosa necessidade destas vitais provisões, que aumentam o nosso poder contra o inimigo fortemente armado e substituem o que se perde na luta obstinada. A noção de que estas perdas serão rapidamente sùbstituídas nos permite usar de forma mais intensa as nossas reservas e utilizá-las agora quando tudo conta muito.

Nossa tarefa não é só ganhar a batalha – mas ganhar a guerra. Depois que esta batalha na França arrefecer, será a vez da batalha pela nossa ilha – por tudo que a Grã-Bretanha é e tudo o que a Grã-Bretanha representa. Esta será a luta. Em meio à esta emergência suprema, não hesitaremos em tomar qualquer medida, mesmo a mais drástica, para pedir a nosso povo a última onça e a última polegada de esforço de que sejam capazes. Os lucros das propriedades e as horas de trabalho não são nada quando comparados à luta pela vida e pela honra, pelo direito e pela liberdade, para os quais fizemos juramentos.

Recebi dos dirigentes da República Francesa e, em particular, do seu invencível primeiro-ministro, *monsieur* Reynaud, as mais sagradas promessas de que, independentemente do que aconteça, lutarão até o fim, seja este amargo ou glorioso. Não; se lutarmos até o fim, este só pode ser glorioso.

Tendo recebido a delegação de Sua Majestade, formei um governo de homens e mulheres de todos os partidos e de quase todos os pontos de vista. Nós divergimos e discutimos no passado, mas agora um vínculo nos une a todos: o de lutar a guerra até a vitória e de jamais nos rendermos à servidão e à humilhação, qualquer que seja o custo e a agonia. Este é um dos mais espantosos períodos na longa história da França e da Grã-Bretanha. É também, sem dúvida alguma, o mais sublime.

Lado a lado, sem ajuda – exceto a de amigos e parentes, nos grandes domínios, e a dos amplos impérios que sobrevivem sob o nosso abrigo –, lado a lado, os povos da Grã-Bretanha e da França avançam para salvar não só a Europa, mas a humanidade, da tirania mais imunda e destruidora de almas que já manchou e desonrou as páginas da história. Por trás desses dois povos – por trás de nós –, por trás dos exércitos e das frotas da Grã-Bretanha e da França reúne-se um grupo de Estados despedaçados e raças ameaçadas: tchecos, poloneses, noruegueses, dinamarqueses, holandeses, belgas. Sobre todos esses, irá cair uma longa noite de barbárie, imbatível mesmo que por um sol de esperança, a não ser que vençamos, e vencer nós devemos, e vencer nós vamos.

Hoje é domingo da Santíssima Trindade. Há séculos, palavras foram escritas para convocar e incentivar os fiéis servidores da verdade e da Justiça: "Armem-se, sejam homens de valor e estejam prontos para o conflito; pois é melhor para nós morrer na batalha do que olhar para o ultraje da nossa nação e do nosso altar. Como a vontade de Deus está no céu, assim seja feito."[8]

O MELHOR MOMENTO

18 de junho de 1940
Câmara dos Comuns

Determinado a colocar um ponto final nas insinuações – especialmente no exterior – de que a Grã-Bretanha logo poderia sucumbir ao furioso ataque germânico, assim como ocorrera com a França, Churchill proferiu este discurso imortal a uma Câmara dos Comuns lotada.

Falei outro dia sobre o colossal desastre militar que aconteceu quando o alto comando francês deixou de retirar da Bélgica as tropas do norte, no momento em que souberam que a frente francesa estava decisivamente esmagada no Sedan e no Mosa[9]. O atraso acarretou a perda de 15 ou 16 divisões francesas e deixou fora de combate, por um período crítico, a totalidade da Força Expedicionária Britânica. Nosso exército e 120 mil tropas francesas foram salvos pela Marinha britânica em Dunquerque, mas somente depois que deixaram para trás canhões, veículos blindados e outros equipamentos modernos. A perda levou inevitavelmente algum tempo para ser reparada e nas primeiras duas semanas a batalha na França foi perdida.

Quando consideramos a heróica resistência feita pelo Exército francês nesta batalha, contra todas as expectativas, as enormes perdas impostas sobre o adversário e a evidente exaustão do inimigo, pode-se achar que 25 divisões com treinamento e equipamento melhores poderiam ter mudado a situação. Todavia, o general Weygand[10] teve de lutar sem isso. Apenas três divisões britânicas ou o equivalente foram capazes de se manter na linha com os camaradas franceses. Sofreram severamente, mas lutaram bem. Mandamos todos os homens que podíamos à França, tão rapidamente quanto foi possível reequiparmos e transportarmos as novas formações.

Não estou narrando estes fatos com o propósito de recriminação. Julgo isso completamente fútil e mesmo prejudicial. Não podemos nos permitir isso. Eu os relato a fim de explicar por que não tivemos, como poderíamos ter tido, entre 12 e 14 divisões britânicas lutando nesta grande batalha, em vez de apenas três. Agora deixo tudo isso de lado. Deixo na prateleira onde os historiadores, quando tiverem tempo, irão selecionar os documentos para contar suas histórias. Temos de pensar no futuro e não no passado e isso também se aplica, de alguma forma, aos nossos próprios assuntos domésticos.

Há muitos que fariam um inquérito na Câmara dos Comuns sobre a conduta dos governos – e dos Parlamentos, pois eles também estão nisso – ao longo dos anos que levaram a esta catástrofe. Buscam indiciar aqueles que foram responsáveis pelo comando de nossos assuntos. Isso também seria um processo tolo e pernicioso. Há muita gente nisso. Vamos deixar que cada homem examine a sua consciência e os seus discursos. Eu examino os meus com freqüência.

Tenho certeza de que, se abrirmos uma disputa entre o passado e o presente, descobriremos que perdemos o futuro. Portanto, não posso aceitar qualquer distinção entre os membros do governo atual. Este foi formado num momento de crise, a fim de unir todos os partidos e todos os segmentos de opinião. Recebeu o apoio quase unânime de ambas as Casas do Parlamento. Os membros do governo vão permanecer unidos e, com base na autoridade da

Câmara dos Comuns, vamos governar o país e lutar na guerra. É absolutamente necessário, num momento como este, que seja respeitado todo ministro que procure fazer o seu dever – e seus subordinados devem saber que seus chefes não são homens sob ameaça, que podem estar aqui hoje e não amanhã, mas são homens cujas orientações devem ser obedecidas no momento certo e de modo fiel.

Sem este poder concentrado, não podemos enfrentar o que está diante de nós. Não seria muito vantajoso à Casa prolongar o debate nesta tarde, sob as atuais condições de tensão pública. Muitos fatos não estão claros, mas estarão claros no curto prazo. Vamos ter uma sessão secreta na quinta-feira e penso que esta seria uma oportunidade melhor para as muitas e respeitadas considerações que os representantes desejam fazer e para a Casa discutir assuntos vitais sem que os nossos perigosos inimigos leiam tudo nos jornais da manhã seguinte.

Os desastrosos fatos militares que ocorreram durante os últimos 15 dias não chegaram a mim como surpresa. Na verdade, apontei à Casa, há duas semanas, tão claramente quanto podia, que as piores possibilidades estavam abertas – e falei perfeitamente claro naquele momento que qualquer fato que ocorresse na França não faria nenhuma diferença na determinação da Grã-Bretanha e do Império Britânico em lutar, "se necessário por anos, se necessário sozinhos". Durante os últimos dias, fomos bem-sucedidos em trazer a maior parte das tropas que tínhamos na França; e 7/8 das tropas que mandamos à França desde o início da guerra – ou seja, em torno de 350 mil de um total de 400 mil homens – estão seguros de volta a este país. Outros ainda estão lutando ao lado dos franceses e lutando com considerável sucesso nos embates contra o inimigo. Trouxemos de volta também uma grande quantidade de equipamentos, rifles e munições de toda espécie, que tinham sido reunidos na França durante os últimos nove meses.

Temos, portanto, nesta ilha, hoje em dia, uma força militar grande e poderosa. Esta força compreende todas as nossas mais bem treinadas tropas, incluindo dezenas de milhares daquelas que já mediram forças com os alemães e não ficaram em nenhuma desvantagem. Temos, hoje, nesta ilha, 1.250.000 homens nas forças armadas, aproximadamente. Por trás deles, temos os voluntários da defesa local, em número de 500 mil, dos quais, no entanto, apenas uma porção já está armada com rifles ou outras armas de fogo. Nós incorporamos às nossas forças de defesa todos os homens para os quais temos uma arma. Esperamos amplos acréscimos às nossas forças em um futuro próximo e, em preparação para isso, pretendemos imediatamente convocar, organizar e treinar um número ainda maior de homens.

Upon this battle depends the
survival of Christian civilization.

Upon it depends our own British life
and the long continuity of our
institutions, and our Empire.

The whole fury and might of the enemy
must very soon be turned on us.

Hitler knows that he will hv to break
us in this Island, or lose the war.

If we can stand up to him,
all Europe may be freed,
and the life of the world
may move forward into
broad and sunlit uplands.

But if we fail,
then the whole world,
including the United States,
and all that we have known and
cared for,
will sink into the abyss of a
new Dark Age
made more sinister and
perhaps more prolonged by
the lights of perverted
Science.

Let us therefore brace ourselves to
our duty, and so bear ourselves that
if the British Empire and
Commonwealth lasts for a
thousand years, men will still
say,

'This was their finest hour'.

"O melhor momento", Câmara dos Comuns, 18 de junho de 1940.

Aqueles que não foram convocados, estão trabalhando na vasta produção de munições, em todos os segmentos desta – e as ramificações são inumeráveis –, e irão melhor servir ao país permanecendo no trabalho até serem chamados. Temos também por aqui os exércitos dos domínios britânicos. Os canadenses, de fato, desembarcaram na França, mas já foram retirados com segurança, muito desapontados, mas em perfeita ordem, com artilharia e equipamento. E estas forças de alta qualidade provenientes dos domínios irão agora tomar parte na defesa da pátria-mãe.

Temo que o relato que dei dessas forças possa levantar a questão: por que não tomaram parte na grande batalha da França? Devo deixar claro que, ao lado das divisões que estão treinando e se organizando por aqui, apenas 12 estavam equipadas para lutar de forma que justificasse mandá-las ao exterior, e este era precisamente o número que os franceses foram levados a esperar como disponíveis à França no nono mês da guerra. O restante das nossas tropas são importantes para a defesa interna, que irá se fortalecer a cada semana. Portanto, a invasão da Grã-Bretanha exigiria, neste momento, o transporte pelo mar de exércitos hostis em grande escala que, depois de assim transportados, teriam de ser continuamente mantidos com a quantidade de munições e suprimentos exigidos por uma batalha contínua – porque esta certamente seria uma batalha contínua.

É aqui que chegamos à Marinha e, afinal de contas, temos uma Marinha. Algumas pessoas parecem esquecer que temos uma Marinha. Devemos lembrá-los disso. Nos últimos 30 anos, estive envolvido em discussões sobre as possibilidades de uma invasão marítima e tomei a responsabilidade, em nome do Almirantado, no começo da última guerra, de permitir que todas as tropas regulares fossem mandadas para fora do país. Aquela foi uma decisão muito séria porque nossas defesas tinham acabado de ser convocadas e estavam quase sem treinamento. Portanto, esta ilha esteve por vários meses particularmente despida de tropas.

O Almirantado tinha confiança, naquele momento, na sua habilidade de evitar uma grande invasão, mesmo que os alemães tivessem uma frota magnífica de batalha, na proporção de 10 para 16, e mesmo que eles fossem capazes de lutar diariamente um conflito. Agora, eles têm apenas um par de navios pesados dignos de menção – o *Scharnhorst* e o *Gneisenau*. A nós foi dito também que a Marinha italiana irá surgir e obter superioridade nos mares. Se a Itália pretende seriamente fazê-lo, direi apenas que ficaremos encantados em oferecer ao *signor* Mussolini uma passagem livre e protegida pelo estreito de Gibraltar de modo que ele possa exercer o papel a que tanto aspira. Há uma curiosidade geral na frota britânica em descobrir se os italianos se mantiveram no mesmo nível em que estavam na última guerra ou se decaíram ainda mais.

Portanto, no que diz respeito a uma invasão marítima em grande escala, estamos mais capacitados para enfrentá-la hoje do que estávamos em muitos momentos na última guerra e mesmo nos primeiros meses desta guerra, antes que nossas tropas estivessem treinadas e enquanto a Força Expedicionária Britânica prosseguia no exterior. Agora, a Marinha nunca pretendeu ser capaz de evitar ataques de surpresa feitos por núcleos de cinco ou dez mil homens lançados repentinamente em vários pontos da costa em uma noite escura ou em uma manhã enevoada. A eficácia do poder marítimo, especialmente sob condições modernas, depende de uma força invasora de grande porte, e esta tem de ser de grande porte, em vista da nossa força militar, para ter alguma utilidade, e sendo de grande porte, então a Marinha terá algo para achar, encontrar e, se assim for, atacar.

Devemos lembrar que cinco divisões, mesmo que ligeiramente equipadas, iriam exigir 200 a 250 navios – e, em função do reconhecimento aéreo moderno, com fotografia, não seria fácil juntar uma frota assim, organizá-la e conduzi-la pelo mar sem poderosas forças navais para acompanhá-la. Haveria amplas possibilidades, para não dizer algo pior, de que esta frota armada fosse interceptada bem antes de atingir a costa e de que todos os seus homens fossem afogados no mar ou, pior, feitos aos pedaços com seus equipamentos enquanto estivessem tentando desembarcar.

Temos também um amplo sistema de campos minados, reforçado recentemente, por meio do qual só nós conhecemos as rotas. Se o inimigo tentar descobrir as passagens por meio dos campos minados, será tarefa da Marinha destruir os detectores de minas e quaisquer outras forças empregadas para protegê-los. Não deve haver nenhuma dificuldade nisso, tendo em vista nossa superioridade no mar.

Estes são argumentos comuns, bem testados, bem demonstrados, com os quais temos contado durante muitos anos de paz e guerra. A pergunta é se há novos métodos pelos quais estas sólidas garantias possam ser burladas. Estranho como possa parecer, o Almirantado vem dando alguma atenção a isso, pois o seu principal dever é destruir qualquer ampla expedição marítima antes que esta atinja – ou no momento em que esta atinja – as praias. Não seria bom entrar em detalhes sobre isso. Pode sugerir a outras pessoas idéias nas quais ainda não haviam pensado, pessoas que provavelmente não nos dariam nenhuma de suas idéias em troca.

Tudo o que direi é que um incansável estado de vigilância e de exercício da mente deve ser dedicado sempre a este assunto, porque o inimigo é astuto, perspicaz e cheio de artimanhas e estratagemas. A Casa pode ficar segura de que estamos trabalhando com o máximo de engenhosidade. A imaginação está sendo estimulada em um grande número de oficiais competentes, bem treinados em táticas e perfeitamente atualizados, para medir e contraproduzir novas possibilidades. Um incansável estado de vigilância e de exercício da mente está sendo, e deve ser, dedicado ao assunto porque, é bom lembrar, o inimigo é esperto e não há jogo sujo que não seja capaz de fazer.

Algumas pessoas perguntarão então por que é que a Marinha britânica não foi capaz de evitar o movimento de um amplo exército da Alemanha, na Noruega, pelo Skagerrak[11]? As condições no Canal [da Mancha] e no mar do Norte não são de modo algum como as que prevaleciam no Skagerrak. Por causa da distância, não podíamos dar suporte aéreo a nossos navios de superfície e, conseqüentemente, ficando como ficamos próximos do principal poder aéreo inimigo, fomos compelidos a usar somente nossos submarinos. Não pudemos impor um bloqueio decisivo, possível com navios de superfície. Nossos submarinos enfrentaram perdas pesadas, mas não puderam evitar a invasão da Noruega. No Canal e no mar do Norte, por outro lado, nossas superiores forças navais de superfície, ajudadas por nossos submarinos, irão operar com ajuda aérea próxima e efetiva.

Isso me traz naturalmente à importante questão da invasão pelo ar e da iminente luta entre as forças aéreas da Grã-Bretanha e da Alemanha. Parece claro que nenhuma invasão, em escala acima da capacidade de nossas forças terrestres e capaz de esmagarem-nas com rapidez, possa acontecer pelo ar até que a nossa Força Aérea tenha sido definitivamente dominada. Por enquanto, pode haver ataques com tropas de pára-quedistas e tentativas de desembarcar soldados transportados pelo ar. Nós devemos ser capazes de dar a esta turma uma recepção calorosa, tanto no ar quanto no solo, se chegarem em terra com alguma condição de continuar a disputa.

Mas a grande pergunta é: podemos destruir o poder aéreo de Hitler? É uma pena, é claro, que não tenhamos uma Força Aérea pelo menos igual à do nosso mais poderoso inimigo, ao alcance de atacar as nossas costas. Mas temos uma Força Aérea muito poderosa, que se mostrou muito superior em qualidade – seja em homens ou em máquinas – à que encontramos até agora nas numerosas e ferozes batalhas aéreas que foram lutadas contra os alemães. Na França, onde estávamos em considerável desvantagem – perdemos muitas máquinas em terra estacionadas nos aeroportos – nos familiarizamos com a imposição ao inimigo de perdas aéreas de até dois, ou dois e meio, para cada uma nossa.

Na luta em Dunquerque, que era uma espécie de terra de ninguém, batemos indubitavelmente a Força Aérea Alemã e ganhamos o domínio local dos céus, impondo dia após dia uma perda de três ou quatro para cada uma. Qualquer um que olhe as fotografias publicadas há uma semana, mais ou menos, do embarque de retorno, mostrando as tropas reunidas na praia, formando um alvo ideal por muitas horas, percebe-se que este embarque não teria sido possível a não ser que o inimigo tivesse renunciado a qualquer esperança de recuperar a superioridade aérea naquela hora e naquele lugar.

Na defesa desta ilha, as vantagens para os defensores serão muito maiores do que na luta em torno de Dunquerque. Esperamos melhorar a taxa de três ou quatro perdas para cada uma nossa que foi conseguida em Dunquerque. Além disso, todas as nossas máquinas danificadas e suas tripulações, que puderam pousar com segurança – e, surpreendentemente, uma boa parte das máquinas danificadas e das tripulações atacadas pousam com segurança nos combates aéreos modernos –, todas irão cair, num ataque contra estas ilhas, em solo amigo e viverão para combater no outro dia, ao passo que as máquinas danificadas do inimigo serão perdas totais na guerra.

Durante a grande batalha na França, demos uma ajuda intensa e contínua ao Exército francês, tanto com aviões quanto com bombardeiros. Mas, a despeito de todo o tipo de pressão, jamais permitiríamos que toda a força metropolitana de combate da Força Aérea fosse consumida. Foi uma decisão dolorosa, mas correta, porque o destino da batalha da França não poderia ter sido influenciado, mesmo se tivéssemos colocado lá nossa força completa de aviões de guerra. Aquela batalha foi perdida pela desgraçada estratégia [alemã] inicial, que tinha por base o extraordinário e imprevisto poder das colunas blindadas e a grande preponderância do Exército germânico em números. Nossos aviões de guerra poderiam ter sido desperdiçados como um mero acidente naquela grande disputa – e então nós nos descobriríamos no momento em apuros muito sérios.

Assim como está, estou contente de informar à Casa que o nosso poder de combate aéreo é mais forte, no presente, em comparação ao dos alemães, que sofreram perdas terríveis, mais do que jamais tiveram. Conseqüentemente, acreditamos sermos detentores da capacidade de continuar a guerra nos céus sob melhores condições do que as que experimentamos antes. Aguardo com confiança pelas proezas de nossos pilotos – estes homens esplêndidos, esta juventude brilhante –, que terão a glória de salvar a terra natal, a ilha onde moram e tudo o que amam, do mais mortal de todos os ataques.

Resta, é claro, o perigo de ataques com bombas, os quais certamente serão feitos em breve pelos bombardeiros inimigos. É verdade que a força germânica de bombardeiros é superior em número à nossa, mas temos também uma grande força de bombardeiros que usaremos para atacar, sem trégua, alvos militares na Alemanha. Não subestimo de modo algum a severidade do desafio que a nós se apresenta, mas acredito que nossos compatriotas vão se mostrar capazes de enfrentá-lo, como fizeram os bravos homens de Barcelona[12]. Serão capazes de enfrentá-lo e seguir em frente, a despeito disso, tão bem quanto qualquer outra pessoa no mundo. Muita coisa estará em jogo. Todos os homens e mulheres terão a chance de exibir as melhores qualidades de suas raças e prestar os mais altos serviços às suas causas. Para todos nós nesta hora, qualquer que seja nossa situação social, nossa posição, nossa ocupação ou nossos deveres, será uma ajuda lembrar os famosos versos:

> Ele não fez nem quis dizer nada comum,
> Diante daquela cena memorável[13].

Achei que era certo, nesta ocasião, dar à Casa e ao país alguma indicação a respeito dos fundamentos sólidos e práticos sobre os quais baseamos nossa inflexível determinação para continuar a guerra. Há gente muita boa que diz: "Não interessa. Vencer ou perder, afundar ou nadar, é melhor morrer do que se submeter à tirania – e que tirania." Não me dissocio deles. Mas, posso assegurá-los de que profissionais das três forças armadas recomendaram em conjunto que devemos continuar a guerra e que há, no fim, esperanças boas e razoáveis de vitória.

Temos informado e consultado todos os governos autônomos dos domínios britânicos, estas grandes comunidades, bem além dos oceanos, que foram construídas a partir das nossas leis e da nossa civilização. Eles estão completamente livres para escolher o seu caminho, mas estão completamente devotados também à antiga terra-mãe e se sentem inspirados pelas mesmas emoções que me fazem apostar tudo no dever e na honra. Nós os consultamos plenamente e recebi dos primeiros-ministros, Mackenzie King do Canadá, Menzies da Austrália, Fraser da Nova Zelândia e do general Smuts da África do Sul – aquele homem maravilhoso com a sua imensa e profunda inteligência e olhos capazes de analisar à distância todo o panorama dos assuntos europeus –, recebi de todos estes homens eminentes – todos representantes de governos eleitos, com votações amplas e que estão lá porque representam a vontade de seus povos, mensagens formuladas em termos comoventes, nas quais endossam a nossa decisão de lutar e se declaram prontos a partilhar o nosso destino e perseverar até o fim, e é isso o que vamos fazer.

Podemos perguntar a nós mesmos: de que maneira nossa posição piorou desde o início da guerra? Piorou pelo fato de que os alemães conquistaram grande parte da costa da Europa ocidental e muitos países pequenos foram invadidos por eles. Isto agrava as possibilidades de um ataque aéreo e soma-se às nossas preocupações navais. Isso não diminui de modo algum – pelo contrário, definitivamente aumenta – o poder do nosso cerco de longa distância. De modo semelhante, a entrada da Itália na guerra também aumenta o poder do nosso cerco de longa distância. Nós temos impedido, com isso, os piores furos. Não sabemos se a resistência militar vai durar na França, mas, se isso acontecer, então naturalmente os alemães serão capazes de concentrar as suas forças, tanto militares quanto industriais, sobre nós. Porém, pelas razões que mostrei à Casa, essas forças não serão fáceis de ser empregadas. Se a invasão, por um lado, se tornou mais iminente, por outro, nós, ao ficarmos isentos da tarefa de manter um grande exército na França, passamos a ter forças mais numerosas e mais eficientes para enfrentar os alemães.

Se Hitler puder trazer para o seu despótico controle as indústrias dos países que conquistou, isso vai se somar à sua já vasta produção de armamentos. Por outro lado, não ocorrerá imediatamente e nós estamos, neste momento, seguros do apoio intenso, contínuo e crescente dos Estados Unidos – com suprimentos e todo o tipo de munição – e, especialmente, com aviões e pilotos dos domínios britânicos, que cruzam os oceanos provenientes de regiões fora do alcance dos bombardeiros inimigos.

Não vejo como qualquer um destes fatores possa agir em nosso prejuízo antes da vinda do inverno. E o inverno vai impor pressões sobre o regime nazista, com toda a Europa padecendo e passando fome sob sua cruel dominação, o que vai afetá-lo duramente, mesmo com toda a sua brutalidade. Não podemos esquecer que, desde o momento em que declaramos a guerra, em 3 de setembro, sempre tem sido possível à Alemanha atirar toda a sua Força Aérea contra este país juntamente com outros mecanismos de invasão que pudesse conceber – e a França poderia ter feito pouco ou nada para evitar que isso acontecesse.

Nós temos, portanto, convivido com o perigo desde o princípio e em formas sutilmente diferentes durante todos estes meses. Neste período, porém, melhoramos enormemente nossos métodos de defesa e aprendemos algo que não tínhamos como imaginar no começo, ou seja, que o avião e o piloto britânicos têm uma superioridade certa e definida. Portanto, ao analisar este alarmante balanço e ao contemplar nossos perigos com um olhar verdadeiro, vejo muitas razões para intensa vigilância e esforço, mas nenhuma razão para pânico ou desespero.

Durante os primeiros quatro anos da última guerra, os aliados experimentaram somente o desastre e o desapontamento. Este era o nosso medo constante: um golpe depois do outro, perdas terríveis, perigos horrendos. Tudo desandou. E, mesmo assim, ao fim daqueles quatro anos, a moral dos aliados estava mais alta do que a dos alemães, que iam de um rompante agressivo para o outro, que em todos os lugares posavam de invasores triunfantes das terras que haviam violado. Durante aquela guerra, nós nos perguntávamos repetidas vezes: como vamos vencer? Ninguém era capaz de responder com muita precisão, até que, no fim, quase repentinamente, quase inesperadamente, nosso terrível inimigo desmoronou à nossa frente, e ficamos tão saturados com a vitória que, em nossa estupidez, a jogamos fora.

Ainda não sabemos o que vai acontecer na França, ou se a resistência será prolongada, tanto na França quanto no Império Francês além-mar. O governo francês estará desperdiçando grandes oportunidades e expondo o seu futuro ao acaso se não continuar a guerra, de acordo com as suas obrigações no tratado[14], pelo qual não nos sentimos capazes de liberá-los. A Casa virá a ler a histórica declaração na qual, com o desejo de muitos franceses – e de nossos próprios corações –, proclamamos a nossa vontade, no momento mais negro da história francesa, de concluir uma união comum de cidadãos neste combate.

Como quer que os assuntos caminhem na França ou com o governo francês, ou com outros governos franceses, nesta ilha e no Império Britânico nunca perderemos o nosso senso de camaradagem para com o povo francês. Se formos agora convocados para suportar o que eles têm sofrido, vamos imitar a sua coragem, e se a vitória final recompensar os nossos sacrifícios, eles irão partilhar os ganhos, sim, e a liberdade será restaurada para todos. Nós não diminuímos nada das nossas justas demandas, não vamos recuar nem sequer um rabisco ou um traço. Tchecos, poloneses, noruegueses, holandeses e belgas juntaram as suas causas à nossa. Todos serão recompensados.

Aquilo que o general Weygand chamou de "a batalha da França" acabou. A "batalha da Grã-Bretanha" está para começar. Desta batalha depende a sobrevivência da civilização cristã. Dela depende a própria vida britânica e a continuidade de nossas instituições e de nosso império. Toda a fúria e o poder do inimigo devem muito em breve se virar contra nós. Hitler sabe que terá de nos fazer sucumbir nesta ilha ou perder a guerra. Se nós pudermos enfrentá-lo, toda a Europa poderá ser livre e a vida do mundo poderá continuar na direção de campos amplos e ensolarados.

Mas, se nós falharmos, o mundo inteiro – inclusive os Estados Unidos, inclusive todos os que conhecemos e com quem nos importamos – irá afundar no abismo de uma nova era de trevas, tornada mais sinistra e talvez mais prolongada, pelas luzes da ciência pervertida. Vamos, portanto, nos unir em torno de nossos deveres. E saber que, se o Império Britânico e a Comunidade dos

Estados Britânicos durarem mil anos, os homens ainda dirão: "Este foi o seu melhor momento."

A GUERRA DOS GUERREIROS DESCONHECIDOS

14 de julho de 1940
Transmissão de rádio, Londres

Para preparar o lançamento da Operação Leão-Marinho – código para a planejada invasão da Grã-Bretanha –, Hitler ordenou um bombardeio aéreo pesado contra o país, com o propósito de destruir a Força Aérea Real. Em 10 de julho, começou o que veio a ser conhecida como a "batalha da Grã-Bretanha".

Hoje é 14 de julho, Dia Nacional da França. Há um ano, em Paris, eu assistia à parada suntuosa, pelos Champs Elysées, do Exército e do Império francês. Quem pode prever o que outros anos podem trazer? A fé nos foi dada para ajudar e confortar quando ficamos espantados diante do livro onde se desenrola o destino humano. Proclamo minha fé de que alguns de nós viverão para ver um 14 de julho quando uma França libertada irá de novo se alegrar na grandeza e na glória, e uma vez mais se afirmar como defensora da liberdade e dos direitos do homem. Quando o dia amanhecer, e amanhecer irá, a alma da França se voltará com compreensão e bondade para os franceses e francesas, onde quer que estejam e que, no momento mais difícil, não perderam as esperanças na República. ...

Agora, cabe a nós ficar sozinhos diante do que se rompeu e enfrentar o pior que o poderio e a inimizade do tirano podem fazer. Posicionando-nos diante de Deus, conscientes de que servimos a um propósito revelador, estamos prontos para defender a nossa terra natal contra a invasão da qual está ameaçada. Estamos lutando sozinhos *por* nós mesmos, mas não estamos lutando sozinhos *para* nós mesmos.

Aqui, nesta forte cidade do refúgio, que santifica os títulos do progresso humano e que é de profunda importância à civilização cristã; aqui, cercados por mares e oceanos onde reina a Marinha e protegidos lá em cima pela valentia e devoção de nossos aviadores – esperamos sem medo o ataque iminente. Talvez seja hoje à noite, talvez seja na semana que vem. Talvez não aconteça nunca. Devemos nos mostrar igualmente capazes de enfrentar um repentino choque violento ou – o que talvez seja um teste mais difícil – uma vigília prolongada. Mas seja o desafio rápido ou longo, ou ambos, não vamos buscar acordos, não vamos tolerar negociação. Podemos mostrar misericórdia – não pediremos nenhuma.

Posso facilmente entender como alguns observadores simpatizantes do outro lado do Atlântico, ou como amigos ansiosos nos países ainda inviolados da Europa – que não podem medir nossos recursos ou nossa determinação – possam temer pela nossa sobrevivência, já que viram tantos Estados e reinos serem despedaçados em poucas semanas ou mesmo dias pela monstruosa força da máquina de guerra nazista. Hitler, no entanto, ainda não se impôs a uma grande nação que possua uma determinação semelhante à sua. Muitos destes países foram envenenados pela intriga, antes de serem destruídos pela violência. Foram apodrecidos por dentro antes de serem golpeados de fora. De que outra forma se pode explicar o que aconteceu com a França – com o Exército francês, com o povo francês, com os líderes do povo francês? ...

Temos um milhão e meio de homens armados no Exército britânico hoje à noite – e a cada semana de junho e julho a organização, as defesas e o próprio poder de ataque foram avançando a passos largos. Nenhum elogio é demais para os oficiais e homens – sim, e civis – que proporcionaram esta imensa transformação num período tão curto.

Por trás dos soldados do exército regular, como forma de destruir pára-quedistas, invasores transportados pelo ar e quaisquer traidores que possam ser encontrados entre nós (mas não acredito que sejam muitos – malditos sejam, vão ser castigados); por trás do exército regular há mais de um milhão de Voluntários da Defesa Local ou, como são melhor chamados, a Guarda Interna. Estes oficiais e homens – dos quais uma grande proporção lutou na última guerra – têm o intenso desejo de atacar e estar perto do inimigo, onde quer que ele possa aparecer.

Se o invasor chegar à Grã-Bretanha, não haverá a acomodação plácida do povo em submissão, como vimos, sim, em outros países. Vamos defender cada aldeia, cada vila e cada cidade. A grande população de Londres, lutando rua a rua, poderia facilmente destruir um inteiro exército hostil – e nós preferiríamos ver Londres em ruínas e cinzas a ser mansa e abjetamente escravizada. Sou obrigado a declarar estes fatos porque é necessário informar o povo sobre as nossas intenções e, assim, renovar a confiança deles. ...

Estou na liderança de um governo que possui representantes de todos os partidos no Estado – todos os credos, todas as causas, cada segmento reconhecido da opinião. Estamos situados logo abaixo da Coroa, na nossa antiga monarquia, apoiamo-nos em um Parlamento e em uma imprensa livre. Há, no entanto, um vínculo que nos une e nos sustenta aos olhos do público, como está ficando mais e mais notório, o de que estamos preparados para agir como um todo, para apoiá-lo e reforçá-lo. Hoje à noite, *este* é o elo de união em torno do governo de Sua Majestade. Somente assim, em tempos como estes, nações podem preservar a liberdade e, somente assim, podem sustentar a causa confiada aos seus cuidados.

Mas tudo depende agora da força de viver da raça britânica em todas as partes do mundo e de nossos povos amigos e simpatizantes em todo lugar, fazendo o máximo noite e dia, dando tudo, ousando tudo, suportando tudo – ao máximo – até o fim. Esta não é uma guerra de líderes ou de príncipes, de dinastias ou de ambição nacional, é uma guerra de povos e de causas. Há um grande número de pessoas, não só nesta ilha, como em outras terras, que irão prestar um serviço dedicado nesta guerra, mas cujos nomes jamais serão conhecidos, cujas ações jamais serão registradas.

Esta é uma guerra de guerreiros desconhecidos: vamos todos nos esforçar, sem falhar na fé ou no dever, e a maldição das trevas de Hitler desaparecerá de nossa época.

Os poucos

20 de agosto de 1940
Câmara dos Comuns

Enquanto a batalha da Grã-Bretanha atingia o seu ápice nos céus do sul do país, Churchill prestou este tributo imortal ao grupo de jovens de cuja habilidade e coragem dependiam a sobrevivência da nação e a causa da liberdade.

Quase um ano já se passou desde que a guerra começou. É natural dar uma pausa em nossa jornada neste marco histórico e avaliar o contexto, amplo e sombrio. É também útil comparar o primeiro ano desta segunda guerra contra a agressão alemã com o seu equivalente de um quarto de século atrás. Embora esta guerra seja de fato uma continuação da última, há amplas diferenças aparentes na sua natureza. Na última guerra, milhões de homens lutaram arremessando enormes quantidades de aço uns contra os outros. "Homens e balas" era o lema – e a conseqüência foi um prodigioso massacre. Nesta guerra, nada semelhante ocorreu até agora. É um conflito de estratégia, organização, aparato técnico, ciência, mecânica e moral.

As baixas britânicas nos primeiros 12 meses da Primeira Guerra chegaram a 365 mil. Nesta guerra, sou grato em dizer, os britânicos mortos, feridos, prisioneiros e desaparecidos, incluindo civis, não excederam 92 mil – e destes uma boa proporção está viva, mantida como prisioneiros de guerra. Olhando com extensão ao redor, pode-se dizer que, por toda a Europa, para cada homem morto ou ferido no primeiro ano, cinco foram mortos ou feridos em 1914-15.

O massacre é apenas uma pequena fração, mas as conseqüências para os beligerantes têm sido mais mortais. Vimos grandes países, com poderosos exércitos, deixando de ter uma existência coerente em poucas semanas. Vimos a República Francesa e o renomado Exército francês abatidos, em completa e total submissão, com um volume muito menor de baixas do que as sofridas em qualquer uma de meia dúzia de batalhas entre 1914 e 1918. O corpo inteiro – quase a alma – da França sucumbiu a efeitos físicos incomparavelmente menos terríveis do que aqueles que foram suportados com heroísmo e destemida força de vontade há 25 anos.

Embora até o momento a perda de vidas tenha sido misericordiosamente menor, as decisões tomadas no curso do conflito são mais profundas sobre o destino das nações do que qualquer coisa que algum dia tenha acontecido, desde os tempos da barbárie. Movimentos são feitos em planos estratégicos e científicos, vantagens são obtidas por meios mecânicos. Como resultado, dezenas de milhões de homens se tornam incapazes de resistir, ou se julgam incapazes de resistir, e um terrível jogo de xadrez, no qual pessoas infelizes parecem inevitavelmente envolvidas, segue do xeque ao xeque-mate.

Há uma outra diferença mais óbvia em relação a 1914. Tudo das nações em guerra está envolvido, não apenas soldados, mas a população inteira, homens, mulheres e crianças. As frentes estão em toda parte. As trincheiras são cavadas nas cidades e nas ruas. Cada aldeia é fortificada. Cada estrada está fechada. A linha de frente passa pelas fábricas. Os trabalhadores são soldados com armas diferentes, mas a mesma coragem. Estas são diferenças amplas e bem distintas daquilo que muitos de nós vimos no combate há um quarto de século.

57

The gratitude of every home in our Island,
in our Empire, and indeed throughout
the world, except in the abodes of
the guilty,

goes out to the British airmen who,
undaunted by odds,
unwearied in their constant
challenge ~~and~~ of mortal danger,

are turning the tide of world war
by their prowess and by their
devotion.

Never in the field of human conflict
was so much owed by so many to so few.

All hearts go out to the Fighter pilots,
whose brilliant actions we see with
our own eyes day after day,

but we must never forget that all the
time,
night after night,
month after month,

our Bomber Squadrons travel far into
Germany,
find their targets in the darkness
by the highest navigational skill,
aim their attacks,
often under the heaviest fire
often ~~with~~ at ~~heavy~~ serious loss,

with deliberate careful precision,
and inflict shattering blows upon
the whole of the technical and
war-making structure of the
Nazi power.

"Os Poucos", Câmara dos Comuns, 20 de agosto de 1940.

Ao que parece, tudo leva a crer que este novo tipo de guerra é bastante apropriada para a genialidade e os recursos da nação britânica e do Império Britânico. Uma vez que estamos adequadamente equipados e prontos, uma guerra deste tipo será mais favorável para nós do que os tristes massacres do Somme e de Passendale[15]. Se é o caso de termos toda uma nação lutando e sofrendo em conjunto, isso deve ser apropriado para nós – porque somos a mais unida de todas as nações, porque entramos na guerra pela vontade nacional e com nossos olhos abertos e porque fomos criados na liberdade e na responsabilidade individual e somos os produtos, não da uniformidade totalitária, mas da tolerância e da diferença. Se as qualidades se voltam, como está ocorrendo, para as artes da guerra, podemos mostrar coisas ao inimigo sobre as quais eles ainda não pensaram.

Como os alemães expulsaram os judeus e assim baixaram os seus padrões técnicos, nossa ciência está definitivamente à frente. Nossa posição geográfica, o comando do mar e a amizade dos Estados Unidos permitem-nos retirar recursos do mundo inteiro e manufaturar armas de todo tipo, particularmente as de qualidade superior, numa escala até aqui praticada apenas pela Alemanha nazista.

Hitler está espalhado por toda a Europa. Nossas investidas ofensivas estão sendo lentamente reduzidas. Devemos nos preparar com resolução e de forma metódica para as campanhas de 1941 e 1942. Dois ou três anos não são um tempo longo, mesmo nas nossas curtas e precárias vidas. Não são nada na história da nação. E quando estamos fazendo o que há de mais extraordinário no mundo, e temos a honra de ser o único defensor das liberdades em toda a Europa, não devemos nos ressentir destes anos ou nos cansar enquanto trabalhamos e lutamos.

Isso não significa que, nos próximos anos, nossas energias serão exclusivamente confinadas à nossa defesa e às nossas posses. Muitas oportunidades podem estar abertas no campo da força anfíbia – e devemos estar preparados para tirar vantagem delas. Uma das maneiras de levar esta guerra a um fim rápido é convencer o inimigo não com palavras, mas com ações, de que temos a vontade e os meios – não só para continuar indefinidamente mas também para realizar ataques pesados e inesperados. A estrada para a vitória pode não ser tão longa como se espera. Não temos, no entanto, nenhum direito de contar com isso. Seja longa ou curta, áspera ou suave, pretendemos chegar até o fim.

É a nossa intenção manter e impor um cerco rígido não só à Alemanha mas a Itália, França e todos os outros países que caíram sob o poder germânico. Leio nos jornais que *Herr* Hitler também proclamou um cerco rígido às ilhas britânicas. Ninguém pode queixar-se disso. Lembro-me do kaiser fazendo isso na última guerra. O que certamente poderia ser alvo de uma reclamação generalizada seria prolongar a agonia de toda a Europa permitindo que alimentos fossem nutrir os nazistas e ajudar o seu esforço de guerra, ou permitir que alimentos chegassem aos povos subjugados porque certamente seriam pilhados pelos seus conquistadores nazistas.

Há muitas propostas, com base nos motivos mais nobres, de que deveria ser permitido aos alimentos passar pelo bloqueio, para o alívio dessas populações. Lamento termos de recusar esta solicitação. Os nazistas dizem que criaram uma nova economia unificada na Europa. Eles dizem repetidamente que possuem amplas reservas de alimentos e que podem alimentar os povos cativos. Numa transmissão de rádio na Alemanha em 27 de junho, foi dito que, apesar do plano do senhor Hoover[16] – para aliviar a situação na França, na Bélgica e na Holanda – ser merecedor de aplausos, as forças germânicas já tinham tomado as medidas necessárias. Sabemos que, na Noruega, quando chegaram as tropas germânicas, havia um suprimento de alimentos para um ano. Sabemos que a Polônia, embora não seja um país rico, normalmente produz comida suficiente para o seu povo. Além disso, nos outros países invadidos por *Herr* Hitler, todos mantinham consideráveis estoques quando os alemães entraram – e são eles mesmos, os alemães, em muitos casos, produtores substanciais de alimentos. Se toda esta comida não está disponível agora só pode ser porque foi retirada para alimentar o povo da Alemanha e lhes dar provisões maiores – para variar – durante os últimos poucos meses. Nesta estação do ano e pelos próximos meses, não há a mínima chance de escassez, já que a safra acabou de ser colhida. As únicas interferências que podem criar fome em qualquer parte da Europa, agora e durante o próximo inverno, são as extorsões ou as falhas da Alemanha em distribuir os suprimentos que eles controlam.

Há outro aspecto. Muitos dos mais valiosos alimentos são essenciais para a manufatura de material de guerra. Gorduras são usadas para explosivos. Batatas fazem o álcool para a energia do motor. Os materiais plásticos, agora tão amplamente usados na construção de aviões, são feitos de leite. Se os alemães usam estas mercadorias para ajudá-los a bombardear nossas mulheres e crianças, em lugar de alimentar as populações que as produzem, podemos estar certos de que os alimentos importados iriam pelo mesmo caminho, direta ou indiretamente, ou então seriam empregados para aliviar o inimigo das responsabilidades que assumiu de forma tão imoral.

Vamos deixar que Hitler assuma as suas responsabilidades por completo. Vamos deixar que os povos da Europa, que gemem debaixo da sua opressão, colaborem da maneira que for para a chegada do dia em que esta opressão será rompida. Enquanto isso, nós podemos e vamos nos organizar para uma entrada rápida de alimentos em qualquer área escravizada, no momento em que esta área estiver livre das forças germânicas e tiver recuperado novamente a sua liberdade. Vamos fazer o melhor para encorajar a formação de reservas de alimentos em todo o mundo, a fim de que esteja sempre claro para os povos da Europa, incluindo – e digo deliberadamente – os povos da Alemanha e da Áustria, a certeza de que a ruína do poder nazista irá trazer comida, liberdade e paz.

Pouco mais de um trimestre se passou desde que o novo governo chegou ao poder neste país. Que cascata de desastres desabou sobre nós desde então! Os confiantes holandeses subjugados, com seu amado e respeitado soberano levado ao exílio, com a pacífica cidade de Roterdã sendo palco de um massacre tão repugnante e brutal quanto qualquer outro na Guerra dos Trinta Anos[17]. A Bélgica invadida e batida. A nossa Força Expedicionária, chamada pelo rei Leopoldo[18] para o seu socorro, foi bloqueada e quase capturada, escapando somente por um milagre e com a perda de todo o seu equipamento. Nosso aliado, a França, de fora. A Itália dentro, contra nós. Toda a França em poder do inimigo, com todo o seu arsenal e vastas quantidades de material militar, convertidas ou conversíveis, para o uso do inimigo. Um governo fantoche organizado em Vichy[19], que pode a qualquer momento ser forçado a se tornar nosso inimigo. A costa ocidental da Europa, do Cabo Norte até a fronteira espanhola, nas mãos dos alemães. Todos os portos e todos os aeroportos nesta imensa frente podendo ser empregados contra nós como trampolins potenciais para uma invasão. Além disso, o poderio aéreo germânico, até agora numericamente superior ao nosso, foi trazido para tão perto da nossa ilha que aquilo que costumávamos temer tanto já foi ultrapassado, e os bombardeiros hostis não só atingem a nossa costa em poucos minutos, e vindos de muitas direções, mas ainda são escoltados por caças.

Bem, senhores, se tivéssemos sido confrontados no começo de maio com tal perspectiva, teria parecido incrível que – ao fim do período de horror e desastre, ou neste momento, em um período de horror e desastre – pudéssemos permanecer erguidos, seguros de nós mesmos, senhores de nosso destino e com a convicção da vitória final queimando de forma insaciável em nossos corações. Poucos teriam acreditado que poderíamos sobreviver. Ninguém teria acreditado que nos sentiríamos não só mais fortes hoje como mais fortes do que éramos anteriormente.

Vejamos o que aconteceu do outro lado da moeda. A nação britânica e o Império Britânico, ao se descobrirem sozinhos, se mantiveram sem medo do desastre. Ninguém se acovardou ou tremeu. Ao contrário, alguns que anteriormente pensavam em paz agora só pensam em guerra. Nosso povo está unido e determinado como nunca esteve antes. A morte e a ruína se tornaram coisas pequenas, comparadas com a vergonha da derrota e do fracasso no dever. Não podemos dizer o que vem pela frente. Pode ser que até mesmo experiências ainda piores estejam à nossa frente. Vamos enfrentar o que quer que venha até nós. Estamos seguros de nós mesmos e de nossa causa, e este é o fato supremo que surgiu nestes meses de provação.

Nesse ínterim, fortalecemos os nossos corações e a nossa ilha. Rearmamos e reconstruímos nossos exércitos em um grau que seria considerado impossível há alguns meses. Transportamos pelo Atlântico no mês de julho, graças aos nossos amigos de lá, uma enorme quantidade de munições de todos os tipos: canhões, rifles, metralhadoras, cartuchos e balas, todos trazidos à terra com segurança, sem a perda de um revólver ou uma bala. O produto de nossas fábricas, trabalhando como nunca trabalharam antes, está sendo alocado às nossas tropas.

A totalidade do Exército britânico está em casa. Hoje à noite, mais de dois milhões de homens determinados têm rifles e baionetas em suas mãos – e três quartos estão em formações militares normais. Nunca antes, em nossa ilha, tivemos exércitos como estes em tempos de guerra. A ilha inteira se enfurece contra invasores do mar ou do ar. Como expliquei à Casa em meados de junho, quanto mais forte for o Exército em casa, tanto maior pode ser a expedição invasora – e quanto maior a expedição invasora, mais fácil será a tarefa da Marinha de detectar o agrupamento e de interceptá-lo e destruí-lo em movimento, e mais difícil ainda seria alimentar e suprir os invasores se algum dia estes chegassem à terra, diante de um contínuo ataque naval e aéreo sobre as suas comunicações.

Tudo isto é doutrina clássica e venerável. Como no tempo de Nelson[20], prevalece a máxima: "Nossa primeira linha de defesa é o porto inimigo." Agora, o reconhecimento aéreo e a fotografia trouxeram para um velho princípio uma nova e poderosa ajuda.

Nossa Marinha está muito mais forte do que estava no começo da guerra. O grande fluxo de novas construções iniciadas na deflagração da guerra começa a dar resultado. Esperamos que nossos amigos do outro lado do oceano nos mandem um reforço tempestivo, para preencher o hiato entre as flotilhas de paz de 1939 e as flotilhas de guerra de 1941. Não há dificuldade em mandar esta ajuda. Os mares e os oceanos estão abertos. Os submarinos alemães estão contidos. A mina magnética[21] está sendo, até agora, utilizada com eficiência. A tonelagem mercantil sob bandeira britânica, depois de um ano de guerra contra os U-boats, depois de oito meses de intenso ataque com minas, é maior do que quando começamos.

Além disso, temos sob o nosso controle quatro milhões de toneladas da marinha mercante dos países subjugados, que se refugiaram aqui ou nos portos do império. Nossos estoques de alimentos de todos os tipos são mais abundantes do que nos dias de paz, e um programa grande e crescente de produção de alimentos está de pé.

Por que digo tudo isso? Não é, seguramente, para ostentar. Não é, seguramente, para dar o mínimo apoio à complacência. Os perigos que enfrentamos ainda são enormes, mas assim também são as nossas vantagens e os nossos recursos. Eu os relato porque o povo tem o direito de saber que há fundamentos sólidos para a confiança que sentimos e que temos boas razões para acreditarmos que somos capazes, como eu disse, há dois meses, em um momento sombrio, de continuar a guerra "se necessário sozinhos, se necessário durante anos". Digo também porque o fato de o Império Britânico permanecer invencível – e de que ainda há resistência contra o reino nazista – irá reacender a centelha de esperança no peito de centenas de milhões de homens e mulheres, humilhados ou desesperados por toda a Europa e além de seus limites. Destas centelhas, surgirá a chama que limpa e consome.

A grande batalha aérea que vem sendo travada sobre esta ilha nas últimas semanas se tornou recentemente mais intensa. É muito cedo para tentar prever seja a sua escala, seja a sua duração. Devemos esperar que o inimigo faça novos esforços acima de qualquer um que tenha feito até agora. Aeroportos hostis estão sendo construídos na França e nos Países Baixos, e a movimentação de esquadrões e de aparato para nos atacar prossegue.

É óbvio que *Herr* Hitler não admitiria uma derrota, no seu ataque aéreo à Grã-Bretanha, sem incorrer num prejuízo muito sério. Se depois de toda a sua ostentação, suas horripilantes ameaças, e seus pavorosos relatos, anunciados pelo mundo afora sobre os danos que ele tem nos imposto, sobre os vastos números de nossos aviões derrubados, assim ele diz, e com tão poucas perdas para ele; se, depois de histórias sobre a Grã-Bretanha em pânico, esmagada, amaldiçoando o Parlamento plutocrático que a levou ao apuro; se, depois de tudo isso, o ataque aéreo fosse facilmente forçado a se retirar, a reputação do Führer e a veracidade de suas declarações poderia ficar seriamente impugnada. Podemos estar certos, portanto, de que ele continuará a tentar enquanto ainda tiver poder para fazê-lo e enquanto as preocupações que possa ter a respeito da Força Aérea Russa ainda o permitam.

Por outro lado, as condições e a evolução da luta têm sido até agora favoráveis a nós. Há dois meses, eu disse à Casa que, se na França nossos aviões de guerra eram capazes de impor perdas numa base de duas ou três para cada uma sobre os alemães, e no conflito em Dunquerque – que era uma espécie de terra de ninguém – perdas de três ou quatro para uma, esperávamos que, num ataque contra a ilha, pudéssemos conseguir um resultado ainda melhor. Isso certamente se tornou verdade. Deve-se lembrar também que todas as máquinas e pilotos do inimigo, derrubados na ilha ou nos mares que a circundam, ou são destruídos ou capturados – enquanto uma proporção considerável de nossas máquinas, e também dos nossos pilotos, é poupada e em muitos casos volta a agir.

Um vasto e admirável sistema de recuperação, dirigido pelo ministério da Produção Aérea, garante o mais rápido retorno das máquinas danificadas à linha de combate – e o mais cauteloso e rápido uso de todas as peças e materiais sobressalentes. Ao mesmo tempo, o espantoso – mais, o esplêndido – aumento na produção e no reparo de aviões e motores britânicos, conseguido por lorde Beaverbrook[22] com talento de organização e iniciativa – parecendo mágica –, nos tem dado superabundantes reservas de todos os tipos de avião e um fluxo sempre crescente de produção, tanto em qualidade como em quantidade.

O inimigo é, naturalmente, bem mais numeroso. Mas, nossa nova produção, como me informam, já é maior do que a deles – e a produção americana está apenas começando a chegar. É um fato, como vejo pelos meus relatórios diários, que a nossa força de bombardeiros e aviões de guerra é agora, após todo este combate, maior do que jamais fora antes. Seremos capazes de prosseguir na luta aérea indefinidamente, enquanto o inimigo quiser; e quanto mais continuar, mais rápido estaremos perto, primeiro da paridade e depois daquela superioridade nos céus que, em grande medida, define o destino da guerra.

A gratidão de cada casa em nossa ilha, em nosso império, e certamente de todo o mundo, exceto nas moradias dos culpados, vai para os pilotos britânicos que, sem temer as chances e incansáveis no desafio constante e no perigo mortal, estão mudando o curso dos acontecimentos da guerra, com valentia e devoção.

Nunca, no campo do conflito humano, tanto foi devido por tantos a tão poucos. Todo o nosso afeto vai para os pilotos, cujas ações brilhantes vemos com nossos próprios olhos dia após dia. Mas, não devemos nunca esquecer de que o tempo todo, noite após noite, mês após mês, os nossos esquadrões de bombardeiros viajam para dentro da Alemanha, acham os seus alvos na escuridão com a mais elevada habilidade de navegação, miram os seus ataques com deliberado cuidado discriminatório – freqüentemente sob fogo pesado, freqüentemente com sérias perdas – e impõem golpes destrutivos sobre toda a estrutura técnica e de guerra do poder nazista. Em nenhuma outra parte da Real Força Aérea, o peso da guerra cai de forma mais expressiva do que nos bombardeios à luz do dia – que irão representar um papel inestimável no caso de invasão e cujo zelo tem sido necessário por enquanto, em várias ocasiões, conter.

Somos capazes de verificar os resultados do bombardeio de alvos militares na Alemanha não só por relatórios que nos chegam por meio de muitas fontes mas também, é claro, por fotografia. Não tenho nenhuma hesitação em dizer que este processo de bombardear as indústrias militares, as comunicações da Alemanha e as bases aéreas e armazéns de depósitos de onde somos atacados – processo que vai continuar em escala crescente até o fim da guerra e que pode em mais um ano atingir dimensões até então inimagináveis – fornece uma das mais certas e mais curtas de todas as estradas em direção à vitória.

Mesmo que as legiões nazistas se posicionassem triunfantes no mar Negro, ou mesmo no mar Cáspio, mesmo que Hitler estivesse nos portões da Índia, isto não lhe serviria de nada se, ao mesmo tempo, o aparato econômico e científico do poder de guerra germânico estivesse aos pedaços e pulverizado em casa.

O fato de que a ampla invasão desta ilha se tornou uma operação bem mais difícil a cada semana que se passou desde que poupamos o nosso Exército em Dunquerque – e por causa da nossa grande preponderância no poder marítimo – nos permite voltar os olhos e a nossa força para o Mediterrâneo, contra aquele outro inimigo [a Itália] que, sem a mínima provocação, fria e deliberadamente, por ambição e lucro, golpeou a França pelas costas, no momento da sua agonia, e que agora marcha contra nós na África.

A derrota da França tem sido, é claro, profundamente danosa para a nossa posição no que é chamado, de um modo estranho, de Oriente Médio. Na defesa da Somália, por exemplo, estávamos contando com um ataque das poderosas forças francesas contra os italianos, a partir de Djibuti[23]. Contávamos também com o uso das bases aéreas e navais dos franceses no Mediterrâneo, particularmente na costa do norte da África. Contávamos com a frota francesa. Muito embora a França metropolitana tenha sido temporariamente invadida, não havia razão para que a Marinha francesa, partes substanciais do Exército francês, a Força Aérea Francesa e o Império Francês no além-mar não continuassem a lutar do nosso lado.

Protegida por um esmagador poderio marítimo, possuidora de inestimáveis bases estratégicas e de amplos recursos, a França poderia ter permanecido como um dos grandes combatentes no conflito. Ao fazer isso, a França teria continuado viva e o Império Francês teria avançado com o Império Britânico, para o resgate da independência e da integridade da terra-mãe francesa. Em nosso próprio caso, se tivéssemos sido colocados na posição terrível da França – uma contingência agora felizmente impossível –, embora fosse dever de todos os líderes da guerra lutar até o fim em casa, teria sido também o seu dever, como indiquei em meu discurso de 4 de junho[24], preparar-se tanto quanto o possível para a segurança naval do Canadá e dos outros domínios, e garantir que estes tivessem os meios para continuar a luta de lá, além dos oceanos.

Muitos dos outros países que foram invadidos pela Alemanha perseveraram valente e fielmente. Os tchecos, os poloneses, os noruegueses, os holandeses, os belgas ainda estão no campo, espada na mão, reconhecidos pela Grã-Bretanha e pelos Estados Unidos como as únicas autoridades representativas e os governos legítimos de seus respectivos Estados.

Que a França esteja prostrada, neste momento, é um crime, não de uma grande e nobre nação, mas dos que são chamados "homens de Vichy". Temos profunda simpatia pelo povo francês. Nossa velha camaradagem com a França não está morta. Com o general De Gaulle e sua corajosa equipe, esta camaradagem toma uma forma efetiva. Estes franceses livres foram condenados à morte por Vichy, mas o dia virá, tão certo como o sol nascerá amanhã, em que seus nomes serão honrados e gravados em pedra nas ruas e aldeias da França restaurada, numa Europa liberada, em plena liberdade e em paz com a sua imagem histórica.

Mas esta convicção que tenho do futuro não pode influenciar os problemas imediatos com que nos confrontamos no Mediterrâneo e na África. Tinha sido decidido, antes do começo da guerra, que não defenderíamos o protetorado da Somália. Esta política foi modificada nos primeiros meses do conflito. Quando os franceses se entregaram e as nossas pequenas forças ali instaladas – alguns batalhões, algumas armas – foram atacadas pelas tropas italianas, com duas divisões que haviam antes enfrentado os franceses em Djibuti, foi correto retirar os nossos destacamentos, virtualmente intactos, para que pudessem agir em outros lugares.

Operações bem maiores, sem dúvida, são iminentes no teatro do Oriente Médio – e certamente não tentarei discutir ou profetizar sobre os seus prováveis rumos. Temos grandes exércitos e muitos meios de reforçá-los. Temos o completo comando do leste do Mediterrâneo. Pretendemos fazer nossos melhores esforços para dar conta do recado e desobrigarmo-nos fielmente, com determinação, de todos os nossos deveres naquela parte do mundo. Acho que isso é o que a Casa gostaria de me ouvir dizer no momento.

Um bom número de pessoas tem escrito a mim pedindo para que eu faça, nesta ocasião, uma declaração mais completa dos nossos propósitos na guerra – e do tipo de paz que queremos ter depois da guerra – do que aquela que está contida na considerável declaração feita no início do outono. Desde então, fizemos acordos com a Noruega, a Holanda e a Bélgica. Reconhecemos o governo tcheco do doutor Beneš[25] e dissemos ao general De Gaulle que nosso sucesso irá acarretar na restauração da França.

Não acho que seja prudente neste momento, enquanto a batalha é intensa e a guerra ainda está, talvez, somente no estágio inicial, embarcar em especulações elaboradas sobre a forma futura que deve ser dada à Europa ou sobre as novas garantias que devem ser concebidas para que a humanidade seja poupada das misérias de uma terceira guerra mundial. O terreno não é novo, tem sido freqüentemente analisado e explorado – e muitas idéias são tidas em comum por todos os homens bons e livres. Contudo, antes que possamos levar adiante a tarefa da reconstrução, temos não só de estar nós mesmos convencidos mas também de convencer todos os outros países de que a tirania nazista será no fim derrotada. O direito de orientar o curso da história do mundo é o preço mais nobre da vitória. Ainda estamos na subida da montanha. Ainda não atingimos o topo. Ainda não podemos estudar a paisagem ou mesmo imaginar qual será a sua situação quando aquela tão esperada manhã chegar.

A tarefa que há imediatamente à frente é mais prática, mais simples e mais severa. Espero – de fato, rezo – para que não sejamos indignos da vitória se, depois de todo este trabalho e atribulação, esta nos for concedida. O que resta é que temos de vencer. Esta é a nossa tarefa.

Há, porém, um caminho no qual é possível ver à frente de forma um pouco mais clara. Temos de pensar, não só por nós mesmos, mas pela duradoura segurança da causa e do princípio pelo qual estamos lutando e pelo futuro no longo prazo da Comunidade dos Estados Britânicos.

Há alguns meses, chegamos à conclusão de que os interesses dos Estados Unidos e do Império Britânico em conjunto exigiam que os Estados Unidos tivessem instalações para a defesa naval e aérea do hemisfério ocidental, contra o ataque de um poder nazista que pudesse ter obtido o controle temporário, porém longo, de grande parte da Europa ocidental e dos seus formidáveis recursos.

Tínhamos decidido espontaneamente – sem termos sido solicitados ou sem receber qualquer incentivo – informar ao governo dos Estados Unidos que ficaríamos contentes em colocar tais instalações de defesa à disposição deles, por intermédio de um arrendamento de lugares adequados, em nossas possessões transatlânticas, para uma segurança mais garantida contra os perigos sem limites do futuro. O princípio de união de interesses para objetivos comuns entre a Grã-Bretanha e os Estados Unidos desenvolveu-se antes mesmo da guerra. Vários acordos foram feitos com relação a algumas pequenas ilhas no oceano Pacífico, que se tornaram importantes pontos de abastecimento aéreo. Em toda esta linha de pensamento, nos encontramos em perfeita harmonia com o governo do Canadá.

No momento, uma certa ansiedade é sentida nos Estados Unidos com relação à defesa aérea e naval de sua costa Atlântica – e o presidente Roosevelt recentemente deixou bem claro que gostaria de discutir conosco, com o domínio do Canadá e de Newfoundland[26] o desenvolvimento de instalações navais e aéreas americanas em Newfoundland e nas Antilhas.

Não há, logicamente, nenhuma questão relativa à transferência de soberania – isso nunca foi sugerido – ou à qualquer ação que possa ser tomada sem o consentimento ou contra a vontade das várias colônias envolvidas. Mas, de nossa parte, o governo de Sua Majestade está inteiramente de acordo em ceder instalações de defesa aos Estados Unidos, numa base de arrendamento por 99 anos – e temos certeza de que nossos interesses, não mais do que os deles, e os interesses das colônias e do Canadá e de Newfoundland serão bem servidos com isso.

Estas são medidas importantes. Sem dúvida alguma, este processo significa que estas duas grandes organizações democráticas de língua inglesa, o Império Britânico e os Estados Unidos, terão de estar interligadas em muitos de seus assuntos para benefício geral e mútuo. De minha parte, olhando para o futuro, não vejo este processo com nenhum temor. E não poderia impedi-lo se assim quisesse – ninguém pode impedi-lo. Como o Mississipi, apenas flui. Que continue fluindo. Que continue fluindo à plena correnteza, de forma inexorável, irresistível, benigna, em direção a terras mais amplas e dias melhores.

Os cruéis, perversos e indiscriminados bombardeios a Londres

11 de setembro de 1940
Transmissão de rádio, Londres

Em 5 de setembro, a Luftwaffe[27] mudou a tática. De repente, o peso do ataque inimigo foi concentrado, não mais contra as bases da Real Força Aérea, mas contra a população civil de Londres e outras cidades importantes. Aqui, Churchill extravasa o horror com a medida e declara novamente a determinação de assegurar a vitória. Depois dos ataques terroristas de 11 de setembro de 2001, que destruíram as torres gêmeas do World Trade Center em Nova York, este discurso foi muito citado pelo prefeito Rudolph Giuliani e outros. Por uma incrível coincidência, as datas são as mesmas.

Quando eu disse outro dia na Câmara dos Comuns que achava improvável que o ataque aéreo do inimigo em setembro pudesse ser mais de três vezes maior do que fora em agosto, não estava, é claro, me referindo aos bárbaros ataques sobre a população civil, mas à grande batalha aérea que está sendo travada entre nossos aviões de guerra e a Força Aérea Alemã.

Vocês verão que, sempre que o tempo é favorável, ondas de bombardeiros alemães, protegidos por caças, freqüentemente 300 ou 400 de uma vez, aparecem sobre esta ilha, especialmente na península de Kent, na esperança de atacar alvos militares e outros à luz do dia. Porém, eles são enfrentados pelos nossos esquadrões e quase sempre derrotados – com perdas para eles de três para uma em máquinas e seis para uma em pilotos, em média.

Este esforço dos alemães em assegurar o domínio dos céus sobre a Inglaterra à luz do dia é naturalmente o ponto crucial de toda a guerra. Até agora, falhou de modo conspícuo. Custou-lhes muito caro. Nós nos sentimos mais fortes e de fato estamos relativamente bem mais fortes do que em julho, quando a luta pesada começou. Não há dúvida de que *Herr* Hitler está usando a força de seus aviões de guerra em grande escala e que, se continuar por muitas semanas mais, vai cansar e arruinar esta parte vital da sua Força Aérea. Isso nos dará uma vantagem muito grande.

Por outro lado, tentar invadir este país sem ter assegurado o domínio do ar seria uma tarefa muito arriscada. Apesar disso, todas as preparações para uma invasão em grande escala estão prosseguindo. Várias centenas de barcas automotoras estão se movendo na costa da Europa – dos portos da Alemanha e da Holanda para os portos do norte da França; de Dunquerque para Brest; e, além de Brest, para os portos franceses na baía de Biscay[28].

Além disso, os comboios de navios mercantes em dezenas de dúzias estão sendo movimentados pelos estreitos de Dover[29] para dentro do Canal, de um porto a outro sob a proteção das novas baterias que os alemães construíram na costa francesa. Há hoje agrupamentos expressivos de navios mercantes nos portos alemães, holandeses, belgas e franceses – em todo o caminho, de Hamburgo até Brest. Finalmente, alguns navios estão sofrendo modificações, para que carreguem uma força invasora saindo de portos noruegueses.

Por trás desses agrupamentos de navios ou barcas, encontram-se tropas germânicas esperando a ordem para embarcar e partir na sua perigosa e incerta viagem pelos mares. Não podemos dizer quando eles virão. Não podemos estar certos de que de fato vão tentar, afinal de contas. Mas, ninguém deve ficar cego para o fato de que uma invasão em grande escala desta ilha está sendo preparada, com toda a eficácia e o método usuais dos alemães. E que pode ser iniciada agora – contra a Inglaterra, contra a Escócia ou contra a Irlanda, ou contra todos.

Se esta invasão vai ser tentada de fato, ao que parece, não pode ser retardada por muito mais tempo. A qualquer momento, o tempo pode mudar. Além disso, é difícil para o inimigo manter estes navios esperando indefinidamente enquanto são atacados de noite por nossos bombardeiros – e muitas vezes bombardeados por nossos navios de guerra que estão à espera deles lá fora.

Portanto, temos de considerar a próxima semana, um pouco mais ou menos como um período muito importante da nossa história. Semelhantes aos dias em que a Armada Espanhola se aproximava do Canal enquanto Drake[30] terminava o seu jogo de bocha; ou quando Nelson se colocou entre nós e o grande exército de Napoleão em Boulogne. Lemos tudo sobre isso nos livros de história. O que está acontecendo agora, no entanto, em escala bem maior, tem conseqüências ainda mais graves à vida e ao futuro do mundo e da civilização, do que naqueles bravos dias do passado.

Homens e mulheres irão se preparar, portanto, para cumprir o seu dever, qualquer que seja, com orgulho e cuidado especiais. Nossas frotas e flotilhas são poderosas e numerosas. Nossa Força Aérea está poderosa como nunca foi e está consciente da sua superioridade comprovada não certamente em números, mas em homens e máquinas. Nossas praias estão bem fortificadas e vigorosamente guarnecidas e, por trás delas, pronto para atacar os invasores, temos um exército versátil maior e mais bem equipado do que jamais tivemos antes.

Além disso, temos mais de um milhão e meio de homens da Guarda Interna, que são como soldados do exército regular tanto quanto os granadeiros e estão determinados a lutar por cada polegada de terreno em cada aldeia e cada rua. Digo com devoção, mas também com confiança firme: que Deus defenda o correto.

Os cruéis, perversos e indiscriminados bombardeios a Londres são, é claro, parte dos planos de invasão de Hitler. Ele espera, ao matar um grande número de civis, de mulheres e de crianças, aterrorizar e intimidar o povo desta poderosa cidade imperial – assim torná-los um peso e um motivo de apreensão para o governo – e, portanto, distrair nossa atenção indevidamente para longe do assalto feroz que está preparando. Pouco ele sabe do espírito da nação britânica, ou da fibra dos londrinos, cujos antepassados representaram um papel de liderança no estabelecimento das instituições parlamentares e foram criados para valorizar a liberdade, muito acima das suas vidas. Este homem demoníaco, repositório e incorporação de muitas formas do ódio destruidor de almas, este monstruoso produto da vergonha e de erros do passado, resolveu agora tentar dobrar nossa famosa raça insular com um processo de massacre indiscriminado e de destruição. O que fez foi acender uma chama nos corações britânicos, aqui e em todo o mundo, que brilhará por muito tempo depois que todos os traços da conflagração que causou a Londres tenham sido removidos. Acendeu uma chama que irá queimar como uma luz constante e que só será consumida quando os últimos vestígios da tirania nazista tiverem sido eliminados da Europa – e quando o Velho Mundo e o Novo puderem juntar as mãos para reconstruir os templos da liberdade e da honra do homem, com fundações que não serão rapidamente ou facilmente derrubadas.

Esta é uma hora para que estejamos todos juntos e nos mantermos firmes, como está sendo feito. Expresso minha admiração pela maneira exemplar com que todos os serviços de prevenção a ataques aéreos em Londres estão sendo executados, especialmente ao Corpo de Bombeiros, cujo trabalho tem sido tão penoso e também perigoso. Todo o mundo que ainda é livre se maravilha com a compostura e a fortaleza com que os cidadãos de Londres estão enfrentando e suplantando esta terrível experiência a que estão sendo submetidos – cujo fim ou cuja severidade ainda não se pode prever.

A mensagem que enviamos desta nossa capital é de entusiasmo a nossas forças de luta nos mares, no céu e na terra, tropas que aguardam em todos os postos e estações. Eles sabem que têm por trás um povo que não irá hesitar ou cansar-se da luta, mesmo que esta seja difícil e prolongada, mas que irá, ao contrário, retirar do próprio sofrimento do coração os meios de inspiração e de sobrevivência, os meios de uma vitória a ser vencida não só para nós, mas para todos – uma vitória não só para o nosso próprio tempo, mas para os muitos e melhores dias que estão por vir.

Podemos agüentar!

8 de outubro de 1940
Câmara dos Comuns

Um mês se passou desde que *Herr* Hitler voltou sua raiva e malícia contra a população civil de nossas grandes cidades e particularmente a de Londres. Ele declarou, em seu discurso de 4 de setembro, que ia destruir nossas cidades – e desde então vem tentando conduzir este cruel objetivo. Naturalmente, a primeira questão que devemos perguntar é em que extensão a plena força do bombardeio germânico já foi empregada. Vou dar a esta Casa a melhor opinião que fui capaz de formar sobre algo que é necessariamente um tema de especulação. Após os danos severos de 15 de agosto, os bombardeiros alemães de curto alcance – dos quais há várias centenas – vêm sendo mantidos cuidadosamente fora do combate aéreo. Isto pode ser, é claro, porque estão sendo reservados para atuar em um plano geral de invasão ou reaparecer em algum outro teatro de guerra. Nós temos lidado, portanto, apenas com bombardeiros alemães de longo alcance.

Ao que parece, considerando dias e noites em conjunto, cerca de 400 destas máquinas têm visitado em média as nossas praias a cada 24 horas. Temos dúvidas de que este ritmo de ataque contínuo possa ser excedido . ...

Nem danos materiais nem um massacre poderá mudar o objetivo solene e inexorável do povo do Império Britânico. É uma prática e, em vários casos, um dever, de muitos dos meus colegas e membros da Casa, visitar os locais de destruição tão rapidamente quanto possível – e eu mesmo vou de tempos em tempos. Em toda a minha vida, nunca fui tão bem tratado, com tanta bondade, como pelo povo que tem mais sofrido. Alguém poderia até pensar que lhes trouxemos algum grande benefício, em vez do sangue e das lágrimas, do trabalho e do suor, que foi tudo o que sempre prometi. Por todos os lados, há o clamor: “Podemos agüentar!” – mas com este há também a súplica : “Revidem!”. ...

Enquanto isso, o que aconteceu com a invasão que nos foi prometida a cada mês e a quase toda semana desde o começo de julho? Não vamos ser levados a imaginar que o perigo passou. Pelo contrário, a vigilância incansável e o rápido e constante fortalecimento que está em curso de nossos militares por terra, mar e ar precisam ser mantidos a todo custo. Agora que estamos em outubro, porém, o clima se torna mais incerto – e não há mais os intervalos claros de dois ou três dias seguidos para que barcas possam atravessar os mares e desembarcar em nossas praias.

Mesmo assim, estes intervalos podem ocorrer. Nevoeiros podem ajudar o inimigo. Nossas tropas, que estão crescendo continuamente em número e equipamentos, mobilidade e treinamento, devem ser mantidas por todo o inverno, não só ao longo das praias, mas de prontidão, como a maioria está, tal qual leopardos encolhendo-se para saltar na garganta do invasor. O inimigo tem navios e barcos suficientes para jogar 500 mil homens numa única noite na água salgada – ou dentro dela. Nossa Guarda Interna, com 1.700.000 homens, deve cuidar de suas armas e afiar suas baionetas. ....

Porque nos sentimos melhores e podemos ver mais claramente do que víamos há alguns meses os caminhos em meio às dificuldades e ao perigo, porque países estrangeiros, amigos ou inimigos, reconhecem o gigantesco, duradouro e destacado fortalecimento da Grã-Bretanha e do Império Britânico, não nos deixemos enganar por um momento sobre os riscos terríveis a que estamos submetidos. Não nos deixemos perder a convicção de que será somente por meio do esforço supremo e soberbo, incansável e indomável, que poderemos salvar nossas almas com vida. Ninguém pode prever, ninguém pode sequer imaginar como esta guerra terrível contra a Alemanha e a agressão nazista seguirá seu curso, quanto irá se espalhar ou quanto irá perdurar.

Meses longos e sombrios de provação e tormento se encontram diante de nós. Não só perigos, mas desgraças, muitas falhas, muitos erros, muitos desapontamentos certamente virão até nós. A morte e a tristeza serão os companheiros da nossa jornada, o sofrimento será o nosso traje, a perseverança e a honra serão o nosso único escudo. Temos que estar unidos, temos que ser destemidos, temos que ser firmes. Nossas qualidades e ações devem queimar e brilhar em meio à melancolia da Europa, até que se transformem no verdadeiro farol da sua salvação.

O *BISMARCK* AFUNDOU!

27 de maio de 1941
Câmara dos Comuns

Neste momento crítico da guerra – com os blindados britânicos em retirada no norte da África e o poderio aéreo superior germânico compelindo a evacuação das forças britânicas em Creta – o navio de guerra alemão Bismarck, *acompanhado do cruzador* Prinz Eugen, *partiu de Bergen, na Noruega, para interceptar e afundar, no estreito da Dinamarca, o cruzador de batalha britânico* Hood, *o encouraçado mais rápido do mundo na época. Todos os recursos da frota doméstica foram empregados para conter este novo perigo e, logo que Churchill se sentou após encerrar o discurso, recebeu um bilhete dizendo que o* Bismarck *tinha afundado depois de ter sido danificado em um ataque levado à frente por aeronaves do porta-aviões* Arc Royal.

Na quarta-feira da semana passada, 21 de maio, o novo navio de guerra alemão, *Bismarck*, acompanhado pelo novo cruzador *Prinz Eugen*, foi descoberto pelo nosso reconhecimento aéreo em Bergen, e na quinta-feira, 22 de maio, soube-se que tinham partido. Muitas medidas foram tomadas para interceptá-los se tentassem, como parecia provável, chegar ao oceano Atlântico, com o objetivo de atacar nossos comboios provenientes dos Estados Unidos. Durante a noite de 23 para 24, nossos cruzadores estiveram em contato visual com eles quando passavam o estreito da Dinamarca, entre a Islândia e a Groenlândia.

Na aurora do sábado, o *Prince of Wales* e o *Hood* interceptaram os dois navios inimigos. Não tenho um relatório detalhado da ação porque os fatos ocorreram com velocidade, mas o *Hood* foi atingido a mais ou menos 21 quilômetros [da costa] por uma bomba que penetrou num dos seus compartimentos e explodiu, deixando apenas poucos sobreviventes. Este navio esplêndido, desenhado há 23 anos, é uma séria perda para a Marinha Real – e mais ainda são os homens e oficiais que o navegavam.

Durante todo o sábado, nossos navios permaneceram em contato com o *Bismarck* e seu companheiro. À noite, aeronaves da frota aérea do porta-aviões *Vitorius* acertaram o *Bismarck* com um torpedo – e foram feitos os preparativos para uma batalha efetiva ontem ao alvorecer. Mas, à medida que a noite passava, o tempo piorou, a visibilidade diminuiu e o *Bismarck*, fazendo uma curva fechada, livrou-se da perseguição. Não sei o que aconteceu com o *Prinz Eugen*, mas providências estão sendo tomadas com relação a este navio.

Ontem, pouco antes do meio-dia, uma aeronave catalina[31] – uma dentre um considerável número destes aviões de patrulha de longo alcance que nos foram enviados pelos Estados Unidos – acertou o *Bismarck* e notou-se que, aparentemente, o navio estava indo para os portos franceses – Brest ou Saint Nazaire. Com isso, algumas medidas foram tomadas pelo Almirantado e pelo comandante-chefe ainda com mais rapidez. E, naturalmente, posso dizer que, no momento em que se soube que o *Bismarck* estava no mar, todo o aparato do nosso controle de oceanos foi posto em ação e muitas combinações de longo alcance começaram a ser feitas. Desde ontem à tarde – não tive tempo de preparar um informe detalhado – aviões e hidroaviões carregados de torpedos da frota aérea do *Arc Royal* fizeram uma sucessão de ataques ao *Bismarck*, que agora parece estar sozinho, sem o seu companheiro.

Por volta da meia-noite, soubemos que o *Bismarck* tinha sido atingido por dois torpedos, um no meio da nau e outro na parte de trás. Este segundo torpedo aparentemente afetou a direção do navio, pois não só ficou reduzido a uma velocidade muito lenta, como continuou fazendo círculos incontroláveis no mar. Enquanto estava nesta condição, o navio foi atacado por uma de nossas flotilhas e atingido por mais dois torpedos – o que levou o navio virtualmente a uma parada, longe de ajuda e do alcance de um bombardeiro inimigo que pudesse chegar ao local vindo da costa francesa.

Nesta manhã, logo que o dia clareou ou um pouco depois, o *Bismarck* foi atacado por navios britânicos de perseguição. Não sei quais foram os resultados do bombardeio. Parece, porém, que o *Bismarck* não foi afundado pela artilharia – e será agora despachado com torpedos. Acredita-se que isso esteja ocorrendo agora e, também, não pode haver mais nenhum atraso adicional para se dar um fim a este navio.

Mesmo que o nosso prejuízo com o *Hood* seja grande, o *Bismarck* deve ser visto como o mais poderoso navio de guerra do mundo, já que é o mais novo. A sua eliminação da Marinha germânica é uma ótima representação da tarefa que temos de manter o efetivo domínio dos mares do norte e do bloqueio do norte. Ouso dizer que, em alguns dias, será possível fazer um relato muito mais detalhado, mas os aspectos essenciais estão diante da Casa. Mesmo que haja sombras e brilhos no cenário, sinto que temos todas as razões para ficarmos satisfeitos com o resultado deste feroz e memorável embate naval.

[*Mais tarde*]. Não sei onde eu poderia, com grande respeito, intervir por um momento. Acabo de receber notícias de que o *Bismarck* afundou!

Nossa força coesa e persistente

12 de junho de 1941
Conferência dos ministros aliados e dos comissários
dos domínios britânicos, Londres

No vigésimo segundo mês da guerra contra o nazismo, encontramo-nos aqui no velho palácio St. James, com cicatrizes do fogo inimigo, a fim de proclamar os sublimes objetivos e determinações dos governos constitucionais legítimos da Europa, cujos países foram invadidos, e nos encontramos aqui também para animar as esperanças dos homens livres e das pessoas livres ao redor do mundo. Aqui, na mesa defronte de nós, se encontram os títulos de propriedade de dez nações ou Estados cujo solo foi invadido e poluído e cujos homens, mulheres e crianças estão prostrados e padecem sob a opressão de Hitler.

Mas aqui também, autorizados pelo Parlamento e pela democracia da Grã-Bretanha, estão reunidos servidores da antiga monarquia britânica e os representantes credenciados dos domínios – Canadá, Austrália, Nova Zelândia, África do Sul, Império da Índia, Birmânia e colônias em várias regiões do globo. Eles sacaram suas espadas por nossa causa. Eles nunca as deixarão cair até que a vida se vá ou que se tenha vitória. Aqui nos encontramos, enquanto do outro lado do oceano Atlântico, os martelos e tornos mecânicos dos Estados Unidos sinalizam num zumbido crescente uma mensagem de encorajamento e uma promessa de rápida e crescente ajuda.

Que tragédia, que horror, que crimes Hitler e tudo aquilo que representa trouxeram para a Europa e para o mundo! As ruínas de Varsóvia, de Rotterdã, de Belgrado são monumentos que durante muito tempo lembrarão às gerações futuras o horror do bombardeio aéreo, utilizado com crueldade cientificamente calculada contra populações indefesas. Aqui em Londres e em outras cidades da nossa ilha, e também na Irlanda, podem ser vistas as marcas da devastação. Elas estão sendo devolvidas e logo serão mais do que pagas.

Mas, pior do que estes danos visíveis é a miséria dos povos conquistados. Nós os vemos perseguidos, aterrorizados, explorados. Os homens são forçados aos milhões a trabalhar sob condições que não se distinguem em muitos casos da verdadeira escravidão. Bens e móveis são pilhados ou carregados em troca de dinheiro sem valor. Suas casas, suas vidas cotidianas são bisbilhotadas e espionadas pelo impregnante sistema da polícia política secreta, o qual, tendo reduzido os próprios alemães a uma abjeta docilidade, agora ataca as ruas e os caminhos de uma dúzia de terras. Crenças religiosas são afrontadas, perseguidas ou oprimidas, no interesse de um paganismo fantástico desenhado para perpetuar a veneração e sustentar a tirania de uma criatura abominável. Tradições, culturas, leis, instituições, tanto sociais quanto políticas, são suprimidas pela força ou solapadas pela intriga friamente planejada.

As prisões do continente não são mais suficientes. Os campos de concentração estão superlotados. Em cada amanhecer, a rajada alemã é posta em prática. Tchecos, poloneses, holandeses, noruegueses, iugoslavos e gregos, franceses, belgas, luxemburgueses fazem o grande sacrifício pela fé e pelo país. Uma raça desprezível de colaboradores – para usar a nova palavra que irá carregar o desdém da humanidade ao longo dos séculos – é contratada para bajular o conquistador, para colaborar com os seus desígnios e para impor a sua regra sobre compatriotas, enquanto eles mesmos se humilham rebaixados. Este é o apuro da outrora gloriosa Europa e estas são as atrocidades contra as quais estamos em armas.

É sobre estas bases que Hitler, com seu esfarrapado lacaio Mussolini em sua cauda e o almirante Darlan[32] saltitante ao seu lado, pretende construir, a partir do ódio, da fome e da afirmação racial, uma nova ordem para a Europa. Nunca antes uma fantasia tão ridícula pôde ocupar a mente de um homem mortal. Não podemos dizer como será o curso desta guerra cruel, à medida que se espalha sem remorso por regiões ainda mais distantes. Sabemos que será difícil, acreditamos que será longo. Não podemos medir ou prever seus episódios ou seus tormentos.

Mas uma coisa é certa, uma coisa é segura, algo se destaca, de forma absoluta e inegável, maciça e inatacável, para todo o mundo ver. Não será pelas mãos germânicas que a estrutura da Europa será reconstruída ou que a união da família européia será conseguida. Em cada país em que os exércitos alemães e a polícia nazista entraram, brotou do solo um ódio ao nome germânico e um tal desprezo pelo credo nazista que a passagem de centenas de anos não irá apagar da memória humana. Não podemos ainda ver como a libertação virá, ou quando virá. Mas os restos das pegadas de Hitler e as manchas dos seus dedos infectados e corroídos serão purificados e absorvidos e, se houver necessidade, explodidos da superfície da Terra.

Estamos aqui para fortalecer e reafirmar nossa união dentro daquele incessante e incansável esforço que deve ser feito para que as pessoas cativas sejam libertadas. Há um ano, o governo de Sua Majestade foi deixado sozinho a enfrentar a tempestade – e para muitos de nossos amigos e inimigos pode ter parecido que nossos dias também estavam contados e que a Grã-Bretanha e as suas instituições iriam afundar para sempre. Mas posso com orgulho lembrar a suas excelências que, mesmo naquele momento sombrio, quando nosso Exército estava desorganizado e quase sem armas, quando praticamente nenhuma arma de fogo ou tanque permanecia na Grã-Bretanha, quando praticamente todas as nossas munições e materiais haviam sido destruídos na França – nunca, nem por um momento, o povo britânico sonhou em fazer paz com o conquistador e nem por um momento desesperou-se da causa comum.

Pelo contrário, proclamamos naquele exato momento para todos os homens, não só para nós mesmos, nossa determinação de não fazer paz até que cada um dos países destruídos e escravizados fosse libertado e até que a dominação nazista fosse rompida e destruída.

Vejam o quanto andamos desde aqueles dias de tirar o fôlego de junho, há um ano. A nossa sólida e teimosa força passou neste terrível teste. Dominamos os nossos próprios céus e agora nos estendemos para fora em um revide cada vez mais forte contra o inimigo. A Marinha Real manda nos mares. A frota italiana encolhe-se de medo diminuída nos portos, a Marinha germânica está amplamente danificada ou afundada. Os ataques assassinos contra os nossos portos, cidades e fábricas não tiveram o poder de sufocar o espírito da nação britânica, de parar a nossa vida ou de suspender a imensa expansão da nossa indústria de guerra. Os alimentos e as armas que vêm dos oceanos estão chegando com segurança. A provisão plena para substituir toda a tonelagem afundada está sendo feita aqui – e ainda mais por nossos amigos nos Estados Unidos. Estamos nos tornando uma comunidade armada. Nossas forças terrestres estão sendo aperfeiçoadas com equipamentos e treinamentos.

Hitler pode se virar e se lançar com violência sobre a Europa torturada. Pode espalhar seu percurso de modo amplo e para longe, e carregar a sua maldição consigo: pode ir parar na África ou na Ásia. Mas é aqui, com esta ilha que é uma fortaleza, que ele terá de lidar no fim. Nós vamos nos esforçar para resistir por terra e por mar. Vamos estar no seu encalço onde quer que ele vá. Nosso poderio aéreo continuará a ensinar à pátria germânica que a guerra não é apenas saque e triunfo.

Nós vamos ajudar e instigar o povo de cada país conquistado à resistência e à revolta. Vamos interromper e destruir todo o esforço que Hitler fizer para sistematizar e consolidar a subjugação. Ele não vai encontrar paz, descanso, abrigo, negociação. E se, levado a riscos desesperados, tentar a invasão das ilhas britânicas, como pode acontecer, não iremos hesitar diante desta suprema provação. Com a ajuda de Deus, de quem temos diariamente de ter consciência, vamos continuar firmes na fé e no dever, até que a nossa tarefa esteja completa.

Esta, portanto, é a mensagem que mandamos hoje para os Estados e as nações, escravizadas ou livres, para os homens de toda parte que se preocupam com a causa da liberdade, para os aliados e simpatizantes na Europa, para os nossos amigos e companheiros americanos que, com sua força e do outro lado do oceano, estão cada vez mais próximos. Esta é a mensagem: recuperem o ânimo. Tudo vai acabar bem. Das profundezas da tristeza e do sacrifício nascerá novamente a glória da humanidade.

O VELHO LEÃO

16 de junho de 1941
Transmissão de rádio de Londres para os Estados Unidos,
ao receber um título honorário

Invocando seu sangue americano, Churchill, na frase final – "Unidos, podemos salvar e liderar o mundo" –, apela à América para se juntar à briga.

Sou grato, reitor Valentine, pela honra que me é conferida ao ser feito doutor pela Universidade de Rochester, no estado de Nova York. Sinto-me cumprimentado pelas expressões de louvor e de admiração com que se dirigiu a mim, não porque sou ou venha a ser digno delas, mas porque representam uma expressão da confiança e da afeição americanas, as quais sempre irei me esforçar para merecer.

O que mais me toca nesta cerimônia é o sentido de parentesco e de unidade que sinto que há entre nós nesta tarde. Enquanto falo de Downing Street[33] para a Universidade de Rochester – e por intermédio de vocês para os Estados Unidos – eu praticamente sinto o direito de fazer isso porque minha mãe, como foi dito, nasceu na sua cidade, e nela meu avô, Leonard Jerome, viveu por tantos anos, conduzindo como um cidadão proeminente e próspero um jornal com o excelente título setecentista de *Plain Dealer.*

O grande Burke[34] de modo verdadeiro afirmou: "As pessoas não vão olhar para a posteridade de quem nunca olhou para os seus antepassados" – e acho muito agradável lembrar a vocês que os Jeromes se enraizaram por muitas gerações em solo americano e lutaram nos exércitos de Washington pela independência das colônias americanas e pela fundação dos Estados Unidos. Esperava poder estar então em ambos os lados. E devo dizer que me sinto agora em ambos os lados do oceano Atlântico.

Durante os últimos 40 anos, de tempos em tempos, eu me dirigi a dezenas de grandes platéias americanas em quase todas as partes da União. Aprendi a admirar a cortesia dessas platéias, o senso de justiça, o ótimo senso de humor – não importando se a piada foi feita sobre eles –, o desejo sério de chegar à raiz do problema e de ser informadas de modo verdadeiro sobre os assuntos do Velho Mundo.

Agora, neste momento de tempestade global, quando fui chamado pelo rei e pelo parlamento, com o apoio de todos os partidos do Estado, para assumir a responsabilidade de liderar a Grã-Bretanha, e quando venho tendo a suprema honra de falar à nação britânica, em meio ao mais mortal dos seus perigos e no seu melhor momento, deu-me conforto e inspiração sentir – como acho que vocês sentem – que nossas mãos estão unidas, atravessando os oceanos, e que nossos pulsos palpitam e vibram como um só. Na verdade, arrisco-me a dizer que aqui, pelo menos, na cidade natal de minha mãe, Rochester – tenho a chave da frente dos corações americanos.

Laços fortes de emoção, violentos lampejos de paixão varrem os amplos domínios da União, neste ano em que o destino está em jogo. Forças naturais atuam neste esforço prodígio. Há muita busca interior e reflexão; sofrimento e desespero; discussões mas nunca medo. O mundo está testemunhando o nascimento de uma sublime determinação. Devo confessar a vocês que não tenho dúvidas sobre o que será desta determinação.

O destino da humanidade não é decidido em cálculos materiais. Quando grandes causas estão em movimento no mundo, mexendo com as almas de todos os homens, tirando-os de casa, deixando de lado o conforto, a riqueza e a busca da felicidade, em resposta a impulsos ao mesmo tempo espantosos e irresistíveis, aprendemos que somos espíritos, não animais, e que algo está acontecendo no tempo e no espaço e além do tempo e do espaço, algo que, gostemos ou não, significa o dever.

Uma história maravilhosa está se desenrolando diante de nossos olhos. Como irá acabar, não podemos saber. Mas, dos dois lados do Atlântico todos sentimos, repito, todos, que somos parte dela, que o nosso futuro e o de muitas gerações está em jogo. Estamos seguros de que o caráter da sociedade humana será formado pelas decisões que tomarmos e pelas ações que fizermos. Não precisamos lamentar o fato de que fomos chamados para enfrentar responsabilidades tão solenes. Podemos estar orgulhosos – e mesmo nos regozijar em meio às atribulações – de que nascemos neste momento fundamental, numa época tão grandiosa e com uma oportunidade tão esplêndida de servir.

Demoníaca, abominável, armada até os dentes, pronta para a batalha, com aparência de triunfo, a maldade espalha a sua sombra sobre a Europa e a Ásia. Leis, costumes e tradições estão dissolvidas. A justiça foi banida. Os direitos dos fracos foram apagados. As grandes liberdades[35], sobre as quais o presidente dos Estados Unidos falou de forma tão comovente, estão menosprezadas e proibidas. O valor do homem, sua genialidade, sua iniciativa e sua nobreza estão sendo dilacerados sob sistemas mecânicos de barbárie e de terror organizado e deliberado. Por mais de um ano, nós britânicos estivemos sozinhos, estimulados pela sua simpatia e respeito, sustentados pela nossa própria e invencível força de vontade e pela crescente esperança e maciça ajuda de vocês. Nestas ilhas britânicas, que parecem tão pequenas no mapa, nós nos posicionamos como fiéis guardiões dos direitos e das mais caras esperanças de uma dúzia de Estados e nações, atualmente presos e atormentados numa servidão cruel e abjeta. O que quer que aconteça, resistiremos até o fim.

Qual é, no entanto, a explicação para a escravização da Europa pelo regime nazista alemão? Como eles conseguiram isso? Há apenas alguns anos, um gesto unido de povos grandes e pequenos, agora curvados na poeira, teria evitado a terrível experiência pela qual a humanidade tem passado. Contudo, não havia unidade. Não havia visão. As nações foram destruídas uma a uma, enquanto as outras bocejavam e tagarelavam. Uma a uma, uma de cada vez, as nações se deixaram subjugar. Uma depois da outra, foram derrubadas por violência brutal ou envenenadas por dentro com intrigas sutis.

E agora, o velho leão, com seus filhotes ao lado, está só diante de caçadores equipados com armas mortais e impelidos por uma raiva destrutiva e desesperada. Será que a tragédia vai se repetir uma vez mais? Ah, não! Este não é o fim da história. As estrelas proclamam a libertação da humanidade. Não tão facilmente o progresso dos povos será bloqueado. Não tão facilmente morrerão as luzes da liberdade.

Mas o tempo é curto. Cada mês que passa se soma à extensão e aos desafios da jornada que terá de ser percorrida. Unidos ficaremos de pé. Divididos, cairemos. Divididos, os tempos sombrios vão estar de volta. Unidos, podemos salvar e liderar o mundo.

Aliança com a Rússia

22 de junho de 1941
Transmissão de rádio, Londres

Em 22 de junho, desafiando o Pacto Nazi-Soviético, a Alemanha invadiu a Rússia, dominando com rapidez os exércitos russos. Imediatamente, Churchill proclamou uma aliança da Grã-Bretanha com Moscou. Pouco antes deste discurso ser apresentado, quando seu secretário particular J.R. Colville comentou sobre a ironia de se aliar com aquele mesmo bolchevismo que tinha procurado "estrangular no berço", Churchill respondeu: "Se Hitler tivesse invadido o inferno, eu faria no mínimo uma referência favorável ao diabo na Câmara dos Comuns!"

Tomei a liberdade de falar a vocês hoje à noite porque atingimos um dos pontos mais críticos da guerra. O primeiro destes intensos momentos foi há um ano, quando a França caiu prostrada debaixo do martelo alemão e quando tivemos de enfrentar a tempestade a sós. O segundo foi quando a Força Aérea Real expulsou os bárbaros invasores para fora do espaço aéreo à luz do dia e assim impediu a invasão nazista da nossa ilha, quando ainda estávamos mal armados e preparados. O terceiro momento decisivo foi quando o presidente e o Congresso dos Estados Unidos aprovaram o decreto de empréstimo e arrendamento, dedicando quase dois bilhões de libras da riqueza do Novo Mundo para nos ajudar a defender nossas liberdades e a deles. Estes foram os três momentos críticos. O quarto está aqui e agora conosco.

Às quatro horas da manhã de hoje, Hitler atacou e invadiu a Rússia. Todas as suas habituais formalidades de traição foram observadas com técnica meticulosa. Um tratado de não-agressão tinha sido solenemente assinado e estava em vigor entre os dois países. Nenhuma queixa tinha sido feita pela Alemanha sobre o seu não-cumprimento. Sob o disfarce da falsa confiança, os exércitos germânicos organizaram uma força imensa ao longo de uma linha que se estende do mar Branco ao mar Negro. A frota aérea e as divisões blindadas, de forma cuidadosa e metódica, se colocaram em postos.

Então, de repente, sem declaração de guerra, sem mesmo um ultimato, bombas alemãs choveram do céu sobre as cidades russas e tropas alemãs violaram as fronteiras. Uma hora mais tarde, o embaixador alemão, que até a noite anterior gastava promessas de amizade, quase de aliança, com os russos, procurou o ministro russo do Exterior, para dizer a ele que havia um estado de guerra entre a Alemanha e a Rússia.

Assim, repetiu-se numa escala muito maior o mesmo tipo de ultraje contra qualquer forma de acordo internacional que havíamos testemunhado na Noruega, Dinamarca, Holanda e Bélgica – e que o cúmplice de Hitler, o chacal Mussolini, imitara tão fielmente no caso da Grécia.

Tudo isso não foi surpresa para mim. Na verdade, avisei de forma clara e precisa a Stálin sobre o que estava por vir. Avisei a ele, como tinha avisado a outros antes. Só espero que este aviso tenha chamado a sua atenção. Tudo o que sabemos no momento é que o povo russo está defendendo a sua terra natal e que seus líderes convocaram-no para resistir até o fim.

Hitler é um monstro diabólico, insaciável no seu desejo por sangue e saques. Não satisfeito com o fato de ter toda a Europa sob o seu domínio, ou então aterrorizada sob várias formas de abjeta submissão, ele agora precisa conduzir a sua obra de genocídio e desolação para as vastas multidões da Rússia e da Ásia. A terrível máquina militar – que nós e o resto do mundo civilizado tola, indiferente e insensatamente deixamos os bandidos nazistas construírem ano após ano, praticamente do nada – não pode ficar parada, para não mofar ou cair aos pedaços. Precisa estar em movimento contínuo, triturando vidas humanas e atropelando as casas e os direitos de centenas de milhões de homens. Além do mais, tem de ser alimentada, não só com carne, mas com petróleo.

Então agora este pobre-diabo sanguinário precisa atirar seus exércitos mecanizados contra novos campos de massacre, pilhagem e devastação. Mesmo que sejam desprovidos de muitos recursos, os camponeses, trabalhadores e soldados russos, ainda assim ele vai roubar o pão diário deles, vai devorar as safras, vai roubá-los do petróleo que move os seus arados e, conseqüentemente, produzir uma fome sem precedentes na história do homem. Mesmo a carnificina e a ruína que esta vitória – desde que ele vença, pois ainda não ganhou – irá trazer ao povo russo, será apenas um ponto de partida na tentativa de mergulhar os 400 ou 500 milhões que vivem na China e os 350 milhões que vivem na Índia rumo ao poço sem fundo da degradação humana, sobre o qual se exibe o diabólico emblema da suástica.

Não é exagero dizer aqui nesta noite de verão que as vidas e a felicidade de mais centenas de milhões de pessoas estão agora ameaçadas pela brutal violência nazista. Isso já é o bastante para segurarmos nossa respiração. Mas, neste momento, vou mostrar a vocês algo mais que está por trás, algo que toca muito de perto a vida da Grã-Bretanha e dos Estados Unidos.

O regime nazista não se distingue dos piores aspectos do comunismo. É desprovido de qualquer valor e princípios, exceto apetite e dominação racial. Supera todas as formas de maldade humana na eficiência da sua crueldade e agressão feroz. Ninguém tem sido um oponente mais coerente do comunismo do que eu pelos últimos 25 anos. Não vou desdizer nenhuma palavra do que já falei a respeito disso.

Mas, tudo desaparece diante do espetáculo que está agora se desenrolando. O passado com seus crimes, suas loucuras e suas tragédias se vai. Vejo os soldados russos posicionados na soleira de sua terra natal, guardando os campos que seus pais cultivaram desde tempos imemoriais. Vejo-os guardando suas casas onde mães e esposas rezam – ah sim, porque há momentos em que todos rezam[36] – pela segurança dos seus entes queridos, pelo retorno do provedor, defensor, protetor. Vejo as dez mil aldeias da Rússia onde os meios de subsistência são tirados duramente do solo, mas onde ainda há alegrias humanas primordiais, onde moças riem e crianças brincam. Vejo avançando, sobre tudo isso, a máquina de guerra nazista, com seus massacres repulsivos, o barulho de metal no ar, de botas no chão, vejo oficiais prussianos vestidos como dândis, agentes especialistas e renovados depois de aterrorizar e amordaçar uma dúzia de países. Vejo também a multidão de tropas bárbaras, estúpidas e brutais movendo-se lentamente como um enxame de gafanhotos rastejantes. Vejo os bombardeiros e aviões de guerra da Alemanha no céu, ainda danificados pelo chicote britânico, felizes de encontrar o que acreditam ser uma presa mais fácil e um trabalho mais seguro.

Por trás de todo esse brilho, por trás de toda essa tempestade, vejo aquele pequeno grupo de homens desprezíveis que planejam, organizam e lançam essa cachoeira de horrores sobre a humanidade. E minha mente retorna pelos anos, para os dias em que os exércitos russos eram nossos aliados contra o mesmo inimigo mortal – quando lutaram com tanto valor e fidelidade e ajudaram na obtenção de uma vitória de cuja partilha foram, sim, totalmente cortados, mas não por nossa culpa. Vivi tudo isso e vocês me perdoarão se expresso meus sentimentos e a emoção de velhas memórias.

Mas, agora, tenho de declarar a decisão do governo de Sua Majestade – e estou seguro de que é uma decisão com a qual os grandes domínios britânicos, com o tempo, concordarão – porque precisamos dizer isso agora, imediatamente, sem um dia sequer de atraso. Eu tenho de fazer a declaração, mas vocês têm dúvidas sobre qual será a nossa política? Nós temos um único objetivo e um simples e irrevocável propósito. Estamos determinados a destruir Hitler e todos os vestígios do regime nazista. Nada irá nos afastar disso – nada. Nós jamais iremos debater, jamais iremos negociar com Hitler ou qualquer um do seu bando. Vamos combatê-lo na terra, vamos combatê-lo no mar, vamos combatê-lo no ar, até que – com a ajuda de Deus – consigamos livrar a Terra de sua sombra e libertar os povos da sua opressão.

Qualquer homem ou Estado que lute contra o nazismo terá a nossa ajuda. Qualquer homem ou Estado que marche com Hitler é nosso inimigo. Isso se aplica não só aos Estados organizados mas também a todos os representantes desta raça vil de colaboradores que se transformam em instrumentos e agentes do regime nazista contra os seus compatriotas e as terras onde nasceram. Eles – estes colaboradores –, como os próprios líderes nazistas, se não forem eliminados pelos seus compatriotas, o que pouparia trabalho, serão entregues por nós no dia seguinte da vitória à justiça dos tribunais aliados. Esta é a nossa política e esta é a nossa declaração. Segue-se conseqüentemente que iremos dar qualquer ajuda que possamos à Rússia e ao povo russo. Iremos apelar a todos os nossos amigos e aliados em cada lugar do mundo para seguir o mesmo caminho e prosseguir, como iremos fazer, fiel e firmemente até o final.

Oferecemos ao governo da Rússia soviética toda a assistência técnica e econômica que está em nosso poder e que possa ter algum proveito a eles. Iremos bombardear a Alemanha de dia e de noite em uma intensidade sempre crescente, atirando sobre eles mês a mês uma descarga cada vez mais pesada de bombas, para fazer com que o povo germânico prove e engula, a cada mês, uma dose cada vez maior das misérias que estão derramando sobre a humanidade.

Deve-se notar que, apenas no dia de ontem, a Força Aérea Real, em combate pelo território francês, sofrendo apenas poucas perdas, derrubou 28 das máquinas dos bárbaros nos céus da França, onde desfilaram e a qual invadiram e declararam dominar. Mas isso é só o começo. De agora em diante, o alcance da nossa Força Aérea vai se ampliar em velocidade crescente. Dentro de mais seis meses, vai começar a pesar também a ajuda que estamos recebendo dos Estados Unidos em materiais de guerra de todos os tipos, especialmente bombardeiros pesados.

Esta não é uma guerra de classes, mas uma guerra em que todo o Império Britânico e a Comunidade dos Estados Britânicos estão engajados sem distinção de raça, credo ou partido. Não sou eu que devo falar da ação dos Estados Unidos – mas isso direi: se Hitler imagina que o ataque sobre a Rússia soviética irá causar algum conflito de objetivos ou alguma diminuição do esforço nas grandes democracias, determinadas a acabar com esta maldição, está lamentavelmente errado. Ao contrário, seremos fortalecidos e encorajados em nossos esforços para salvar a humanidade da tirania. Seremos fortalecidos, e não enfraquecidos, em recursos e determinação.

Não é hora de julgar os erros dos países e governos que permitiram ser fulminados um a um, pois com uma ação unida poderiam ter se salvado e poupado o mundo desta catástrofe. Mas quando falei, há alguns minutos, sobre o desejo de sangue de Hitler e os apetites odiosos que o impeliram ou o seduziram nesta sua aventura em direção à Rússia, eu disse que havia um motivo mais profundo por trás do ultraje. Ele quer destruir o poderio russo porque acha que, se for bem-sucedido, vai ser capaz de trazer de volta do Leste a principal força do seu exército e de sua força aérea e assim lançá-la sobre esta ilha que ele sabe que precisa conquistar, para não ser punido pelos seus crimes.

A invasão da Rússia nada mais é do que o prelúdio para uma tentativa de invasão das ilhas britânicas. Hitler espera sem dúvida que tudo isso possa ser conseguido antes de o inverno chegar – e que ele possa sobrepujar a Grã-Bretanha antes que a frota e o poderio aéreo dos Estados Unidos possam intervir. Espera poder uma vez mais repetir, numa escala bem maior do que antes, aquele processo de destruição dos inimigos um a um – com o qual por tanto tempo vem tendo sucesso e prosperidade, para que então o palco fique pronto para o ato final, sem o qual todas as suas conquistas seriam em vão, ou seja: a subjugação de todo o hemisfério ocidental sob a sua vontade e o seu sistema.

A ameaça à Rússia, portanto, é uma ameaça a nós e uma ameaça aos Estados Unidos, assim como a causa de qualquer combatente russo por sua família e sua casas é a causa dos homens livres e das pessoas livres em qualquer região do globo. Vamos aprender estas lições que já nos foram ensinadas por tal cruel experiência. Vamos redobrar nossos esforços e atacar com uma força unida enquanto há vida e poder.

A Carta do Atlântico

24 de agosto de 1941
Transmissão de rádio, Londres

Churchill conseguiu se reunir com o presidente Roosevelt – no que seria o primeiro encontro dos dois – na baía Placentia, nas praias áridas de Newfoundland. Viajou pelo Atlântico a bordo do então mais novo navio de guerra britânico o HMS Prince of Wales, *completando o percurso com velocidade e alterações freqüentes de trajeto, para fugir dos submarinos alemães. Em 12 de agosto, o primeiro-ministro e o presidente assinaram o que veio a ser conhecida como a Carta do Atlântico*[37].

Achei que vocês gostariam que lhes dissesse alguma coisa sobre a viagem que fiz pelo oceano para encontrar o nosso grande amigo, o presidente dos Estados Unidos. Exatamente onde nós nos reunimos é um segredo, mas não acho que serei indiscreto se apenas disser que foi "em algum lugar do Atlântico".

Numa espaçosa e bem fechada baía, que me lembrou a costa oeste da Escócia, poderosos navios de guerra americanos protegidos por flotilhas e aeronaves de longo alcance esperavam a nossa chegada, e foi como se estendessem as mãos para nos ajudar a entrar. Nosso grupo chegou no mais novo – ou quase isso – navio de guerra britânico, o *Prince of Wales*, acompanhado de uma moderna escolta de destróieres britânicos e canadenses. E lá, por três dias, passei meu tempo em companhia – e acho que posso dizer, na companhia amiga – de Roosevelt, sendo que durante o tempo todo os chefes do estado-maior e os comandantes militares e navais tanto dos Estados Unidos quanto do Império Britânico sentaram-se juntos em reunião contínua.

O presidente Roosevelt é o líder, escolhido por três vezes, do Estado e da comunidade mais poderosa do mundo. Eu sou o servidor do rei e do Parlamento, no momento encarregado da direção principal de nossos assuntos nestes tempos vitais. E é meu dever também assegurar, como assegurei, que qualquer coisa que eu faça ou diga no exercício da minha função seja aprovada e apoiada por toda a comunidade dos Estados Britânicos.

Desta forma, este encontro foi feito para ser importante, por causa das enormes forças – no momento apenas parcialmente mobilizadas – mas de forma constante – que estão à disposição destes dois grandes agrupamentos da família humana: o Império Britânico e os Estados Unidos, os quais, felizmente, para o progresso da humanidade, falam a mesma língua e têm em geral os mesmos pensamentos – ou pelo menos muitos dos mesmos pensamentos.

O encontro foi portanto simbólico. Esta é sua principal importância. Simboliza, de uma forma e maneira que qualquer um possa compreender, em qualquer terra e em qualquer região, as profundas unidades subjacentes que comovem e, em momentos decisivos, governam os povos de fala inglesa ao redor do mundo. Seria pretensioso eu dizer que simboliza algo ainda mais sublime – quero dizer, a organização, no mundo, das forças do bem contra o mal, que agora é tão terrível e triunfante e que espalha seu cruel feitiço por toda a Europa e grande parte da Ásia?

Foi um encontro que marcará para sempre, nas páginas da história, o exercício da liderança, pelas nações de língua inglesa – diante de todo este perigo, tumulto e confusão –, dos destinos dos povos em todos os continentes; e o nosso esforço leal, sem nenhum interesse egoísta, para liderá-los para longe das misérias em que foram mergulhados, na direção da estrada da liberdade e da justiça. Esta é a honra mais sublime e a oportunidade mais gloriosa que poderia ter surgido para qualquer segmento da raça humana.

Quando se contemplam quantas correntes de eventos extraordinários e terríveis fluíram conjuntamente para gerar esta harmonia, mesmo a pessoa mais cética deve ter o sentimento de que é a oportunidade de fazermos o nosso papel e o nosso dever, em algum grande desígnio, cujo fim nenhum mortal pode prever. Coisas horríveis e terríveis estão acontecendo nestes dias. Toda a Europa foi devastada e atropelada pelas armas mecânicas e pela fúria bárbara dos nazistas. Os instrumentos mais mortais da ciência da guerra foram reunidos aos refinamentos extremos de traição e para as mais brutais demonstrações de crueldade – e assim formaram uma combinação de agressividade como nunca tinha sido vista, diante da qual os direitos, as tradições, as características e a estrutura de muitos antigos honrados Estados e povos foram derrubados e prostrados e estão agora moídos no chão, sob o domínio e o terror de um monstro.

Os austríacos, os tchecos, os poloneses, os noruegueses, os dinamarqueses, os belgas, os holandeses, os gregos, os croatas e os sérvios – acima de tudo a grande nação francesa – foram jogados ao chão e mutilados. A Itália, a Hungria, a Romênia e a Bulgária adquiriram uma trégua vergonhosa, ao se tornarem chacais do tigre – mas a situação destes países é muito pouco diferente dos outros e logo não haverá distinção em relação às vítimas. A Suécia, a Espanha e a Turquia permanecem apavoradas, querendo saber quem será a próxima nação a ser fulminada.

Agradecendo ao pessoal do navio *Prince of Wales*, no retorno após o encontro da Carta do Atlântico, 19 de agosto de 1941.

Este então é o vasto fosso no qual os mais famosos Estados e raças da Europa foram atirados e do qual sem ajuda jamais poderão sair. Mas, tudo isso não saciou Adolf Hitler. Ele fez um tratado de não-agressão com a Rússia soviética, assim como com a Turquia, a fim de mantê-los quietos até que estivesse pronto para atacar estes países. E então, há nove meses a contar de hoje, sem um vestígio de provocação, atirou milhões de soldados, com todo o aparato deles, em cima do vizinho que tinha chamado de amigo, com o manifesto objetivo de destruir a Rússia e quebrá-la em pedaços.

Essa ação assustadora está agora se desenrolando dia a dia diante de nossos olhos. Eis aqui um diabo que, num mero espasmo de seu orgulho e cobiça pela dominação, pode condenar dois ou três milhões de seres humanos, talvez muito mais, à morte rápida e violenta. "Vamos fazer com que a Rússia seja riscada do mapa. Vamos fazer com que seja destruída. Ordenem os exércitos a avançarem." Estes foram os seus decretos. Com isso, do oceano Ártico ao mar Negro, seis ou sete milhões de soldados estão trancafiados num combate mortal.

Ah, mas desta vez não foi tão fácil. Desta vez, tudo não caminhou em uma só direção. Os exércitos russos e todos os povos da República Russa se reuniram para a defesa dos seus lares e famílias. Pela primeira vez, o sangue nazista correu, numa torrente atemorizante. Certamente um milhão e meio, talvez dois milhões, de buchas de canhão nazistas comeram poeira nas planícies sem fim da Rússia. A tremenda batalha se desenrola ao longo de quase 3.200 quilômetros de frente. Os russos lutam com magnífica devoção. Não só isso: nossos generais, que visitaram a linha de frente russa, relatam com admiração a eficiência da organização militar e a excelência do equipamento que eles possuem.

O agressor está surpreso, atemorizado e assustado. Pela primeira vez, para ele, o assassinato em massa se tornou algo não-lucrativo. Hitler retalia com as mais assustadoras crueldades. Enquanto suas tropas avançam, distritos completos estão sendo exterminados. Dezenas de milhares – literalmente dezenas de milhares – de execuções a sangue-frio estão sendo cometidas pelas tropas policiais germânicas contra patriotas russos, que defendem sua terra natal. Desde a invasão dos mongóis na Europa no século XVI, jamais tinha acontecido um massacre metódico e sem misericórdia numa escala como esta – ou mesmo próximo desta escala. E isso é apenas o começo. A fome e a peste ainda devem seguir o sangrento rastro dos tanques de Hitler. Estamos na presença de um crime sem nome.

Mas a Europa não é o único continente a ser atormentado e devastado pelas agressões. Por cinco longos anos, as facções militares japonesas, procurando imitar o estilo de Hitler e Mussolini, assumindo a postura deles como se fora uma revelação européia, vêm invadindo e perturbando os 500 milhões de habitantes da China. Exércitos japoneses vêm perambulando sobre aquela vasta terra em excursões fúteis, carregando consigo carnificina, ruína e corrupção – e chamando a isso de "incidente chinês".

Agora, estendem as mãos para tentar agarrar os mares do sul da China. Tomaram a Indochina dos desgraçados franceses de Vichy, ameaçam o Sião com os seus movimentos, ameaçam a Singapura – vínculo britânico com a Austrália – e ameaçam as ilhas Filipinas sob a proteção dos Estados Unidos. É certo que isso tem de parar. Todo o esforço será feito para assegurar um acordo pacífico. Os Estados Unidos estão trabalhando com uma paciência infinita para se chegar a um justo e amigável acordo que dará ao Japão o máximo de garantias para os seus interesses legítimos. Nós sinceramente esperamos que estas negociações sejam bem-sucedidas. Mas tenho de dizer que, se estas esperanças falharem, estaremos sem hesitação nos posicionando ao lado dos Estados Unidos.

E assim retornamos à tranqüila baía situada em algum lugar do oceano Atlântico, onde o brilho embaçado do sol brinca sobre os grandes navios que carregam a insígnia branca ou estrelas e listras. Tivemos a idéia, quando nos encontramos lá – o presidente e eu – de que, sem tentar produzir objetivos finais e formais de paz, ou propósitos de guerra, era necessário mostrar a todos os povos, especialmente aos povos oprimidos e conquistados, uma simples e prática declaração de tempos de guerra. Mostrar a meta a qual a Comunidade dos Estados Britânicos e os Estados Unidos querem alcançar – e assim fazer um caminho para que outros marchem conosco, por uma estrada que será certamente severa e que pode ser longa!

Há, porém, duas diferenças distintas e acentuadas nesta declaração conjunta, em relação à atitude adotada pelos aliados durante a parte final da última guerra – e ninguém deve deixar de prestar atenção nisso. Os Estados Unidos e a Grã-Bretanha não pressupõem agora que nunca mais haverá outra guerra[38]. Pelo contrário, pretendemos tomar amplas precauções para evitar a repetição da guerra em qualquer período previsível, por intermédio de um efetivo desarmamento das nações culpadas enquanto ao mesmo tempo permanecemos nós mesmos adequadamente protegidos.

A segunda diferença é esta: que, em vez de tentar arruinar o comércio alemão com todos os tipos de barreiras comerciais adicionais e obstáculos, como era o clima de 1917, definitivamente adotamos a visão de que não é do interesse do mundo e de nossos dois países que qualquer grande nação deixe de ser próspera ou seja impedida de utilizar os meios pelos quais o seu povo possa levar uma vida decente, com sua indústria e seus empreendimentos.

Estas são mudanças de longo alcance sobre as quais todos os países devem ponderar. Acima de tudo, é necessário dar esperança e garantia de vitória final às muitas dezenas de milhões de homens e mulheres que estão combatendo pela vida e pela liberdade – ou que já estão subjugados pelo domínio nazista. Hitler e seus confederados vêem já há algum tempo intimando, provocando e ameaçando populações que eles enganaram e feriram para submetê-las à sua fé, para resigná-las à servidão e, por conta de alguns atenuantes e indulgências, para fazê-las "colaborar" – esta é a palavra – no que é chamada de a "nova ordem" da Europa.

Qual é esta nova ordem que eles buscam fixar primeiro na Europa e se possível – suas ambições não têm limites – em todos os continentes do globo? É a regra do *Herrenvolk* – a raça dominante – que deve pôr um fim à democracia, aos Parlamentos, às liberdades fundamentais e aos bons costumes dos homens e mulheres comuns, aos direitos históricos das nações. Em troca, dão a regra de ferro da Prússia, o jeito de andar em marcha, uma disciplina eficiente e estrita, imposta sobre a classe trabalhadora pela polícia política, campos germânicos de concentração e salvas de tiros, atualmente tão presentes em uma dúzia de países, sempre conveniente como pano de fundo. Aí está a nova ordem.

Napoleão, com sua glória e gênio, espalhou o seu império para longe e de forma ampla. Houve um momento em que somente as neves da Rússia e os penhascos brancos de Dover, com suas tropas guardiãs, permaneciam entre ele e o domínio do mundo. As tropas de Napoleão tinham um lema: carregavam consigo as ondas da Revolução Francesa. Liberdade, igualdade e fraternidade – este era o clamor. Houve uma varredura de sistemas medievais gastos e de privilégios aristocráticos. Havia a terra para o povo, um novo código legal. Não obstante, o império de Napoleão desapareceu como um sonho. Mas Hitler, Hitler não tem nenhum lema, nada senão teimosia, voracidade e exploração. Ele tem, porém, armas e maquinaria para triturar e oprimir países conquistados, que são produto – triste pervertido produto – da ciência moderna.

Serão duros os desafios que os povos conquistados terão pela frente. Devemos dar-lhes esperanças. Devemos dar-lhes a convicção de que os seus sofrimentos e a sua resistência não serão em vão. O túnel pode ser longo e escuro, mas há luz ao fim. Este é o simbolismo e esta é a mensagem do encontro no Atlântico. Não se desesperem, bravos noruegueses: sua terra será purificada não só do invasor, mas também dos sórdidos colaboradores que são seus instrumentos. Estejam seguros de vocês, tchecos: sua independência será restaurada. Poloneses, não vamos esquecer o heroísmo do seu povo, enfrentando opressores cruéis, e a coragem de seus soldados, marinheiros e aviadores; seu país viverá de novo e retomará seu papel na nova organização da Europa.

Levantem a cabeça, elegantes franceses: nem todas as infâmias de Darlan e de Laval[39] impedirão vocês de restabelecer direitos inatos. Bravos e corajosos holandeses, belgas e luxemburgueses; atormentados, vergonhosamente maltratados e desgarrados povos da Iugoslávia; Grécia gloriosa, agora sujeita ao coroado insulto de ser governada por insolentes italianos: não cedam uma única polegada! Mantenham as almas livres de qualquer contato com os nazistas. Façam com que se sintam, mesmo nesta efêmera hora de triunfo brutal, como párias morais da humanidade. A ajuda está chegando. Poderosas forças estão se armando em seu benefício. Tenham fé. Tenham esperança. A libertação é certa.

Este é o sinal que foi lançado pelas águas e, se chegar aos corações daqueles para quem foi enviado, eles suportarão com fortaleza e tenacidade os atuais infortúnios, na fé de que também estão servindo à causa comum – e de que seus esforços não serão em vão.

Talvez vocês tenham percebido que o presidente dos Estados Unidos e o representante britânico, naquilo que é corretamente chamada de a Carta do Atlântico, prometeram conjuntamente empenhar seus países na destruição final da tirania nazista. Esta é uma tarefa séria e solene. Tem de dar certo – vai dar certo. E, naturalmente, muitos arranjos práticos para cumprir este propósito foram e estão sendo organizados e colocados em movimento.

Foi feita a pergunta: os Estados Unidos estão perto da guerra? Há com certeza um homem que sabe a resposta a esta pergunta. Se Hitler ainda não declarou guerra aos Estados Unidos, com certeza não é pelo seu amor às instituições americanas e não é porque não pôde achar um pretexto. Ele assassinou meia dúzia de países por muito menos. O medo de que as forças tremendas que são atualmente empregadas contra ele possam imediatamente ser redobradas é, sem dúvida, uma influência poderosa. Mas a verdadeira razão deve ser encontrada no método ao qual aderiu tão fielmente e com o qual já ganhou muito.

Qual é este método? É um método muito simples. Um por um: este é seu plano, esta é sua regra de orientação, este é o truque pelo qual escravizou uma parte tão grande do mundo. Há três anos e meio, apelei a meus amigos compatriotas para assumirmos a liderança e organizarmos uma força conjunta, unida e defensiva, dentro dos princípios da Liga das Nações, uma união de todos os países que se sentiam em perigo crescente. Mas ninguém ouvia.

Todos se mantiveram paralisados enquanto a Alemanha se rearmava. A Tchecoslováquia foi subjugada; o governo francês abandonou um aliado fiel e violou a palavra comprometida na hora da necessidade daquele aliado. A Rússia foi engambelada e enganada numa espécie de neutralidade ou parceria enquanto o exército francês estava sendo aniquilado.

Os Países Baixos e os países escandinavos, agindo em boa hora com a França e a Grã-Bretanha, mesmo depois que a guerra tinha começado, poderiam ter alterado o seu rumo – e teriam tido de algum modo uma oportunidade de lutar. Os Estados dos Bálcãs só precisavam estar juntos para se salvar da ruína em que agora estão afundados. Mas, um por um, foram sendo solapados e sobrepujados. Nunca a carreira do crime foi feita de modo tão tranqüilo.

Neste momento, Hitler está atacando a Rússia com todo o seu poderio, sabendo bem das dificuldades geográficas que há entre a Rússia e a ajuda que as democracias ocidentais estão tentando enviar. Vamos nos esforçar ao máximo para superar todos os obstáculos e levar esta ajuda. Acertamos fazer uma conferência em Moscou com autoridades dos Estados Unidos, da Grã-Bretanha e da Rússia, para estabelecer um plano. Nenhuma barreira deve permanecer no caminho.

Mas por que Hitler está atacando a Rússia e impondo e sofrendo ele mesmo – ou antes, fazendo os seus soldados sofrerem – este terrível massacre? Devido ao seu objetivo declarado de direcionar toda a sua força para as ilhas britânicas. Se ele puder ser bem-sucedido em tirar de nós nossa vida e nossa força, o que não é tão fácil, então será o momento de acertar as contas – e já são muitas – com o povo dos Estados Unidos e, mais genericamente, com o hemisfério ocidental.

Um por um, este é o processo. Aí está o plano simples e sinistro que tem servido tão bem a Hitler. Só falta uma única investida bem-sucedida final para fazê-lo senhor do mundo. Estou agradecido de que alguns olhos pelo menos estão abertos para isso enquanto há tempo. Gostei de saber que o presidente [Roosevelt] viu a luz e a proporção dos perigos extremos que estão agora cercando o povo americano, assim como o povo britânico. Foi certamente graças à misericórdia de Deus que o presidente deu início há oito anos ao renascimento da Marinha americana, sem a qual o Novo Mundo teria hoje de aceitar as ordens dos ditadores europeus, mas com a qual os Estados Unidos ainda mantêm o poder de conduzir a sua força gigantesca e de salvar a si mesmo, para prestar um serviço incomparável à humanidade.

No domingo, tivemos um serviço religioso na nossa baía do Atlântico. O presidente veio ao convés superior do *Prince of Wales*, onde estavam centenas de marinheiros e fuzileiros navais americanos e britânicos. O sol brilhou quente e claro, enquanto nós todos cantávamos os velhos hinos que são a nossa herança comum e que aprendemos quando crianças em casa.

Cantamos o hino com base nos salmos que os soldados de John Hampden[40] cantaram quando velaram seu corpo junto à sepultura, onde o breve espaço de tempo da vida humana é contrastado com a imutabilidade do Ser, para o qual mil anos são como ontem, como um período de vigília pela noite.

Cantamos o hino dos marinheiros "Para aqueles em perigo" – há tantos e muitos – "no mar". Cantamos "Avante, soldados cristãos". E, de fato, senti que não era uma presunção inútil: tínhamos o direito de achar que estávamos servindo a uma causa em consideração daqueles pelos quais uma trombeta soou lá do alto.

Quando olhei para aquela congregação densamente reunida de homens de combate, com a mesma língua, a mesma fé, as mesmas leis fundamentais, os mesmos ideais, agora com os mesmos interesses e, certamente, enfrentando os mesmos perigos, embora em graus diferentes, pude perceber que aqui estava a única esperança de salvar o mundo da degradação sem medida.

E assim voltamos pelas ondas do oceano com o espírito enaltecido e com a determinação fortalecida. Alguns destróieres americanos, que estavam levando cartas aos fuzileiros navais dos Estados Unidos na Islândia, estavam por acaso vindo também pelo mesmo caminho – e assim tivemos uma agradável companhia no mar.

Numa tarde, quando estávamos bem no meio do caminho, uma visão nobre surgiu no horizonte. Alcançamos um dos comboios que carregam munições e suprimentos do Novo Mundo para sustentar os defensores da liberdade no Velho. Todo o amplo horizonte parecia preenchido por navios – 70 ou 80 navios de todas as espécies e tamanhos, formados em 14 linhas, cada uma delas podendo ser desenhada com uma régua. Praticamente nenhum fio de fumaça, nem um navio fora do prumo e todos brilhando com canhões e outras precauções que não vou detalhar, todos cercados pela escolta britânica, enquanto acima aviões Catalina pairavam nos ares – águias vigilantes e protetoras nos céus. Então, senti que, mesmo sendo esta luta dura, terrível e longa, a força para cumprirmos o nosso dever até o fim não nos será negada.

JAMAIS CEDER!

29 de outubro de 1941
Escola Harrow, Londres

Pela segunda vez como primeiro-ministro, Churchill visitou a escola onde estudou. À canção tradicional da instituição (Stet Fortuna Domus[41]), foi adicionado um verso em sua homenagem:

Louvamos, nos dias mais sombrios
o líder de nossa nação,
e o nome de Churchill vai ser aclamado
por cada nova geração.
Porque você tem força, na hora do perigo,
para defender nossa liberdade, senhor!
Mesmo sendo longa a luta, sabemos que o certo
No fim triunfará, senhor!

Para desalento do diretor da escola, Churchill o repreendeu pela referência aos "dias mais sombrios", proclamando: "Estes não são dias sombrios, são grandes dias – os mais gloriosos que a nossa nação já viveu!". Em razão disso, a expressão "dias mais sombrios" foi substituída por "dias mais severos".

Quase um ano já se passou desde que vim aqui a convite do diretor, a fim de alegrar-me e alegrar os corações de alguns de meus amigos, cantando algumas de nossas canções. Os dez meses que se passaram foram de eventos catastróficos, terríveis ao mundo – tempo de altos e baixos, de desgraças. Mas, pode alguém aqui nesta tarde, nesta tarde de outubro, não se sentir profundamente grato pelo que aconteceu nesse tempo que passou e pela ampla melhoria na situação de nosso país e de nossa pátria? Porque, quando eu estive aqui da última vez, estávamos muito sozinhos, desesperadamente sozinhos, e ficamos assim por cinco ou seis meses. Estávamos muito mal armados. Hoje, não estamos mais tão mal armados mas, na época, estávamos realmente muito mal armados. Tínhamos a ameaça desmedida do inimigo e de seu ataque aéreo ainda batendo sobre nós – e vocês mesmos viveram a experiência deste ataque. Imagino até que vocês estejam começando a se impacientar com esta longa calmaria, sem que nada em particular aconteça!

Temos, no entanto, de aprender a ser bons de modo igual no que é curto e abrupto e no que é longo e resistente, onde geralmente se diz que os britânicos são melhores. Os britânicos não são de se mover de crise em crise, não estão sempre à espera de um dia que lhes dê a chance de lutar. Mas, quando resolvem, de forma bem lenta, que uma coisa tem de ser feita e que um trabalho tem de ser conduzido e terminado, então mesmo que isso demore meses – ou anos – assim o farão.

Outra lição que podemos considerar, apenas conduzindo nossas memórias para aquele encontro de dez meses atrás e fazendo uma comparação com a situação de agora, é que as aparências são freqüentemente muito enganadoras. Como Kipling[42] afirma muito bem, devemos...

... encontrar o triunfo e o desastre
e tratar os dois impostores do mesmo modo.

Não se pode dizer pelas aparências como as coisas vão caminhar. Algumas vezes, a imaginação faz as coisas parecerem muito piores do que são – ainda que, sem imaginação não se pode fazer muita coisa. As pessoas que são imaginativas vêem mais perigos do que estes talvez existam, certamente vêem sempre muito mais do que acontece e, assim, devem também rezar para que lhes seja dada uma coragem extra para lidar com toda essa imaginação.

Mas para todos, certamente, pelo que atravessamos neste período – e eu estou me referindo à escola – certamente neste período de dez meses a lição é: jamais ceder, jamais ceder, jamais, jamais, jamais, jamais – em nada, seja grande seja pequeno, amplo ou trivial – jamais ceder exceto a convicções de honra e bom senso. Jamais ceder à força, jamais ceder ao aparentemente devastador poder do inimigo. Ficamos completamente sozinhos há um ano e para muitos países parecia que a nossa conta estava fechada, que estávamos acabados. Toda a nossa tradição, as nossas canções, a história da escola, esta parte da história do país – tudo se fora, estava acabado e liqüidado.

Hoje, o ambiente é muito diferente. A Grã-Bretanha, pensaram outras nações, tinha de entregar os pontos. Mas, em vez disso, nosso país se manteve firme. Não houve hesitação e nenhum pensamento de se entregar. E, pelo que parecia quase um milagre, para aqueles de fora destas ilhas – embora nós mesmos nunca duvidássemos –, encontramo-nos agora numa posição onde podemos ter certeza de que só é preciso perseverar para conquistar.

Vocês cantaram aqui versos de uma canção da escola. Vocês cantaram aquele verso a mais, escrito em minha homenagem, pelo qual fiquei extremamente agradecido e o qual vocês repetiram hoje. Há, no entanto, uma palavra que quero alterar – queria fazer isso no ano passado, mas não me arrisquei a fazê-lo. É o verso:

Louvamos, nos dias mais sombrios.

Obtive permissão do diretor para alterarmos esta expressão de "mais sombrios" para "mais severos":

Louvamos, nos dias mais severos.

Não vamos falar de dias sombrios. Vamos falar sim de dias severos. Estes não são dias sombrios – são grandes dias – os mais gloriosos que a nossa nação já viveu! E devemos todos agradecer a Deus porque nos foi permitido, a cada um de nós, cada um em seu papel, contribuir para tornar estes dias memoráveis, na história de nossa raça.

Guerra contra o Japão

8 de dezembro de 1941
Câmara dos Comuns

Churchill estava na residência de campo do primeiro-ministro, em Chequers, com o embaixador americano, John Winant, e com o representante pessoal do presidente Roosevelt, Averell Harriman, quando chegou pelo rádio a notícia do ataque japonês em Pearl Harbor à frota americana. Churchill imediatamente ligou ao presidente Roosevelt para buscar uma confirmação do fato e, em 8 de dezembro, a Grã-Bretanha declarou guerra ao Japão. Três dias depois, a Alemanha declarou guerra aos Estados Unidos.

Logo que ouvi ontem à noite que o Japão tinha atacado os Estados Unidos, senti que era necessário que o Parlamento fosse imediatamente convocado. É indispensável para o nosso sistema de governo que o Parlamento exerça seu papel pleno em todos os atos importantes do Estado e em todos os momentos cruciais da guerra. E estou contente de ver que tantos representantes conseguiram estar em seus lugares, a despeito da brevidade da notícia. Com a plena aprovação da nação e do império, empenhei a palavra da Grã-Bretanha há mais ou menos um mês no sentido de que, se os Estados Unidos entrassem em guerra contra o Japão, uma declaração britânica de guerra seria emitida em seguida.

Eu, portanto, falei com o presidente Roosevelt no telefone Atlântico[43] na noite passada, com o propósito de organizar a seqüência das nossas respectivas declarações. O presidente me disse que mandaria esta manhã uma mensagem ao Congresso, o qual naturalmente pode, como é sabido, fazer sozinho uma declaração de guerra em nome dos Estados Unidos – e então eu garanti a ele que faríamos o mesmo e imediatamente.

No entanto, logo surgiu o fato de que o território britânico na Malásia tinha sido também objeto de um ataque japonês. E mais tarde foi anunciado de Tóquio que o alto comando japonês – uma forma curiosa –, não o governo imperial japonês, tinha declarado estado de guerra contra a Grã-Bretanha e os Estados Unidos.

Sendo assim, não havia necessidade de esperar pela declaração do Congresso. A hora americana é quase seis horas depois da nossa. O Gabinete, portanto, que se reuniu às 12h30 de hoje, autorizou uma declaração imediata de guerra contra Japão. Instruções foram enviadas ao embaixador de Sua Majestade em Tóquio e uma comunicação foi despachada ao *Chargé d'Affaires* japonês, às 13h de hoje, com o seguinte conteúdo:

> Escritório de Relações Exteriores, 8 de dezembro
> Senhor,
> Na noite de 7 de dezembro, o governo de Sua Majestade no Reino Unido soube que as forças japonesas, sem nenhum aviso prévio, ou na forma de uma declaração de guerra ou de um ultimato com declaração condicional de guerra, tentaram desembarcar na costa da Malásia e bombardearam Singapura e Hong Kong.
> Tendo em vista estes atos maléficos de agressão não-provocada, cometidos em violação flagrante da lei internacional, particularmente do Artigo I – relacionado à abertura de hostilidades – da Terceira Convenção de Haia, da qual o Japão e o Reino Unido são signatários, o embaixador de Sua Majestade em Tóquio foi instruído a informar ao governo imperial japonês, em nome do governo de Sua Majestade no Reino Unido, que um estado de guerra existe entre os dois países.
>
> Estou honrado em ser, com alta consideração,
> Senhor,
> Seu obediente servo,
> Winston S. Churchill ...

A investida japonesa provocou aos Estados Unidos e à Grã-Bretanha prejuízos muito sérios em nosso poder naval. Em toda a minha vida, não me recordo de nenhum revés naval tão pesado ou tão brutal quanto o afundamento do *Prince of Wales* e do *Repulse*, na última segunda-feira. Estes dois grandes e poderosos navios constituíam um elemento essencial em nossos planos de enfrentar o novo perigo japonês, como este tem se mostrado a nós nos últimos meses. Esses navios tinham atingido o ponto certo no momento certo e eram em todos os aspectos adequados para a tarefa que lhes fora designada.

Ao se mover para atacar o transporte e as barcaças japonesas que desembarcavam invasores no Sião e na Malásia, no istmo de Kra[44] e em suas proximidades, o almirante Phillips realizava uma sólida e bem esquematizada operação ofensiva, embora – sem dúvida – de risco, mas nada diferente das muitas operações similares que conduzimos repetidamente no mar do Norte e no Mediterrâneo. Ambos os navios foram afundados em ataques aéreos repetidos com bombardeiros e aviões torpedeiros. Foram ataques executados com habilidade e determinação. Foram dois ataques de alto nível, sendo que ambos acertaram os alvos. E mais três séries de aviões torpedeiros, com nove em cada série, que acertaram cada um de nossos navios com vários torpedos.

Não há nenhuma razão para imaginar que quaisquer novas armas ou explosivos foram empregados – ou quaisquer bombas ou torpedos de tamanho excepcional. As séries continuadas de ataque atingiram o seu propósito – e ambos os navios viraram e afundaram, tendo antes destruído sete das aeronaves que os atacaram.

Os destróieres que os escoltavam foram imediatamente ao resgate e chegaram agora em Singapura cheios de sobreviventes.

Discurso em uma sessão conjunta do Congresso

26 de dezembro de 1941
Washington, D.C.

Churchill não perdeu tempo em partir para Washington a bordo do navio de guerra Duke of York, *irmão do* Prince of Wales *e do* Repulse, *que tinham sido afundados em um ataque aéreo japonês perto de Cingapura, no dia seguinte ao ataque a Pearl Harbor. O primeiro-ministro britânico chegou a Washington em 22 de dezembro e passou a maior parte das três semanas seguintes como convidado do presidente na Casa Branca. O principal objetivo de Churchill era persuadir o governo americano a dar prioridade à derrota da Alemanha nazista e à libertação da Europa e não a uma guerra contra o Japão no Pacífico. No dia seguinte ao do Natal, foi convidado para fazer um discurso em uma Sessão Conjunta do Congresso dos Estados Unidos*[45].

Sinto-me honrado que vocês tenham me convidado a entrar na sala do Senado dos Estados Unidos e discursar para os membros de ambas as câmaras do

Congresso. O fato de que meus antepassados americanos participaram, durante tantas gerações, da vida dos Estados Unidos e de que aqui estou, eu, um inglês, sendo bem-vindo em seu meio, faz desta experiência uma das mais emocionantes e sensacionais em minha vida – que já é longa e não tem sido monótona. Gostaria realmente que minha mãe, cuja memória guardo no coração pelo passar dos anos, pudesse estar aqui para ver.

A propósito, não posso deixar de registrar que se meu pai fosse americano e minha mãe britânica, em vez do contrário, eu poderia estar aqui por minha conta. Neste caso, esta não seria a primeira vez que vocês ouviriam a minha voz. Neste caso, eu não precisaria de um convite – mas, se tivesse, é pouco provável que fosse unânime. Assim, talvez, as coisas estejam melhores como estão. Tenho de confessar, porém, que não me sinto um peixe fora d'água numa assembléia legislativa onde se fala inglês.

Sou um filho da Câmara dos Comuns. Fui criado na casa de meu pai para acreditar na democracia. "Confie no povo" – esta era a sua mensagem. Eu costumava vê-lo encorajado em reuniões e nas ruas por multidões de trabalhadores lá atrás, naqueles dias aristocráticos vitorianos quando, como dizia Disraeli[46], o mundo era para os poucos e para os muito poucos. Por isso, estive em plena harmonia toda a minha vida com as marés que têm circulado em ambos os lados do Atlântico, contra o privilégio e o monopólio – e venho atuando com confiança na direção do ideal de Gettysburg[47] do "governo do povo, pelo povo e para o povo".

Devo a minha história inteiramente à Câmara dos Comuns, da qual sou servo. No meu país, como no de vocês, os homens públicos são orgulhosos de servir ao Estado e ficariam envergonhados em ser senhores do Estado. Um dia, se achassem que assim o povo desejasse, a Câmara dos Comuns poderia com um simples voto me retirar da posição que ocupo. Mas, não me preocupo com isso de modo algum. De fato, estou certo de que aprovarão a minha jornada até aqui, para a qual obtive a permissão do rei, a fim de me encontrar com o presidente dos Estados Unidos e organizar com ele todo o mapeamento dos nossos planos militares – e também para todos aqueles encontros privados de altos oficiais das forças armadas de ambos os países, que são indispensáveis para o prosseguimento bem-sucedido da guerra.

Gostaria de dizer inicialmente como fiquei impressionado e encorajado pela amplidão de opiniões e pelo senso de realidade que encontrei aqui em todos os lugares onde tive acesso. Alguém que não compreendesse a força e a solidariedade das fundações dos Estados Unidos poderia facilmente esperar encontrar aqui um clima egocêntrico de excitação e perturbação, com as mentes das pessoas fixas nestes episódios novos, assustadores e dolorosos da guerra repentina que atingiu a América. Afinal de contas, os Estados Unidos foram atacados e agredidos por três dos mais bem armados Estados ditatoriais. A maior potência militar da Europa e a maior potência militar da Ásia, Alemanha e Japão – a Itália também – todos declararam e estão em guerra contra vocês. Um conflito foi iniciado e só pode terminar com a queda deles ou de vocês.

Mas aqui em Washington, nesses dias memoráveis, encontrei uma fortaleza olímpica, a qual, longe de ter por base a complacência, é apenas a máscara de um objetivo inabalável e a prova de uma correta e bem-estabelecida confiança no resultado final. Nós na Grã-Bretanha tivemos o mesmo sentimento nos nossos dias mais sombrios. Também estávamos certos de que ao fim tudo ficaria bem. Vocês não subestimam, estou certo, a severidade da experiência a que vocês e nós ainda estamos sujeitos. As forças organizadas contra nós são enormes. Eles são amargos, eles são cruéis. Os homens diabólicos e as suas facções que jogaram povos no caminho da guerra e da conquista sabem que serão convocados para uma cobrança terrível se não puderem bater pela força das armas aqueles que atacaram. Não vão parar por nada. Eles têm um vasto acúmulo de armas de guerra, de todos os tipos. Têm exércitos, navios e serviços aéreos altamente treinados e disciplinados. Têm planos e desígnios que foram por muito tempo testados e maturados. Não vão parar por nada que a violência ou a traição possa sugerir.

É bem verdade que, do nosso lado, nossos recursos em mão-de-obra e materiais são maiores. Mas apenas uma porção destes recursos está por enquanto mobilizada e desenvolvida – e ambos os nossos países ainda têm muito o que aprender na cruel arte da guerra. Temos, portanto, sem dúvida, um tempo de atribulações diante de nós. Neste tempo, algum terreno será perdido e será difícil e custoso ganhá-lo novamente. Muitos desapontamentos e surpresas desagradáveis nos esperam e nos afligirão, antes que a plena organização do nosso poder latente e total seja conseguida.

Durante a maior parte dos últimos 20 anos, foi ensinado à juventude da Grã-Bretanha e da América que a guerra é má, o que é verdade, e que nunca mais aconteceria, o que provou ser falso. Durante a maior parte dos últimos 20 anos, foi ensinada à juventude da Alemanha, do Japão e da Itália que a guerra agressiva é o dever mais nobre do cidadão – e que deveria ser começada logo que houvesse as armas necessárias e que a organização tivesse sido completada. Nós executamos os deveres e as tarefas da paz. Eles conspiraram e planejaram a guerra. Isso naturalmente nos colocou, na Grã-Bretanha, e agora coloca vocês, nos Estados Unidos, em desvantagem, o que só poderá ser corrigido com o tempo, com a coragem e com esforços diligentes e incansáveis.

Discurso em uma sessão conjunta do Congresso, 26 de dezembro de 1941.

Nós temos de ser gratos pelo fato de que tanto tempo nos foi concedido. Se a Alemanha tivesse tentado invadir as ilhas britânicas após o colapso da França, em junho de 1940, e se o Japão tivesse declarado guerra ao Império Britânico e aos Estados Unidos mais ou menos na mesma data, ninguém poderia dizer que não iríamos enfrentar vários desastres e agonias.

Mas agora, ao fim de dezembro de 1941, nossa transformação de uma paz despreocupada para uma guerra total com eficiência teve um amplo progresso. Um enorme fluxo de munições já teve início na Grã-Bretanha. Avanços imensos foram feitos na conversão da indústria americana a propósitos militares. Agora, como os Estados Unidos estão em guerra, é possível que as encomendas sejam feitas todos os dias, o que em um ano ou 18 meses, irá produzir resultados em termos de poder de guerra muito além de qualquer coisa que já tenha sido vista ou prevista pelos Estados ditadores.

Desde que todo o esforço seja feito, desde que nada seja paralisado, desde que toda a mão-de-obra, potencial intelectual, virilidade, todo o valor e a virtude cívica do mundo de língua inglesa, com a sua galáxia de comunidades e Estados associados, leais e amigos, desde que todos se entreguem de forma persistente à tarefa simples e suprema, acho que é razoável esperar que, no fim de 1942, nos veremos definitivamente em uma situação melhor do que estamos agora – e que o ano de 1943 nos permitirá assumir a iniciativa de uma forma ampla.

Algumas pessoas podem ficar assustadas ou momentaneamente deprimidas quando, assim como o seu presidente, falo de uma guerra longa e difícil. Mas os nossos povos preferem saber a verdade, mesmo que seja triste. E, afinal de contas, quando estamos fazendo o trabalho mais nobre do mundo, não só defendendo nossas famílias e casas, mas também a causa da liberdade em outras terras, encontra lugar natural nas grandes questões da história do homem se a liberdade virá em 1942, 1943 ou 1944. Estou certo de que neste dia de hoje – agora – somos senhores de nosso destino, a tarefa que nos foi preparada não está acima de nossas forças, e as dores e os esforços não vão além de nossa tolerância. Desde que tenhamos fé em nossa causa e uma força de vontade invencível, a salvação não nos será negada. Nas palavras dos Salmos: "Ele não terá medo das novidades ruins; pois seu coração está firme e confiante no Senhor."[48]

Nem todas as novas serão ruins. Pelo contrário, ataques poderosos de guerra já foram feitos contra o inimigo. A gloriosa defesa da terra natal pelas tropas russas e pelo povo russo impôs feridas sobre a tirania e o sistema nazista que corroeram profundamente e que irão apodrecer e inflamar não só o corpo como a mente nazista. O prepotente Mussolini já desmoronou. Ele não é agora senão um servo e lacaio, mero utensílio da vontade de seu senhor. Impôs grandes erros e sofrimento ao seu povo laborioso. Foi esvaziado de seu Império Africano: a Abissínia foi libertada. Nossos exércitos no Oriente, que eram tão fracos e mal-equipados no momento da deserção francesa, agora controlam todas as regiões de Teerã a Bengasi, e de Aleppo e Chipre às fontes do Nilo.

Por muitos meses, dedicamo-nos aos preparativos da ofensiva na Líbia. Uma batalha considerável – que vem prosseguindo pelas últimas seis semanas no deserto – tem sido lutada ferozmente de ambos os lados. Devido às dificuldades com a distribuição de suprimentos nos flancos do deserto, nunca conseguimos ter forças numericamente iguais para enfrentar o inimigo. Conseqüentemente, tivemos de depender da superioridade em número e qualidade dos tanques e aviões britânicos e americanos.

Ajudados pelos americanos, pela primeira vez enfrentamos o inimigo com armas iguais. Pela primeira vez fizemos o bárbaro sentir a ponta aguda daqueles instrumentos que escravizaram a Europa. As forças armadas do inimigo em Cirenaica[49] chegavam a cerca de 150 mil, dos quais um terço, aproximadamente, era de alemães. O general Auchinleck[50] se planejou para destruir totalmente aquelas forças armadas. Tenho razões para acreditar que o seu objetivo será plenamente atingido.

Estou contente de mostrar a vocês, membros do Senado e da Câmara dos Representantes, neste momento em que vocês estão entrando na guerra, provas de que, com a organização correta e as armas corretas, somos capazes de acabar com a vida dos selvagens nazistas. O que Hitler está sofrendo na Líbia é apenas uma amostra e um aperitivo daquilo que devemos dar a ele e a seus cúmplices, onde quer que esta guerra nos leve, em qualquer lugar do globo.

Há boas novidades também vindo do mar. A linha de suprimentos que junta nossas duas nações pelo oceano, sem a qual tudo pode falhar, está fluindo contínua e livremente, a despeito de tudo o que o inimigo possa fazer. É um fato que o Império Britânico – que muitos pensaram estar quebrado e arruinado há 18 meses – está agora incomparavelmente mais forte e fica ainda mais forte a cada mês. Por último, se vocês me permitirem dizer isso, para mim a melhor notícia de todas é a de que os Estados Unidos, unidos como nunca estiveram antes, sacaram a espada pela liberdade e jogaram fora a bainha. ...

Todos estes fatos extraordinários levaram os povos subjugados da Europa a erguer a cabeça de novo com esperança. Deixaram de lado para sempre a vergonhosa tentação de se resignar à vontade do conquistador. A esperança voltou aos corações de dezenas de milhões de homens e mulheres – e lá, com esta esperança, arde uma chama de raiva contra o invasor brutal e corrupto e queima ainda mais ferozmente o fogo de ódio e de desprezo pelos esquálidos colaboradores a quem o invasor subornou. Numa dúzia de conhecidos Estados antigos, agora prostrados sob a opressão nazista, as massas de todas as classes e credos esperam a hora da libertação, quando serão capazes novamente de desempenhar suas funções e seguir em frente como homens. A hora irá soar – e o barulho solene irá proclamar que a noite é passado e a aurora chegou.

O ataque sobre nós, planejado pelo Japão há tanto tempo e de forma tão secreta, trouxe aos nossos países problemas graves para os quais não podíamos estar bem preparados. Se as pessoas me perguntarem – como têm o direito de me perguntar na Inglaterra – por que é que você não enviou equipamentos como aeronaves modernas e armas de todos os tipos à Malásia e às Índias Orientais, só posso apontar para as vitórias que o general Auchinleck teve na campanha da Líbia. Se tivéssemos desviado e dispersado os nossos recursos – que aumentam de forma gradual – entre a Líbia e a Malásia, iríamos nos descobrir em falta em ambos os cenários.

Se os Estados Unidos ficaram em desvantagem em vários pontos do oceano Pacífico, sabemos bem que foi por causa da ajuda que vocês vêm nos dando em munições para a defesa das ilhas britânicas e para a campanha da Líbia, e, acima de tudo, por causa da sua ajuda na Batalha do Atlântico[51], da qual tudo depende e que tem sido mantida com sucesso e prosperidade. É claro que teria sido muito melhor, tenho de admitir, se tivéssemos recursos suficientes de todos os tipos para estarmos funcionando a plena carga em todos os pontos ameaçados. Porém, considerando como fomos levados de forma lenta e relutante aos preparativos em grande escala e quanto tempo levam estes preparativos, não tínhamos o direito de ambicionar uma posição tão afortunada.

A escolha a respeito de como dispor de nossos recursos limitados teve de ser feita pela Inglaterra em tempos de guerra e pelos Estados Unidos em tempos de paz. Acredito que a história vai dizer que como um todo – e é como um todo que estes assuntos devem ser julgados – a escolha certa foi feita. Agora que estamos juntos, agora que estamos ligados num correto companheirismo bélico, agora que nossas duas importantes nações, cada uma em sua unidade perfeita, juntaram todas as suas energias de vida numa determinação comum, um novo cenário se abre acima do qual uma luz contínua irá brilhar.

Muitas pessoas ficaram espantadas que o Japão tenha, num único dia, mergulhado em uma guerra contra os Estados Unidos e o Império Britânico. Nós todos ficamos querendo saber por que, se este desígnio sombrio – com todos os preparativos laboriosos e intrincados – estava há tanto tempo ocupando as suas mentes secretas, eles não escolheram nosso momento de fraqueza, há 18 meses. Olhando sem emoção a despeito das perdas que sofremos e dos problemas adicionais que teremos de enfrentar, isso parece ser um ato irracional, mas é claro que é no mínimo prudente imaginar que eles fizeram cálculos cuidadosos e pensar que eles sabem onde estão indo.

Mesmo assim, pode haver outra explicação. Sabemos que há muitos anos a política do Japão tem sido dominada por sociedades secretas de oficiais subalternos e juniores do Exército e da Marinha, os quais têm imposto a sua vontade sobre sucessivos Gabinetes e Parlamentos japoneses, pelo assassinato de qualquer estadista japonês que se oponha – ou que não siga de modo suficiente – esta política agressiva. Pode ser que estas sociedades, deslumbradas e atordoadas com os seus próprios planos de agressão e com a perspectiva de vitórias precoces, tenham forçado o país a esta guerra, em vez de fazerem um melhor julgamento sobre isso. Eles certamente embarcaram numa tarefa considerável. Afinal, depois dos ultrajes que cometeram contra nós em Pearl Harbor, nas ilhas do Pacífico, nas Filipinas, na Malásia e nas Índias Orientais Holandesas, eles agora devem saber que os riscos pelos quais decidiram jogar são mortais.

Quando consideramos os recursos dos Estados Unidos e do Império Britânico comparados aos do Japão, quando nos lembramos da China – que tem suportado a invasão por tanto tempo e de forma valente – e quando também observamos a ameaça russa pendente sobre o Japão, torna-se ainda mais difícil conciliar a ação japonesa com a prudência ou mesmo com a sanidade. Que tipo de povo eles pensam que são? Será possível que não percebem que nunca mais cessaremos de perseverar contra eles, até que recebam uma lição que eles e o mundo nunca mais esquecerão?

Membros do Senado e da Câmara dos Representantes: deixo por um momento a desordem e as convulsões do presente e me volto à base mais ampla do futuro. Aqui estamos juntos enfrentando um grupo de poderosos inimigos que buscam a nossa ruína; aqui estamos juntos defendendo tudo aquilo que é caro aos homens livres. Por duas vezes numa única geração, a catástrofe da guerra mundial caiu sobre nós; por duas vezes, no nosso tempo de vida, o braço longo do destino atingiu o outro lado do oceano, para trazer os Estados Unidos à vanguarda da batalha. Se tivéssemos ficado juntos após a última guerra, se tivéssemos tomado medidas comuns a nossa segurança, a renovação da maldição não precisaria nunca mais ter caído sobre nós.

Será que não devemos a nós mesmos, a nossas crianças, à humanidade atormentada assegurar que estas catástrofes não irão nos engolir pela terceira vez? Já tinha sido provado que moléstias podem surgir no Velho Mundo e carregar estragos destrutivos ao Novo Mundo que, uma vez que as moléstias estão em marcha, não se pode escapar de modo algum. O dever e a prudência do mesmo modo determinam, em primeiro lugar, que os centros germinadores do ódio e da vingança devem ser constantemente vistoriados e tratados na hora certa e, em segundo lugar, que uma organização adequada deve ser montada para se ter certeza de que a moléstia possa vir a ser controlada nos momentos iniciais, antes que se espalhe e comece a devastar a Terra.

Há cinco ou seis anos, teria sido fácil para os Estados Unidos e a Grã-Bretanha, sem derramar uma gota de sangue, insistir no cumprimento das cláusulas de desarmamento dos tratados que a Alemanha assinou depois da Primeira Guerra. Esta também teria sido a oportunidade para se assegurar à Alemanha aqueles subsídios que declaramos na Carta do Atlântico e que não devem ser negadas a nenhuma nação, vitoriosa ou derrotada.

Esta oportunidade passou. Foi-se. Golpes prodigiosos de martelo foram necessários para nos unir novamente ou, se vocês me permitem usar outra linguagem, direi que deve ter a alma cega quem não vê que grandes propósitos e desígnios estão sendo definidos, dos quais temos a honra de sermos fiéis servidores. Não é dado a nós o poder de adivinhar os mistérios do futuro. Ainda assim, sustento a minha esperança e fé, certa e inviolável, de que, nos dias que estão por vir, os povos britânico e americano irão, para a sua própria segurança e para o bem de todos, andar juntos lado a lado com majestade, na justiça e na paz.

UM VOTO DE CONFIANÇA

27 de janeiro de 1942
Câmara dos Comuns

Com a guerra se deteriorando em todas as frentes, Churchill voltou correndo à Inglaterra por hidroavião passando pelas Bermudas. Na África do Norte, o exército de Rommel[52] *estava avançando rumo ao leste, na direção do Cairo e do canal de Suez, enquanto, no Extremo Oriente, Hong Kong tinha caído nas mãos dos japoneses em 25 de dezembro e as forças britânicas estavam cercadas em Cingapura. Churchill escreveu em um livro de memórias: "Decidi não ceder nada a ninguém, assumir a responsabilidade primeira e direta comigo mesmo, e pedir um voto de confiança*[53] *à Câmara dos Comuns." A moção foi concedia triunfantemente, após três dias de debate, com uma aprovação de 464 votos a 1.*

De tempos em tempos, na vida de qualquer governo, surgem ocasiões que precisam ser esclarecidas. Ninguém que tenha lido nos jornais das últimas semanas sobre os nossos assuntos em casa e no exterior irá duvidar de que esta ocasião chegou.

Desde o meu retorno a este país, cheguei à conclusão de que tenho de pedir o apoio de um voto de confiança por parte da Câmara dos Comuns. Algo normal, constitucional e democrático. Um debate sobre a guerra foi solicitado. Eu o organizei da maneira mais completa e mais livre por três dias inteiros. Qualquer membro estará livre para dizer qualquer coisa que achar cabível sobre ou contra a administração, ou contra a composição ou as personalidades do governo, tanto quanto desejar, sujeito apenas às reservas as quais a Casa é sempre tão cuidadosa em observar a respeito de segredos militares. Poderia haver algo mais livre do que isso? Poderia haver uma expressão mais sublime da democracia do que isso? São poucos os outros países com instituições suficientemente fortes para conduzir uma coisa assim enquanto estão lutando por suas vidas.

Eu devo à Casa uma explicação, a respeito do que me levou a pedir por este apoio excepcional, neste momento. Foi sugerido que deveríamos ter um debate deste tipo e de três dias no qual o governo seria sem dúvida vigorosamente ridicularizado por alguns daqueles que têm fardos mais leves para carregar – e que no fim nós ficaríamos separados mas não divididos. Neste caso, segmentos da imprensa que são hostis – e há alguns cuja hostilidade é pronunciada – poderiam declarar que o governo estava sem crédito, e poderia até ser insinuado, depois que tudo tivesse se passado e que toda a discussão tivesse ocorrido, que teria havido antes uma intimação particular a mim que seria imprudência pedir um voto de confiança ao Parlamento.

E o assunto não acaba aí. Deve-se lembrar que estas reportagens podem ser lançadas em todo o mundo – e que são repetidas em transmissões de rádio do inimigo, noite após noite, a fim de mostrar que o primeiro-ministro não tem o direito de falar à nação e que o governo na Grã-Bretanha está à beira do colapso. Qualquer um que ouve os ataques originados do outro lado da margem sabe que não há exagero na suposição. Naturalmente, estas declarações de fontes estrangeiras não seriam verdadeiras mas também não ajudaria ninguém o fato de haver alguma dúvida sobre a nossa situação.

Há um outro aspecto. Nós nesta ilha estivemos sozinhos por um longo tempo, mantendo a chama viva e de pé. Agora não estamos mais sozinhos. Estamos no centro e em meio à cúpula de 26 nações unidas, compreendendo mais de três quartos da população do globo. Quem quer que fale pela Grã-Bretanha neste momento deve ser conhecido como quem fala não só em nome do povo – e disso estou muito seguro que posso fazer –, mas em nome do Parlamento e, acima de tudo, da Câmara dos Comuns. É genuíno o interesse público que exige que estes fatos sejam manifestados novamente de uma maneira formal.

Tivemos ultimamente um grande número de más notícias do Extremo Oriente – e acho bem provável, por razões que irei explicar, que tenhamos outras mais. Envolvidas em más notícias, haverá muitas histórias de erros crassos e deficiências, com relação a ações e previsões. Ninguém vai aqui fingir por um momento sequer que desastres como estes ocorrem sem que tenha havido erros e deficiências. Vejo tudo isso vindo em nossa direção como as ondas de uma tempestade – e esta é uma outra razão pela qual requisito um voto de confiança solene e formal da Câmara dos Comuns, que até agora jamais hesitou nesta luta. A Casa fracassaria em seu dever se não insistisse em duas coisas – primeiro, na liberdade de debate e segundo, a partir disso, em um voto claro, honesto e sem cerimônia. Desta forma, todos saberemos onde estamos; e todos aqueles com quem temos de negociar, em casa ou no estrangeiro, amigo ou inimigo, saberão onde estamos e onde eles estão. Porque teremos um debate livre, no qual talvez 20 ou 30 representantes possam tomar parte, é que estou pedindo uma expressão da opinião dos 300 ou 400 membros que ficarão sentados, em silêncio.

Porque as coisas caminharam mal e o pior ainda está por vir é que peço um voto de confiança. Isso será colocado no papel hoje para ser votado mais tarde. Não vejo por que isto possa dificultar as coisas para alguém. Se algum representante tem críticas construtivas a fazer ou se há correções severas para serem discutidas, isso pode ser perfeitamente coerente com a opinião de que a administração, tal como está, pode ir adiante e mesmo assim acontecer o pior. No entanto, se um cavalheiro honrado realmente não gosta de forma alguma do governo e considera que é do interesse público que seja desmembrado, ele deveria ter a hombridade de testemunhar as suas convicções aqui no salão. Não há necessidade de se esconder do debate.

Não há objeção a qualquer coisa que seja dita, direta, ou mesmo muito direta – e o governo irá fazer o máximo para se adaptar a qualquer padrão que possa ser fixado no curso do debate. Mas ninguém precisa se esconder do debate e ninguém deveria ser covarde ao votar. Eu votei contra governos mesmo tendo sido eleito para apoiá-los e, olhando para trás, me senti algumas vezes muito contente de ter feito isso. Nestes tempos difíceis, todo mundo deve fazer aquilo que acha que é seu dever.

A Câmara dos Comuns, que no momento é a mais poderosa assembléia representativa do mundo, deve – e estou certo que irá – ter em mente o efeito produzido lá fora de todos estes procedimentos. Temos também de lembrar do modo peculiar como os estrangeiros vêem nosso país e a nossa maneira de fazer as coisas.

Quando Rudolf Hess[54] voou para cá há alguns meses, acreditava firmemente que só precisava, neste país, ter acesso a alguns círculos para que "o grupo de Churchill", como descrevia, fosse derrubado do poder e o governo fosse refeito de tal modo que Hitler pudesse negociar uma paz magnânima. A única importância atribuída às opiniões de Hess é o fato de que ele estava vindo recentemente do ambiente ao redor da mesa de Hitler. Mas, posso assegurar a vocês que, desde que voltei a este país, tenho recebido perguntas ansiosas de uma dúzia de países – e relatórios de propaganda inimiga em outros tantos –, todos tratando da dúvida se o atual governo de Sua Majestade seria retirado do poder ou não.

Isso pode parecer tolo para nós, mas originado no exterior é danoso e nocivo para o esforço comum. Não estou pedindo por nenhum favor pessoal ou especial nestas circunstâncias, mas estou certo de que a Casa gostaria de deixar clara a sua posição. Por conseguinte, fico com a doutrina antiga, constitucional e parlamentar do debate livre e com o voto fiel. ...

Nunca houve um momento, nunca poderia ter havido um momento em que a Grã-Bretanha ou o Império Britânico, sem ajuda, pudesse ao mesmo tempo combater a Alemanha e a Itália; travar a Batalha da Grã-Bretanha, a batalha do Atlântico e a batalha do Oriente Médio; ao mesmo tempo se manter preparada na Birmânia e na península da Malásia; e lutar ainda no Extremo Oriente contra um vasto império militar como o Japão, com mais de 70 divisões móveis, a terceira Marinha do mundo, uma grande Força Aérea e 80 ou 90 milhões de asiáticos aguerridos e valentes. Se tivéssemos começado a espalhar nossas forças por todas aquelas imensas áreas do Extremo Oriente, teríamos sido arruinados. Se tivéssemos movimentado os grandes exércitos, urgentemente necessitados nas frentes de guerra, para regiões que não estavam em guerra e que poderiam nunca estar em guerra, poderíamos estar todos completamente errados. Poderíamos ter jogado fora uma oportunidade, que agora se tornou algo mais do que oportunidade, de emergirmos com segurança deste terrível apuro em que mergulhamos. ...

A questão que se destaca e sobre a qual a Casa deve fazer o seu julgamento, a propósito de divisões impeditivas, é se o governo de Sua Majestade estava certo ao dar uma prioridade clara na distribuição das forças e dos equipamentos que podíamos mandar ao exterior – à Rússia, à Líbia e, numa extensão menor, ao perigo na frente Levante-Cáspio[55], e se estávamos certos ao optarmos, temporariamente, por um nível bem mais baixo de comprometimento de forças e de equipamentos no Extremo Oriente, em relação àqueles outros cenários. ...

Deixem-me, ao concluir, retornar às mudanças formidáveis que aconteceram durante os últimos meses e particularmente nas últimas semanas. Temos de considerar as perspectivas da guerra em 1942 e também em 1943 e, como acabei de dizer, é inútil olhar muito mais à frente do que isso. No momento em que os Estados Unidos foram instigados e atacados pelo Japão, Alemanha e Itália – o que quer dizer poucos dias antes de 7 de dezembro de 1941 –, eu estava seguro de que era meu dever atravessar o Atlântico e estabelecer um laço mais próximo possível com o presidente e o governo dos Estados Unidos e também para desenvolver os contatos mais próximos, pessoais e profissionais, dos chefes de estado-maior britânicos e seus delegados transatlânticos com os chefes de estado-maior americanos que iriam encontrá-los.

Tendo atravessado o Atlântico, era meu dever visitar o grande domínio do Canadá. A Casa terá lido com admiração e profundo interesse o discurso feito pelo primeiro-ministro canadense ontem a respeito da grande e crescente contribuição do Canadá à causa comum em homens, dinheiro e materiais. Uma parte notável daquela contribuição é a oferta financeira que o governo do Canadá fez a este país. O montante envolvido é de um bilhão de dólares canadenses, em torno de 225 milhões de libras. Sei que a Casa vai querer que eu transmita ao governo do Canadá nossa vívida apreciação pela oferta oportuna e generosa. É inigualável na sua escala em toda a história do Império Britânico – e é uma prova convincente da determinação do Canadá de fazer a sua máxima contribuição para o prosseguimento bem-sucedido da guerra.

Durante as três semanas que passei na casa de Roosevelt e sua família, estabeleci com ele não apenas relações de companheirismo, mas também, acho que assim posso dizer, de amizade. Podemos dizer qualquer coisa um ao outro, mesmo que dolorosa. Quando nos separamos ele apertou minha mão, dizendo: "Nós vamos combater isto até o final, qualquer que seja o custo." Por trás dele se encontra o gigantesco e até aqui imobilizado poder do povo dos Estados Unidos, conduzindo na sua luta de vida ou morte todo, ou quase todo, o hemisfério ocidental. ...

Embora eu sinta cada vez mais a amplitude da vitória e da libertação, levando a nós e os povos torturados da Europa, em segurança, ao objetivo final, devo confessar que sinto o peso da guerra sobre mim agora até mais do que nos terríveis dias de verão de 1940. Há tantas frentes abertas, tantos pontos vulneráveis a defender, tantas desgraças inevitáveis e tantas vozes estridentes que se levantam somente para tirar vantagem, agora que podemos dar um suspiro de alívio, depois de todas as voltas e guinadas da guerra. Por conseguinte, sinto-me autorizado a vir perante à Câmara dos Comuns, de quem sou servo, e pedir que não me pressionem para agir contra a minha consciência e o meu melhor juízo e criar bodes expiatórios a fim de melhorar a minha própria posição. E também pedir que não me pressionem para fazer coisas que podem estar sendo clamadas no momento, mas que não vão ajudar no nosso esforço de guerra. E pedir para que, ao contrário, me dêem o seu estímulo e a sua ajuda. Eu nunca me arrisquei a prever o futuro.

Mantenho-me firme ao meu programa original – sangue, trabalho, lágrimas e suor – que é tudo o que já ofereci, aos quais acrescentei, cinco meses depois, muitas deficiências, erros e desapontamentos. Mas é porque vejo a luz brilhando atrás das nuvens e ampliando o nosso caminho que tomo coragem, agora, para pedir uma declaração de confiança da Câmara dos Comuns, como uma arma adicional no arsenal das Nações Unidas.

O Exército do Deserto

3 de fevereiro de 1943
Trípoli

Perto de 2 de fevereiro de 1943, toda a resistência germânica tinha cessado na batalha de Stalingrado. O marechal-de-campo Von Paulus[56], junto com 90 mil soldados alemães, tinha sido capturado. O esmagamento, pelo Exército russo, das 21 divisões germânicas trouxe um fim às esperanças de Hitler de conquistar a Rússia. Enquanto isso, o Exército Britânico do Deserto avançava de modo vitorioso pela Líbia e pela Tripolitânia[57]. Churchill viajou a Trípoli, onde discursou para cerca de dois mil oficiais e homens do exército que sentiam orgulho de chamar a si mesmos de "ratos do deserto".

A última vez que vi este exército foi nos últimos dias de agosto naquelas arenosas e pedregosas ribanceiras perto de Alamein[58] e da serra de Ruweisat, quando era aparente que Rommel[59] estava para fazer a sua investida final contra Alexandria e o Cairo. Assim, era para ser tudo ou nada. Agora, venho a vocês depois de um longo caminho desde Alamein e encontro este exército e este famoso comandante, com um registro de vitórias por trás que, sem dúvida, tem representado um papel decisivo nas transformações da natureza desta guerra. A feroz e combativa batalha de Alamein, a explosão do flanco marítimo do inimigo e o desastre do ataque blindado, danificaram irreparavelmente o exército com o qual Rommel se gabava de que conquistaria o Egito e sobre o qual os povos da Alemanha e da Itália tinham colocado suas esperanças. Daí em diante, e desde então, nesses três meses sem remorsos, vocês caçaram esse exército hostil e os levaram de um lado a outro, numa distância de mais de 2.200 quilômetros – de fato, como se fosse de Londres a Moscou. Vocês alteraram a face da guerra da maneira mais formidável.

O que significou a habilidade e a organização do movimento e das manobras, o que significou a paciência incansável e a abnegação das tropas, e a liderança sem medo demonstrada durante a ação – tudo isso só pode ser apreciado por aqueles que realmente estavam no local. Mas, devo dizer a vocês que a fama do Exército do Deserto se espalhou por todo o mundo.

Após a rendição de Tobruk[60], houve um período negro quando muitas pessoas, não nos conhecendo, não conhecendo a Grã-Bretanha e as nações do Império Britânico, estavam prontas a adotar uma visão pejorativa. Mas agora, em todos os lugares, o seu trabalho é mencionado com respeito e admiração. Quando eu estava com o chefe do Estado-Maior imperial e com o presidente dos Estados Unidos em Casablanca, a chegada do Exército do Deserto em Trípoli foi um fator novo, que influenciou o curso de nossas discussões e abriu esperanças para o futuro. Vocês merecem saber dessas coisas e juntar-se a elas com a satisfação que homens, em toda a sua modéstia, sentem quando um grande trabalho acaba de ser feito. Vocês prestaram um nobre serviço ao país de vocês e à causa comum.

Deve ter sido uma experiência incrível avançar dia após dia neste deserto que me tomou mais de seis horas esta manhã, voando a 320 km/h. Vocês perseguiram um inimigo despedaçado, levando com vocês esta linha de comunicações que não pára de crescer, levando a própria arte da guerra no deserto à perfeição. Nas palavras do velho hino, vocês "levantaram de noite suas tendas para um dia de marcha para mais perto de casa". Sim, não somente a marcha do exército, mas também o progresso da guerra trouxe a casa de vocês para mais perto. Estou aqui para agradecer-lhes em nome do governo de Sua Majestade das ilhas britânicas e de todos os nossos amigos no mundo inteiro.

Temos lutas difíceis pela frente. Rommel – o fugitivo do Egito, Cirenaica e Tripolitânia, em uma corrida ininterrupta de 2.200 quilômetros – está agora tentando se apresentar como o libertador da Tunísia. Ao longo da costa leste

Discurso ao vitorioso Exército do Deserto da Grã-Bretanha no anfiteatro romano de Cartago, 1º de junho de 1943.

da Tunísia, está um grande número de tropas alemãs e italianas, ainda não equipadas segundo os padrões anteriores, mas cada vez mais fortes. Do outro lado, outra grande operação, planejada em conjunto com o avanço de vocês, levou o Primeiro Exército Britânico, nossos companheiros americanos e os exércitos franceses a 50 ou 65 quilômetros de Bizerta e Túnis. Todos podem imaginar o que irá ocorrer a partir daí.

Os dias de vitória de forma alguma estão chegando ao fim. Com forças marchando de diferentes regiões, podemos esperar a destruição final ou a expulsão de cada alemão ou italiano armado das praias da África. Vocês devem ter se sentido aliviados quando, depois de muitas centenas de quilômetros de deserto, chegaram uma vez mais a uma terra verde, com grama e árvores – e não acho que vocês perderão esta vantagem. À medida que vocês prosseguirem em outras missões, que surgirão pelo caminho, vocês irão lutar em países que apresentarão dificuldades táticas sérias, mas que, pelo menos, não terão o caráter sombrio da guerra no deserto, a qual vocês souberam resistir e superar.

Deixem-me então assegurar a vocês, soldados e aviadores, que os seus compatriotas olham para o seu trabalho conjunto com admiração e gratidão. Após a guerra, quando um homem for perguntado sobre o que ele fez, vai ser mais do que suficiente dizer, "marchei e lutei com o Exército do Deserto". E quando a história for escrita e todos os fatos forem conhecidos, seus feitos irão brilhar e luzir, e vão se tornar uma fonte de canções e histórias até mesmo bem depois que nós aqui reunidos já tivermos deixado de existir.

NÃO ESPERAMOS RECOMPENSA E NÃO ACEITAREMOS ACORDO

30 de junho de 1943
Sendo condecorado pela Prefeitura de Londres, *Guildhall*

De todas as guerras que já lutamos na nossa longa história, jamais houve uma que tenha unido de forma mais verdadeira a nação e a raça britânica ao redor do mundo do que esta atual e terrível disputa pela liberdade e pelo progresso da humanidade.

Decidimos fazer parte dela pelo nosso próprio arbítrio, sem que tivéssemos sido diretamente atacados. Entramos com uma convicção de propósito que foi claramente compreendida por todas as classes e partidos e por toda a massa do povo, e perseveramos juntos pelos bons e maus momentos, sem o menor enfraquecimento da nossa vontade ou a menor divisão da nossa força. Entramos mal preparados e quase desarmados. Entramos sem considerar o custo, por um simples impulso espontâneo, pelo chamado da honra.

Nós nos esforçamos por muito tempo – tempo demais – pela paz, e sofremos com isso. Desde o momento, no entanto, em que demos a nossa garantia de que não iríamos ficar parados e ver a Polônia ser atropelada pela violência nazista, nunca mais olhamos para trás, nunca mais nos enfraquecemos, nunca duvidamos, nunca hesitamos. Estávamos certos do nosso dever, cumprimos com ele e iremos continuar cumprindo, sem desvios ou vacilações, até o fim.

Não buscamos nenhum lucro, não cobiçamos nenhum território ou acréscimo de território. Não esperamos nenhuma recompensa e não aceitaremos nenhum acordo. É neste ponto que desejamos que nos julguem, primeiro por nossas consciências e depois pela posteridade.

É ainda mais notável que a união que tem existido e perdurado nesta pequena ilha, densamente povoada, tenha sido estendida com igual entusiasmo e regularidade a todas as partes da nossa Comunidade e do nosso império em todo o mundo. ...

Sozinho na história, o povo britânico, com as lições que aprendera no passado, achou os meios de vincular à terra-mãe os vastos domínios com seus governos autônomos, para os quais não havia nenhuma obrigação de se atirar na guerra ao nosso lado, senão os de sentimento e tradição.

Nenhum desses domínios, exceto a Irlanda do Sul – que na sua atual direção, não aceita completamente este status –, jamais falhou em responder, com todo o vigor das instituições democráticas, ao chamado grandioso de uma crise suprema e às influências e aos impulsos que fazem o Canadá, a Austrália, a Nova Zelândia e a África do Sul mandar seus homens aos oceanos para lutar e morrer. ...

Agora, no entanto, eu devo falar da grande república dos Estados Unidos, cujo poder não produz nenhum medo e cuja proeminência não gera nenhum ciúme nos peitos britânicos. O futuro imediato do mundo, mais do que de qualquer outro fator, está dependendo da associação fraternal e do íntimo alinhamento das políticas dos Estados Unidos e da Comunidade e do império britânicos. Se caminharmos juntos em harmonia, ou marcharmos se houver necessidade, de acordo com as concepções morais e políticas geradas pelos povos de língua inglesa – e que são muitas vezes mencionadas na Carta do

Atlântico – tudo vai ficar bem. Se nos desintegramos e ficarmos vagando fora do alcance da luz e do farol que comanda o nosso destino, não haverá fim ou medida para as misérias e a confusão que aguardam a civilização moderna.

A HORA DO NOSSO MAIOR ESFORÇO ESTÁ PRÓXIMA

26 de março de 1944
Transmissão de rádio, Londres

Nos dois parágrafos finais deste discurso, Churchill faz uma referência sutil à invasão da Normandia, que estava para ocorrer em 12 semanas. A Grã-Bretanha tinha se tornado um vasto campo armado de soldados americanos e britânicos, esperando pela ordem para se atirar contra a "parede do Atlântico" de Hitler e iniciar a libertação da Europa ocupada – a maior proeza militar na história das guerras.

A hora do nosso maior esforço está próxima. Marchamos com aliados valentes que contam conosco como nós contamos com eles. Os olhos brilhantes de todos os nossos soldados, marinheiros e aviadores devem estar fixos sobre o inimigo à frente. A única estrada para casa, para todos nós, se encontra com a passagem pelo arco da vitória. As magníficas tropas dos Estados Unidos estão aqui ou estão chegando em abundância. Nossas próprias tropas, as mais treinadas e bem equipadas que já tivemos, estão ao lado deles em igual número e verdadeira camaradagem. Líderes são apontados, nos quais todos nós temos fé. Vamos pedir do nosso povo, do Parlamento, da imprensa, de todas as classes, a mesma frieza, nervos fortes, a mesma tenacidade e fibra que nos foi útil naqueles dias em que estávamos inteiramente sozinhos diante do ataque-relâmpago.

E aqui devo avisá-los que, a fim de enganar e desconcertar o inimigo, bem como de exercitar nossas forças, haverá muitos alarmes falsos, muitas simulações e muitos ensaios gerais. Nós mesmos podemos ser objeto de novas formas de ataque por parte do inimigo. A Grã-Bretanha pode suportar. Nunca hesitou ou falhou. Quando o sinal for dado, todo o círculo de nações vingadoras irá se atirar contra o inimigo e pôr abaixo a tirania mais cruel que já tentou barrar o progresso da humanidade.

O DIA D

6 de junho de 1944
Câmara dos Comuns

Em 4 de junho de 1944, Roma foi libertada pelas tropas britânicas e americanas. Pouco depois da meia-noite de 6 de junho, a invasão aliada da Europa ocupada teve início.

Acho que a Casa deveria tomar conhecimento formal da libertação de Roma pelos exércitos aliados sob o comando do general Alexander, com o general Clark, das Forças Armadas dos Estados Unidos, e o general Oliver Leese, no comando do Quinto e do Oitavo Exércitos respectivamente. Este é um evento glorioso e memorável, e que recompensa a luta intensa dos últimos cinco meses na Itália. ...

Tenho também de anunciar à Casa que durante a noite e nas primeiras horas desta manhã ocorreu o primeiro de uma série de desembarques em execução no continente europeu. Neste caso, o ataque libertador ocorreu na costa da França. Uma imensa armada de mais de quatro mil navios, juntamente com milhares de embarcações menores, atravessou o Canal. Intensas aterrissagens de aeronaves foram efetuadas com sucesso por trás das linhas inimigas e os desembarques nas praias estão prosseguindo em vários pontos, neste momento. O fogo das baterias nas praias tem sido amplamente contido. Os obstáculos construídos no mar não se mostraram tão difíceis como se temia. Os aliados anglo-americanos estão apoiados por cerca de 11 mil aviões de primeira linha, que podem ser chamados de acordo com a necessidade para os propósitos da batalha.

Não posso, é claro, comprometer-me com quaisquer detalhes. Os relatórios estão chegando rapidamente. Até agora, os comandantes envolvidos relatam que tudo está prosseguindo de acordo com o plano. E que plano! Esta vasta operação é, sem dúvida alguma, a mais complicada e difícil já realizada. Envolve marés, ventos, ondas e questões de visibilidade, tanto aérea quanto marítima, além do emprego combinado de forças terrestres, aéreas e marítimas, no mais alto grau de intimidade, em condições que não podiam e não podem ser plenamente previstas.

Há esperanças de que uma surpresa tática tenha sido realmente conseguida – e esperamos fornecer ao inimigo uma sucessão de surpresas durante o curso da luta. A batalha que começou agora vai aumentar em escala e intensidade de forma constante em muitas das próximas semanas – e não vou tentar especular sobre o seu rumo. Isto, no entanto, eu posso dizer: a mais perfeita união prevalece entre os exércitos aliados. Há uma irmandade de armas entre nós e nossos amigos dos Estados Unidos. Há uma completa confiança no comandante supremo, o general Eisenhower[61], em seus auxiliares, e também no comandante da Força Expedicionária, general Montgomery[62]. O ardor e o espírito das tropas que embarcavam nestes últimos dias, como eu mesmo vi, eram esplêndidos de se testemunhar.

O PREÇO EM SANGUE... PELO SOLO FRANCÊS

28 de setembro de 1944
Câmara dos Comuns

A batalha da Normandia foi vencida. A maior parte da França, incluindo Paris, foi libertada, assim como a Bélgica. Em seguida à maior operação aérea de todos os tempos, forças britânicas e americanas já lutavam para assegurar os cruzamentos do rio Reno.

Pouco mais de sete semanas se passaram desde que saímos para as férias de verão[63] e este curto período mudou completamente a face da guerra na Europa. Quando seguimos cada um o seu rumo, os exércitos anglo-americanos estavam ainda encurralados na estreita cabeça-de-ponte[64] e faixa de costa entre a base da península de Cherbourg[65] e os acessos de Caen[66], que tinham sido arrancados do inimigo várias semanas antes. A península de Brest[67] não estava tomada, o exército alemão no Oeste ainda estava esperançoso de evitar que entrássemos pelos campos da França e a batalha da Normandia – que estava sendo lutada de forma sangrenta desde a data do desembarque – ainda não tinha chegado a uma conclusão decisiva.

Que transformação diante de nossos olhos! Não só Paris, mas praticamente toda a França foi libertada como que por um encanto. A Bélgica foi salva, parte da Holanda já está livre e o inimigo asqueroso – que por quatro anos impôs crueldades e opressão a estes países – fugiu, perdendo talvez 400 mil em mortos e feridos, e deixando em nossas mãos quase meio milhão de prisioneiros. Além disso, 200 mil soldados inimigos podem estar isolados nas fortalezas costeiras ou na Holanda e agora deve ser altamente provável a destruição ou a captura deles. Os exércitos aliados atingiram, e em alguns lugares atravessaram, a fronteira alemã e a Linha Siegfried[68].

Todas essas operações foram conduzidas sob o comando supremo do general Eisenhower e resultaram da mundialmente famosa batalha da Normandia, a maior e mais decisiva de toda a guerra. A vitória jamais fora conduzida com tão alta perfeição. O caos e a destruição, moldados pelas forças aéreas aliadas, atrás da linha de batalha, foram indescritíveis e um fator de máxima importância no conflito atual. Foram muito superiores e reduziram a dimensões insignificantes tudo o que nosso exército teve de sofrer com a Força Aérea Alemã em 1940.

Não obstante, quando refletimos sobre o incrível poder de fogo das armas modernas e das oportunidades que estas criam para uma ação defensiva ou de contenção, temos de nos sentir surpresos pela velocidade extraordinária com que os exércitos aliados avançaram. O brilhante movimento circular das tropas americanas será para sempre um modelo de arte militar e um exemplo da necessidade de se correr riscos não só em combate – porque a maioria dos exércitos está pronta para fazê-lo – mas ainda mais no chamado "setor Q" ou, como os americanos dizem, o lado logístico. Foi com grande prazer que todos nós vimos os exércitos britânicos e canadenses, que por tanto tempo lutaram contra a pesada resistência do inimigo, mostrarem-se também, graças ao movimento aliado, capazes de fazer avanços rápidos, certamente superiores a qualquer outro em qualquer lugar.

Finalmente, por meio da mais ampla operação aérea já concebida ou executada, um avanço adicional da maior importância em direção ao norte foi conseguido. Aqui devo prestar um tributo, que certamente a Casa irá considerar apropriado, à soberba façanha executada pela nossa Primeira Divisão Aérea. Relatórios completos e emocionantes foram feitos ao país e ao mundo a respeito desta operação frutífera e gloriosa, a qual terá lugar permanente nos nossos anais militares e vai inspirar a nossa juventude por sucessivas gerações, com os mais nobres ideais de dever e de ousadia.

O custo foi alto, as baixas numa única divisão foram dolorosas, mas – para aqueles que estão de luto – há pelo menos a consolação de que o sacrifício não foi pedido em vão, nem mesmo levado à frente sem resultados. O atraso causado no avanço do inimigo sobre Nijmegen[69] permitiu a camaradas britânicos e americanos nas outras duas divisões aéreas – além do Segundo Exército Britânico – manter intactas pontes de vital importância e formar uma forte cabeça-de-ponte sobre a principal passagem do Reno em Nijmegen. "Não foi em vão" deve ser o orgulho daqueles que sobreviveram e o epitáfio daqueles que caíram.

De volta ao tema principal, Brest, Havre, Dieppe, Boulogne e Antuérpia já estão em nossas mãos. Todos os portos do Atlântico e do Canal, da fronteira espanhola até a Holanda, estarão em nosso poder. Ótimos portos e um número substancial de prisioneiros de guerra. Tudo isso foi conseguido pelo emprego conjunto da força pelos exércitos britânico e americano, assistidos pelas veementes revoltas espalhadas e pelos esforços combativos dos guerrilheiros maquis franceses.

Enquanto esta grande operação ocorria, um desembarque americano e francês na costa da Riviera, ajudado por uma brigada aérea britânica, pela Força Aérea britânica e pela Marinha Real, levou com rapidez inconcebível à captura de Toulon e Marselha, à libertação de grande faixa da costa da Riviera e ao avanço bem-sucedido do exército do general Patch[70] subindo o Vale do Reno. Este exército, depois de capturar 80 mil prisioneiros, juntou-se ao do general Eisenhower e passou a ficar sob o seu comando.

Quando tive a oportunidade de observar, em 15 de agosto – mesmo de longe –, o desembarque em Saint Tropez, teria parecido audacioso esperar resultados tão rápidos e importantes. Todavia, estes já aconteceram, sob o canto das vitórias no norte, em abundância e na metade do tempo prescrito e esperado pelo planejamento anterior. Tudo isso, na luta pela França.

Ao mesmo tempo, combates muito duros e bem-sucedidos prosseguiram na frente italiana. O general Alexander, que comanda as tropas na Itália com completa responsabilidade operacional, tem em mãos o Quinto e o Oitavo Exércitos. O Quinto Exército, metade americano e metade britânico, com o qual está servindo a excelente divisão brasileira[71], com tropas que tive a oportunidade de ver – um grupo magnífico de homens –, é comandado pelo general Clark, dos Estados Unidos, um oficial da mais alta qualidade e atitude, com um orgulhoso histórico de realizações por trás dele e de suas tropas.

O Oitavo Exército, sob o comando do general Oliver Leese, cujas qualidades também são da mais elevada ordem, compreende o corpo polonês que lutou tão galantemente com o general Anders[72] e uma brigada grega que já se distinguiu na vanguarda da batalha. Há também combatendo nesta frente uma força de italianos que deseja ardentemente libertar o seu país das garras e da mácula alemãs. Este grupo logo irá dobrar em tamanho. O comandante da região encontra-se freqüentemente com estas tropas.

A maior parte de todas as tropas na frente italiana vem naturalmente do Reino Unido. Mais da metade das divisões em toda a frente é desta ilha. Juntamente com eles estão divisões neozelandesas, canadenses, sul-africanas e indianas – ou talvez eu devesse dizer anglo-indianas porque, como às vezes se esquece, um terço destas é de ingleses. O exército britânico na Itália inclui também unidades palestinas.

E aqui eu mencionaria o anúncio que, acho eu, será apreciado e aprovado, de que o governo decidiu concordar com um pedido da Agência Judaica para a Palestina[73] no sentido de que um grupo judeu fosse formado, como brigada, para tomar parte nas operações em vigor. Sei que há um amplo número de judeus servindo com as nossas forças e com as forças americanas, em todos os exércitos, mas me parece apropriado que uma unidade especial judaica, uma unidade especial da raça que tem sofrido tormentos indescritíveis dos nazistas, deva ser representada como uma formação distinta dentre as forças reunidas para a derrubada final, e não tenho dúvidas de que irão não só participar da luta mas também da ocupação que se seguirá.

Uma tarefa muito difícil se apresenta diante do nosso exército na Itália. Já penetrou em vários pontos a forte Linha Gótica[74], com a qual Kesselring[75] tem procurado defender a passagem dos Apeninos[76]. Tive a oportunidade de observar e seguir o avanço do Oitavo Exército pelo rio Metauro, que começou em 26 de agosto. A extraordinária força defensiva do terreno mantida pelo inimigo era óbvia. As cadeias de montanhas se destacam uma atrás da outra, numa sucessão aparentemente infinita, como ondas no mar. Cada uma teve de ser conquistada ou atravessada pela superioridade das forças ou das armas.

O processo tendia a ser longo e custoso mas está sendo completado; de fato, já foi praticamente completado. Ao mesmo tempo, o Quinto Exército do general Clark, avançando a partir da região de Florença, penetrou a fundo na cadeia de montanhas e, tendo despedaçado o núcleo do inimigo, agora se posiciona nas ladeiras do norte dos Apeninos, a uma distância não muito grande de Bolonha, um local de definida importância estratégica. O general Alexander entrou definitivamente na bacia do Po[77], mas aqui trocamos as barreiras da cadeia de montanhas pela interrupção constante do terreno por ribeirões e canais. Não obstante, as condições daqui por diante serão mais favoráveis para a destruição ou a derrota do exército de Kesselring – e este é o objetivo para o qual todas as forças aliadas e britânicas estarão incessantemente voltadas. Não é desejável olhar, no momento atual, muito além disso.

Vou agora relatar alguns fatos e números sobre as operações na Europa. Estes foram cuidadosamente escolhidos para fornecer tanta informação quanto o possível à Casa e ao público, sem dizer ao inimigo nada que ele já não saiba ou então que lhe seja dito tarde a ponto de não lhe ter nenhuma utilidade.

Foi incrível a velocidade na qual os poderosos exércitos britânico e americano se estabeleceram na França. Nas primeiras 24 horas, 250 mil homens desembarcaram diante de uma resistência forte e violenta. Pelo vigésimo dia, um milhão de homens estavam na costa. Há agora entre dois e três milhões de homens na França.

Certamente, o progresso na capacidade de mover e desembarcar tropas aumentou de forma considerável desde os primeiros dias, quando tivemos de mergulhar na guerra sem nenhuma experiência prévia. O número efetivo de soldados era apenas uma parte no problema do transporte. Estes exércitos foram equipados com as mais perfeitas e modernas armas e todas as imagináveis invenções da guerra moderna. Uma imensa artilharia deu suporte a todas estas operações. Quantidades enormes de blindados de alta qualidade e feição deram um extraordinário poder ofensivo e de mobilidade. Muitas centenas de milhares de veículos sustentaram estes movimentos, milhões de toneladas de equipamentos já foram desembarcadas – sendo que a maior parte de tudo isso ocorreu em praias abertas ou por meio de portos artificiais, que descrevi quando falei pela última vez à Casa.

Tudo isso constitui um feito de organização e eficiência que deveria entusiasmar, maravilhar e merecer a admiração de todos os que estudam o campo militar, bem como o aplauso da nação americana e britânica e de seus aliados. Devo prestar minha homenagem ao Exército dos Estados Unidos, não só pelas qualidades úteis na batalha, de valentia e força, mas também pela habilidade de seus comandantes e a excelência da organização de seus suprimentos.

Quando nos lembramos de que os Estados Unidos há quatro ou cinco anos era uma potência amante da paz, sem nenhum grande corpo de tropas ou munições – apenas com um pequeno exército regular para os comandantes movimentar –, o feito americano é verdadeiramente surpreendente. Após o intenso treinamento que receberam por quase três anos, ou mais de três anos em alguns casos, as divisões deles são agora compostas de soldados profissionais regulares cujos predicados militares são incomparáveis aos dos recrutas de guerra chamados às pressas. Esses soldados, como os nossos da Grã-Bretanha, que até estiveram mais tempo com armas, puderam ser colocados imediatamente em terra, na linha de batalha e demonstraram ser mais do que adversários do mesmo nível para as assim chamadas tropas veteranas da Alemanha, as quais, embora lutando desesperadamente, se revelaram desgastadas.

Quando penso na intensa produção de navios, munições e suprimentos de todos os tipos, com os quais os Estados Unidos se equiparam e vêm sustentando todos os aliados combatentes de forma generosa; e quando penso na guerra poderosa que estão conduzindo, juntamente com tropas dos domínios da Austrália e da Nova Zelândia, na superfície do oceano Pacífico, esta Casa pode realmente saudar a nossa nação irmã no mais elevado grau de poder e fama.

Estou contente em dizer que também temos sido capazes de fazer uma contribuição importante. Há algum tempo, um senador deu uma declaração dizendo que o público americano ficaria chocado de saber que teria de fornecer 80% das forças de invasão do continente. Eu então disse que, no início da invasão da França, as forças americanas e britânicas seriam praticamente iguais, mas que daí em diante o crescimento americano daria a eles paulatinamente a liderança. Fico contente em dizer que, após 120 dias de luta, ainda temos, nas tropas que atravessaram o canal, uma proporção de dois para três em pessoal e de quatro para cinco e meio nas divisões combatentes na França. As baixas têm seguido de perto a proporção. De fato, estas tropas lutam de forma equilibrada e, portanto, as baixas seguem quase exatamente os números apresentados. Nós perdemos, lamento dizer, mais de 90 mil homens, mortos, feridos e desaparecidos, e os Estados Unidos, incluindo o exército do general Patch, acima de 145 mil. Este é o preço em sangue, pago pelas democracias de língua inglesa para a libertação efetiva do solo francês.

A Conferência de Yalta

27 de fevereiro de 1945
Câmara dos Comuns

A Conferência de Yalta[78] foi realizada na costa da Criméia[79], entre 4 e 11 de fevereiro. Era para ser o último encontro dos "três grandes" líderes da guerra: Churchill, Roosevelt e Stálin. Os debates giraram em torno do futuro da Europa depois da derrota da Alemanha. O futuro da Polônia, em cuja defesa a Grã-Bretanha e a França se levantaram em setembro de 1939, foi discutido em profundidade e Stálin deu falsas promessas de democracia e de eleições justas. De forma trágica, o destino da nação polonesa já estava selado quando o país fora "libertado" pelo Exército Vermelho da Rússia. Stálin estava determinado a instalar, no país, um governo que pudesse controlar. Ao mesmo tempo, naquele momento, Roosevelt já era um homem doente e a dez semanas da morte.

A recente conferência das três potências na Criméia encarou realidades e dificuldades de uma maneira tão excepcional que o resultado constituiu um ato de Estado sobre o qual o Parlamento deveria expressar formalmente a sua posição. O governo de Sua Majestade sente que tem o direito de saber como está em relação à Câmara dos Comuns. Uma forte expressão de apoio da Casa irá fortalecer a nossa posição entre os aliados. As conexões íntimas e sensíveis entre o governo executivo e a Câmara dos Comuns serão conseqüentemente esclarecidas, mostrando assim a vitalidade das nossas instituições democráticas e a subordinação dos ministros à autoridade parlamentar.

A Casa não irá recuar do dever de se pronunciar. Vivemos num tempo em que a eqüidade na decisão é exigida de todos os que participam dos negócios públicos. Desta maneira, também o caráter firme e obstinado do atual Parlamento – e, em geral, das nossas instituições parlamentares – vai ser demonstrado na medida em que emergimos fortalecidos das tempestades da guerra. Nós achamos, portanto, correto e necessário apresentar uma moção positiva no papel, em defesa da qual gostaria de submeter à Casa alguns fatos e argumentos, na abertura deste debate de três dias.

As dificuldades de se realizar uma conferência com três chefes de governo dos principais aliados são simplesmente óbvias. É uma medida dessas dificuldades o fato de que, a despeito de todos os métodos modernos de comunicação, 14 meses transcorreram entre Teerã[80] e Yalta. É sabido que o governo de Sua Majestade desejava muito um encontro tríplice no outono. Nós nos regozijamos quando, enfim, a reunião em Yalta foi confirmada.

No caminho, as delegações britânica e americana se encontraram em Malta para discutir a ampla extensão de assuntos conjuntos, militares e políticos. Juntos, os chefes de estado-maior dos dois países estiveram em conferência por três dias a respeito das grandes operações que agora se desenvolvem na frente ocidental e dos planos de guerra contra o Japão – sobre os quais era apropriado discutirmos em conjunto. O secretário do Exterior, acompanhado de altos oficiais e assistentes, alguns dos quais infelizmente morreram no caminho, também encontraram Stettinius[81] por lá.

Na manhã de 2 de fevereiro, o cruzador que levava o presidente [Roosevelt] entrou de forma grandiosa no porto com cicatrizes de batalha. Uma reunião plenária dos chefes de estado-maior foi organizada durante a parte da tarde. Na reunião, o presidente e eu aprovamos as propostas que tinham sido tão cuidadosamente preparadas nos dias anteriores, para conduzir nosso esforço conjunto de guerra ao ponto mais elevado e para dar forma e organização no tempo às operações militares. ...

Depois disso, voamos em segurança de Malta ao aeroporto na Criméia e viajamos de carro pelas montanhas – sobre as quais tinham sido relatadas histórias alarmistas, mas exageradas – até que encontramos abrigo na costa sul da região. Esta é protegida por montanhas e forma uma bela *riviera* no mar Negro onde ainda permanecem, sem ter sido destruídas pelos nazistas, algumas residências e alguns palácios do desaparecido regime imperial e aristocrático. Com esforço extremo e toda a forma de engenhosidade e consideração, nossos anfitriões russos restauraram estas habitações, colocando-as em ótimas condições, e cuidaram da nossa acomodação e do nosso conforto no verdadeiro estilo da hospitalidade russa. Como pano de fundo estavam os precipícios e as montanhas – e mais além as casas e os campos devastados da Criméia, ao longo dos quais os exércitos por duas vezes se enfrentaram em combate mortal[82]. Nesta costa, trabalhamos por nove dias e lidamos com muitos problemas da guerra e da política enquanto a amizade se fortalecia. ...

Sobre a organização do mundo, há pouco que eu possa dizer além do que está no relatório da conferência e naturalmente nos relatórios anteriores que se originaram de Dumbarton Oaks[83]. Na Criméia, as três grandes potências concordaram em uma solução para a difícil questão do procedimento de voto, para a qual nenhuma resposta tinha sido encontrada em Dumbarton Oaks.

A concordância neste tema vital nos permitiu dar o próximo passo na configuração da nova organização mundial. Os acertos estão feitos para a emissão de convites para a Conferência das Nações Unidas que, como eu disse, se reunirá dentro de dois meses em São Francisco.

Eu gostaria de poder dar à Casa plenos detalhes da solução à questão do procedimento de voto, com a qual os representantes das três grandes potências – que antes estavam em desacordo – agora concordam. É certo, porém, que deveríamos consultar tanto a França como a China – e deveríamos nos esforçar para assegurar a sua aceitação antes que a fórmula seja publicada. No momento, portanto, só posso lidar com este tema em termos genéricos.

Esta é uma dificuldade que tem de ser enfrentada. Recairá sobre as grandes potências a responsabilidade principal de manter a paz e a segurança. A nova organização mundial tem de levar em conta esta responsabilidade especial das grandes potências e tem de ser formada de modo a não comprometer a sua unidade ou capacidade de ação efetiva, se for chamada de última hora. Ao mesmo tempo, a organização mundial não pode ter por base uma ditadura das grandes potências. O seu dever é servir ao mundo e não governá-lo. Confiamos que o procedimento de voto no qual concordamos em Yalta[84] atende a estes dois pontos essenciais e produz um sistema que é justo e aceitável, tendo em vista as evidentes dificuldades que qualquer um que pense seriamente sobre o tema vá encontrar. ...

A Conferência da Criméia deixa os aliados mais unidos do que nunca, tanto na esfera militar quanto na política. Vamos deixar que a Alemanha perceba o quanto é fútil esperar uma divisão entre os aliados e que nada pode evitar a sua derrota total. A resistência será apenas a causa de um sofrimento desnecessário. Os aliados estão decididos que a Alemanha será completamente desarmada, que o nazismo e o militarismo na Alemanha serão destruídos, que os criminosos de guerra serão punidos justa e rapidamente, que toda a indústria alemã capaz de produção militar será eliminada ou controlada e que a Alemanha fará compensações em espécie no máximo de sua capacidade pelo prejuízo causado às nações aliadas.

Por outro lado, não é propósito dos aliados destruir o povo da Alemanha ou deixá-los sem os necessários meios de subsistência. Nossa política não é de vingança. É a de tomar as medidas que sejam necessárias para assegurar a paz e a segurança futuras do mundo. Haverá um lugar para os alemães, um dia, na reunião das nações, mas apenas quando todos os traços do nazismo e do militarismo tiverem sido efetiva e finalmente extirpados. ...

Chego agora à parte mais difícil e mais discutida da declaração que tenho de fazer à Casa – a questão da Polônia. Por mais de um ano e desde que a tendência da guerra se virou de modo tão intenso contra a Alemanha, o problema polonês vem sendo dividido em dois pontos principais – as fronteiras da Polônia e a liberdade da Polônia.

A Casa sabe muito bem, pelos discursos que tenho feito, que a liberdade, a independência, a integridade e a soberania da Polônia sempre pareceram para o nosso governo mais importantes do que as fronteiras. Estabelecer uma nação polonesa livre com um bom lugar para se viver sempre pesou mais na minha mente do que o traçado efetivo da linha de fronteira ou se estas fronteiras deveriam ser deslocadas, em ambos os lados da Polônia, mais para o Oeste. ...

Mais importante do que as fronteiras da Polônia, dentro dos limites agora apresentados, é a liberdade da Polônia. A casa dos poloneses está estabelecida. Serão eles senhores em sua própria casa? Serão eles livres como nós somos livres na Grã-Bretanha, nos Estados Unidos ou na França? Serão a sua soberania e a sua independência obtidas sem obstáculos? Ou serão eles forçados por uma minoria armada a adotar o sistema comunista ou totalitário, tornando-se mera projeção do Estado soviético? Bem, exponho o caso com franqueza. Este é um critério bem mais sensível e vital do que o desenho das linhas da fronteira. Como fica a Polônia? Como ficamos em relação a tudo isto?

Muitas declarações solenes têm sido feitas pelo marechal Stálin e a União Soviética de que a independência soberana da Polônia vai ser mantida – e à decisão agora se juntam a Grã-Bretanha e os Estados Unidos. Aqui também a organização mundial irá assumir, em tempo, alguma medida de responsabilidade. Os poloneses terão o seu futuro em suas mãos, com a única limitação de que devem honestamente seguir, em harmonia com os seus aliados, uma política amigável com relação à Rússia, o que é certamente razoável.

O procedimento que as três grandes potências adotaram de forma unida para chegar a este objetivo vital está apresentado em termos claros na declaração da Criméia. O acordo prevê consultas, tendo em vista o estabelecimento na Polônia de um novo governo provisório polonês de unidade nacional, com o qual as três maiores potências podem ter relações diplomáticas – em vez da situação em que alguns reconhecem um governo polonês e o restante, outro, algo que, se tivesse sobrevivido à Conferência de Yalta, teria proclamado ao mundo a desunião e a confusão.

Nós tínhamos de resolver isso e resolvemos lá. Nenhuma restrição impeditiva foi imposta ao escopo e ao método destas consultas. O governo de Sua Majestade pretende fazer tudo em seu poder para garantir que estas consultas sejam amplas o quanto possível – e que aos poloneses representantes de todos os partidos democráticos seja concedida a plena liberdade de participar e de fazer as suas opiniões conhecidas. Acertos para isso estão sendo feitos agora em Moscou por uma comissão de três, compreendendo Molotov, Harriman e sir Archibald Clark Kerr[85], os dois últimos representando os Estados Unidos e a Grã-Bretanha respectivamente.

Caberá aos próprios poloneses, com a assistência que os aliados possam ser capazes de dar, concordar sobre a composição e a constituição do novo governo polonês de unidade nacional. A partir daí, o governo de Sua Majestade, por meio do seu representante na Polônia, irá usar toda a sua influência para garantir que as eleições sejam livres, com as quais o novo governo polonês terá de se comprometer, que sejam realizadas de forma justa e condizente com as salvaguardas democráticas.

Nossos dois princípios de orientação para lidar com todos esses problemas do continente e dos países libertados têm sido claros. Enquanto a guerra continua, ajudamos qualquer um que possa matar um bárbaro; quando a guerra acabar, procuramos a solução com base em eleições livres, democráticas e sem impedimento. Estes são os dois princípios que este governo de coalizão vem aplicando – na medida da sua capacidade – às circunstâncias e situações que surgem neste confuso e infinitamente variado desenvolvimento das coisas. ...

A Casa deve ler cuidadosamente – e várias vezes, no caso daqueles representantes que ainda têm dúvidas – as palavras e os termos da declaração, sendo que cada palavra ali foi objeto da mais profunda e penetrante atenção pelos chefes, secretários do Exterior e todos os especialistas dos três governos. Como será considerada esta declaração? Como serão interpretadas frases como "eleições livres sem restrições com base no sufrágio universal e no voto secreto"? Será que o "novo" governo vai ser "adeqüadamente" constituído, com uma justa representação do povo polonês tanto quanto possa ser praticável no momento e logo que possível? Serão as eleições livres e sem restrições? Será que os candidatos de todos os partidos democráticos poderão apresentar-se aos eleitores e conduzir suas campanhas? Quais são os partidos democráticos?

As pessoas sempre pensam de forma diferente. Mesmo em nosso país tem havido de tempos em tempos um esforço de um partido ou outro para reivindicar que ele é o verdadeiro partido democrático – e os outros ou são bolcheviques ou conservadores senhores de terras. O que são partidos democráticos? Obviamente, isso é possível de ser estabelecido. Será que a eleição vai ser o que nós consideraríamos como justa e livre neste país, tendo-se em mente um desconto pela grande confusão e desordem que prevalece no momento? Há um grande número de partidos na Polônia. Nós concordamos que todos aqueles que são partidos democráticos – não partidos nazistas ou fascistas ou partidos de colaboradores do inimigo – todos estes poderão participar.

Estas são questões sobre as quais temos opiniões bem nítidas, de acordo com os princípios da Declaração sobre a Europa Libertada[86], a qual foi devidamente assinada pelos três governos. É com base nisso que a comissão de três de Moscou pretendia trabalhar – e nesta base já começou a trabalhar.

A impressão que eu trouxe da Criméia e de todos os meus outros contatos é a de que o marechal Stálin e os líderes soviéticos gostariam de viver em uma amizade honrada e em equilíbrio com as democracias ocidentais. Acho também que a sua palavra é o seu contrato. Não conheço nenhum outro governo que mantenha os seus compromissos mais solidamente do que o governo soviético russo, mesmo a contragosto. Não aceito absolutamente embarcar aqui numa discussão sobre a boa-fé russa.

É bem evidente que estes assuntos atingem o próprio futuro do mundo. Certamente, seria triste para o destino da humanidade se alguma terrível divisão surgisse entre as democracias ocidentais e a União Soviética, se a futura organização mundial fosse partida em pedaços e se novas calamidades de inconcebível violência destruíssem tudo o que resta dos tesouros e das liberdades da humanidade.

PRESIDENTE ROOSEVELT

17 de abril de 1945
Câmara dos Comuns

Churchill tinha estabelecido vínculos fortes de amizade com o companheiro de guerra, a quem saúda como "o maior amigo americano que já conhecemos".

Solicito esta moção:

> Que uma humilde mensagem seja apresentada à Sua Majestade para fazer saber a tristeza profunda com que esta Casa foi informada da morte do presidente dos Estados Unidos da América e pedir à Sua Majestade que, ao comunicar os seus sentimentos de pesar para o governo dos Estados Unidos, seja também generosamente cordial para expressar da parte desta Casa o sentimento de perda que a comunidade britânica e o império e a causa das nações aliadas tiveram e a sua profunda simpatia para com a senhora Roosevelt e a família do falecido presidente, e o governo e o povo dos Estados Unidos da América.

Minha amizade com o grande homem cuja a fama e o trabalho estamos hoje homenageando começou e amadureceu durante esta guerra. Eu tinha encontrado com ele, mas apenas por alguns minutos, após o fim da última guerra – e logo que fui para o Almirantado, em setembro de 1939, ele telegrafou me convidando a nos corresponder diretamente sobre temas navais ou outros temas, se a qualquer tempo eu estivesse inclinado a fazê-lo. Tendo obtido a permissão do primeiro-ministro, fiz isso. Sabendo do aguçado interesse do presidente Roosevelt na guerra marítima, eu lhe fornecia um fluxo de informações sobre os nossos assuntos navais e sobre várias ações, incluindo especialmente a do rio da Prata[87], que iluminou o primeiro sombrio inverno da guerra.

Quando me tornei primeiro-ministro e a guerra surgiu com toda a sua horrível fúria, quando nossa vida e sobrevivência ficaram em suspenso, eu já estava em posição de telegrafar ao presidente nos termos de uma associação íntima e, para mim, muito agradável. Isso continuou ao longo de todos os altos e baixos da guerra até a última quinta-feira, quando recebi as últimas mensagens dele. Estas mensagens não demonstraram nenhum decréscimo na sua visão ou no seu vigor, sempre claros em relação a assuntos complicados e intrincados.

Posso mencionar que esta correspondência, que cresceu de forma significativa após a entrada dos Estados Unidos na guerra, compreende mais de 1.700 mensagens entre nós. Muitas dessas foram mensagens longas, e a maioria lidava com aqueles pontos mais difíceis, que se tornam assuntos entre chefes de governo quando soluções oficiais não são alcançadas em outros estágios. A esta correspondência, devem-se acrescentar nossos nove encontros – em Argentia[88], três em Washington, em Casablanca, em Teerã, dois em Quebec e por fim em Yalta, compreendendo no todo cerca de 120 dias de contato pessoal próximo, durante a maior parte do qual fiquei com ele na Casa Branca, em sua casa em Hyde Park ou em seu retiro nas Montanhas Azuis[89], que ele chamava de Shangri-la.

Desenvolvi uma admiração por ele como estadista, homem de negócios e líder de guerra. Sentia a máxima confiança no seu caráter justo e na sua perspectiva inspiradora, ao lado de uma consideração pessoal por ele – afeição, eu diria – muito acima da minha capacidade de expressá-la aqui hoje. Seu amor pelo seu país, seu respeito pela constituição, seu poder de avaliar tendências e correntes da opinião pública volátil eram sempre evidentes. Mas, além de tudo, havia as batidas do seu generoso coração, que estava sempre propício à raiva e à ação diante de espetáculos de agressão e de opressão de fortes contra fracos. É realmente uma perda, uma perda amarga à humanidade que estas batidas de coração estejam caladas para sempre.

A aflição física do presidente Roosevelt agiu opressivamente sobre ele. Foi surpreendente como ele a suportou pelos muitos anos de tumulto e tempestade. Nenhum homem em dez milhões, golpeado e incapacitado como estava, teria tentado mergulhar numa vida de esforço físico e mental e de dura e incessante controvérsia política. Ninguém em dez milhões teria tentado, ninguém numa geração teria sido bem-sucedido, não só em entrar nesta esfera, não só em atuar com veemência, mas em se tornar o incontestável senhor da história. Neste extraordinário esforço do espírito contra a carne, da força de vontade contra a enfermidade física, ele foi inspirado e sustentado por aquela nobre mulher, sua esposa devotada, cujos sublimes ideais caminhavam juntamente com os seus e para quem vai hoje de forma plena toda a simpatia profunda e respeitosa da Câmara dos Comuns.

Não há dúvidas de que o presidente anteviu os grandes perigos que surgiam no mundo pré-guerra com mais capacidade do que as pessoas mais bem informadas dos dois lados do Atlântico e encorajou com o seu poder os preparativos militares de precaução que eram possíveis de ser aceitos pela opinião pública nos Estados Unidos, em tempos de paz. Quando a luta teve início, jamais houve sequer um momento de dúvida com relação ao lado para o qual pendiam as suas simpatias.

A queda da França e a aparente – para muita gente de fora desta ilha – destruição iminente da Grã-Bretanha eram, para ele, uma agonia, embora nunca tenha perdido a fé em nós. Era uma agonia para ele não só por causa da Europa, mas por causa dos sérios perigos a que os Estados Unidos estariam expostos se fôssemos subjugados ou se os sobreviventes se entregassem à opressão nazista. O comportamento da nação britânica naquele momento de tensão, quando estávamos sozinhos, motivou nele e em um vasto número de seus compatriotas os mais fortes sentimentos em relação ao nosso povo. Eles sentiram os ataques do inverno severo de 1940-41, quando Hitler decidiu fazer desaparecer as cidades do nosso país, tanto quanto qualquer um de nós – e talvez mais, porque a imaginação é freqüentemente mais torturante do que a realidade.

Não há dúvidas de que o comportamento dos britânicos, e acima de tudo dos londrinos, acendeu no peito dos americanos chamas mais difíceis de apagar do que as conflagrações que estávamos sofrendo. Havia também naquele momento, a despeito das vitórias do general Wavell[90] – mais até por causa dos reforços enviados por este país a ele – uma apreensão alastrada nos Estados Unidos de que seríamos invadidos pela Alemanha após uma preparação completa, na primavera de 1941.

Foi em fevereiro que o presidente mandou à Inglaterra o falecido Wendell Willkie[91], o qual embora fosse rival político e candidato da oposição, pensava do mesmo modo que ele em vários pontos importantes. Willkie trouxe uma carta de Roosevelt, que o presidente havia escrito de próprio punho, e esta carta continha os famosos versos de Longfellow[92]:

...Navegai, ó navio do Estado!
Navegai, ó União, forte e grandiosa!
A Humanidade com seus medos,
Com as esperanças de anos futuros,
Depende sem fôlego do vosso destino!

Naquele momento, ele havia elaborado a extraordinária medida de auxílio chamada "empréstimo e arrendamento"[93] [Lend-Lease], que irá ficar como a menos egoísta e a mais benevolente medida financeira de qualquer país em toda a história. O efeito da medida foi o enorme aumento no poder de combate da Grã-Bretanha e, para todos os propósitos do esforço de guerra, nos deixou como se fôssemos uma comunidade muito mais numerosa. Naquele outono, encontrei o presidente pela primeira vez durante a guerra em Argentia, em Newfoundland, e, conjuntamente, preparamos a declaração que desde então tem sido chamada de a Carta do Atlântico e que, acredito, permanecerá por um longo tempo como orientação para ambos os nossos povos e para os outros povos do mundo.

Durante todo esse tempo, em segredo profundo, sombrio e mortal, os japoneses estavam preparando o seu ato de traição e ambição. Quando nos encontramos depois em Washington, o Japão, a Alemanha e a Itália tinham declarado guerra aos Estados Unidos e os nossos países estavam armados, ombro a ombro. Desde então avançamos sobre a terra e sobre o mar em meio a muitas dificuldades e muitos desapontamentos, mas sempre em um nível crescente de sucesso. Não preciso detalhar a série de grandes operações que ocorreram no hemisfério ocidental. Para não falar daquela outra imensa guerra que está prosseguindo do outro lado do mundo. Nem preciso mencionar os planos que fizemos com o nosso grande aliado, a Rússia, em Teerã, pois estes já foram levados a efeito para o mundo inteiro ver.

Mas em Yalta notei que o presidente estava doente. Seu sorriso cativante, sua maneira alegre e charmosa não tinham-no abandonado, mas o seu rosto tinha uma transparência, um ar de purificação e muitas vezes havia um olhar distante nos seus olhos. Quando me despedi dele no porto de Alexandria, devo confessar que tive um indefinível sentimento de medo de que a sua saúde e força estavam declinando. Nada, no entanto, alterava seu inabalável senso do dever. Até o fim, enfrentou inumeráveis tarefas de modo resoluto.

Uma das tarefas do presidente é assinar talvez uma centena ou duas de papéis oficiais com o seu próprio punho todos os dias, comissões e outras coisas mais. Tudo isso ele continuou a fazer com o máximo rigor. Quando a morte veio repentinamente, "ele tinha terminado sua correspondência". Aquela parte do seu dia de trabalho tinha sido feita. Como diz o ditado, "ele morreu de trabalho" e podemos bem dizer no trabalho da batalha, como seus soldados, marinheiros e aviadores, os quais lado a lado com os nossos estão conduzindo as suas tarefas até o fim e em todo o mundo. Que morte invejável foi a sua! Ele dirigiu o seu país pelos piores perigos e mais pesados sacrifícios. O seguro e constante feixe de luz da vitória foi lançado sobre ele.

Nos dias de paz, ele ampliou e estabilizou as bases da vida americana e da união. Na guerra, ele elevou a força, o poderio e a glória da grande República a uma altura jamais atingida por uma nação na história. Com o seu braço esquerdo, liderava o avanço dos exércitos conquistadores aliados ao coração da Alemanha; com o braço direito, do outro lado do globo, derrotava irresistível e rapidamente o poder do Japão. Durante o tempo todo, navios, munições, suprimentos e alimentos de todos os tipos ajudavam, em escala gigantesca, aos aliados, grandes ou pequenos, no percurso da longa luta.

Mas tudo isso não seria mais do que poder mundial e grandeza se não fosse pelo fato de que as causas da liberdade humana e da justiça social – às quais tinha dedicado tanto de sua vida – adicionavam um brilho a este poder, pompa e poderio militar, um brilho que durante muito tempo será perceptível entre os homens. Roosevelt deixou um grupo de homens determinados e capazes manejando as numerosas e interligadas partes da grande máquina americana de guerra. Deixou um sucessor que virá com passo firme e convicção segura para prosseguir na tarefa até o fim designado. Para nós, falta apenas dizer que em Franklin Roosevelt faleceu o maior amigo americano que já conhecemos – e o maior defensor da liberdade a trazer ajuda e conforto, do Novo Mundo para o Velho.

PALAVRAS NÃO PODEM EXPRESSAR O HORROR

19 de abril de 1945
Câmara dos Comuns

À medida que os exércitos aliados invadiam os campos de concentração e de extermínio do Terceiro Reich, todo o horror das atrocidades cometidas pelos nazistas ficava aparente.

Palavras não podem expressar o horror sentido pelo governo de Sua Majestade e principais aliados com as provas destes terríveis crimes que estão agora diariamente vindo à tona. No momento, não quero, porém, me comprometer com nenhuma política especial tal qual a sugestão feita pelo meu honrado amigo – [de conservar o campo de concentração de Buchenwald[94], que foi capturado intacto, como um memorial dos métodos germânicos].

Recebi esta manhã uma mensagem informal do general Eisenhower dizendo que as novas descobertas, particularmente em Weimar, superam amplamente qualquer coisa apresentada até o momento. Ele me convida a mandar um corpo de representantes do Parlamento imediatamente ao seu quartel-general, para que possam eles mesmos fazer uma prova visual e em primeira mão destas atrocidades.

O assunto é urgente, já que naturalmente não é possível, em muitos casos, suspender o processo de destruição. Tendo em vista a urgência, cheguei à conclusão de que oito membros desta Casa e dois da Câmara dos Lordes devem formar uma delegação parlamentar e viajar imediatamente ao supremo quartel-general onde o general Eisenhower fará todos os arranjos necessários à inspeção das cenas, seja em setores americanos ou britânicos. Os membros que se apresentarem como voluntários para este dever necessário, embora extremamente desagradável, devem dar os seus nomes aos representantes de seus partidos, a fim de que um corpo representativo de todos os partidos possa ser selecionado pelos métodos usuais durante esta tarde. Eu devo propor que a comissão comece a trabalhar amanhã.

Espero que a Casa aprove esta decisão um tanto rápida que tomei.

VITÓRIA NA EUROPA

8 de maio de 1945
Câmara dos Comuns e transmissão de rádio, Londres

As forças armadas da Alemanha se renderam incondicionalmente em 7 de maio. As hostilidades na Europa cessaram oficialmente à meia-noite de 8 de maio – quase cinco anos depois do dia em que Churchill, na hora mais grave da crise, se tornou primeiro-ministro.

Ontem de manhã, às 2h41 no quartel-general, o general Jodl, representante do alto comando germânico, e o almirante Doenitz, chefe designado do Estado alemão, assinaram o ato de rendição incondicional de todas as forças da Alemanha na Europa, de terra, mar e ar, à Força Expedicionária Aliada e simultaneamente ao alto comando soviético.

O general Bedell Smith, chefe do Estado-Maior da Força Expedicionária Aliada, e o general François Sevez[95] assinaram o documento em nome do comando supremo da Força Expedicionária Aliada, e o general [Ivan] Susloparov assinou em nome do alto comando russo.

Hoje, este acordo será ratificado e confirmado em Berlim, onde o marechal-do-ar Tedder, vice-comandante supremo da Força Expedicionária Aliada, e o general De Lattre de Tassigny assinarão em nome do general Eisenhower. O marechal Zhukov irá assinar em nome do alto comando soviético. Os representantes alemães serão o marechal-de-campo Keitel, chefe do alto comando, e os comandantes-chefes do Exército, da Marinha e da Aeronáutica da Alemanha.

As hostilidades cessarão oficialmente no primeiro minuto depois da meia-noite de hoje (8 de maio, terça-feira), mas, com o objetivo de poupar vidas, o cessar-fogo começou ontem a ser anunciado em todas as frentes, e as nossas queridas Ilhas Channel[96] serão também libertadas hoje.

Em alguns lugares, os alemães ainda resistem às tropas russas, mas, se continuarem a fazer isso após a meia-noite, serão, claro, privados da proteção das leis da guerra – e atacados por todos os lados pelas tropas aliadas. Não é surpreendente que, em frentes tão amplas e na atual desordem do inimigo, as ordens do alto comando germânico não sejam obedecidas imediatamente em todos os casos. Isso não constitui em nossa opinião – com base na melhor informação militar disponível – razão para reter da nação os fatos comunicados a nós pelo general Eisenhower, da rendição incondicional já assinada em Rheims[97] – nem deveria impedir que celebremos os dias de hoje e amanhã (quarta-feira) como os dias da vitória na Europa [V Day].

Hoje, talvez, devemos pensar sobretudo em nós mesmos. Amanhã iremos prestar uma homenagem especial aos nossos camaradas russos cuja valentia no campo foi uma das contribuições mais significativas à vitória geral.

A guerra contra a Alemanha, portanto, está no fim. Depois de anos de intensa preparação, a Alemanha se atirou na Polônia no início de setembro de 1939 e, conforme nossa garantia à Polônia e em acordo com a República Francesa, a Grã-Bretanha, o Império Britânico e a Comunidade das Nações Britânicas declararam guerra a esta agressão abominável. Depois que a nobre França foi derrubada, nós, a partir desta ilha e do nosso império unido, mantivemos esta luta sozinhos, sem ajuda, por um ano inteiro, até que se juntou a nós o poderio militar da Rússia soviética e, mais tarde, os recursos e poder decisivos dos Estados Unidos da América. Finalmente, quase o mundo inteiro estava unido contra os malfeitores, que estão agora prostrados diante de nós. Nossa gratidão a nossos esplêndidos aliados, de todos os nossos corações nesta ilha e no Império Britânico.

Podemos nos permitir um breve período de regozijo. Mas, não nos esqueçamos por um momento do trabalho e dos esforços que estão diante de nós. O Japão, com toda a sua ambição e traição, continua insubordinado. Os danos que o Japão impôs à Grã-Bretanha, aos Estados Unidos e a outros países – e suas detestáveis crueldades – exigem justiça e revide. Temos agora de dedicar toda a nossa força e os nossos recursos ao complemento de nossa tarefa tanto em casa quanto no exterior. Avante, Britannia! Viva sempre a causa da liberdade! Deus salve o rei! ...

Esta é a mensagem que me instruíram a comunicar à nação britânica e à comunidade. Só tenho duas ou três frases a acrescentar. Elas mostrarão minha profunda gratidão a esta Câmara dos Comuns, que provou ser a sustentação mais forte na hora de se travar uma guerra jamais vista antes, em toda a nossa longa história. Todos cometemos os nossos erros, mas a força da instituição parlamentar mostrou ser possível ao mesmo tempo preservar os títulos da democracia e travar uma guerra da forma mais dura e prolongada.

Quero fazer os meus sinceros agradecimentos aos homens de todos os partidos, a cada um, em qualquer lugar da Casa, onde estejam sentados, pelo modo como a vitalidade das instituições parlamentares foi mantida sob o fogo do inimigo e pelo modo como fomos capazes de perseverar – e poderíamos ter perseverado por muito mais, se houvesse necessidade – até que fossem alcançados todos os objetivos que fixamos diante de nós, para conseguir a rendição incondicional e ilimitada do inimigo.

Lembro-me bem que no fim da última guerra, há mais de um quarto de século, a Casa, quando ouviu a longa lista dos termos de rendição, dos termos de armistício que tinham sido impostos aos alemães, não se sentiu inclinada ao debate ou à rotina, mas antes desejou dar graças ao Deus Todo-Poderoso, ao grande poder que parece moldar e desenhar os destinos das nações e o destino dos homens. Eu peço portanto, senhor, permissão para sugerir a moção:

> Que esta Casa compareça agora à Igreja de Saint Margaret, Westminster, para dar graças humildes e reverentes ao Deus Todo-Poderoso pela nossa libertação da ameaça da dominação germânica.

A mesma moção que foi aprovada no passado.

Transmissão de rádio no Dia da Vitória feita em
Downing Street, 10, em 8 de maio de 1945.

Esta vitória é de vocês

8 de maio de 1945
Sacada do Ministério da Saúde, Londres

Espontaneamente, Londres inteira foi às ruas celebrar. Churchill e os seus principais assessores apareceram na sacada do Ministério da Saúde, acima da vasta multidão que se amontoava em Whitehall. Foi quando Churchill declarou "Esta vitória é de vocês", a multidão urrou de volta: "Não, é sua." Como comentou o historiador Robert Rhodes James: "Foi um momento inesquecível de amor e gratidão."

Deus abençoe a todos vocês. Esta vitória é de vocês. É a vitória da liberdade em todo lugar. Em toda a nossa longa história, nunca tínhamos visto um dia mais magnífico do que este. Todo mundo, homem ou mulher, fez o melhor de si. Todo mundo buscou fazer algo. Nem os longos anos, nem os perigos, nem os ferozes ataques do inimigo, nada enfraqueceu a determinação independente da nação britânica. ...

Meus caros amigos, esta é a sua hora. Esta não é a vitória de um partido ou de qualquer classe. É uma vitória da grande nação britânica. Nesta antiga ilha, fomos os primeiros a sacar a espada contra a tirania. Algum tempo depois, fomos deixados sozinhos contra o maior poder militar que já foi visto. Ficamos sozinhos por um ano inteiro.

Assim ficamos, sozinhos. Alguém queria ceder? [A multidão gritou "Não".]. Ficamos abatidos? ["Não!"]. As luzes se apagaram e as bombas caíram. Mas nenhum homem, mulher ou criança no país tinha a intenção de desistir da luta. Londres pode agüentar. Voltamos das garras da morte, após longos meses, saídos da boca do inferno, enquanto o mundo inteiro se maravilhava. Quando a reputação e a fé desta geração de homens e mulheres inglesas poderá falhar?

Eu digo que, nos muitos anos que estão por vir, não só as pessoas desta ilha, mas do mundo inteiro irão – sempre que o pássaro da liberdade trinar nos corações humanos – olhar para trás para o que nós fizemos e dirão "não se desesperem, não cedam à violência e à tirania, sigam em frente e morram se necessário – livres." Saímos agora de um combate mortal – um inimigo terrível foi lançado ao chão e espera o nosso julgamento e a nossa misericórdia.

Há, no entanto, outro adversário que ocupa uma boa parcela do Império Britânico, um inimigo manchado de crueldade e cobiça – os japoneses. Fico alegre que possamos tirar uma noite de folga hoje e um outro dia amanhã, para comemorar. Amanhã, nossos grandes aliados russos estarão também celebrando a vitória. Depois disso, temos de começar a tarefa de reconstruir nosso bem-estar e nossas casas, fazendo o máximo para tornar este país um lugar em que todos tenham uma oportunidade, em que todos tenham uma ocupação – e temos de nos voltar ao cumprimento do dever para com nossos compatriotas e nossos nobres aliados dos Estados Unidos, que foram tão sem propósito e traiçoeiramente atacados pelo Japão. Vamos seguir em frente de mãos dadas com eles. Mesmo sendo uma batalha difícil, não seremos nós que iremos falhar.

A RENÚNCIA

26 de julho de 1945
Downing Street, 10

Em 25 de julho, Churchill interrompeu a sua participação na conferência de Potsdam[98], nos arredores de Berlim, dando adeus ao presidente Truman e ao marechal Stálin, para retornar a Londres a fim de acompanhar os resultados das eleições, as quais, segundo acreditavam confiantemente os líderes conservadores, dariam ao partido uma maioria substancial. Como ele conta em suas memórias: "Pouco antes do amanhecer, acordei repentinamente com uma pontada, quase uma dor física. Uma convicção até então subconsciente de que havíamos sido derrotados surgiu e dominou minha mente. ... Ao meio-dia, já estava claro que os socialistas teriam a maioria. No almoço, minha mulher me disse: 'Pode muito bem ser uma benção disfarçada.' Eu respondi: 'No momento, parece realmente bem disfarçada.'... Às sete da noite, portanto, tendo solicitado uma audiência, me dirigi até o palácio [de Buckingham], entreguei minha renúncia ao rei, e aconselhei a Sua Majestade a convocar Attlee[99]." Os socialistas tiveram uma vitória esmagadora e Churchill emitiu a seguinte declaração, curta porém digna.

A decisão do povo britânico foi registrada nos votos contados hoje. Conseqüentemente, renuncio ao fardo que me foi entregue em tempos mais sombrios. Lamento que não me tenha sido permitido terminar o trabalho contra o Japão. Para isso, porém, todos os planos e preparativos já foram feitos, e os resultados podem vir muito mais rápido do que até agora fora possível esperar. Muitas responsabilidades pesam sobre o novo governo, em casa e no exterior, e todos temos de esperar que eles sejam bem-sucedidos ao enfrentá-las.

Só me resta expressar ao povo britânico, para quem trabalhei em todos estes perigosos anos, minha profunda gratidão pelo firme e inabalável apoio que me deram durante a minha tarefa – e pelas muitas expressões de gentileza que foram mostradas ao seu servo.

NOTAS

1 Blitzkrieg: ver "Prefácio do editor", nota 1.

2 Assinado em Moscou, em 23 de agosto de 1939, o Pacto Nazi-Soviético (ou [Vyacheslav] Molotov-[Joachim von] Ribbentrop ou Ribbentrop-Molotov, em referência aos ministros das Relações Exteriores dos países envolvidos) é formalmente conhecido como o Tratado de Não-Agressão entre a Alemanha e a União das Repúblicas Socialistas Soviéticas.

3 Joachim von Ribbentrop: ministro das Relações Exteriores do regime nazista de Hitler na Alemanha.

4 Estônia, Letônia e Lituânia.

5 U-boats: submarinos alemães utilizados na Primeira Guerra Mundial, na Segunda Guerra Mundial e também posteriormente. O termo deriva da prática germânica de dar nomes aos submarinos com a letra "U", que vem do alemão *unterseeboot* (barco para debaixo d´água, palavra alemã para "submarino") seguida de um número. Por exemplo, o U-47, que em outubro de 1939 afundou a embarcação britânica *HMS Royal Oak*.

6 Do original em inglês *below the Gangway*. O termo "*Gangway*" se refere a uma passagem entre as cadeiras que há em cada um dos lados da Câmara dos Comuns. Os assentos do lado da oposição abaixo da passagem são normalmente cedidos aos partidos pequenos. O primeiro assento abaixo da passagem é normalmente ocupado por ex-primeiros-ministros. Durante o período de ostracismo e depois de ter sido primeiro-ministro, Churchill ocupou esta posição.

7 Linha Maginot: linha de concreto fortificada, com obstáculos para tanques e postos de metralhadoras construída pelos franceses na fronteira com a Alemanha e a Itália, no início da Primeira Guerra Mundial.

8 Do original: "Arm yourselves, and be ye men of valour, and be in readiness for the conflict; for it is better for us to perish in battle than to look upon the outrage of our nation and our altar. As we the will of God is in Heaven, even so let it be." Tradicional chamado aos leais servidores da Verdade e da Justiça.

9 Sedan: cidade e comunidade francesa, uma subprefeitura do departamento de Ardennes. Mosa (do original em francês Meuse): departamento do nordeste da França cujo nome vem de um rio da região, o rio Mosa. Na Segunda Guerra Mundial, os alemães invadiram a neutra Bélgica e depois cruzaram o rio Mosa na região de Sedan. Isso fez com que eles desviassem da Linha Maginot (ver nota 7).

10 Maxime Weygand (1867-1965): comandante militar francês participou da Primeira e da Segunda Guerra Mundial.

11 O estreito de Skagerrak liga o Mar do Norte com o Mar Báltico. Está entre a Noruega, a Dinamarca e a costa sul da Suécia.

12 Churchill aqui faz referência ao bombardeio a Barcelona levado à frente pelas forças nacionalistas comandadas pelo general Francisco Franco na guerra civil espanhola (1936-1939).

13 Do original: "He nothing common did or mean, Upon that memorable scene". Citação do texto *An Horatian Ode upon Cromwell's Return from Ireland* do poeta metafísico britânico Andrew Marvell (1621-1678).

14 Churchill aqui faz referência ao "Anexo A" dos Tratados de Locarno (1925), pelo qual Grã-Bretanha e França assumiram compromissos de defesa em caso de agressão.

15 A Batalha do Somme (1916) foi um das mais longas da Primeira Guerra Mundial e fez mais de um milhão de mortos. Somente em 1º de julho do mesmo ano, mais de 57 mil britânicos foram mortos no conflito, o que é até hoje o dia mais sangrento da história militar britânica. A Batalha de Passendale (1917) é também chamada de a Terceira Batalha do Ypres, numa região a oeste de Flandres, na Bélgica. Pelo menos 250 mil britânicos morreram no confronto.

16 Churchill aqui faz referência ao plano do então ex-presidente americano Herbert Hoover de alimentar os povos famintos da Europa. Herbert Hoover (1874-1964) foi presidente dos EUA entre 1929 e 1933.

17 Guerra dos Trinta Anos: guerras religiosas na Europa Central entre 1618 e 1648. Termina com o Tratado de Paz de Westfalia (1648), considerado marco fundador das Relações Internacionais por trazer em si um princípio da idéia de soberania.

18 Rei Leopoldo III (1901-1983) da Bélgica, reinou entre 1934 e 1951 e seu nome completo foi Léopold Philippe Charles Albert Meinrad Hubertus Marie Miguel.

19 Vichy: cidade francesa que foi capital da França ocupada pelo regime nazista alemão entre 1940 e 1944. O Regime de Vichy é conhecido como um governo colaborador de Adolf Hitler e foi comandado pelo marechal Philippe Pétain.

20 Horatio Nelson. Herói militar britânico, ficou famoso por suas participações nas Guerras Napoleônicas e, em especial, no comando da Marinha Real na Batalha de Trafalgar (ver Parte II, nota 6).

21 A mina magnética não é flutuante como as antecessoras e explode com o simples movimento do mar produzido pela passagem de uma embarcação nas proximidades, e não somente com o contato.

22 Lorde Beaverbrook ou William Maxwell Aitken, 1º barão Beaverbrook, foi um conhecido político e empresário britânico da época.

23 República africana localizada no chamado "chifre da África", onde estão também a Somália e a Etiópia.

24 "Wars are not won by evacuation", na Câmara dos Comuns.

25 Eduard Beneš (1884-1948): líder do movimento de independência e segundo presidente da Tchecoslováquia. Em 1940, organizou o Governo Provisório no Exílio da Tchecoslováquia em Londres e se tornou presidente em exílio do país.

26 Newfoundland: região da costa nordeste do Canadá e um dos chamados domínios britânicos, junto com Austrália, África do Sul e Nova Zelândia.

27 Luftwaffe: Força Aérea Germânica.

28 A Baía de Biscay fica na costa ocidental da França e se prolonga de Brest até a fronteira com a Espanha.

29 Estreitos de Dover: parte mais estreita do Canal da Mancha. Apenas 33km separam Dover, no lado britânico, da cidade francesa de Calais.

30 Vice-almirante sir Francis Drake (1540-1596): político, engenheiro, navegador e pirata britânico. Foi o segundo no comando da Marinha Real contra a ofensiva da armada espanhola em direção à Grã-Bretanha em 1588.

31 *PBY Catalina*: avião flutuante canadense-americano dos anos 1930 e 1940.

32 Almirante François Darlan (1881-1942): foi ministro da Marinha no Regime de Vichy. Em 1941, substituiu Pierre Laval como segundo na hierarquia abaixo do marechal Pétain, assumindo os cargos de ministro do Interior, da Defesa e das Relações Exteriores.

33 Downing Street: rua onde fica a residência do primeiro-ministro britânico, no número 10.

34 Edmund Burke (1729-1797): estadista e filósofo político irlandês, foi representante na Câmara dos Comuns.

35 Em discurso de 6 de janeiro de 1941, o presidente dos Estados Unidos Franklin Delano Roosevelt apresentou o que chamou de as quatro liberdades fundamentais do Homem: a liberdade de expressão, a liberdade de credo religioso, a liberdade do bem-estar econômico, da vida longe da necessidade, e a liberdade da paz, da vida longe do medo.

36 Aqui Churchill faz uma referência irônica ao ateísmo comunista.

37 A Carta do Atlântico foi assinada por Winston Churchill e Franklin Roosevelt em 14 de agosto de 1941 e estabeleceu a visão dos EUA e da Grã-Bretanha para o mundo pós-Segunda Guerra Mundial, mesmo que ainda, naquele momento, os americanos não estivessem diretamente envolvidos na guerra.

38 Aqui Churchill faz uma referência ao ex-presidente americano Woodrow Wilson, cujo discurso para a entrada dos Estados Unidos na Primeira Guerra Mundial prometia uma solução final para os conflitos deste tipo.

39 Sobre Darlan, ver nota 32. Pierre Laval (1883-1945) foi primeiro-ministro da França várias vezes antes da guerra e uma vez durante o Regime de Vichy. Por esta, foi executado após o conflito por alta traição.

40 John Hampden (1595-1643), político britânico do século XVII.

41 *Stet Fortuna Domus*, do latim: "Que a fortuna permaneça em casa".

42 Joseph Rudyard Kipling (1865-1936): escritor e poeta britânico nascido na Índia. Prêmio Nobel de Literatura em 1907.

43 O Telefone Atlântico Único, que funcionava por rádio, ligava Churchill, em Londres, a Roosevelt, em Washington, e era o único canal de comunicação transatlântico da época depois que os cabos da Atlantic Telephone foram destruídos propositadamente para prevenir agentes alemães de passar informações entre a Europa e a América do Norte.

44 O Istmo de Kra é um pedaço de terra que liga a península malaia à Ásia, sendo que parte deste é território tailandês.

45 Reúne senadores e representantes (deputados) na mesma sessão do Congresso americano.

46 Benjamin Disraeli (1808-1881): escritor e político britânico. Foi criador do Partido Conservador após lutar contra as Leis do Milho (1846), que proibiam a importação britânica do alimento, e duas vezes primeiro-ministro.

47 Aqui Churchill faz referência ao Discurso de Gettysburg, feito por Abraham Lincoln, no Cemitério Nacional dos Soldados, em Gettysburg, na Pensilvânia, em 19 de novembro de 1863, quatro meses depois da Batalha de Gettysburg, da Guerra Civil Americana. É um dos discursos mais importantes da história política dos Estados Unidos, no qual Lincoln redefiniu a Guerra Civil não somente como uma batalha pela união nacional mas também e principalmente como o "renascer da liberdade" nos Estados Unidos e para o povo americano.

48 Do original: "He shall not be afraid of evil tidings; his heart is fixed, trusting in the Lord", citação da Bíblia; Salmos: 112, 7.

49 Cirenaica: antiga província do Império romano no norte da África, entre o Egito e a Numídia, é hoje parte da costa da Líbia.

50 Sir Claude John Eyre Auchinleck, comandante militar britânico na Segunda Guerra Mundial.

51 Batalha do Atlântico: a mais longa batalha da Segunda Guerra; teve início em 1939 e só chegou ao fim com a rendição alemã em 1945. A Batalha do Atlântico engloba os combates navais entre os submarinos alemães, os U-boats, e as embarcações militares e de carga da Grã-Bretanha e também dos Estados Unidos.

52 Erwin Johannes Eugen Rommel (1891-1944): respeitado general alemão e comandante das tropas germânicas na África, durante a Segunda Guerra Mundial. Conhecido também como a "raposa do deserto".

53 O voto de confiança é uma moção normalmente apresentada pelo governo para que o Parlamento registre o seu apoio à administração corrente. Muitas vezes é colocada em

contraposição à moção de "desconfiança" (no confidence), normalmente apresentada pela oposição que assim pressiona pela renúncia do mesmo.

54 Walter Richard Rudolf Hess (1894-1987): figura proeminente do regime nazista alemão, foi vice de Hitler no comando do Partido Nazista. Em meio à guerra da Alemanha contra a União Soviética, foi à Escócia negociar um acordo de paz com a Grã-Bretanha. Foi julgado no Tribunal de Guerra de Nuremberg e sentenciado à prisão perpétua.

55 Frente Levante-Cáspio: linha de combate que ia da região de Levante, no sudoeste da Ásia até o Mar Cáspio, entre a Ásia e a Europa russa.

56 Friedrich Wilhelm Ernst Paulus (1890-1957), general alemão depois condecorado marechal, durante a Segunda Guerra Mundial.

57 Tripolitânia: região histórica da parte ocidental da Líbia que fica ao redor da cidade costeira de Trípoli.

58 Alamein: cidade do norte do Egito, na costa mediterrânea.

59 Ver nota 52.

60 Tobruk: porto da costa leste da Líbia.

61 Dwight D. Eisenhower: general americano, comandante supremo das forças aliadas na Segunda Guerra Mundial, foi presidente dos Estados Unidos entre 1953 e 1961.

62 Bernard Law Montgomery (1887-1976), 1º visconde Montgomery de Alamein: general britânico que teve ampla participação na Segunda Guerra Mundial.

63 Recesso do Parlamento.

64 Cabeça-de-ponte: posição fortificada de vanguarda que um exército estabelece depois de um obstáculo natural, geralmente em território inimigo, para garantir o fluxo de tropas, mantimentos e equipamentos ou uma posição fortificada semelhante estabelecida para evitar a possibilidade de uma invasão.

65 Cherbourg: cidade ou comunidade da costa norte-ocidental da França, na região da Normandia.

66 Caen: cidade ou comunidade francesa da chamada "baixa Normandia".

67 Brest: cidade francesa da região da Bretanha, no noroeste do país.

68 Linha Siegfried: linha defensiva germânica de fortes e tanques construída pela Alemanha em 1916 e 1917, durante a Primeira Guerra Mundial, ao longo da fronteira com a França. Foi reforçada nos anos 1930 para servir de contraposição à francesa Linha Maginot.

69 Nijmegen: município da parte leste da Holanda perto da fronteira com a Alemanha.

70 Alexander McCarrel "Sandy" Patch (1889-1945): general do exército dos Estados Unidos da América que lutou na Segunda Guerra Mundial. Comandou as tropas americanas nas invasões de Guadacanal (ilha do Pacífico controlada pelos japoneses), em 1942, e do sul da França, em 1944 (Operação Dragão).

71 Divisão de Infantaria da Força Expedicionária Brasileira. Com um efetivo de mais de 25 mil homens, a FEB participou das operações de guerra no Mediterrâneo de julho de 1944 a maio de 1945, na Campanha da Itália.

72 Tenente-general Wladyslaw Anders (1892-1970): general do exército polonês que mais tarde se tornou representante do Governo Polonês no Exílio, em Londres.

73 Agência Judaica para a Palestina: organização sionista estabelecida em 1923 para representar a comunidade judaica frente ao mandato britânico na Palestina. Foi oficialmente reconhecida pelos britânicos em 1929. Duas das funções da agência eram ajudar na imigração judaica para a região e financiar a compra de terras árabes pelos judeus. A Agência sofre uma ofensiva das tropas britânicas em 1946, no que ficou conhecida como Operação Agatha, em resposta aos ataques de judeus contra a presença e o mandato da Coroa na área. Após a criação do Estado de Israel a Agência foi nomeada Agência Judaica de Israel.

74 Linha Gótica: última linha de defesa do marechal Albert Kesselring (ver nota 75), estabelecida na região norte dos apeninos, durante a retirada das forças nazistas da Itália, nos últimos momentos da Segunda Guerra Mundial.

75 Albert Kesselring (1881-1960): marechal comandante do exército alemão na Segunda Guerra Mundial.

76 Apeninos: cordilheira que vai do norte ao sul da Itália acompanhando a costa leste do país.

77 Rio Po (antigo rio Padus): 652km de rio que cruza o Norte da Itália, de uma ponta à outra, desembocando no Mar Adriático nas proximidades de Veneza.

78 Também chamada de Conferência de Criméia, a Conferência de Yalta reuniu de 4 a 11 de fevereiro de 1945, os líderes das três potências aliadas: Winston Churchill, pela Grã-Bretanha; Joseph Stálin, pela União Soviética; e Franklin Roosevelt, pelos Estados Unidos. Os três líderes discutiram questões relativas à autodeterminação dos povos liberados da ocupação nazista, à reunião de São Francisco, que dará origem à Organização das Nações Unidas, e outros temas do pós-guerra, mesmo antes da rendição alemã.

79 Criméia: península e República autônoma do Estado da Ucrânia, localizada na costa norte do Mar Negro.

80 Conferência de Teerã: reunião de Joseph Stálin, Franklin Roosevelt e Winston Churchill entre 28 de novembro e 1º de dezembro de 1943, na capital iraniana. A primeira conferência dos três líderes em que Stálin esteve presente. O tema principal na época foi a abertura de uma segunda frente, a ocidental, contra Hitler na Europa.

81 Edward Reilly Stettinius Jr. (1900-1949): secretário de Estado dos Estados Unidos (o equivalente ao ministro das Relações Exteriores em outros países), durante o governo de Franklin Roosevelt. Stettinius serviu ao presidente americano nos anos de 1944 e 1945.

82 Aqui Churchill faz referência à Guerra da Criméia (1854-1856), travada entre a Rússia e uma aliança da Grã-Bretanha com a França e o Império Turco-Otomano.

83 Conferência de Dumbarton Oaks: reunião internacional que teve início em agosto de 1944, em Washington, onde ocorreram as primeiras negociações relativas à criação da ONU. Estiveram presentes os representantes de Estados Unidos, União Soviética, Grã-Bretanha e da República Popular da China. Os debates principais giraram em torno da criação do Conselho de Segurança e do poder de veto que viria a ser concedido aos membros permanentes deste fórum.

84 O veto como instrumento permitido aos membros permanentes do Conselho de Segurança.

85 Vyascheslav Mikhailovic Molotov (1890-1986): político e diplomata renomado, teve participação expressiva na política interna e externa da União Soviética dos anos 1920 a 1950. William Averell Harriman (1891-1986): ex-governador de Nova York, foi nomeado representante especial do governo dos EUA junto ao primeiro-ministro britânico, posição que ocupou entre 1941 e 1943. Foi também embaixador dos EUA na União Soviética entre 1943-1946. Sir Archibald Clark Kerr: diplomata britânico morto em 1951, serviu como embaixador na China e na União Soviética. Neste posto desenvolveu uma relação forte com Stálin. Foi nomeado barão em 1946.

86 Declaração sobre a Europa Libertada: declaração final da Conferência de Yalta.

87 Churchill aqui faz referência à Batalha do Rio da Prata, na qual uma embarcação alemã que vinha atacando navios mercantes no Atlântico foi emboscado por três cruzadores britânicos, em dezembro de 1939. Depois dos primeiros conflitos, o capitão do navio germânico *Graf Spee*, Hans Langdorff, após chegar à neutra Montevidéu, afundou a embarcação em vez de tentar novamente uma batalha contra os britânicos. O *Graf Spee* era um poderoso instrumento de propaganda da marinha nazista.

88 Argentia: região de Newfoundland & Labrador, norte do Canadá.

89 Montanhas azuis: cordilheira que faz parte de uma reserva natural, localizada a sudeste do estado de Washington, nos EUA, e a nordeste do estado do Oregon.

90 General Archibald Percival Wavell (1883-1950): marechal e comandante das forças britânicas no Oriente Médio durante a Segunda Guerra Mundial.

91 Wendell Lewis Willkie (1892-1944): advogado de Indiana que foi nomeado candidato à Presidência americana pelo Partido Republicano contra o democrata Franklin Roosevelt, nas eleições de 1940, nos EUA.

92 Henry Wadsworth Longfellow (1807-1882): poeta americano.

93 Ver "Prefácio do Editor", nota 8.

94 Buchenwald: campo de concentração nazista construído, em 1937, perto de Weimar, na Alemanha.

95 General François Adolphe Laurent Sevez (1891-1948): vice-comandante das tropas francesas em guerra contra os alemães.

96 Ilhas Channel: grupo de ilhas na costa da Normandia (França), no Canal da Mancha.

97 Rheims: cidade do norte da França, a leste de Paris.

98 Conferência de Potsdam: reunião ocorrida em Cecileinhof, em Postdam, na Alemanha, nas proximidades de Berlim, de 17 de julho a 2 de agosto de 1945. Estavam presentes Joseph Stálin, Winston Churchill e o presidente americano Harry Truman. A conferência teve o objetivo de debater de que forma a Alemanha derrotada seria administrada pelas três potências vencedoras da guerra: Estados Unidos, Grã-Bretanha e União Soviética.

99 Clement Richard Atlee (1883-1967): primeiro-ministro britânico de 1945 a 1951, derrotou Winston Churchill nas eleições logo após a Segunda Guerra Mundial.

Parte V

Os últimos anos

1945-1963

O veredicto do eleitorado britânico no verão de 1945 – no momento da vitória – veio como um duro golpe para Churchill, que, no entanto, aceitou a recusa e começou a restaurar a sua força, as suas finanças e o seu destino político com entusiasmo e determinação.

Em dois momentos solenes, Churchill pautou a agenda para os anos pós-guerra. No primeiro, em Fulton, em 1946, o inovador discurso sobre a "Cortina de Ferro" alertou para o fato de que o antigo aliado do Ocidente, a Rússia, tinha se tornado seu inimigo. No segundo, em Zurique, Churchill encorajaria a França a estender a mão à Alemanha derrotada, em nome da reconstrução da família européia.

Mais tarde, em 1951, contra todas as probabilidades, Churchill comandou o Partido Conservador à vitória, depois de seis anos como líder da oposição. Aos 76 anos, retornou ao gabinete britânico como primeiro-ministro. Em 1955, logo após completar 80 anos, se aposentou em meio a glórias e aclamação pública. Mesmo assim, nos seus últimos anos, continuou a freqüentar o Parlamento. Neste momento, poucas coisas lhe deram tanto prazer quanto a decisão do presidente Kennedy e do Congresso dos Estados Unidos de lhe conceder o título de cidadão honorário dos Estados Unidos, em gratidão ao papel que desempenhou na derrota da Alemanha nazista e na libertação da Europa.

A sua morte, em 22 de janeiro de 1965, aos 90 anos, marcou a passagem de uma era para todos os que serviram sob sua liderança pela causa da liberdade.

A BOMBA ATÔMICA

6 de agosto de 1945
Downing street, 10

A 6 de agosto, o presidente Truman anunciou que cientistas americanos e britânicos tinham desenvolvido uma bomba atômica e que a primeira tinha sido atirada naquele dia sobre Hiroshima. A seguinte declaração foi preparada por Churchill antes de deixar o gabinete.

No ano de 1939, tornou-se amplamente reconhecido por cientistas de muitas nações a possibilidade da liberação de energia pela fissão atômica. Os problemas que faltavam ser resolvidos antes que a possibilidade pudesse ser transformada em resultado prático eram, porém, muitos e complexos, e poucos cientistas naquele momento se arriscariam a prever que uma bomba atômica pudesse estar pronta para uso em 1945. Mesmo assim, as potencialidades do projeto eram tão grandes que o governo de Sua Majestade achou certo que a pesquisa deveria ser levada adiante, a despeito do debate intenso na comunidade científica. ...

Em 11 de outubro de 1941, o presidente Roosevelt me enviou uma carta sugerindo que quaisquer esforços mais extensos neste tema importante poderiam ser coordenados de forma útil ou mesmo conduzidos em conjunto. Assim, todos os esforços americanos e britânicos foram reunidos e alguns cientistas britânicos envolvidos no tema viajaram aos Estados Unidos. Salvo estes contatos, todas as atividades estavam cobertas por sigilo completo e nenhuma pessoa foi informada sobre qual trabalho era ou não imprescindível ao projeto. No verão de 1942, este extenso programa de pesquisa confirmou, com bases mais seguras e amplas, as previsões promissoras que haviam sido feitas um ano antes. A hora chegou em que uma decisão precisava ser tomada sobre se deveríamos ou não prosseguir com a construção de usinas para a produção em larga escala. Enquanto isso, ficou evidente pelos experimentos preliminares que essas usinas teriam de ser algo semelhante à larga escala descrita nas declarações americanas, divulgadas hoje. A Grã-Bretanha, naquele momento, estava completamente envolvida na produção de guerra e nós não podíamos, na época, nos permitir uma interferência tão grave na fabricação de munição, da qual nossas operações de guerra dependiam. Além disso, a

Grã-Bretanha estava à pouca distância dos bombardeiros alemães e o risco de uma invasão pelo mar ou pelo ar não podia ser ignorado. Os Estados Unidos, porém, onde um progresso paralelo ou similar tinha sido feito, estavam livres desses perigos. Assim, foi tomada a decisão de se construir fábricas para a produção em larga escala na América.

Nos Estados Unidos, o soerguimento das imensas fábricas foi colocado sob a responsabilidade do senhor Stimson, secretário de Guerra, e do Exército americano, cujo trabalho maravilhoso e discrição impressionante não podem ser suficientemente admirados. O principal esforço prático e virtualmente todo o prodigioso custo agora recaem sobre as autoridades dos Estados Unidos, que eram assistidas por um certo número de cientistas britânicos. A relação entre as contribuições americana e britânica foi definida a partir de discussões entre mim e o falecido presidente Roosevelt, e um comitê de ação conjunta foi organizado. ...

Por misericórdia de Deus, a ciência americana e britânica tomou a dianteira de todos os esforços alemães, que estavam numa escala de desenvolvimento considerável mas bem atrás de nós. A posse desses poderes pela Alemanha a qualquer tempo poderia ter alterado o resultado da guerra e os que sabiam disso viviam em profunda inquietude. Todo o esforço foi feito pelo nosso serviço de inteligência e pela Força Aérea para localizar na Alemanha qualquer coisa que se parecesse com as fábricas que estavam sendo criadas nos Estados Unidos. No inverno de 1942-43, muitos ataques corajosos foram feitos na Noruega, em duas ocasiões por pequenos grupos de voluntários dos comandos britânicos e das forças norueguesas – com muitas perdas de vida – sobre depósitos daquilo que se chama de "água pesada", elemento de um dos processos possíveis. O segundo desses dois ataques foi completamente bem-sucedido.

Todo o peso da execução, incluindo a configuração das usinas e de muitos processos técnicos ligados ao projeto na esfera prática, constitui um dos grandes triunfos do gênio americano – ou humano – de que se tem notícia. Além disso, a decisão de se fazer estas enormes despesas em um projeto que, embora visto de forma esperançosa pela pesquisa americana e britânica, permanecia, ainda assim, um risco de abalar corações, representa uma honra eterna ao presidente Roosevelt e a seus conselheiros.

Cabe agora ao Japão perceber, em meio ao choque da primeira bomba atômica que golpeou o país, quais serão as conseqüências de um indefinido prosseguimento dessa terrível forma de se manter a regra da lei no mundo.

A revelação destes segredos da natureza, misericordiosamente escondidos dos homens por tanto tempo, deveria animar as mais sérias reflexões na

Vitória! O famoso sinal da letra V, 1945.

mente e na consciência de cada ser humano capaz de compreensão. Temos certamente de rezar para que estas terríveis ações sejam feitas com o intuito de levar a paz entre as nações e que, em vez de espalhar a confusão desmedida no mundo inteiro, possam se tornar uma fonte perene de prosperidade mundial.

A GUERRA DESNECESSÁRIA

16 de novembro de 1945
Reunião conjunta do Parlamento belga, Bruxelas

Churchill tinha uma inabalável convicção de que se as democracias – inclusive os Estados Unidos – tivessem resistido unidas à agressiva política externa germânica nos anos 30, a Segunda Guerra Mundial poderia ter sido evitada.

Os laços entre a Grã-Bretanha e a Bélgica chegaram ao seu apogeu na grande luta de 1914-18. O desejo era o de que as guerras tinham chegado ao fim. Assim mesmo, nós testemunhamos um combate mundial ainda mais destrutivo. Precisávamos ter passado por isso? Não tenho nenhuma dúvida de que, com a determinação e a união das potências vitoriosas, esta última catástrofe poderia ter sido evitada. O presidente Roosevelt um dia me perguntou como deveria se chamar esta guerra. Minha resposta foi: "a guerra desnecessária". Se os Estados Unidos tivessem desempenhado um papel ativo na Liga das Nações – e se a Liga das Nações tivesse sido preparada para usar uma força conjunta – mesmo que fosse apenas européia – para impedir o rearmamento da Alemanha, não haveria necessidade desse sério derramamento de sangue.

Se os aliados tivessem resistido a Hitler com firmeza, nos estágios iniciais, até mesmo em 1936, na tomada da Renânia[1], ele teria sido forçado a recuar e uma oportunidade teria sido dada a elementos poderosos da vida alemã, especialmente no alto comando militar, que poderiam ter livrado a Alemanha daquele governo maníaco e daquele sistema em cujas garras o país estava caindo.

Não se esqueçam de que, por duas vezes, o povo alemão, na maioria, votou contra Hitler. Os aliados e a Liga das Nações, no entanto, agiram com tanta fraqueza e falta de clarividência que cada uma das invasões de Hitler se tornou um triunfo dele sobre todas as forças internas moderadas e de contenção, até que finalmente nós nos resignamos sem nenhum protesto ao vasto processo de rearmamento e de preparação de guerra da Alemanha, que culminou em uma renovada deflagração de uma guerra destrutiva. Vamos pelo menos nos beneficiar dessa terrível lição. Tentei ensiná-la em vão antes da guerra.

Uma cortina de ferro foi arriada

5 de março de 1946
Westminter College, Fulton, Missouri

Este é o famoso discurso de Churchill sobre a Cortina de Ferro, no qual alerta a América e o mundo sobre o fato de que a Rússia soviética, antiga aliada do Ocidente na guerra, tinha se tornado um inimigo mortal. O impacto do discurso foi enorme. Para os soviéticos, a Guerra Fria começou neste momento. No meio-oeste americano, Churchill foi ouvido in loco *pelo então presidente dos Estados Unidos, Harry S. Truman. O coração da sua mensagem à América foi a súplica de que o país não repetisse o erro de 1918, quando se atirou no isolamento internacional. Neste discurso, Churchill encorajou os americanos a liderar o mundo livre na formação de uma aliança defensiva que salvaguardasse a liberdade e assegurasse a paz. A criação da Organização para o Tratado do Atlântico Norte (Otan) – aliança militar do Ocidente na Guerra Fria –, em 1949, foi tudo o que Churchill esperava.*

Estou contente em vir esta tarde ao Westminster College – e estou honrado por receber este título. O nome "Westminster"[2] é de certo modo familiar a mim. Acho que já ouvi este nome antes. Na verdade, foi em Westminster que recebi boa parte da minha educação em política, dialética, retórica e algumas outras coisas. De fato, nós fomos educados por uma instituição igual, similar ou semelhante.

É também uma honra para um visitante, talvez única, ser apresentado a uma platéia acadêmica pelo presidente dos Estados Unidos. Em meio aos seus pesados fardos, deveres e responsabilidades – não procuradas, mas não evitadas – o presidente viajou mais de 1.500 quilômetros para dignificar e honrar o nosso encontro aqui hoje e dar a mim a oportunidade de me dirigir a esta nação da nossa família, bem como a meus próprios compatriotas do outro lado do oceano – e talvez a alguns outros países também. O presidente disse a vocês que é desejo dele, como tenho certeza que é o de vocês também, que eu tenha liberdade completa para dar o meu parecer verdadeiro e fiel nestes tempos aflitos e desconcertantes.

Certamente irei aproveitar esta liberdade e sinto-me pronto para fazer isso na medida em que todas as ambições particulares que cultivei na juventude foram atendidas bem além dos meus sonhos mais ambiciosos. Deixem-me, porém, esclarecer que não tenho nenhuma missão ou posição oficial de qualquer tipo e que falo apenas por mim mesmo. Não há nada aqui senão o que vocês vêem.

Posso, portanto, deixar a minha mente, com a experiência de uma vida inteira, trabalhar em cima dos problemas que nos incomodam no dia seguinte à nossa vitória militar absoluta e tentar assegurar, com todo o poder que tenho, que aquilo que foi ganho com tanto sacrifício e sofrimento deve ser preservado para a segurança e a glória futura da humanidade.

Os Estados Unidos se encontram neste momento no auge do poder mundial. É um momento solene para a democracia americana. Junto à primazia de poder surge também uma responsabilidade imponente sobre o futuro. Se vocês olharem em volta, vocês devem ter não só a percepção do dever cumprido mas também a preocupação para que não desçam do nível que foi alcançado. A oportunidade é aqui e agora, clara e brilhante para os nossos países. Rejeitá-la, ignorá-la ou desperdiçá-la nos trará a todos as longas reprovações do futuro. É necessário que a constância da mente, a persistência do propósito e a simplicidade da decisão venham a guiar e governar a conduta dos povos de língua inglesa na paz, como fizeram na guerra. Devemos, e acredito que iremos, nos mostrar capazes de atender a estes severos requisitos.

Quando militares americanos abordam alguma situação séria, estão habituados a escrever no cabeçalho da diretriz as palavras "conceito estratégico global". Há sabedoria nisso, porque leva à clareza do pensamento. Qual é então o conceito estratégico global ao qual devemos nos dirigir hoje? É nada menos do que a segurança e o bem-estar, a liberdade e o progresso de todas as casas e famílias de todos os homens e mulheres em todas as terras. E aqui falo especialmente das muitas pequenas casas ou apartamentos onde o assalariado se esforça, em meio a acidentes e dificuldades da vida, para proteger sua mulher e crianças de privações e educar a sua família sob a vigilância de Deus ou com base em concepções éticas que muitas vezes desempenham um papel poderoso.

Dar segurança a estas incontáveis residências é protegê-las de dois saqueadores gigantes: a guerra e a tirania. Todos nós sabemos as terríveis perturbações em que a família comum mergulha quando o evento da guerra recai sobre o trabalhador e aqueles para quem ele trabalha e fabrica. A terrível ruína da Europa, com todas as suas glórias desaparecidas, e também de grande parte da Ásia, ofusca os nossos olhos. Quando os desígnios de homens diabólicos ou a compulsão agressiva de Estados poderosos dissolvem a moldura da sociedade civilizada em grandes áreas, as pessoas humildes são confrontadas com dificuldades com as quais não podem lidar. Para elas, tudo está distorcido, tudo está em pedaços ou mesmo esmagado.

Quando me vejo aqui nesta tarde tranqüila, estremeço em visualizar o que está realmente acontecendo agora com milhões e o que vai acontecer no período em que a fome estiver se aproximando da terra. Ninguém pode computar o que tem sido chamado de "a soma inestimável da dor humana". A nossa tarefa e o nosso dever supremo é proteger residências de pessoas comuns contra os horrores e as misérias de uma outra guerra. Estamos todos de acordo com isso.

Nossos colegas militares americanos, depois de proclamar os "conceitos estratégicos globais" e computar os recursos disponíveis, prosseguem sempre ao próximo passo – ou seja, o método. Aqui também há um acordo generalizado. Uma organização mundial já foi soerguida com o propósito primeiro de evitar a guerra. A ONU, sucessora da Liga das Nações, com o decisivo acréscimo dos Estados Unidos e tudo o que isso significa, já está funcionando. Devemos assegurar que seu trabalho seja frutífero, que seja realidade e não fingimento, que seja uma força para a ação e não meramente um palavrório, que seja um verdadeiro templo de paz no qual os escudos de muitas nações possam ser colocados na parede e não meramente um gabinete numa torre de babel.

Antes que joguemos fora a garantia sólida dos armamentos nacionais para a autopreservação, devemos estar certos de que o nosso templo será construído sobre pedra e não sobre areias movediças ou pântanos. Qualquer um pode ver com os olhos abertos que o nosso caminho será longo e difícil. Mas, se nós perseverarmos juntos, como fizemos nas duas guerras mundiais – embora não tenhamos feito, ai de mim, no intervalo entre elas –, não posso duvidar de que chegaremos, no fim, ao propósito comum.

Tenho a fazer uma sugestão prática e definida de ação. Cortes e magistrados podem ser criados, mas não podem funcionar sem xerifes e policiais. A Organização das Nações Unidas precisa imediatamente começar a ser equipada com uma força armada internacional. Nesta área só se pode avançar passo a passo, mas devemos começar agora. Proponho que cada potência e Estado seja convidado a delegar um certo número de esquadrões aéreos ao serviço da organização mundial.

Estes esquadrões seriam treinados e preparados nos seus próprios países, mas iriam se movimentar em rodízio de um país a outro. Usariam o uniforme de seus próprios países, mas com distintivos diferentes. Não seriam requisitados a agir contra a sua própria nação, mas em outros aspectos seriam comandados pela organização mundial. Isto poderia ser iniciado numa escala modesta e aumentaria à medida que a confiança aumentasse. Desejei ter visto isso pronto após a Primeira Guerra Mundial e, com entusiasmo, acredito que deva ser feito imediatamente.

Não obstante, seria errado e imprudente confiar o conhecimento secreto ou a experiência da bomba atômica – que os Estados Unidos, a Grã-Bretanha e o Canadá agora partilham – à organização mundial, enquanto esta ainda estiver na sua infância. Seria loucura criminal lançá-la ao acaso neste mundo ainda agitado e desunido. Ninguém em nenhum país tem dormido pior porque o conhecimento, o método e as matérias-primas para usá-la estão no momento basicamente retidos em mãos americanas. Não acredito que estaríamos dormindo todos tão bem se as posições fossem diferentes e se algum Estado comunista ou neo-fascista monopolizasse por algum tempo estes temidos recursos. O medo sozinho poderia facilmente ser usado para impor sistemas totalitários ao mundo democrático e livre, com conseqüências aterradoras para a imaginação humana. Deus quis que não fosse assim e temos ao menos um tempo para respirar, para colocar nossa casa em ordem, antes que este perigo seja enfrentado. E, mesmo assim, se não desperdiçarmos esforços, devemos ainda possuir uma superioridade tão formidável de modo a poder impor embaraços efetivos sobre o seu emprego, ou ameaça de emprego, pelos outros. Ao fim das contas, quando a irmandade essencial do homem estiver verdadeiramente incorporada e expressada numa organização mundial com todas as salvaguardas práticas necessárias para fazê-la efetiva, estes poderes naturalmente serão conferidos àquela organização mundial.

Agora, chego ao segundo perigo daqueles dois saqueadores que ameaçam as residências e as pessoas comuns – ou seja, a tirania. Não podemos ficar cegos para o fato de que as liberdades desfrutadas pelos cidadãos individuais em todo o Império Britânico não são válidas num considerável número de países, alguns dos quais são muito poderosos. Nesses Estados, o controle é imposto sobre as pessoas comuns por vários tipos de poderosas polícias de governo. O poder do Estado é exercido sem restrições, seja por ditadores ou por oligarquias compactas operando por meio de um partido privilegiado ou uma polícia política.

Não é nosso dever neste momento, quando as dificuldades são tão numerosas, interferir à força nos assuntos internos de países que não conquistamos na guerra. Mas, nunca devemos cessar de proclamar, em um tom corajoso, os grandes princípios da liberdade e os direitos do homem que são a herança conjunta do mundo de língua inglesa e que – por meio da carta magna, do *Bill of Rights*[3], do *habeas corpus*, do julgamento por um corpo independente de jurados e da lei comum inglesa – encontram a sua mais famosa expressão na Declaração da Independência americana.

Tudo isso significa que o povo de qualquer país tem o direito – e deveria ter o poder, por ação constitucional, por eleições livres e secretas sem restrições, – de escolher ou mudar o caráter ou a forma do governo com que funciona. Significa que a liberdade de discurso e pensamento devem reinar; que os tribunais de justiça, independentemente do Executivo e sem favorecer qualquer parte, devem administrar as leis que receberam a anuência da grande maioria ou que sejam consagradas por costume. Estes são os títulos da liberdade que devem pairar sobre cada pequena casa. Esta é a mensagem dos povos americano e britânico à humanidade. Vamos pregar o que praticamos – vamos praticar o que pregamos.

Assinalei assim os dois grandes perigos que ameaçam a moradia humana: a guerra e a tirania. Não falei ainda da pobreza e da privação, que são em muitos casos a aflição principal e a que prevalece. Mas, se os perigos da guerra e da tirania forem eliminados, não há dúvida do que a ciência e a cooperação poderão trazer nos próximos anos ao mundo, certamente nas próximas décadas, com o aprendizado obtido na afiada escola da guerra, uma expansão de bem-estar material acima de qualquer coisa que já tenha ocorrido na experiência humana. Agora, neste momento triste e ofegante, estamos mergulhados na fome e agonia, conseqüências da nossa estupenda luta. Mas isso vai passar e pode passar rapidamente. Não há nenhuma razão, exceto a loucura humana ou o crime desumano, para que se possa negar a todas as nações o início e o desfrute de uma era de abundância.

Tenho com freqüência usado palavras que aprendi há 50 anos com um grande orador irlandês-americano, o meu amigo Bourke Cockran[4]: "Há bastante para todos. A terra é uma mãe generosa. Ela fornece em abundância comida para todas as suas crianças, se elas apenas cultivarem o seu solo com justiça e em paz." Até agora, sinto que estamos de pleno acordo.

Neste momento, embora ainda perseguindo o método de imaginar nosso conceito estratégico global, chego ao ponto crucial daquilo que me fez viajar até aqui para discursar. Nem a prevenção segura da guerra nem o crescimento contínuo da organização mundial será conseguido sem o que chamei de associação fraternal dos povos de língua inglesa. Isto significa uma relação especial entre a Comunidade dos Estados Britânicos, o Império Britânico e os Estados Unidos.

Este não é o momento para generalizações e vou-me arriscar a ser preciso. A associação fraternal requer não só a crescente amizade e a compreensão mútua entre os nossos dois sistemas de sociedade, vastos e parentes entre si, mas a continuação da relação íntima entre os nossos conselheiros militares, levando ao estudo comum de perigos potenciais, à similaridade das armas e dos manuais de instrução e ao intercâmbio de oficiais e cadetes nos colégios e universidades técnicas. Deveria implicar a continuação das instalações atuais para a segurança mútua, pelo uso conjunto de todas as bases navais e aéreas de posse de qualquer um dos dois países em todo o mundo. Isso talvez dobrasse a mobilidade da Marinha e da Força Aérea americanas, expandiria amplamente a mobilidade das forças do Império Britânico e poderia perfeitamente levar, se e quando o mundo se acalmasse, a economias financeiras significativas. Nós já utilizamos em conjunto um grande número de ilhas – e mais ainda poderia ser confiado a nossa responsabilidade conjunta no futuro próximo.

Os Estados Unidos já têm um acordo de defesa permanente com o domínio do Canadá, que é tão devotadamente vinculado à Comunidade dos Estados britânicos e ao Império Britânico. Este acordo é mais efetivo do que muitos daqueles que foram feitos por intermédio de alianças formais. O princípio poderia ser estendido a todas as comunidades britânicas com reciprocidade total. Assim, o que quer que aconteça, e só assim, estaremos seguros e capazes de trabalhar em conjunto pelas nobres causas que são caras a nós e que não prenunciam nenhum mal a ninguém. Eventualmente, poderá surgir – sinto que surgirá – o princípio da cidadania comum, mas isso pode-se deixar ao destino, cujo braço esticado muitos já podem ver claramente.

Há, porém, uma importante questão que devemos nos perguntar. Seria uma relação especial entre os Estados Unidos e a Comunidade dos Estados Britânicos inconsistente com as nossas lealdades prioritárias à organização mundial? Respondo que, pelo contrário, é provável que seja o único meio pelo qual esta organização irá atingir plena estatura e poder. Já há uma relação especial dos Estados Unidos com o Canadá, que acabo de mencionar, e há também uma relação especial entre os Estados Unidos e as repúblicas da América do Sul[5].

Nós britânicos temos, há 20 anos, o nosso Tratado de Colaboração e Assistência Mútua com a Rússia soviética. Concordo com o senhor Bevin, secretário do Exterior da Grã-Bretanha, quando diz que este pode perfeitamente vir a ser um tratado de 50 anos no que diz respeito a nós. Não desejamos nada senão a assistência mútua e a colaboração. Os britânicos têm uma aliança com Portugal que não é rompida desde 1384 e que produziu resultados frutíferos em momentos críticos na última guerra. Nenhum desses tratados se choca com o interesse geral de um acordo mundial ou de uma organização mundial – pelo contrário, ajudam. "Há muitas moradas na casa de meu pai."[6] Associações especiais entre membros das Nações Unidas que não têm agressividade contra nenhum outro país, que não acolhem nenhum desígnio incompatível com a carta das Nações Unidas, longe de serem prejudiciais, são benéficas e indispensáveis.

Falei anteriormente do templo da paz. Trabalhadores de todos os países devem construir este templo. Se dois dos trabalhadores, particularmente, se conhecem bem e são velhos amigos, se suas famílias são misturadas, e se ambos têm "fé no propósito do outro, esperança no futuro do outro e caridade para com as deficiências do outro" – para citar algumas boas palavras que li aqui outro dia – por que não poderiam trabalhar juntos na tarefa comum como amigos e parceiros? Por que não poderiam partilhar os instrumentos e, assim, aumentar a capacidade de trabalho um do outro?

Na verdade, eles devem fazer isso, senão o templo pode não ser construído ou, sendo construído, pode entrar em colapso. Assim, estaria provado mais uma vez que somos incapazes de aprender e teríamos que tentar aprender novamente, pela terceira vez, na escola de guerra – incomparavelmente mais rigorosa do que aquela da qual acabamos de ser libertados. Os tempos sombrios podem voltar, a idade da pedra pode voltar nas asas deslumbrantes da ciência – e aquilo que pode agora gerar benefícios materiais incomensuráveis à humanidade pode, em contraste, vir a trazer a sua destruição total. Cuidado, eu digo. O tempo pode ser curto. Não vamos deixar o curso dos eventos possíveis correrem livres até que seja tarde. Se for para termos uma associação fraternal do tipo que descrevi, com todo o poder e a segurança extra que ambos os países podem obter disso, vamos nos assegurar de que este grande fato seja anunciado ao mundo e que passe a ter a sua participação na estabilização e no fortalecimento dos alicerces da paz. Este é o caminho da sabedoria. Prevenir é melhor do que remediar.

Uma sombra se abateu sobre os cenários recentemente iluminados pela vitória aliada. Ninguém sabe o que a União Soviética e sua organização internacional comunista pretendem fazer no futuro imediato – ou quais são os limites, se existirem, para as suas tendências expansivas e de conversão. Tenho profunda admiração e consideração pelo valente povo russo e pelo meu camarada do tempo de guerra, marechal Stálin. Há profunda simpatia e boa vontade na Grã-Bretanha – e não duvido que aqui também – para com os povos de toda a Rússia e uma determinação de se perseverar, a despeito de muitas diferenças e recusas, em estabelecer amizades duradouras.

Nós compreendemos a necessidade dos russos de se sentir seguros nas fronteiras ocidentais, pelo afastamento de toda a possibilidade de agressão germânica. Recebemos com prazer a Rússia ao seu lugar correto dentre as nações-líderes do mundo. Saudamos a sua bandeira nos mares. Acima de tudo, damos as boas-vindas aos contatos constantes, freqüentes e crescentes entre o povo russo e os nossos povos, de ambos os lados do Atlântico. É meu dever, porém, pois estou certo de que vocês desejam que eu mostre os fatos como os vejo, colocar diante de vocês certas questões a respeito da situação atual da Europa.

De Stettin, no Báltico, até Trieste, no Adriático, uma cortina de ferro foi arriada sobre o continente. Por trás daquela linha se encontram todas as capitais dos antigos Estados da Europa Central e da Europa do Leste. Varsóvia, Berlim, Praga, Viena, Budapeste, Belgrado, Bucareste e Sófia – todas estas famosas cidades e as populações em torno delas se encontram no que devo chamar de esfera soviética. Todas estão sujeitas de uma forma ou de outra não só à influência soviética, mas também a um grau muito alto – e em muitos casos crescente – de controle por parte de Moscou. Apenas Atenas, na Grécia, com as suas glórias imortais, está livre para decidir sobre o seu futuro numa eleição sob observação britânica, americana e francesa.

O governo polonês dominado pela Rússia tem sido encorajado a fazer enormes e erradas incursões à Alemanha – e neste momento estão ocorrendo expulsões em massa de milhões de alemães, numa escala dolorosa e inimaginável. Os partidos comunistas, que eram pequenos em todos estes países da Europa oriental, foram elevados a uma proeminência e a um poder muito além dos seus números e estão tentando, em todos os lugares, obter o controle totalitário. Governos policiais estão prevalecendo em quase todos os casos e até agora, exceto na Tchecoslováquia, não há sequer uma verdadeira democracia.

A Turquia e a Pérsia estão profundamente alarmadas e perturbadas com as exigências que estão sendo feitas a estes países e com a pressão que está sendo exercida pelo governo de Moscou. Uma tentativa de organizar um partido quase-comunista na zona da Alemanha ocupada pela Rússia está sendo feita pelos russos em Berlim, que concedem privilégios especiais a grupos de líderes alemães de esquerda. Ao fim da luta, em junho passado, os exércitos americanos e britânicos se retiraram para o Oeste, segundo um acordo anterior, em um recuo de 240 quilômetros, em alguns pontos, ao longo de uma área de quase 645 quilômetros, a fim de permitir a nossos aliados russos ocupar esta vasta extensão de território que as democracias ocidentais tinham conquistado.

Se agora o governo soviético tenta, numa ação separada, construir uma Alemanha pró-comunista nas suas áreas, isso vai causar novas e sérias dificuldades às zonas britânica e americana e vai dar aos alemães derrotados o poder de se colocar em leilão entre os soviéticos e as democracias ocidentais. Quaisquer conclusões que possam ser extraídas desses fatos – e são fatos – mostram que esta não é certamente a Europa libertada por cuja a construção nós lutamos. Nem é uma Europa que contenha os fundamentos da paz permanente.

A segurança do mundo requer uma nova unidade na Europa, da qual nenhuma nação deveria ser permanentemente afastada. Foi a partir das disputas de raças ancestrais na Europa que brotaram as guerras mundiais que testemunhamos ou que ocorreram em tempos anteriores. Por duas vezes em nossa própria vida, vimos os Estados Unidos, contra os seus desejos e as suas tradições, contra os argumentos cujo o poder não é difícil de se compreender, serem arrastados por forças irresistíveis para dentro dessas guerras, a tempo de garantir a vitória da boa causa, mas apenas depois que ocorreram terríveis massacres e devastação. Por duas vezes, os Estados Unidos tiveram de mandar vários milhões de seus jovens atravessar o Atlântico para enfrentar a guerra. Mas, agora a guerra pode encontrar qualquer nação, onde quer que ela se situe, da noite para o dia. Certamente, nós deveríamos trabalhar com o propósito consciente de uma ampla pacificação da Europa, dentro da estrutura das Nações Unidas e de acordo com a sua Carta. Sinto que esta é uma causa política e de grande importância.

À frente da Cortina de Ferro que foi arriada sobre a Europa, estão outras causas aflitivas. Na Itália, o Partido Comunista está seriamente contido por ter de apoiar as reivindicações do marechal Tito[7] – um treinado comunista – sobre o antigo território italiano na ponta do Adriático. Mesmo assim, o futuro da Itália permanece incerto.

Outra vez, não se pode imaginar uma Europa regenerada sem uma França forte. Durante toda a minha vida pública, trabalhei por uma França forte e nunca perdi a fé no seu destino, mesmo nas horas mais sombrias. Não irei perder a fé agora.

Todavia, em um grande número de países, longe das fronteiras russas e ao redor do mundo inteiro, quintas colunas comunistas[8] são estabelecidas e trabalham em completa unidade e absoluta obediência às direções que recebem do centro comunista. Com a exceção da Comunidade dos Estados Britânicos e dos Estados Unidos, onde o comunismo está na infância, os partidos comunistas ou as quintas colunas constituem um grande desafio e perigo à civilização cristã.

Estes são fatos sombrios à meditação de qualquer um neste dia seguinte a uma vitória ganha com tamanha e esplêndida camaradagem na guerra, pela causa da liberdade e da democracia. Nós seríamos muito pouco sábios se não os enfrentássemos diretamente enquanto nos resta tempo.

O panorama é também angustiante no Extremo Oriente e especialmente na Manchúria. O acordo que foi feito em Yalta[9], do qual fui participante, era extremamente favorável à Rússia soviética. Foi feito, no entanto, num momento em que ninguém poderia dizer que a guerra contra a Alemanha não se estenderia pelo verão e outono de 1945 e quando não se esperava que a guerra contra o Japão duraria 18 meses adicionais a partir do fim da guerra alemã. Neste país, vocês estão tão bem informados sobre o Extremo Oriente e são tão amigos devotados da China que não preciso discorrer detalhadamente sobre a situação por lá.

Senti-me obrigado a retratar a sombra que cai sobre o mundo tanto no Oriente quanto no Ocidente. Eu era ministro no tempo do Tratado de Versalhes[10] e amigo próximo do senhor Lloyd George, chefe da delegação britânica em Versalhes. Não concordei com muitas coisas que foram feitas, mas guardo uma impressão muito forte daquela situação na minha mente – e acho doloroso contrastá-la com a que prevalece agora. Naqueles dias, havia amplas esperanças e uma confiança sem limites no fato de que as guerras tinham acabado e que a Liga das Nações se tornaria todo-poderosa. Não vejo ou sinto aquela mesma confiança nem sequer as mesmas esperanças no mundo atual e cansado.

Por outro lado, repudio a idéia de que uma nova guerra é inevitável – e ainda mais de que seja iminente. É exatamente porque estou certo de que os nossos destinos ainda estão em nossas mãos e de que temos o poder para salvar o futuro que me sinto no dever de falar agora, quando tenho a ocasião e a oportunidade para fazê-lo.

Não acredito que a Rússia soviética deseje a guerra. O que eles desejam são os frutos da guerra e a expansão indefinida do seu poder e de suas doutrinas. O que temos de considerar aqui hoje, enquanto resta tempo, é a prevenção permanente da guerra e o estabelecimento de condições de liberdade e democracia tão rapidamente quanto possível em todos os países. Nossas dificuldades e perigos não serão eliminados se fecharmos os nossos olhos a eles. Não serão eliminados pela simples espera para ver o que acontece. Nem serão eliminados por uma política de conciliação. O que é preciso é um acordo.

Quanto mais isso for postergado, tanto mais difícil será e mais graves se tornarão os nossos perigos.

Pelo que vi de nossos amigos e aliados russos durante a guerra, estou convencido de que não há nada que eles admirem tanto quanto a força e não há nada pelo qual eles tenham menos respeito do que a fraqueza, especialmente a fraqueza militar. Por esta razão, a velha doutrina do equilíbrio de poder[11] está em mau estado. Não podemos nos permitir, se pudermos evitar, trabalhar com margens estreitas, oferecendo tentações a uma prova de força. Se as democracias ocidentais ficarem juntas, em aderência estrita aos princípios da Carta das Nações Unidas, o poder destas para promover aqueles princípios será imenso e ninguém será passível de molestá-las. Se, porém, se tornarem divididas ou vacilarem no seu dever – e se permitirmos que estes anos importantes possam nos escapar – então a catástrofe pode devastar a nós todos.

Da última vez, vi tudo isso chegando e gritei em voz alta a meus compatriotas e ao mundo, mas ninguém prestou atenção alguma. Até o ano de 1933, ou mesmo de 1935, a Alemanha poderia ter sido poupada do terrível destino que a alcançou – e nós poderíamos todos ter sido poupados das misérias que Hitler propiciou à humanidade. Nunca houve uma guerra em toda a história mais fácil de se evitar, por ação oportuna, do que esta que acaba de arrasar áreas tão amplas do globo. Poderia ter sido evitada, na minha opinião, sem sequer um único tiro – e a Alemanha poderia ser poderosa, próspera e honrada hoje em dia. Mas, ninguém ouvia e um a um fomos todos engolidos pelo terrível redemoinho.

Certamente, não podemos deixar isso acontecer de novo, e isso só pode ser conseguido se chegarmos agora, em 1946, a um bom entendimento sobre todos os pontos com a Rússia, com a manutenção deste bom entendimento ao longo de vários anos pacíficos por intermédio de um instrumento mundial, apoiado por toda a força do mundo de língua inglesa e de todas as suas conexões. Aí está a solução que respeitosamente ofereço a vocês neste discurso, para o qual dei o título de: "Os sustentáculos da paz".

Que nenhum homem subestime o poder paciente da Comunidade dos Estados Britânicos e do Império Britânico. Simplesmente porque vocês vêem 46 milhões de pessoas em nossa ilha preocupadas com o abastecimento de comida – do qual produzem apenas a metade necessária, mesmo em período de guerra – ou ansiosas a respeito das dificuldades de recomeçar as nossas indústrias e o nosso comércio exportador depois de seis anos de esforço ardente de guerra, não imaginem que não iremos conseguir atravessar estes anos negros de privação como atravessamos os anos gloriosos de agonia ou que daqui a meio século, a contar de agora, vocês não verão 70 ou 80 milhões de bretões espalhados pelo mundo e unidos em defesa de nossas tradições, nosso modo de vida, e das causas mundiais que vocês e nós adotamos.

Se a população das comunidades de língua inglesa for adicionada à dos Estados Unidos, com tudo aquilo que uma cooperação assim implica – no ar, no mar, no globo inteiro, na ciência e na indústria, na força moral – não haverá nenhum trêmulo ou precário equilíbrio de poder que venha a permitir a tentação para a ambição ou para a aventura. Ao contrário, haverá uma decisiva garantia de segurança. Se nós aderirmos fielmente à Carta das Nações Unidas e caminharmos com força serena e lúcida, sem buscar a terra ou o tesouro de ninguém, sem buscar impor nenhum controle arbitrário sobre os pensamentos dos homens – e se todas as forças e convicções morais e materiais da Grã-Bretanha se juntarem às de vocês em uma associação fraternal –, as estradas principais do futuro estarão limpas, não somente para nós mas para todos, não somente para o nosso tempo, mas por um século.

Sobre a Palestina

1º de agosto de 1946
Câmara dos Comuns

A posição que eu pessoalmente tenho adotado e mantido se origina em 1919 e 1921 quando – como secretário das Colônias e dos Domínios – me coube definir, com a aprovação do gabinete e do Parlamento da época, a interpretação que foi colocada sobre as nossas obrigações para com os sionistas no que diz respeito ao Mandato sobre a Palestina, confiado a nós pela Liga das Nações. A posição foi traduzida na declaração de 1922, que eu pessoalmente rascunhei para a aprovação das autoridades da época. A Palestina não deveria vir a ser a Pátria Nacional Judaica, mas uma Pátria Nacional Judaica deveria ser instituída na Palestina. A imigração judaica seria permitida até o limite da capacidade de absorção econômica. Esta foi a frase que cunhei naqueles dias e que parece permanecer conveniente, sendo que o Poder Mandatório assumiria o papel de juiz com relação ao grau da capacidade. Durante a maior parte dos 25 anos que se passaram, esta política foi cuidadosamente conduzida por nós. A população judaica se multiplicou, de cerca de 80 mil para quase 600 mil. Tel Aviv se expandiu e se tornou a grande cidade que é hoje, uma cidade que, posso dizer, durante esta guerra e mesmo antes, recebeu com prazer e alimentou abandonados e órfãos que fugiam da perseguição nazista. Muitos refugiados encontraram um abrigo e um santuário lá, de tal sorte que esta terra – não muito produtiva com relação aos meios de vida – se tornou uma fonte de caridade e de hospitalidade para pessoas em grande agonia. O aproveitamento e o cultivo da terra e grandes empreendimentos elétricos progrediram. O comércio teve um notável progresso. Não só a população judaica aumentou, mas a população árabe que reside em áreas colonizadas e enriquecidas pelos judeus também aumentou em números praticamente iguais. Os judeus se multiplicaram seis vezes e os árabes aumentaram em 500 mil, mostrando assim que ambas as raças ganharam uma vantagem significativa com a política sionista que nós executamos e que estivemos desenvolvendo ao longo deste período. ...

Se eu tivesse tido a oportunidade de guiar o curso dos eventos depois que a guerra foi vencida há um ano, teria fielmente perseguido a causa sionista como eu a defini, e não a abandonarei agora, embora este não seja um momento muito popular para abraçá-la. Há duas coisas, no entanto, para dizer sobre isto. Primeiro, que concordo inteiramente com o que o presidente da Junta Comercial disse sobre o tema – ninguém pode imaginar que haja espaço suficiente na Palestina para as grandes massas de judeus que desejam deixar a Europa ou que estas poderiam ser absorvidas em algum período que possa ser considerado. A idéia de que o problema judaico possa ser resolvido ou mesmo auxiliado com o vasto despejo de judeus da Europa na Palestina é realmente muito tola para tomar o nosso tempo nesta Casa, esta tarde.

Não estou inteiramente seguro de que deveríamos com tanta pressa desistir da idéia de que os judeus europeus podem viver nos países a que eles pertencem. Devo dizer que não tinha nenhuma idéia, quando a guerra chegou ao fim, dos horríveis massacres que haviam ocorrido – os milhões e milhões que foram exterminados. Isso, nós só começamos a perceber gradualmente depois que o combate havia terminado. Mas, se todos estes muitos milhões foram mortos e massacrados, deve haver um certo espaço para a vida dos sobreviventes – e devem haver heranças e propriedades as quais eles possam reivindicar. Será que não podemos esperar que alguma tolerância seja estabelecida com relação a temas raciais na Europa? E que haverá alguma lei pela qual seja determinado, em alguma escala, que uma certa porção da propriedade destes muitos milhões não será tirada deles? Está bem claro, porém, que esta idéia grosseira de levar todos os judeus da Europa para a Palestina não tem nenhuma relação nem com o problema da Europa e nem com o problema que está surgindo na Palestina.

Estados Unidos da Europa

19 de setembro de 1946
Universidade de Zurique, Suíça

Secundário apenas ao discurso de Fulton, este é provavelmente o mais importante dos pronunciamentos de Churchill no pós-guerra. No momento em que muitos ainda falavam de esfregar a face dos alemães no chão, ele declarou corajosamente: "Vou dizer algo que vai espantá-los. O primeiro passo na recriação da família européia deve ser uma parceria entre a França e a Alemanha." Muitos ficaram realmente espantados, mas Churchill tinha dado o tom para uma reconciliação da família européia e pavimentou o caminho para a reinserção de uma Alemanha Ocidental democrática na comunidade das nações, com a Alemanha Oriental ficando na esfera de influência soviética. Churchill é visto corretamente como um dos pais fundadores da unidade européia.

Desejo falar a vocês hoje sobre a tragédia da Europa. Este nobre continente, que compreende as mais agradáveis e cultivadas regiões da terra, desfrutando de um clima estável e temperado, é o lar de todas as grandes raças originais do mundo ocidental. É a fonte da fé cristã e da ética cristã. É a origem de boa parte da cultura, das artes, da filosofia e da ciência, tanto nos tempos antigos como nos tempos modernos. Se a Europa estivesse alguma vez unida a compartilhar sua herança comum, não haveria limite à felicidade, à prosperidade e à glória que os 300 ou 400 milhões de europeus desfrutariam. Ainda assim, foi na Europa que surgiram aquela série de terríveis disputas nacionalistas, originadas pelas nações teutônicas[12], foi na Europa que vimos arruinar a paz e as esperanças de toda a humanidade, mesmo neste século XX e em nosso próprio período de vida.

E qual é a situação a que a Europa foi reduzida? Alguns dos Estados menores certamente tiveram uma boa recuperação. Mas em grandes áreas uma trêmula massa de seres humanos atormentados, famintos, ansiosos e confusos encontra-se boquiaberta nas ruínas de suas cidades e casas, e examina os horizontes sombrios aguardando a aproximação de algum novo perigo, tirania ou terror. Dentre os vitoriosos, há uma babel de vozes estridentes; dentre os vencidos, o silêncio triste do desespero. Isso é tudo o que os europeus, agrupados em tantos e antigos Estados e nações, isso é tudo o que os poderes germânicos conseguiram ao despedaçar a todos e espalhar o caos para todo o lado. Na verdade, se não fosse pelo fato de que a Grande República do outro lado do Atlântico percebeu afinal que a ruína ou a servidão da Europa afetaria também o seu próprio destino e estendeu suas mãos em socorro e auxílio, os anos sombrios teriam retornado com toda a crueldade e sordidez. E ainda podem retornar.

Mesmo assim, considerando tudo, há um remédio que, se fosse adotado por todos de forma espontânea, transformaria como por um milagre todo o cenário e faria, em poucos anos, com que toda a Europa, ou a sua maior parte, fosse tão livre e feliz como é hoje a Suíça. Que remédio soberano é esse? É recriar a família européia, ou o máximo que pudermos, e lhe fornecer uma estrutura na qual esta possa viver em paz, segurança e liberdade. Precisamos construir uma espécie de Estados Unidos da Europa. Somente dessa maneira, as centenas de milhões de trabalhadores serão capazes de retomar as alegrias e esperanças que fazem a vida valer a pena ser vivida. O processo é simples. Tudo o que é necessário é a determinação de centenas de milhões de homens e mulheres para fazer o certo no lugar do errado e ganhar, em recompensa, a bênção no lugar da maldição.

Muito trabalho foi feito a respeito desta tarefa pelos esforços da União Pan-Européia[13], que deve tanto ao conde Coudenhove-Kalergi[14] e que dirigiu os ofícios do famoso patriota e estadista francês, Aristide Briand[15]. Há também aquele imenso corpo de doutrinas e procedimentos que foi gerado em meio aos grandes anseios após a Primeira Guerra Mundial – a Liga das Nações. A Liga das Nações não falhou por causa dos seus princípios ou da sua concepção. Falhou porque estes princípios foram abandonados por aqueles Estados que os tinham concebidos. Falhou porque os governos daqueles dias temiam enfrentar os fatos e agir enquanto havia tempo. Este desastre não deve ser repetido. Há, portanto, uma ampla gama de conhecimentos e recursos com a qual construir, bem como uma experiência amarga e adquirida a um preço caro.

Fiquei muito contente em ler nos jornais há dois dias que o meu amigo presidente Truman tinha mostrado interesse e simpatia com este grande projeto. Não há razão pela qual uma organização regional da Europa pudesse de algum modo entrar em conflito com a organização mundial das Nações Unidas.

Ao contrário, acredito que um arranjo mais amplo só irá sobreviver se for fundada sob agrupamentos coerentes e espontâneos. Já existe um agrupamento espontâneo no hemisfério ocidental. Nós britânicos temos a nossa própria Comunidade de Estados. Isso não enfraquece, ao contrário fortalece, a organização mundial. Os agrupamentos são de fato o seu principal apoio. E por que não poderia haver um agrupamento europeu que pudesse dar um sentido de patriotismo ampliado e cidadania comum aos povos perturbados deste turbulento e poderoso continente? E por que este não poderia tomar o seu lugar, com outros grandes agrupamentos, na construção dos destinos dos homens?

A fim de que isso possa ser conseguido, tem de haver um ato de fé no qual milhões de famílias, mesmo falando línguas diferentes, precisam tomar parte conscientemente.

Todos nós sabemos que as duas guerras mundiais pelo qual passamos surgiram da paixão inútil de uma Alemanha recém-unida com objetivo de exercer um papel dominante no mundo. No último conflito, foram cometidos crimes e massacres para os quais não há paralelo desde as invasões dos mongóis no século XIV e sem igual em qualquer época da história humana. Os culpados devem ser punidos. A Alemanha deve ser desprovida do poder de se rearmar e de fazer uma outra guerra agressiva. Mas, depois que tudo isso tiver sido feito – como será feito, como está sendo feito – tem de haver um fim à retaliação.

Tem de haver o que o Gladstone[16] há muitos anos chamou de "um ato bendito de esquecimento". Devemos todos dar as costas aos horrores do passado. Devemos olhar o futuro. Não podemos nos permitir arrastar, pelos anos que virão, os ódios e as vinganças que brotaram das injustiças do passado. Se for para salvar a Europa da miséria infinita e, de fato, do caos final, é preciso que haja um ato de fé na família européia e um ato de esquecimento de todos os crimes e loucuras do passado.

Podem os povos livres da Europa chegar à altura destas escolhas da alma e destes instintos do espírito do homem? Se puderem, os erros e as injustiças que nos foram impostos terão sido levados pelas misérias que foram suportadas. Há alguma necessidade de outras correntes de agonia? Será esta a única lição da história que a humanidade não aprende? Que se tenha justiça, misericórdia e liberdade. Os povos só precisam ter o desejo e todos vão conseguir o que seus corações anseiam.

Vou dizer algo que vai espantá-los. O primeiro passo na recriação da família européia deve ser uma parceria entre a França e a Alemanha. Apenas deste modo, a França pode recuperar a liderança moral da Europa. A Europa não pode renascer sem uma França espiritualmente forte e sem uma Alemanha espiritualmente forte. A estrutura dos Estados Unidos da Europa, se for verdadeiramente bem construída, fará com que a força material de um Estado individual se torne pouco importante. Pequenas nações serão tão importantes quanto as grandes e serão honradas pelo que contribuirão à causa comum. Os antigos Estados e principados da Alemanha, livremente reunidos em conjunto por conveniência mútua por meio de um sistema federal, poderiam cada um tomar um lugar individual dentro dos Estados Unidos da Europa.

Não vou tentar fazer um programa detalhado para centenas de milhões de pessoas que querem ser felizes e livres, prósperas e seguras, que desejam desfrutar as quatro liberdades de que falou o grande presidente Roosevelt[17] e viver de acordo com os princípios incorporados na Carta do Atlântico[18]. Se este é o desejo deles, só precisam dizê-lo, os meios certamente poderão ser encontrados e a estrutura soerguida, para conduzir aquele desejo à plena fruição.

Mas tenho de lhes avisar. O tempo pode ser curto. No momento, há espaço para respirar. O canhão parou de atirar. A luta cessou, mas os perigos não cessaram. Se vamos formar os Estados Unidos da Europa, ou qualquer outro nome ou forma que possa tomar, devemos começar agora.

Nos dias atuais, funcionamos de modo estranho e precário sob o escudo e a proteção da bomba atômica. A bomba atômica ainda está apenas nas mãos de um Estado e de uma nação que sabemos jamais irá usá-la exceto pela causa do direito e da liberdade. Mas é possível que, dentro de alguns anos, este terrível instrumento de destruição esteja espalhado – e a catástrofe que pode seguir ao seu uso por várias nações guerreiras irá trazer não só um fim a tudo o que chamamos de civilização, mas também pode possivelmente desintegrar o próprio globo.

Devo agora resumir as proposições que estão a sua frente. Nosso objetivo constante deve ser construir e consolidar a força da ONU. Sob este conceito global, devemos recriar a família européia numa estrutura regional chamada, digamos, de Estados Unidos da Europa. O primeiro passo é formar um Conselho da Europa. Se, de início, todos os Estados da Europa não estiverem com o desejo ou a capacidade de se juntar à união, devemos não obstante dar prosseguimento à assembléia e reunir aqueles que querem e aqueles que podem.

A salvação das pessoas comuns de todas as raças e de todas as terras da guerra e da servidão deve ser estabelecida com fundações sólidas e deve ser protegida pela prontidão de todos os homens e as mulheres para morrer em vez de se submeter à tirania. Em todo este trabalho urgente, a França e a Alemanha precisam tomar a dianteira. A Grã-Bretanha, a Comunidade dos Estados Britânicos, a poderosa América e, confio, a Rússia soviética – pois então tudo sairá bem – devem ser os amigos e patrocinadores da nova Europa e promover o direito de viver e brilhar.

Palestina: sangue e vergonha

31 de janeiro de 1947
Câmara dos Comuns

A idéia de que represálias contra uma população civil e outros exemplos vicários sejam coerentes com a nossa visão de mundo e com o nosso nome, a nossa reputação e os nossos princípios é algo que jamais deveria ser aceito – de maneira alguma. Temos, por conseguinte, amplas dificuldades em conduzir qualquer tipo de guerra suja contra terroristas. Daí por que eu me arriscaria a submeter a esta Casa a idéia de que todo o esforço deveria ser feito para se evitar uma guerra contra terroristas. Se uma guerra contra terroristas começou, todo esforço deveria ser feito – excluindo-se propostas que não sejam razoáveis – para lhe dar um fim.

É bem certo que o que está ocorrendo hoje na Palestina está nos fazendo mal de várias formas. Qualquer que seja a visão dos partidários dos judeus ou dos árabes, está fazendo mal à nossa reputação em todo o mundo. Eu deploro esta luta em que nos metemos. Não acho que deveríamos ter nos envolvido. Acho que poderia ter sido evitado. Poderia ter sido evitado se promessas não tivessem sido feitas, em ampla escala, por representantes da oposição durante as eleições e se aquelas promessas não tivessem sido lamentavelmente descumpridas. Eu devo dizer isso. Todos os meus honrados amigos deste lado da Casa não concordam com as opiniões que tenho mantido por tantos anos a respeito da causa sionista. No entanto, foram feitas promessas muito além daquelas com as quais governos responsáveis devem comprometer-se. Qual tem sido o resultado? O resultado tem sido um vácuo, um vazio aberto, um abismo tolo sem sentido – nada.

Lembro-me muito bem que há nove ou dez meses, meu correto honrado amigo [Oliver Stanley[19]], agora sentado aqui ao meu lado, dizia em nossas reuniões que o atraso e a vacilação não continuariam, independentemente do que acontecesse. Certamente, no entanto, um ano se passou e não avançamos um único passo. Não avançamos um único passo, seja em cumprir as nossas promessas para aqueles a quem as demos, seja em alcançar alguma solução mais ampla, seja em nos desvencilhar de responsabilidades e obrigações – responsabilidades que não podemos suportar e obrigações que já demonstramos ser incapazes de, ou desinteressados em, cumprir.

Meu correto e honrado amigo lidou particularmente com um aspecto, mas apenas um aspecto. Este é um conflito com terroristas – e nenhum país do mundo está menos preparado para um conflito com terroristas do que a Grã-Bretanha. Não por causa da sua fraqueza ou covardia, mas por causa da sua moderação, das suas virtudes e da maneira de viver com que temos funcionado por tanto tempo nesta ilha protegida. Mas, senhor, se você for atirado dentro de uma briga, você deve se organizar de tal maneira que o oponente possa passar a respeitá-lo. Desaprovo este conflito e vou lidar um pouco mais com o seu preço. De fato, desaprovo muito este conflito, e não considero que fosse necessário. Grandes responsabilidades pesam sobre aqueles que ficaram aquém de suas oportunidades. Uma vez que você é jogado na luta, então nestes assuntos não pode faltar disposição e força de vontade.

Esta é uma situação lamentável. Mesmo que possamos divergir, é uma das mais infelizes e desagradáveis situações em que nos metemos, mesmo nesses anos tumultuados. Aqui estamos, gastando, com as enormes despesas na Palestina, o dinheiro que ganhamos com esforço. Todo mundo sabe das nossas dificuldades financeiras – como é alto o peso dos impostos. Estamos gastando uma grande soma de dinheiro neste problema. Por 18 meses, temos atirado a nossa riqueza nesta infeliz, desafortunada e vergonhosa questão.

E mais: na Palestina há a presença de pelo menos cem mil homens, que poderiam muito bem estar em casa fortalecendo a nossa indústria combalida. O que eles estão fazendo lá? O que estamos ganhando com isso?

Dizem-nos que há um punhado de terroristas de um lado e cem mil tropas britânicas do outro. ... Na minha opinião, deveríamos definitivamente avisar que, a não ser que os Estados Unidos viessem conosco ombro a ombro, numa base de meio a meio, numa política combinada, para tomar uma parcela igual neste derramamento de sangue, ódio, inquietação, despesa e preocupação, iremos entregar o nosso mandato aos pés da ONU. Considerando que há seis meses sugeri que deveríamos fazer isso em 12 meses, sugiro agora que este período seja encurtado para seis meses.

Ficamos mais e mais preocupados e a nossa ansiedade se aprofunda e cresce à medida que as esperanças são deturpadas e que as dificuldades das conseqüências da guerra – que não subestimo – se encontram ainda de modo opressivo diante de nós, em uma nação dividida, afetando profundamente nossas vidas e sentimentos. Nessas condições, realmente, não podemos continuar – em todos os sentidos – com os encargos que usam e drenam a força remanescente da Grã-Bretanha e que estão acima de qualquer dever que assumimos no campo internacional. Sinceramente, confio que o nosso governo irá, se tiver de lutar esta guerra suja, deixar perfeitamente claro que a força de vontade do Estado britânico não pode ser conquistada por bandoleiros e bandidos e que, a não ser que venhamos a ter a ajuda dos Estados Unidos, o nosso governo dará o aviso devido, no momento mais breve possível, de que nos livraremos de uma responsabilidade que estamos falhando em cumprir e que, durante o processo, está nos cobrindo de sangue e vergonha.

O SOCIALISMO É A FILOSOFIA DO FRACASSO

28 de maio de 1948
Conferência Escocesa de Sindicalistas, Perth, Escócia

Advogando a venda de casas públicas aos inquilinos do Estado, Churchill aqui repete a frase "democracia com direito de propriedade", que mais tarde se tornaria um princípio-chave na filosofia do Partido Conservador.

Estamos oprimidos por uma falácia mortal. O socialismo é a filosofia do fracasso, o credo da ignorância e o evangelho da inveja. A não ser que libertemos nosso país, enquanto resta tempo, das doutrinas perversas do socialismo, não pode haver esperanças à recuperação. Esta ilha não pode conservar a sua população como uma grande potência. Os mais dispostos e os mais inteligentes irão emigrar – e nós seremos deixados aqui com uma junta de funcionários de Estado, meditando acima de uma vasta massa de seres humanos preocupados, famintos e prostrados. Nosso lugar no mundo estará perdido para sempre – e não só a nossa auto-estima, mas a nossa independência nacional desaparecerá, privilégios duramente conquistados e que foram caros a nós no passado.

Mas toda essa estrutura de obstinação e falta de sabedoria – erigida para propósitos partidários, e não nacionais – deve ser vista à luz do fato supremo e dominante de nossa situação atual. O governo socialista de Londres se tornou dependente da generosidade do sistema capitalista dos Estados Unidos. Não estamos produzindo o nosso próprio ganha-pão ou fazendo por onde, nem tampouco o governo mostra alguma perspectiva de mudar esta situação no futuro imediato. É este fato terrível que nos ofusca a todos. ...

Quando estive aqui há dois anos, ouvi da Associação Escocesa de Sindicalistas uma frase de grande alcance que me atingiu profundamente: "uma democracia com direito de propriedade." Esse é um tema amplo e útil para explorarmos. Ser dono da própria casa não é um crime. Poupar para assegurar e manter a independência é uma virtude. Por que não deixamos claro que não somente as casas construídas por empresas privadas – quando isso for novamente permitido – podem ser compradas em prestações por seus inquilinos, que se tornarão assim donos da livre propriedade, mas também que deveria haver o direito de se comprar em prestações as casas construídas pelo Estado. Aqui está um passo positivo a ser dado. Algo que teria a mais ferrenha oposição do Partido Socialista, que deseja ver a todos como inquilinos do Estado.

O QUE VAI ACONTECER QUANDO ELES TIVEREM A BOMBA ATÔMICA?

9 de outubro de 1948
Conferência do Partido Conservador, Llandudno, País de Gales

Ciente de que os soviéticos poderiam dentro de alguns meses ter a sua própria bomba atômica, Churchill encarava o tema como de urgência máxima e defendia que os aliados ocidentais deveriam tomar medidas, sob a liderança dos Estados Unidos, para garantir que tais armas não chegassem ao poder do Kremlin.

Espero que vocês dêem total consideração às minhas palavras. Eu nem sempre estive errado. Nada mais há entre a Europa de hoje e a completa sujeição à tirania comunista senão a bomba atômica nas mãos dos americanos. ...

A pergunta é: o que acontecerá quando eles tiverem a bomba atômica e acumularem um grande estoque delas? Vocês podem avaliar o que vai acontecer no futuro pelo que está ocorrendo agora. Se essas coisas estão sendo feitas às escondidas, o que será feito em céu aberto? Se eles podem continuar todo mês a perturbar e atormentar o mundo, confiando em nossas inibições altruísticas e cristãs contra o uso deste incomum e novo poder contra eles, o que farão quando eles mesmos tiverem grandes quantidades de bombas atômicas? Qual seria a situação esta tarde se fosse a Rússia comunista, em vez da América da livre-iniciativa, que tivesse criado a arma atômica? Em vez de uma sombria garantia de paz e liberdade, a bomba teria se tornado um terrível instrumento de escravidão humana.

Ninguém de bom senso pode acreditar que temos diante de nós um período ilimitado de tempo. Temos de tratar deste assunto com prioridade e tomar uma decisão final. Não deveríamos seguir caminhando com a imprevidência e com a incompetência, esperando que alguma coisa aconteça – quero dizer: esperando que alguma coisa ruim a nós aconteça. As nações ocidentais terão uma oportunidade muito melhor de chegar a um acerto duradouro, sem derramamento de sangue, se formularem suas justas demandas enquanto têm o poder atômico – e antes que os comunistas russos também o tenham. ...

Quando visualizo o futuro de nosso país no caminho inconstante do destino humano, sinto a existência de três grandes círculos entre as nações livres e democratas. Eu bem que poderia ter um quadro-negro, faria uma imagem para vocês. Não imagino que acabasse pendurada na Academia Real[20], mas ilustraria o ponto o qual estou aflito que vocês tenham em mente. O primeiro dos grandes círculos para nós é, obviamente, a Comunidade dos Estados Britânicos e o Império Britânico, com tudo o que isso compreende. Há também o mundo de língua inglesa, onde nós e mais o Canadá, outros domínios britânicos e os Estados Unidos representam um papel tão importante. E finalmente há a Europa unida.

Estes três grandes círculos são co-existentes e, se forem reunidos em conjunto, não há nenhuma força ou combinação que possa derrubá-los ou mesmo desafiá-los. Agora, se vocês imaginarem os três círculos interligados, verão que nós somos o único país que tem ampla participação em cada um deles. Estamos, de fato, no próprio ponto de intercessão e, aqui nesta ilha, no centro das rotas marítimas e talvez aéreas, também temos a oportunidade de unir todos os círculos, colocando-os todos juntos. Se nós fizermos jus à ocasião, nestes anos que estão por vir, talvez possa acontecer que, uma vez mais, teremos a chave que abre um futuro seguro e feliz à humanidade – e ganharemos, para nós, gratidão e fama.

O Tratado do Atlântico Norte

12 de maio de 1949
Câmara dos Comuns

Aqui está finalmente o tratado das democracias européias e norte-americanas que dá origem à Otan e que Churchill tinha solicitado em Fulton há três anos, no discurso sobre a "Cortina de Ferro". Se tivesse havido uma organização assim, com a participação americana, durante a década de 1930, Churchill estava convencido de que a Segunda Guerra Mundial (a "guerra desnecessária", como ele a chamava) teria sido evitada.

A nossa cordial saudação ao Pacto Atlântico. Nossos agradecimentos aos Estados Unidos, pelo papel esplêndido que estão representando no mundo. Como eu disse quando estava lá outro dia:

> Muitas nações chegaram à cúpula dos assuntos mundiais, mas aqui está um grande exemplo de uma supremacia recém-conquistada que não tem sido usada para o seu próprio engrandecimento, mas apenas para sacrifícios adicionais.

Os sacrifícios são muito grandes. Além das enormes somas enviadas à Europa sob a rubrica do Plano Marshall[21], o Pacto Atlântico acarreta necessariamente subsídios adicionais a suprimentos militares que estão estimados em mais de um bilhão de dólares até o ano de 1950. Todo esse valor tem de ser arrecadado com tributos sobre a produção anual do povo trabalhador americano – que não é só de milionários de Wall Street e vive em locais muito diferentes de Wall Street. Algo como esse programa que provê enormes somas à defesa e ao auxílio da Europa, algo assim jamais foi visto na história. Reconhecemos isso com gratidão e devemos continuar a fazer a nossa parte, como estamos fazendo de maneira valorosa e no melhor de nossa capacidade. ...

Eu sempre esperei pela associação fraternal do mundo de língua inglesa e também pela união da Europa. É somente dessa maneira, na minha opinião, que a paz e o progresso da humanidade podem ser mantidos. Expressei essas opiniões em Fulton, em março de 1946, depois que os fatos, aos quais me referi, haviam mostrado as novas diferenças que tinham aparecido em relação à Rússia.

Embora o que eu disse naquela ocasião possa ser lido tranqüilamente hoje em dia e fique aquém do que realmente foi feito e aquém do que a Casa tem de votar no momento, uma moção de censura contra mim foi colocada na Ordem, em nome do honrado representante de Luton [o senhor Warbey] e nos seguintes termos:

> Paz mundial e segurança – Que esta Casa considere que as propostas para se formar uma aliança militar entre a Comunidade dos Estados Britânicos e os Estados Unidos da América, com o propósito de combater a difusão do comunismo, tal como foi colocada num discurso em Fulton, Missouri, Estados Unidos, pelo correto honrado cavalheiro representante de Woodford, sejam consideradas como capazes de provocar dano às boas relações entre a Grã-Bretanha, os EUA e a URSS, e desfavoráveis à causa da paz mundial.

Sobre a parte operacional, é muito incomum, quando um representante está fora do gabinete de governo, que uma moção deste tipo seja colocada na Ordem, a respeito de um discurso que foi feito por responsabilidade própria. No entanto, não menos do que 105 representantes honorários do partido de oposição colocaram os seus nomes na moção. Eu não os vejo todos aqui. Alguns estão, mas, é claro, sinto que houve um amplo processo de conversão e, naturalmente, aprovo conversões, assim como o governo de Sua Majestade. Dizem que há mais alegria em um pecador que se arrepende do que em 99 pessoas que não precisam se arrepender. Aqui, temos aproximadamente um grupo de cem, pelo que posso avaliar, embora alguns deles tenham enfatizado a mudança de opinião por que passaram por meio de um apropriado ato de penitência, que foi o de se abster de comparecer a este debate. ...

A situação é, portanto, sem precedentes e imprevisível sob muitos pontos de vista. Acima de tudo isso, reina o sempre crescente poder da bomba atômica, nas mãos dos Estados Unidos. Na minha opinião, é isso, e apenas isso, que nos tem dado tempo para tomar medidas de autoproteção e para desenvolver as ações que tornam possíveis tais medidas, uma das quais está diante de nós esta tarde.

Nossos mestres socialistas

9 de fevereiro de 1950
Forum Cinema, Devonport

Aos 75 anos, Churchill liderou o Partido Conservador nas eleições gerais em que a maioria esmagadora dos socialistas, em 1945, foi reduzida a apenas sete cadeiras, cinco anos depois. Veio a Plymouth em Devon para apoiar o seu filho, Randolph, que estava enfrentando Michael Foot, um futuro líder do Partido Trabalhista que quase ficou sem o seu lugar no Parlamento.

Nestas eleições, tivemos de enfrentar mentiras grotescas, o tipo de coisa que não poderia ser sustentado no Parlamento ou perante alguma platéia imparcial, mas que pode ser espalhado boca a boca, de porta em porta, pelos propagandistas socialistas.

A primeira distorção colossal dos fatos – ou "inexatidão terminológica", se vocês gostarem da expressão (há variantes mais curtas, mas temos de ser cuidadosos nestas eleições, as quais, nos foi dito, devem ser levadas com educação). Bem, a primeira das distorções dos fatos foi uma declaração de que o Partido Conservador pensou em gerar o desemprego a fim de que a necessidade de se achar um emprego pudesse acrescentar mais estímulo ao trabalho. Não há nenhuma verdade nisso. É uma sugestão monstruosa. Isso foi comentado ontem à noite no rádio pelo porta-voz do governo [James Griffiths].

A ostentação socialista de que o desemprego foi sanado explodiu em suas próprias bocas, pelas declarações de Morrison[22] e de sir Stafford Cripps[23]. Todos disseram que haveria algo como dois milhões de desempregados se não fosse pelo empréstimo americano. É engraçado ver o governo socialista na Inglaterra se mantendo vivo, econômica e politicamente, graças aos enormes montantes anuais de dólares da América capitalista! Eles buscam os dólares, rogam pelos dólares, gritam pelos dólares, devoram os dólares. Mas, em todo o seu manifesto de oito mil palavras, não conseguem dizer "obrigado" pelos dólares.

Ficou também demonstrado que tínhamos um plano conjunto, nos tempos do governo de guerra, para lidar com o desemprego se este ocorresse depois da guerra. Todos os principais ministros socialistas tomaram parte neste plano, que ainda permanece bom. Portanto, não é mais uma questão de debate. Neste ponto, todos nós concordamos. Eles admitem que o desemprego foi evitado pelos dólares americanos e nós estamos amplamente de acordo no que devemos fazer para evitar ou mitigar o desemprego, se este retornar. Todo mundo sabe que qualquer governo que chegue ao poder, como resultado destas eleições, fará o máximo para evitar o desemprego. Como e o quanto será bem-sucedido irá depender dos métodos que empregar e dos apuros em que estivermos. Garanto a vocês que não pode haver melhor salvaguarda contra o desemprego, nos próximos anos, do que retornarmos a um governo que venha a reativar a confiança do mundo inteiro em nosso país.

Em campanha eleitoral no distrito de Woodford, 1951.

E agora tem a história dos subsídios de alimentos. Sir Stafford Cripps disse-nos na transmissão de rádio que o Partido Conservador decidiu abolir os subsídios de alimentos. Um montante de 406 milhões de libras está sendo gasto em subsídios de alimentos, o que é apresentado como um presente gentilmente dado pelo governo de bom grado a toda a nação. Não é um presente. Muito mais que isso é tirado em impostos pelo generoso governo. Morrison, evidentemente em conivência, repetiu esta "o que vocês quiserem chamar", em uma outra noite. É totalmente mentira. Não temos nenhuma intenção de abolir subsídios alimentares até que, e a não ser que, estejamos inteiramente seguros de que as necessidades básicas da vida estejam disponíveis a preços que todas as pessoas possam pagar, até mesmo os mais pobres.

Há pouco mais de duas semanas, a doutora Edith Summerskill[24] disse em Kettering: "O governo britânico poderia abolir o racionamento amanhã se estivesse disposto a deixar os grupos de renda mais baixa sem nada, enquanto os mais ricos comprariam todos os suprimentos disponíveis. Mas não está disposto a isso." Este é um exemplo muito bom do funcionamento incômodo e custoso dos métodos e da mecânica socialista. Surge imediatamente a pergunta se não há alguma maneira melhor de ajudar os grupos de renda mais baixa a encontrar comida a preço barato do que manter funcionando um mecanismo de racionamento vasto, complexo e custoso.

A nossa visão é a de que os mais fortes devem ajudar os mais fracos. Na visão socialista, os mais fortes devem ser mantidos no nível baixo dos fracos, a fim de se ter parcelas iguais para todos. Quão pequena seja esta parcela não interessa tanto, na opinião deles, desde que seja igual. Eles prefeririam que todos tivessem meia ração a qualquer um poder ter uma segunda. Antes da guerra, quando não havia de fato as rações, os que são chamados "grupos de renda mais baixa" consumiam, governados pelos "conservadores diabólicos", uma vez e meia a mais de carne e mais de duas vezes de açúcar – em relação ao que a doutora Summerskill dá de esmola hoje a todos nós. Nos anos antes da guerra, a dieta nas casas dos trabalhadores em Londres era superior em carne, gorduras, açúcar – e também em variedade – àquela que pode ser comprada hoje por um assalariado plenamente empregado. Mesmo assim, ouvindo os socialistas falarem no rádio, especialmente Herbert Morrison e sir Stafford Cripps, vocês poderiam acreditar que estamos vivendo em um paraíso perfeito de abundância e boa administração.

Aplicar o princípio socialista de igualdade a todo custo é, de fato, estabelecer que o ritmo do avanço de nosso exército social deve ser o ritmo dos homens mais lentos e fracos. Este princípio é naturalmente destruidor de todas as esperanças de vitória nos avanços sociais e filantrópicos. Condenaria indubitavelmente a nossa ilha, com a sua enorme população, a um padrão de vida mais baixo e mais limitado do que o que prevalece em qualquer outro lugar no mundo civilizado.

Eis o que nos dizem: "Vejam o que aconteceu quando os mantimentos saíram do racionamento." Não estou totalmente seguro de que este não tenha sido um trabalho feito em conchavo, feito com a expectativa do fracasso e de modo a servir como exemplo. Com certeza, foi feito da maneira mais desajeitada por aqueles que tinham todo o interesse em evitar que fosse um sucesso.

Nós certamente esperamos pelo dia em que deixaremos de ser o único país no mundo livre e civilizado onde prevalece o racionamento de guerra. Mas prometo que qualquer governo conservador com o qual eu esteja relacionado não irá eliminar o racionamento de nenhuma mercadoria básica até que estejamos certos de que isso não só irá prover benefícios à grande massa da população, mas também irá proteger os grupos de renda mais baixa das dificuldades.

Vocês sabem, senhoras e senhores, os nossos mestres socialistas pensam que sabem tudo. Eles até mesmo tentam ensinar à dona-de-casa como comprar os seus alimentos. "Não se pode confiar nas donas-de-casa", disse Douglas Jay[25], "para comprar todas as coisas certas no que diz respeito à nutrição e à saúde. Isso realmente nada mais é do que uma extensão do princípio segundo o qual a própria dona-de-casa não confiaria numa criança de quatro anos para selecionar as compras da semana. Pois, em assuntos de nutrição e saúde, assim como de educação, o cavalheiro em Whitehall[26] realmente sabe o que é bom para o povo e sabe mais do que o próprio povo sabe."

Isso foi o que o senhor Jay disse. Será que houve algum período na história desta ilha em que tamanha amostra de impertinência tenha sido divulgada por um ministro? Vamos convocar este governo a se responsabilizar mais por suas próprias falhas. Vamos pegá-los primeiro em todas as promessas que fizeram no que diz respeito à habitação. Antes da guerra, com o "diabólico" governo conservador, com Neville Chamberlain no comando, estávamos chegando a mil casas por dia. Não havia nenhuma euforia com relação a isso. Um certo montante de ajuda era dado às autoridades locais, mas nenhum subsídio à indústria privada. Aquele governo apenas deixava as coisas andarem naturalmente. Mil casas por dia!

E agora, o que aconteceu? Eles não conseguem construir metade do que os conservadores, sob o comando de Neville Chamberlain, estavam construindo sem alarde, sem tornar o fato, afinal, uma questão política. Os "diabólicos conservadores" – mil casas; os "nobres socialistas" – 500, cada uma delas custando três vezes o que custavam antes da guerra.

Aqui, em Plymouth, me disseram que vocês têm uma lista de espera de 11 mil casas. Randolph [Churchill] me diz que há em Devenport casas que foram construídas pela iniciativa privada antes da guerra, em 1938, pelas quais as pessoas pagaram 685 libras. Estas casas são vendidas por duas mil libras hoje em dia. Que sinal da eficiência socialista. Que maneira de gerar valor ao dinheiro. Que indício da perda do poder de compra do dinheiro, poder do qual dependem incontáveis transações que temos de fazer, todos nós, entre todos nós, em qualquer comunidade.

Se o governo estivesse tentando dar casas a vocês, em vez de fazer política, se estivesse pensando em tijolos e cimento, em vez de em maldades e venenos, muitas famílias nesta cidade e muitas dezenas de milhares de famílias nesta ilha teriam hoje um telhado, uma porta da frente e uma lareira de sua propriedade. Acho que os socialistas deveriam ser convocados pelos eleitores a se explicar, após o seu triste e infame desempenho. Alardes, promessas, compromissos, por um lado, e a vergonhosa falta de produção, por outro. Nenhum governo – a não ser este governo socialista – poderia ter ficado tão abaixo do dever público e das obrigações solenes. ...

A sir Stafford Cripps é creditada a afirmação: "É preciso ter controles, de tal sorte, que as pessoas não possam fazer apenas como elas desejam." Aí fala a verdadeira voz do socialista. As pessoas não devem fazer o que elas desejam. Devem fazer aquilo que os mestres socialistas (para usar as palavras do procurador-geral) pensam que é bom e que dizem como fazer.

Assim, o Partido Socialista e a doutora Summerskill têm outras razões para querer manter todo o sistema do racionamento de comida em plena operação, razões que vão além da simpatia pelos grupos de renda mais baixa e da ignorância sobre a melhor maneira de ajudá-los. Bottomley, subsecretário do Comércio Exterior, disse há 18 meses em Copenhague: "Enquanto um governo socialista estiver no poder na Grã-Bretanha, pode-se esperar que um sistema de racionamento seja mantido." Assim, temos não só o racionamento pelo motivo do próprio racionamento, mas o Ministério dos Alimentos pelo motivo do Ministério. E, numa administração socialista, esta forma de fazer as coisas cresce em custos a cada mês que passa.

Em tempos de guerra, o racionamento é a alternativa à fome. Na paz, pode muito bem se tornar uma alternativa à abundância. Há hoje um funcionário do Ministério dos Alimentos para cada 250 famílias no país. Há mais de 42 mil funcionários no total. Mas, a doutora Summerskill e o seu chefe (não vou dizer "o seu superior"), o senhor Strachey, regozijam-se com o sentimento de que têm um exército tão grande para comandar. O difícil e angustiante problema deles é ter a certeza de que há muito a fazer, para justificar a existência do Ministério e dar a eles esta grande massa de patrocínios e oportunidades incontáveis de interferir nas vidas de outras pessoas.

Na crise da guerra em 1940, quando lorde Woolton era ministro dos Alimentos, quando os submarinos alemães estavam afundando nossos navios e os ataques aéreos destruindo os nossos portos, os salários pagos aos funcionários do ministério dos Alimentos somavam menos de 4,5 milhões de libras e os custos administrativos totais do departamento eram de menos de 8 milhões de libras.

Porém, os custos de todos esses departamentos tendem a crescer. Os socialistas tentam fazê-los crescer porque é parte da sua política ter esta vasta máquina funcionando. Além disso, gostam de ter, todo dia, tantas pessoas comuns em seu poder e dependentes deles quanto for possível. Em 1949, os salários pagos pelos socialistas aos funcionários do ministério dos Alimentos subiram de 4,5 milhões em 1940 para 14 milhões de libras. O custo administrativo total de manter o departamento e gerenciar o esquema de racionamento subiu de 8 milhões para 21 milhões de libras. Como já foi muito bem dito: "Os custos sobem, mas não as porções."

Quem vocês acham que paga por todos estes 42 mil funcionários e por toda esta abundante despesa administrativa? Cada família no país paga por isso na comida que recebe. A comida que recebem vem à mesa acrescentada desta pesada carga pela qual vocês pagam, bem como pelos subsídios alimentares que são dados, independentemente das despesas, a milhões de pessoas prósperas que não precisam deles de jeito nenhum. A fim de pagar por isso e por outras instituições socialistas similares, impostos opressivos são exigidos de todos – a cerveja e o fumo são tributados como nunca foram tributados antes. Os impostos nas compras impõem dificuldades reais sobre a dona-de-casa e, particularmente, sobre aqueles que têm residências e famílias para cuidar.

O imposto de renda, cobrado sobre horas-extras e sobre as formas mais elevadas de serviços qualificados, desencoraja o esforço e a habilidade superior sem os quais as nossas indústrias não podem se manter e competir no mundo moderno.

Os socialistas alegam que dão aos grupos de baixa renda – e a todos os outros – alimentos mais baratos, pelo sistema de racionamento e subsídios alimentares. Para fazer isso, eles têm primeiro de tirar o dinheiro dos bolsos das pessoas e depois, então, mandá-lo de volta a elas, depois de já terem sido feitas deduções pesadas para manter um grande número de funcionários administrando o sistema de racionamento – que o senhor Strachey e a doutora Edith Summerskill estão determinados a manter funcionando, seja necessário ou não.

Pequenas doações foram feitas e vieram no momento oportuno, para as eleições. É esperado que todos nós mudemos nossas convicções políticas, dando os nossos votos ao governo só porque um pouco mais de chá e de açúcar foi poupado e distribuído. É um insulto à inteligência da nação britânica.

Sir Stafford Cripps agora se vangloria, mesmo tendo negado antes, que o governo socialista tenha distribuído a países no exterior 1,5 bilhão de libras, desde que chegaram ao poder, para ajudar na reconstrução do mundo. Mas tiveram de tomar emprestado em primeiro lugar dos Estados Unidos, ou receberam deles em doação. Somente o empréstimo ou a doação é capaz de fazer a Grã-Bretanha andar sobre as suas próprias pernas novamente. Agora o dinheiro se foi. Uma parcela de 1% deste 1,5 bilhão de libras teria sido bastante para dar a cada motorista uma razoável porção de petróleo.

Os conservadores estão tão interessados quanto os socialistas em ajudar os outros países do mundo a voltarem à vida – mas acreditamos que deveríamos ser justos antes de sermos generosos. Serão necessários argumentos fortes para me convencer de que o nosso povo deveria ser desprovido do uso dos seus automóveis, enquanto outros países desfrutam de abundante oferta de petróleo, comprado com o dinheiro que demos de presente a eles e cuja a maior parcela ainda nos mantém devedores da América.

O socialismo é contrário à natureza humana. O comércio e as trocas comerciais sempre foram uma grande força neste país. Se dificuldades se abateram nestes últimos quatro anos e meio sobre os negócios, é porque estes foram dificultados. A mancha negra que hoje nos confronta se deve aos homens que encabeçam este governo, que nos tem liderado e administrado. Devemos mergulhar nesse poço de tormento, para nascer de novo e superar todos os perigos que ameaçam a nossa vida e a nossa independência – como sempre fizemos antes.

A razão pela qual peço uma maioria ampla não é para que, assim, um partido possa liderar sem questionamentos ou para que, assim, favores especiais possam ser concedidos a uma classe ou a interesses absolutos. Peço uma maioria ampla que gere aquela grande unidade nacional onde a nossa salvação será encontrada. Não deixem de se esforçar. Não percam as esperanças na terra natal. Ninguém pode dizer o que o futuro irá trazer, mas acredito que, se agirmos com sabedoria, se lidarmos com dedicação uns com os outros e se colocarmos o nosso país perante os nossos olhos, com a sua história gloriosa e inspiradora e com o seu futuro ilimitado, exceto por nossas próprias deficiências, nós deveremos nos sair muito bem. Não só os perigos do presente podem ser superados e os seus problemas resolvidos, mas, tendo salvado o mundo na guerra, devemos salvar a nós mesmos, na paz.

VALENTE DEFENSORA DA LIBERDADE

9 de novembro de 1951
Banquete do prefeito, *Guildhall*, Londres

Os conservadores ganharam as eleições com uma maioria ampla e Churchill, com quase 77 anos, voltou ao cargo de primeiro-ministro para um segundo e último mandato.

Embora eu tenha, nos últimos 40 anos, comparecido com freqüência a estes famosos banquetes em Guildhall[27] para saudar o novo prefeito, esta é a primeira ocasião em que me dirijo aqui, a esta assembléia, como primeiro-ministro. A explicação é plausível. Quando eu deveria ter vindo a este local como primeiro-ministro, Guildhall tinha explodido e, antes de ser restaurado, eu tinha sido expelido! [do cargo de primeiro-ministro]. Pensei na época que ambos foram um desastre. Agora, no entanto, estamos todos juntos aqui, numa união que, espero, possa trazer boa sorte. ...

Qual é o cenário mundial que se apresenta hoje a nós? Forças poderosas com armas terríveis estão desafiando uma a outra à beira do abismo e, tenho a impressão esta noite, um abismo onde ninguém deseja cair e para onde ambas podem ser levadas à ruína comum. De um lado, posicionam-se todos os exércitos e as forças aéreas da Rússia Soviética e dos Estados satélites comunistas, além de agentes e fanáticos em tantos países. Do outro, estão as chamadas "democracias ocidentais", com recursos bem superiores, no momento apenas parcialmente organizados, reunindas em torno dos Estados Unidos, que possui o domínio da bomba atômica. Não há dúvidas sobre o lado em que nos encontramos. A Grã-Bretanha, a Comunidade dos Estados Britânicos e o Império Britânico, ainda centrados nesta ilha, estão ligados à Grande República do outro lado do Oceano Atlântico, por laços cada vez mais fortes e por um entendimento cada vez mais claro da necessidade comum e da autopreservação.

Os sacrifícios e esforços que os Estados Unidos estão fazendo para deter, e se possível evitar, que a agressão comunista leve à frente invasões adicionais sobre o mundo livre são o principal fundamento da paz. Um décimo dos esforços que agora estão sendo feitos pela América teria evitado a Segunda Guerra Mundial e teria provavelmente levado à queda de Hitler, com praticamente nenhum sangue derramado exceto talvez o seu próprio. Sinto uma profunda gratidão para com o nosso grande aliado americano. Eles alcançaram a liderança do mundo sem nenhuma outra ambição senão a de servir dedicadamente às causas maiores. Estou ansioso para que a Grã-Bretanha também exerça o seu papel de forma plena e espero ver um renascimento da sua antiga influência entre as potências aliadas e, na verdade, entre todas as potências.

Não se deve esquecer que no último governo assumimos riscos peculiares ao prover, em East Anglia[28], a primeira base atômica aos Estados Unidos, e, como conseqüência disso, nos colocamos na vanguarda do antagonismo aos soviéticos. Temos, portanto, pelo nosso ponto de vista, toda a necessidade e todo o direito de buscar e receber a mais completa consideração dos americanos, e estou seguro de que isso não nos será negado.

A fim de recuperar a nossa posição, devemos fazer o máximo para restabelecer tão rapidamente o quanto possível nossa solvência e independência, econômica e financeira. Ficamos chocados e surpresos com a situação na qual nos confrontamos, depois de aceitar o encargo [do governo], há duas semanas. Isso resultou em parte de causas mundiais, mas também em parte da prolongada atmosfera eleitoral em que vivemos por quase dois anos, sobretudo nos últimos dois meses. Certamente nos foi deixada uma teia complicada de compromissos e carências, algo como eu jamais havia visto antes. Espero e rezo para que nos concedam a sabedoria e a força para lidar com estes problemas de forma efetiva.

Se estas condições de uma furiosa batalha política, entre as duas metades da nossa Grã-Bretanha, dividida em partidos, continuarem de modo indefinido, e se tivermos todos de viver à sombra de uma terceira eleição geral, isso não vai ser nada bom para os principais e vitais interesses da nação britânica ou para a sua influência nos negócios mundiais.

Apesar disso, qualquer que seja a forma das coisas caminharem, não iremos faltar com o nosso dever, quão impopular este seja. Não são aplausos que procuramos ganhar ou votos que tentamos angariar, mas sim respeito e confiança. Isso não pode vir apenas com palavras, mas somente com ações que se sustentem pelos seus resultados, que não são conseguidos com o aceno de um bastão. É necessário tempo para uma nova administração entender e medir os fatos que nos circundam, em um arranjo confuso e ameaçador. É necessário mais tempo para que os remédios que propomos, e vamos propor, possam produzir efeitos curativos. Nada poderia ser mais fácil do que este país, separado politicamente em partes, tremer e trepidar a caminho da falência e da ruína. Mas, no passado, sob sérias pressões, nós nos provamos como um povo sábio e invencível – e tenho certeza de que vamos ser bem-sucedidos novamente.

O vitorioso na campanha deposita o seu voto em Woodford,
no dia das eleições, 1951.

Sem dúvida, o governo de Sua Majestade cometerá erros. Não vamos hesitar em admiti-los. Eu cometi muitos erros na guerra. É, porém, sempre um conforto, em tempos de crise, sentir que se percorre o caminho do dever, de acordo com o conhecimento que lhe é concedido. Desta forma, não é preciso temer o que possa acontecer. Foi neste espírito que superamos os mais graves perigos há 11 anos. E tenho uma boa e alegre esperança de que grande parte da nação irá nos dar a sua generosa ajuda em todos os assuntos de importância nacional. Se isso acontecer, os britânicos poderão sentir, em dois ou três anos, que não foram conduzidos por caminhos errados e que a Grã-Bretanha estará novamente erguida, calma, determinada e independente; fiel servidora da paz, valente defensora da liberdade e parte honrada de um instrumento global para a preservação de ambas.

NÃO DEVEMOS PERDER A ESPERANÇA

17 de janeiro de 1952
Congresso dos Estados Unidos, Washington, D.C.

Churchill foi a Washington para tratar de assuntos com o presidente Truman e fez o seu terceiro discurso no Congresso dos EUA.

Venho trabalhando por muito tempo pela causa de uma Europa unida, até mesmo pelos Estados Unidos da Europa, o que permitiria àquele continente, fonte da nossa cultura antiga e moderna, e pai do Novo Mundo, retomar e reviver o seu antigo esplendor. É minha sincera esperança e convicção de que a unidade européia seja atingida e que isto não estará, ao fim das contas, limitado somente aos países que no momento compõem a Europa ocidental. Eu disse em Zurique, em 1946, que a França deveria dar as mãos à Alemanha, conduzi-la de volta à família das nações e assim encerrar uma luta de mil anos que fragmentou a Europa em pedaços e acabou por mergulhar, por duas vezes, o mundo inteiro no caos e na carnificina.

Um progresso veloz e real está sendo feito na direção da unidade européia, e é tanto um dever quanto uma política da Grã-Bretanha, da Comunidade dos Estados Britânicos e dos Estados Unidos fazer o melhor – todos nós – para ajudar e acelerar esse processo. Como precursora da Europa unida, há a idéia de um Exército europeu, o qual jamais poderia atingir a sua força necessária sem a inclusão da Alemanha. Se este objetivo indispensável e urgente está sendo alcançado pela fusão das forças das nações continentais, fora daquilo que chamei em momentos anteriores de a "Cortina de Ferro", então esta grande operação merece o nosso pleno apoio.

Porém, membros do Congresso, a fusão não é a única maneira pela qual a defesa da Europa ocidental pode ser erigida. O sistema de uma grande aliança, tal como a que foi criada pela Organização do Tratado do Atlântico Norte [Otan], não é impedimento à fusão de tantos membros quantos quiserem uma unidade mais forte. E as tropas americanas, britânicas e canadenses estarão – na verdade, já estão – ombro a ombro com os seus companheiros europeus na defesa da civilização e da liberdade do Ocidente. Estamos unidos sob o comando do general Eisenhower, para defender a causa comum de uma eventual e violenta agressão.

O que mais interessa não é a forma de fusão ou de combinação – uma palavra que aprendi por aqui[29] – mas o número de divisões, e de divisões blindadas, e o poder das forças aéreas e de suas armas disponíveis, para uma ação unificada sob um comando supremo. Na Grã-Bretanha, formações militares foram retiradas da nossa ilha numa extensão que nunca vi antes, e não posso aceitar a mínima repreensão, oriunda de qualquer lugar, de que não estamos cumprindo plenamente o nosso dever porque a Comunidade dos Estados Britânicos, espalhada pelo mundo inteiro, não está preparada para se tornar um Estado ou um grupo de Estados em qualquer sistema federativo continental, nos dois lados do Atlântico.

Quanto mais cedo forem reunidas forças suficientes e poderosas na Europa, sob um comando unido, tão mais efetivos serão os elementos de dissuasão contra uma terceira guerra mundial. Mais cedo também o nosso sentimento de segurança, e a nossa própria segurança, terá por base homens corajosos, determinados e bem armados, no lugar de segredos terríveis que a ciência arrancou da natureza. No momento, deve-se reconhecer, esses segredos são a dissuasão suprema a uma terceira guerra mundial e a mais efetiva garantia de vitória.

Se é que eu posso dizer isso, membros do Congresso, sejam cuidadosos, acima de tudo, em não abandonar a arma atômica até que vocês estejam seguros – mais do que seguros – de que outros meios de se preservar a paz estão em suas mãos. Acredito que, pelo acúmulo de elementos de dissuasão de todos os tipos contra a agressão, iremos de fato impedir a terrível catástrofe, cujos temores escurecem a vida e arruínam o progresso de todos os povos do globo.

Devemos perseverar com dedicação na tarefa com a qual, sob a liderança dos Estados Unidos, nos obrigamos de forma solene. Qualquer enfraquecimento de nossos propósitos e qualquer desmantelamento de nossa organização traria à tona os males que tanto tememos – dos quais todos nós iríamos sofrer e dos quais muitos de nós iriam morrer.

Não devemos perder a paciência e não devemos perder a esperança. Pode ser que, momentaneamente, um novo ambiente reine por trás da Cortina de Ferro. Se assim for, vai ser fácil para eles mostrá-lo, mas as democracias devem ficar atentas para não serem ludibriadas por um falso amanhecer. Nós não buscamos ou invejamos o território de ninguém; não planejamos nenhuma guerra antecipada; confiamos e rezamos para que tudo acabe bem. Mesmo durante estes anos daquilo que se chama de "Guerra Fria", a produção material em todos os lugares está melhorando continuamente, por intermédio do uso de novas máquinas, da melhor organização e do avanço da ciência pacífica.

O grande salto, no entanto, rumo ao progresso e à prosperidade, pelo qual a humanidade está aguardando, não poderá vir até que a sombra da guerra tenha desaparecido. Há, porém, compensações históricas pelas tensões que sofremos na "Guerra Fria". Sob a pressão e sob a ameaça da agressão comunista, a associação fraternal dos Estados Unidos com a Grã-Bretanha e a Comunidade dos Estados Britânicos, e a nova unidade que cresce na Europa – em nenhum lugar mais esperançosa do que entre a França e a Alemanha – todas essas harmonias estão sendo criadas para durar talvez por várias gerações no futuro do mundo. Se isso se mostrar verdadeiro – e certamente foi verdadeiro até agora – os arquitetos do Kremlin poderão descobrir que construíram uma estrutura mundial muito melhor do que aquela que tinham planejado.

Membros do Congresso, eu me concentrei hoje repetidamente em muitas das mudanças que aconteceram ao redor do mundo desde que vocês me convidaram pela última vez para falar aqui. Vocês irão concordar que é praticamente impossível reconhecer o novo cenário ou acreditar que tudo isso possa verdadeiramente ter acontecido. Mas há algo que se mantém exatamente igual desde que estive aqui da última vez. A Grã-Bretanha e os Estados Unidos estão trabalhando juntos e trabalhando pela mesma causa nobre. Bismarck[30] disse uma vez que o fato supremo do século XIX era o de que a Grã-Bretanha e os Estados Unidos falavam a mesma língua. Vamos nos garantir de que o fato supremo do século XX seja o de que os dois países andem pelo mesmo caminho.

O rei Jorge VI

7 de fevereiro de 1952
Transmissão de rádio, Londres

O rei Jorge VI morreu em Sandringham, na noite de 5 de fevereiro. Ele estava gravemente doente já há algum tempo. A frase de Churchill – "o rei caminhava com a morte como se a morte fosse uma companhia" – tocou profundamente a todos que a ouviram.

Meus amigos, quando a morte do rei nos foi anunciada, ontem pela manhã, algo profundo e solene marcou as nossas vidas. Algo que, à medida que ressoava de forma ampla e para bem longe, calava, em muitos lugares, o barulho e o tráfego da vida no século XX. Milhões de seres humanos pararam e olharam em volta. Um novo senso de valores se apoderou, por um certo tempo, das mentes humanas, e a existência mortal se apresentou a tantos com a sua serenidade e a sua tristeza, com o seu esplendor e a sua dor, com a sua força e o seu sofrimento.

O rei era muito amado por todos os seus povos. Era respeitado como homem e como príncipe, muito além dos lugares sobre os quais reinava. A dignidade simples da sua vida, suas virtudes humanas, sua percepção do dever, seja como governante seja como servidor das vastas esferas e comunidades pelas quais tinha responsabilidade, o charme alegre e a natureza feliz, o exemplo como pai e marido, no próprio círculo familiar; a coragem na paz ou na guerra, todos estes foram aspectos do seu caráter que ganharam o brilho da admiração, ora aqui, ora além, dos incontáveis olhos cuja contemplação recai sobre o trono.

Pensávamos nele como um jovem tenente naval, na grande batalha da Jutlândia[31]. Pensávamos nele sem ambição ou necessidade de autoconfiança, quando de forma serena assumiu ao fardo pesado da coroa e sucedeu a seu irmão a quem amava e a quem tinha dedicado uma lealdade perfeita. Era aplicado no estudo e no desempenho dos negócios do Estado, forte na resistência da honra de nosso país, contido nos julgamentos dos homens e dos negócios, sempre acima da briga dos partidos políticos e ainda assim atento. Tão sábio e perspicaz em julgar o que interessa e o que não interessa. Tudo isso nós vimos e admiramos. Sua conduta no trono pode muito bem ser um modelo e um guia para soberanos constitucionais em todo o mundo hoje e também para futuras gerações.

Os últimos meses de vida do rei Jorge, com toda a dor e a tensão física que sofreu – com a vida em suspenso dia após dia –, mantiveram-no o tempo todo entusiasmado e destemido; golpeado no corpo, mas tranqüilo e sereno no espírito, o que causou uma profunda e duradoura impressão e deve servir de consolo para todos. Ele teve o apoio não somente de sua alegria natural, mas de sua sincera fé cristã. Durante estes últimos meses, o rei caminhava com a morte, como se a morte fosse uma companhia, um conhecido que reconhecia e não temia. Ao fim, a morte veio como um amigo e, depois de um dia feliz de sol e de atividades, e depois da "boa noite" àqueles que o amavam mais, dormiu como todo homem ou mulher que tenta temer a Deus e que nada mais no mundo espera fazer.

Quanto mais próximo estivéssemos dele, mais esses fatos eram aparentes. Os jornais e as fotografias dos tempos modernos fizeram com que um grande número de seus súditos pudesse olhar com emoção os últimos meses de sua peregrinação. Nós todos o vimos se aproximando do fim da jornada. Neste período de luto e meditação, em meio aos nossos deveres e responsabilidades, todas as casas, em todos os domínios reunidos em torno da Coroa, podem extrair conforto para a noite e força para o futuro, de seu comportamento e de sua força de espírito.

Havia outro vínculo entre o rei Jorge e o seu povo. Não era apenas tristeza e aflição que partilhavam. Caro aos corações e às casas do povo é a alegria e o orgulho de uma família unida, com os quais todos os problemas do mundo podem ser encarados e todas as experiências difíceis podem ser enfrentadas. Nenhuma família, nestes anos tumultuados, era mais feliz ou amava mais um ao outro, do que a família real em torno do rei.

Amigos, nenhum ministro viu mais o rei durante a guerra do que eu. Procurei assegurar que ele se mantivesse informado de cada assunto secreto – e o cuidado e a eficácia com que ele dominava o imenso fluxo diário de papéis do Estado deixou uma marca profunda em minha memória.

Vou contar um outro fato. Em um daqueles dias, quando o palácio de Buckingham foi bombardeado, o rei tinha acabado de voltar de Windsor. Um lado do pátio foi atingido e se as janelas através das quais ele e a rainha estavam olhando não estivessem abertas, pela misericórdia de Deus, ambos teriam ficado cegos pelo vidro quebrado, em vez de terem sido apenas arremessados para trás pela explosão. Em meio a tudo aquilo que estava acontecendo, embora eu visse o rei com tanta freqüência, eu nunca ouvira este episódio, até muito tempo depois. Suas Majestades nunca o mencionaram ou pensaram no episódio como sendo algo significante, do mesmo modo que um soldado, em meio a sua tropa, faria no caso de uma bomba ter explodido perto dele. Isso me parece ser um traço revelador do caráter real.

Não há dúvidas de que, de todas as instituições que cresceram entre nós pelos séculos ou que passaram a existir durante a nossa vida, a monarquia constitucional é a mais profundamente enraizada e a mais querida por toda a associação dos nossos povos. Na geração atual, adquiriu um significado incomparavelmente mais poderoso do que alguém poderia ter sonhado como sendo possível em tempos passados. A coroa se tornou o vínculo misterioso – na verdade, posso dizer o vínculo mágico – que une a nossa comunidade britânica de Estados, nações e raças, de amarras frouxas e laços fortes. Povos que jamais tolerariam as declarações de uma constituição escrita, que implicasse em qualquer diminuição de sua independência, são os primeiros a estar orgulhosos de sua lealdade à coroa.

Em meio às nossas ansiedades e em meio ao mundo desafiante que se desenvolveu ao redor da nossa pequena ilha, nós fomos abençoados. Fomos amplamente abençoados com este novo elemento de união, intangível, difícil de expressar, mas na prática todo-poderoso, que surgiu para ficar entre nós. É vital, não só para o futuro da Comunidade dos Estados Britânicos e do Império Britânico, mas também para a causa da liberdade e da paz mundial, a qual nós servimos, que o ocupante do trono deva sempre estar à altura das nobres e indefiníveis responsabilidades que este cargo supremo exige. Por 15 anos, Jorge VI foi rei. Jamais, em momento algum, com todas as perplexidades em casa e no exterior, em público ou na vida privada, falhou com as suas obrigações. A saudação de despedida feita por povos e governos lhe foi merecida. Meus amigos, é nesta hora que a nossa compaixão e simpatia vão à viúva e consorte. O casamento deles foi uma união de amor sem nenhuma menção de pompa real ou esplendor. Na verdade, parecia haver à frente deles apenas a árdua vida dos personagens reais, a quem são negadas tantas das atividades do homem comum, com a obrigação de dar tanto de si no dever público cerimonial. Posso dizer, com toda a liberdade, que os nossos corações estarão voltados hoje à noite para aquela valente mulher que, com o excelente sangue da Escócia nas veias, apoiou o rei Jorge ao longo de todos os sacrifícios e problemas e educou, com charme e beleza, duas filhas que velam hoje por seu pai. Que ela tenha força para suportar a tristeza.

Para a rainha Maria, sua mãe, outro de seus filhos faleceu – o duque de Kent[32] foi morto em serviço –, mas a ela resta ao menos o consolo de ver como o rei tão bem cumpriu o seu papel e satisfez as suas expectativas, e de sempre saber o quanto o rei tinha carinho por ela.

Neste momento, no entanto, preciso deixar os tesouros do passado e me voltar para o futuro. Os reinados de nossas rainhas têm sido famosos. Alguns dos mais gloriosos períodos da nossa história se desvelaram sob os seus cetros. Agora que temos a segunda rainha Elizabeth, ascendendo ao trono aos 26 anos, nosso pensamento é levado quase 400 anos atrás, à magnífica figura que reinou e, em muitas maneiras, incorporou e inspirou a grandeza e o gênio da era elisabetana.

A rainha Elizabeth II, assim como a que a precedeu, não passou a infância com qualquer forma de expectativa com relação à Coroa. Nós, no entanto, já a conhecemos bem e compreendemos por que seus dons e os de seu marido, o duque de Edimburgo, emocionaram a única parte da nossa Comunidade dos Estados Britânicos que já visitou. Como rainha do Canadá ela já foi aclamada. Fazemos a nossa aclamação e outros virão a fazer também. Amanhã, a proclamação de sua realeza irá comandar a lealdade da sua terra natal e de todas as partes da Comunidade dos Estados Britânicos e do Império Britânico.

Eu que passei a juventude nas nobres, indiscutíveis e tranqüilas glórias da era vitoriana posso até sentir um arrepio, ao invocar uma vez mais a oração e o hino "Deus salve a rainha!".

A Coroa e o Parlamento

27 de maio de 1953
Associação de Parlamentos da Comunidade dos Estados Britânicos, *St. Stephen's Hall*, Westminster

Este discurso foi apresentado na presença da nova rainha, pouco antes de sua coroação em 2 de junho.

Neste local antigo e de fama, desenrolou-se uma longa história sobre o conflito entra a Coroa e o Parlamento. Imagino que estejamos a 90 metros da estátua de Oliver Cromwell[33]. Aqueles dias, no entanto, já se foram. As forças intelectuais e morais, veementes e apaixonadas, que se confrontaram com violência trágica, há 300 anos, estão agora unidas. Não é mais o caso da Coroa *versus* o Parlamento, mas sim da Coroa *e* do Parlamento.

Na nossa ilha, por tentativa e erro, e também por perseverança, ao longo dos séculos, descobrimos uma idéia muito boa. Aqui está: "A rainha não pode fazer mal." Maus conselheiros podem ser trocados tantas vezes quantas o povo quiser usar os seus direitos para este propósito. Uma importante batalha é perdida. O Parlamento muda o governo. Uma importante batalha é vencida. As multidões saúdam a rainha. Nós encontramos nisso, uma doutrina durável e da mais alta estima. O que está errado desaparece juntamente com os políticos responsáveis. O que está certo é colocado no altar da união de nossa Comunidade e de nosso Império.

Aqui, hoje, saudamos 50 ou 60 Parlamentos e uma Coroa. É natural que os Parlamentos falem e a Coroa brilhe. Os mais velhos aqui irão confirmar que jamais teremos escassez de membros ou de ministros para falar. E os mais jovens estão certos de que jamais verão a Coroa brilhar com tanta glória do que nestes dias de festa.

Naturalmente, algumas pessoas invejosas dirão que queremos ter todas as formas em uma só. Isso bem pode ser verdade. Nós buscamos o melhor dos mundos e, certamente, escolhemos o melhor deste aqui. É sempre perigoso fazer comparações sobre formas de governo. Aceitamos o princípio de que cada um deve ter o que gosta – mas não pode haver nenhum mal em dizer que gostamos muito do que temos. Ainda assim, reconhecemos que outros podem preferir soluções diferentes.

Temos de ser muito cuidadosos hoje em dia – talvez eu mais ainda por causa dos meus ascendentes americanos – naquilo que dissermos sobre a Constituição americana. Vou, portanto, me contentar com a observação de que nenhuma outra constituição jamais foi tão bem escrita em inglês. Mas, temos muito mais do que isso em comum com a Grande República. O pensamento principal comum da monarquia constitucional britânica e da república dos Estados Unidos é o ódio à ditadura. Tanto aqui como do outro lado do oceano, ao longo das gerações e dos séculos, a idéia da divisão de poder está situada na raiz de nossa evolução. Não queremos viver sob um sistema que seja dominado por um homem ou por um tema. Como a natureza, seguimos em liberdade os caminhos da variedade e da mudança, e a nossa fé é a de que a misericórdia de Deus irá fazer as coisas melhores se empenharmos o nosso esforço máximo.

Eu imagino que deva ser porque servi ao bisavô de Sua Majestade, ao avô, ao pai e agora a ela própria, que recebi esta honra de poder lhe expressar nossos agradecimentos esta tarde, pela sua presença real. Sabemos bem as tarefas pesadas que são impostas pelo dever sagrado ao soberano e à sua família. Em nossa volta, vemos as provas do sentimento que une e faz da Coroa o vínculo central de toda a nossa vida moderna, em constante transformação – sendo aquilo que, acima de tudo, exige a nossa lealdade até a morte. Sentimos que Sua Majestade, encantadora e hoje aqui conosco, dedicou a sua vida a todos os seus povos em todos os seus reinos. Estamos decididos a provar, nas páginas da história, que este sacrifício não será feito em vão.

JAMAIS DESESPERAR!

1º de março de 1955
Câmara dos Comuns

Este seria o último grande discurso de Churchill na Câmara dos Comuns. As duas últimas frases foram o seu adeus ao Parlamento e ao povo britânico.

Vivemos num período felizmente único na história do homem em que o mundo inteiro está dividido intelectual e geograficamente entre os credos da disciplina comunista e da liberdade individual. Ao mesmo tempo, essa divisão mental e psicológica está acompanhada da posse, em ambos os lados, das destruidoras armas da era nuclear.

Temos agora antagonismos tão profundos quanto os da Reforma[34] e suas conseqüências, que levaram à Guerra dos Trinta Anos[35]. Agora, no entanto, os antagonismos estão espalhados por todo o mundo, em vez de estarem concentrados apenas numa pequena parte da Europa. Temos, de certo modo, a divisão geográfica da invasão mongol do século XIII, apenas mais implacável e meticulosa. Temos o poder e a ciência, até aqui servos do homem, agora ameaçando se tornar seu senhor.

Não pretendo ter uma solução para a paz permanente entre as nações que pudesse ser descrita nesta tarde. Nós rezamos por isso. Nem vou tentar discutir a Guerra Fria que todos nós detestamos, mas temos de suportar. Vou somente arriscar oferecer à Casa algumas observações, sobretudo de caráter geral, sobre as quais ponderei bastante e que, espero, possam ser recebidas com tolerância, como é a minha intenção.

E posso me aventurar a fazer uma digressão pessoal? Não aspiro ser um especialista ou ter um conhecimento técnico desta prodigiosa esfera da ciência. Mas, em minha longa amizade com lorde Cherwell, tentei seguir e mesmo prever a evolução dos eventos. Espero que a Casa não me reprove por vaidade ou presunção se eu repetir o que escrevi há quase um quarto de século:

> Sabemos o bastante para ter certeza de que os avanços científicos dos próximos 50 anos serão bem maiores, mais rápidos e mais surpreendentes do que aqueles que já experimentamos. ... Autoridades da mais alta estima nos dizem que novas fontes de energia, imensamente mais importantes do que qualquer uma que já conheçamos, certamente serão descobertas. A energia nuclear é incomparavelmente mais poderosa do que a energia molecular que usamos hoje em dia. O carvão que um homem pode obter em um dia pode facilmente fazer 500 vezes mais trabalho do que o próprio homem. A energia nuclear é pelo menos um milhão de vezes ainda mais poderosa. Se átomos de hidrogênio, num depósito de água, pudessem ser induzidos a se combinar entre si e formar o hélio, seriam suficientes para mover um motor de mil cavalos por um ano inteiro. Se os elétrons – aqueles pequeninos planetas dos sistemas atômicos – fossem induzidos a se combinar com os núcleos no hidrogênio, o poder mecânico liberado seria ainda 120 vezes maior. Não há nenhuma dúvida entre os cientistas de que esta fonte gigantesca de energia existe. O que está faltando é o fósforo para acender a fogueira – ou talvez o detonador para fazer a dinamite explodir.

Esta, sem dúvida, não é uma descrição muito precisa do que foi descoberto, mas, como foi publicado no *Strand Magazine*[36] em dezembro de 1931 – há 24 anos –, espero que a minha alegação de que há muito tempo me interesso pelo tema seja aceita, com tolerância, pela Casa.

Qual é a situação atual? Apenas três países possuem, em graus variados, o conhecimento e o poder para fazer armas nucleares. Destes, os Estados Unidos são absolutamente os mais avançados. Devido ao rompimento na troca de informações entre nós e os Estados Unidos desde 1946, tivemos de começar de novo por nossa conta e de forma independente. Felizmente, uma ação executiva foi tomada de prontidão pelo correto e honrado cavalheiro, o líder da oposição, para se reduzir tanto o quanto possível o atraso em nosso desenvolvimento e produção nuclear. Graças a sua iniciativa, conseguimos fazer nossas próprias bombas atômicas.

Em face à bomba de hidrogênio, tentei estar à altura e no padrão do correto e honrado cavalheiro. Começamos a produzi-la também. Esta séria decisão está no cerne do relatório de Defesa que estamos discutindo esta tarde. Embora o estoque soviético de bombas atômicas possa ser maior do que o da

Grã-Bretanha, descobertas britânicas podem muito bem nos colocar à frente dos soviéticos na ciência dos elementos.

A favor da simplicidade, e para evitar alguma confusão verbal, estou utilizando a expressão "bomba atômica" e também "bomba de hidrogênio" no lugar de "termonuclear" – porém mantenho "nuclear" para ambas.

Há um abismo imenso entre a bomba atômica e a bomba de hidrogênio. A bomba atômica, com todo o seu terror, não nos levou para além do controle humano ou dos eventos dirigidos, na prática ou no pensamento, na paz ou na guerra. Mas quando o senhor Sterling Cole, presidente do Comitê do Congresso dos Estados Unidos, fez, há um ano – em 17 de fevereiro de 1954 –, a primeira apresentação completa da bomba de hidrogênio, a base de todos os assuntos humanos foi alterada completamente e a humanidade foi colocada numa situação sem precedentes, oprimida pela perspectiva da destruição.

É agora fato que uma quantidade de plutônio, provavelmente menor do que uma que preencheria uma pequena caixa em cima de uma mesa – algo bem simples de guardar –, seria suficiente para produzir armas que proporcionariam um incontestável domínio do mundo a qualquer grande potência que fosse a única a tê-la. Não há nenhuma defesa absoluta contra a bomba de hidrogênio nem há nenhum método à vista pelo qual qualquer nação ou qualquer país possa estar completamente garantido contra o dano devastador que até mesmo uma pequena quantidade delas poderia infligir em amplas regiões.

O que deveríamos fazer? Qual o caminho que devemos seguir para salvar nossas vidas e o futuro do mundo? Às pessoas mais velhas isso pode não interessar muito, elas vão partir logo de qualquer forma, mas acho comovente olhar a juventude com toda a sua disposição e o seu entusiasmo, e, mais do que tudo, acho comovente olhar as pequenas crianças, brincando com os seus jogos divertidos e fico imaginando o que pode estar diante delas se Deus se cansar da humanidade.

A melhor defesa seria naturalmente o desarmamento feito de boa-fé por todos. Isso é o que está em todos os nossos corações. O sentimento, no entanto, não deve obscurecer a nossa visão. Fala-se com freqüência da "teimosia dos fatos". Uma renovada sessão de um subcomitê da Comissão de Desarmamento está agora reunida em Londres, tentando corretamente conduzir os seus debates com privacidade. Não devemos esconder de nós mesmos o abismo entre o governo soviético e as potências da Otan que tem – até agora e por tanto tempo – impedido um acordo. A longa história e a tradição da Rússia fazem com que seja repulsivo ao governo soviético aceitar qualquer sistema prático de inspeção internacional.

Uma segunda dificuldade se encontra no fato de que, assim como os Estados Unidos, por um lado, têm – acreditamos – o domínio esmagador das armas nucleares, os soviéticos e os seus satélites comunistas possuem uma imensa superioridade nas chamadas forças "convencionais" – aquelas com as quais lutamos a última guerra, no entanto mais aperfeiçoadas. O problema é, portanto, projetar um sistema de desarmamento equilibrado e por fases, que em nenhum período permita a qualquer um dos participantes desfrutar de uma vantagem que possa ameaçar a segurança dos outros. Um esquema dentro dessas linhas foi submetido no ano passado pelo governo de Sua Majestade e pelo governo francês e foi aceito pelo falecido senhor Vyshinsky[37], como uma base para a discussão. O plano está agora sendo examinado em Londres.

Se, desde a guerra, o governo soviético não mostrou em nenhum momento qualquer nervosismo com relação à superioridade nuclear americana, é porque eles estão bem seguros de que isso não será usado contra eles de maneira agressiva, mesmo apesar das muitas formas de provocação. Por outro lado, as potências da Otan têm se mantido reunidas ao longo da contínua agressão e do avanço comunista na Ásia e na Europa. Que isso tenha eclipsado em poucos anos – e basicamente apagado – o antagonismo terrível e as memórias que o hitlerismo criou ao povo alemão é um evento sem paralelo, mas que, em grande medida, aconteceu. Há uma crença disseminada no mundo livre de que, se não fosse pela superioridade nuclear americana, a Europa já teria sido reduzida à condição de satélite e a Cortina de Ferro teria atingido o Atlântico e o Canal.

A não ser que um acordo universal e confiável sobre o desarmamento tanto convencional quanto nuclear possa ser alcançado e que um sistema efetivo de inspeção seja estabelecido e venha realmente a funcionar, só há uma política sensata para o mundo livre nos próximos anos. É o que chamamos de defesa por dissuasão. Isso já foi adotado e proclamado por nós. Elementos dissuasivos podem, a qualquer momento, gerar o desarmamento, desde que realmente sejam inibidores. Para fazermos a nossa contribuição à dissuasão, nós mesmos temos de possuir as armas nucleares mais atualizadas e os meios para lançá-las.

Esta é a posição que o governo assume. Devemos discutir isso não só como uma questão de princípios. Há muitas razões práticas que podem ser explicitadas. Se vier a guerra, que Deus a impeça, há um grande número de alvos que nós e os americanos temos de ser capazes de atacar imediatamente. Há dezenas de aeroportos de onde os soviéticos poderiam iniciar um ataque com bombas de hidrogênio, logo que eles tenham os bombardeiros para carregá-las. É essencial, para a nossa política de dissuasão e para a nossa sobrevivência, que tenhamos, com os nossos aliados americanos, forças e números para sermos capazes de paralisar essa potencial ofensiva comunista nas primeiras poucas horas da guerra, se ela vier.

A Casa vai notar talvez que evito usar a palavra "Rússia" tanto quanto possível nesta discussão. Tenho uma profunda admiração pelo povo russo – por sua bravura, seus muitos talentos e sua natureza gentil. É a ditadura comunista, a ambição declarada do Partido Comunista e as suas atividades de propaganda a que somos obrigados a resistir – e o que provoca, neste grande mundo, a divisão que mencionei no início das minhas observações.

Há também grandes alvos industriais e de governo por trás da Cortina de Ferro e qualquer política efetiva de dissuasão deve ter o poder de paralisá-los completamente, na deflagração da guerra ou logo depois. Há também as bases submarinas soviéticas e outros alvos navais que logo precisarão de atenção. A não ser que façamos a nossa própria contribuição – e este é o ponto que chamo a atenção – não podemos estar certos de que, numa emergência, os recursos de outras potências sejam planejados exatamente como nós desejaríamos ou que os alvos que mais nos ameaçam recebam o que nós consideramos ser a prioridade necessária ou a prioridade merecida, nas primeiras poucas horas.

Tais alvos podem ser de uma importância tão fundamental que seria realmente uma questão de vida ou morte para nós. Tudo isso, eu acho, tem de ser levado em conta ao decidirmos a nossa política com relação às forças convencionais, sobre as quais eu voltarei mais adiante, ao tratar do atual estado das Forças Armadas.

Por enquanto, os Estados Unidos têm muitas vezes o poder nuclear da Rússia soviética – evito qualquer tentativa de dar números exatos – e têm naturalmente meios bem mais efetivos de utilizá-lo. O apoio moral e militar dos Estados Unidos a nós e a nossa posse de armas nucleares da mais alta qualidade e numa escala apreciável, juntamente com os meios de utilizá-las, irão reforçar de forma significativa o poder de dissuasão do mundo livre e fortalecerão a nossa influência sobre o mundo livre. Esta é, de toda forma, a política que decidimos perseguir. Isso é o que estamos fazendo agora e estou grato por ter sido endossado pela opinião responsável de ambos os lados da Casa e, acredito, pela ampla maioria da nação.

Uma grande quantidade de informações, algumas verdadeiras, algumas exageradas e desproporcionais, foi publicada sobre a bomba de hidrogênio. A verdade foi inevitavelmente misturada com a ficção e estou feliz em dizer que não houve pânico. O pânico certamente não ajudaria na paz. Esta é uma razão pela qual tenho estado preocupado de que as discussões responsáveis sobre este assunto não ocorram na BBC ou na televisão, e pensei em tal justificativa ao submeter esta visão do governo de Sua Majestade às autoridades, as quais aceitaram-na imediatamente, com muito boa vontade.

O pânico não ajudaria na paz, mesmo neste país. Há muitos países onde uma certa onda de opinião pode surgir e se transformar tão furiosamente em ação, de uma tal maneira que passos decisivos podem ser tomados a partir daí e dos quais depois pode não haver volta. No momento, a população mundial continua em sua jornada diária, a despeito de uma sombria impressão e de um intenso desejo por alívio. Hoje, esta é a forma como seguimos em frente. Eu me contento em dizer, sobre o poder desta arma – a bomba de hidrogênio – que, além de todas as afirmações sobre os efeitos em áreas amplas, da explosão e do calor, há de se considerar as conseqüências da disseminação das partículas radioativas pelo vento. Há um efeito direto imediato sobre os seres humanos que estão no caminho de uma nuvem assim e um efeito indireto – por intermédio dos animais, das plantas e dos vegetais – que transmitem o contágio aos seres humanos, por meio da comida.

Isso levaria muitos dos que poderiam ter escapado dos efeitos diretos da explosão ao envenenamento ou a fome, ou a ambos. A imaginação se torna apavorante. Há, naturalmente, os paliativos e as precauções de uma Defesa Civil corajosa – e sobre isso falará o secretário do Interior, hoje à noite. Todavia, nossa melhor proteção se encontra, como estou certo de que a Casa se convencerá, em elementos dissuasivos bem-sucedidos que operem tendo como fundamento uma vigilância lúcida, serena e incansável.

Além disso, um curioso paradoxo surgiu. Deixem-me colocar isso de uma forma simples. Depois que se tenha passado de um certo ponto, pode-se dizer que "quanto piores sejam as coisas, tanto melhor". O efeito mais amplo dos últimos aperfeiçoamentos é espalhar quase que indefinidamente e para uma grande extensão a área de perigo mortal. Isso deveria certamente aumentar a dissuasão sobre a própria Rússia soviética, ao colocar os enormes espaços e a dispersa população deste país em igual ou quase igual vulnerabilidade com a nossa pequena ilha, densamente povoada, e com a Europa ocidental.

Não posso ver este aperfeiçoamento como sendo algo que se soma aos nossos perigos. Nós já chegamos ao máximo. Pelo contrário, nesta forma de ataque, os continentes se tornam tão vulneráveis quanto as ilhas. Até aqui, países abarrotados de gente como o Reino Unido e a Europa ocidental tiveram de conviver com esta considerável vulnerabilidade. A bomba de hidrogênio, no entanto, com o seu amplo alcance destrutivo e ainda maior de contaminação, seria efetiva também contra nações cuja população se encontra amplamente dispersa sobre grandes áreas de terra e as faz perceber que isso não significa mais que não estão em perigo.

Tais nações também se tornam vulneráveis, talvez ainda não exatamente como outras, mas, ainda assim, muito e cada vez mais vulneráveis. Aqui também vemos o valor de elementos de dissuasão que sejam imunes a surpresas e bem compreendidos por ambos os lados – repito "ambos os lados" – que tenham o poder de controlar os eventos. Venho esperando por tanto tempo por uma conferência de alto escalão onde estes temas possam ser colocados franca e diretamente, de um convidado amigo para o outro. Aí então pode ser que, por um processo de sublime ironia, cheguemos a um estágio nesta história onde a segurança será a robusta filha do terror e a sobrevivência, a irmã gêmea da aniquilação. ...

Fico aflito em repetir e enfatizar a palavra que é tema das minhas observações: "dissuasão". Este é o tema principal.

A bomba de hidrogênio fez uma espantosa incursão na estrutura de nossas vidas e pensamentos. Seu impacto é prodigioso e profundo, mas não concordo com aqueles que dizem: "Vamos varrer logo todas as nossas atuais forças de defesa e concentrar a nossa energia e os nossos recursos nas armas nucleares e seus acessórios imediatos." A política de dissuasão não pode ter por base somente as armas nucleares. Devemos, juntamente com os nossos aliados da Otan, manter o escudo defensivo da Europa ocidental.

Se as potências da Otan não tivessem forças efetivas em terra que pudessem formar uma frente, não haveria nada que evitasse o avanço paulatino e a invasão pelos comunistas neste assim chamado tempo de paz. Por infiltrações sucessivas, os comunistas poderiam progressivamente minar a segurança da Europa. A não ser que estejamos preparados para desencadear uma guerra nuclear total logo que algum incidente ocorra em algum país distante, devemos ter forças convencionais em prontidão para lidar com tais situações quando elas surgirem.

Devemos, por conseguinte, honrar a tarefa de manter a nossa contribuição às forças da Otan na Europa, em tempos de paz. Na guerra, este escudo defensivo seria de vital importância, pois devemos fazer o máximo para manter as forças soviéticas e de seus satélites à distância, a fim de evitar ataques aéreos de curta distância e com foguetes sobre estas ilhas. Assim, um poder substancial de forças convencionais ainda tem uma função vital a desempenhar na política de dissuasão. Talvez com mais importância ainda na Guerra Fria.

Embora a guerra mundial possa ser evitada pelo poder inibidor das armas nucleares, os comunistas podem muito bem recorrer à ação militar para incrementar a política de infiltração e invasão em muitas partes do mundo. Podem muito bem ocorrer guerras limitadas, à moda da Coréia, com objetivos limitados. Devemos ser capazes de fazer a nossa parte nestes casos, se chamados pela Organização das Nações Unidas. Nas condições de hoje, esta também é uma responsabilidade que temos com relação à Comunidade dos Estados Britânicos. Vamos precisar de forças convencionais com um poder substancial para cumprirmos as nossas obrigações ao redor do mundo nestes dias de paz desconfortável e pouca moderação. ...

O argumento que venho me esforçando para desenvolver e consolidar é o de que esta ilha vive hoje um interlúdio. Não vamos desperdiçá-lo. Vamos esperar que seja utilizado para garantir ou ao menos prolongar a nossa segurança e a da humanidade. Mas como? Há aqueles que acreditam ou pelo menos dizem que acreditam que: "Se nós temos a proteção de um poderoso país, os Estados Unidos, então não precisamos fazer nós mesmos bombas de hidrogênio ou construir uma frota de bombardeiros para lançá-las. Podemos deixar isso para os nossos amigos do outro lado do oceano. Nossa contribuição deveria ser a crítica de qualquer política errada em que eles possam adotar ou impelir. Devemos pôr nossos corações e mentes nisso."

Pessoalmente, não posso achar que vamos ter muita influência sobre a política ou sobre as ações dos americanos, sábias ou erradas, enquanto estivermos altamente dependentes, como estamos hoje, de sua proteção. Nós também devemos ter um poder próprio de dissuasão. Não devemos também jamais permitir, acima de tudo, penso eu, que o senso de união e irmandade, cada vez mais forte, entre o Reino Unido, os Estados Unidos e todo o mundo de língua inglesa seja atacado ou bloqueado. A sua manutenção, a sua estimulação e o seu fortalecimento fazem parte dos primeiros deveres de toda pessoa que deseja ver a paz no mundo e a sobrevivência do seu país.

Para concluir: por misericórdia, há tempo e esperança se combinarmos paciência e coragem. Os elementos de dissuasão serão incrementados e ganharão força nos próximos dez anos, quando a dissuasão poderá muito bem atingir o auge e alcançar o prêmio final. O dia pode chegar em que a conformidade com as regras, o amor pelos homens e o respeito pela justiça e liberdade irão permitir a gerações atormentadas marchar triunfantes e serenas, longe da abominável época em que tivemos de viver. Enquanto isso: jamais hesitar, jamais se abater, jamais desesperar.

VAMOS SEGUIR EM FRENTE COM CORAGEM

21 de junho de 1955
Guildhall, Londres

Após a renúncia de Churchill, sir Anthony Eden tornou-se primeiro-ministro e, nas eleições gerais de 26 de maio, os conservadores asseguraram uma maioria de mais de 50 cadeiras. Londres encomendou uma estátua do ex-primeiro-ministro a Oscar Nemon[38] *e convidou Churchill a inaugurá-la.*

Foi minha sina viver como uma pessoa adulta ao longo de mais da metade do mais violento século no registro dos homens. Lembro-me bem do cenário que se espalhava diante de nós, ao fim da era vitoriana. A ampla maioria da nação olhava com confiança para a nossa ilha como o centro de um vasto império espalhado por todo o mundo, como a nação líder no comércio, nas manufaturas e nas invenções, como país modelo de ortodoxia financeira e política fiscal, como fonte de origem do governo parlamentarista e como um lugar completamente protegido pelo poder incontestável de uma Marinha que custava 20 milhões de libras ao ano. Não percebemos quão poderoso era o mundo que crescia ao redor de nós – ou quão terríveis e gigantescas seriam as lutas em que nós nos envolveríamos.

Agora, olhamos tudo com uma perspectiva diferente. Todos os valores e todas as medidas foram transformadas. Nós emergimos do lado vitorioso de duas guerras mundiais que, no escopo e na escala, pareciam superar amplamente os nossos recursos e às vezes nos ameaçavam com a ruína. ...

Mas agora, deixo o passado e deixo o presente. É para o futuro que temos de direcionar a nossa contemplação. Confesso que, como Disraeli[39], estou do lado dos otimistas. Não acredito que a humanidade vá destruir a si mesma. Pensei por algum tempo que seria uma boa coisa se os líderes das grandes nações falassem francamente uns aos outros, sem muito da formalidade da diplomacia. Estou contente que isso agora vai acontecer.

Não devemos contar com o sucesso amplo e imediato. Qualquer que seja o resultado, devemos perseverar e nos esforçar pela paz. Um período de alívio da tensão pode ser tudo o que esteja agora dentro do nosso alcance. Mas, um período assim não seria estéril. Pelo contrário, daria tempo à ciência para mostrar a magnitude de seus benefícios, em vez de a magnitude de seus terrores; e isso pode nos conduzir novamente a um clima mais cordial de opiniões e decisões. Em meio a tudo isso, vamos seguir em frente com coragem e fazer a nossa parte.

Cidadão honorário dos Estados Unidos

9 de abril de 1963
Casa Branca, Washington, D.C.

Churchill, aos 88 anos, não tinha mais condições de fazer uma viagem a Washington para receber esta honra única. Em seu lugar, mandou seu filho, Randolph que, numa cerimônia no Jardim das Rosas, na Casa Branca, leu o agradecimento de seu pai ao presidente Kennedy. Winston S. Churchill, editor da obra original deste livro, acompanhou seu pai à cerimônia, o coroamento de todas as muitas honras que o seu avô tinha recebido.

Senhor presidente. Fui informado pelo senhor David Bruce[40] que é a sua intenção assinar um decreto conferindo a mim a cidadania honorária dos Estados Unidos. Recebi muitas gentilezas dos Estados Unidos da América, mas esta honra que V. Exa. agora me concede não tem paralelo. Aceito-a com profunda gratidão e afeição.

Estou também muito sensibilizado pela afetuoso gesto dos estados deste país, que me concederam o grande elogio de suas próprias cidadanias honorárias, como um prelúdio a este ato do Congresso.

É um sinal notável de nossas relações que um ex-primeiro-ministro de uma grande nação soberana deva ser recebido como um cidadão honorário de outra. Eu digo "grande nação soberana" com propósito e ênfase, pois rejeito a opinião de que a Grã-Bretanha e a Comunidade dos Estados Britânicos devam ser relegadas a um papel obediente e menor no mundo. Nosso passado é a chave para o nosso futuro, no qual firmemente confio e acredito, que não será menos fértil e glorioso. Que nenhum homem subestime nossa força de vontade, nossas potencialidades e nosso permanente poder para o bem.

Cidadão honorário dos Estados Unidos: Randolph, com o seu filho, lê a resposta de Churchill ao presidente John F. Kennedy na Casa Branca, Washington, D.C., 9 de abril de 1963.

Eu, como o senhor sabe, sou metade americano em meu sangue. A história da minha ligação com esta poderosa e benevolente nação vai há quase 90 anos, no dia do casamento de meu pai. Neste século de tempestade e tragédia, contemplo com grande satisfação o constante progresso entrelaçado e crescente dos nossos povos. Nossa camaradagem e irmandade na guerra foram sem precedentes. Ficamos juntos e, por causa disso, o mundo livre sobrevive. Nossa parceria não tem nenhuma natureza exclusiva: a Comunidade Atlântica é um sonho que pode muito bem ser atingido sem prejudicar ninguém, para o benefício duradouro e para a honra das grandes democracias.

Senhor presidente, a ação de V. Exa. ilumina o princípio da unidade dos povos de língua inglesa, ao qual dediquei grande parte de minha vida. Eu pediria que V. Exa. aceite e transmita a ambas as casas do Congresso e, por meio delas, a todo o povo americano – meus solenes e sinceros agradecimentos por esta distinção única, que será sempre orgulhosamente lembrada pelos meus descendentes.

Notas

1 Renânia: ver Parte III, nota 16.

2 Westminster: área localizada imediatamente a oeste da parte antiga de Londres, onde está a Abadia de Westminster. É a região central do governo de Londres. O Parlamento britânico ocupa hoje o antigo Palácio de Westminster, que já serviu de residência à família real, e boa parte dos órgãos de governo estão na área, em especial em Whitehall – rua que sai do Parliament Square em direção a Trafalgar Square. Ambos os termos "Westminster" e "Whitehall" são muitas vezes usados no sentido de "governo".

3 Bill of Rights: declaração que garante direitos mínimos aos cidadãos. O *Bill of Rights* inglês é de 1689 e fruto da Revolução Gloriosa de 1688.

4 William Bourke Cockran (1854-1923): quatro vezes eleito membro da Câmara dos Representantes dos Estados Unidos, por Nova York, entre 1857 e a sua morte em 1923.

5 Aqui Churchill faz referência ao Tratado Inter-americano de Assistência Recíproca (Tiar), também conhecido como o Pacto do Rio, assinado em 1947 no Rio de Janeiro pelos Estados das três Américas. Delineou a chamada doutrina de "defesa hemisférica".

6 Citação da Bíblia, João 14:2.

7 Josip Broz Tito (1892-1980): presidente da Iugoslávia do fim da Segunda Guerra Mundial até a sua morte em 1980. Foi um dos fundadores do Movimento Não-Alinhado, durante a Guerra Fria, ao lado de Gamal Abdel Nasser, do Egito, e Jawaharlal Nehru, da Índia. O Movimento Não-Alinhado procurou romper com a rígida dicotomia Leste/Oeste da Guerra Fria construindo uma aliança que procurou focar na luta de determinados países pela independência, na erradicação da pobreza e no desenvolvimento econômico.

8 O termo "quinta coluna" tornou-se popular depois de um pronunciamento do general espanhol Emilio Mola, transmitido pelo rádio, durante a Guerra Civil Espanhola (1936-1939). Refere-se a qualquer grupo clandestino que opere secretamente para minar algum governo que, ao mesmo tempo, esteja sendo atacado por um inimigo externo.

9 Conferência de Yalta: ver Parte IV, nota 77.

10 Tratado de Versalhes: ver Parte III, nota 10.

11 Doutrina do equilíbrio de poder: doutrina de segurança com base no realismo político que afirma a necessidade da construção de "equilíbrios" de capacidade militar para se evitar a guerra, seja com alianças ou com políticas armamentistas autônomas.

12 Teutônicas: termo que se refere às antigas tribos e povos germânicos.

13 A União Pan-Européia se afirma como o movimento mais antigo pela unificação da Europa. A União Pan-Européia tem quatro princípios básicos: a liberdade, a Cristandade, o socialismo e o europeísmo. O conde Richard Coudenhove-Kalergi escreveu o documen-

to *Paneuropa*, em 1932, apresentando a idéia de uma Europa unificada. O conde foi presidente da União Pan-Européia até a sua morte, em 1973. Depois disso, assumiu Otto von Habsburg, o então chefe da dinastia Habsburg.

14 Coudenhove-Kalergi: ver nota acima.

15 Aristide Briand (1862-1932): político francês, foi primeiro-ministro e ministro das Relações Exteriores da França.

16 Gladstone: ver "Prefácio do Editor", nota 3.

17 As quatro liberdades de Roosevelt: ver Parte IV, nota 35.

18 Carta do Atlântico: ver Parte IV, nota 37.

19 Oliver Frederick George Stanley (1896-1950): notório conservador britânico que ocupou vários ministérios ao longo de sua vida política.

20 Academia Real: instituto de arte londrino.

21 Plano Marshall: plano de reconstrução da Europa após a Segunda Guerra Mundial. Foi originalmente chamado de *European Recovery Program* (ERP) mas acabou sendo mais conhecido pelo nome que faz referência ao então secretário de Estado americano George Marshall. Pelo Plano Marshall, os EUA contribuíram para a reconstrução da Europa com US$ 13 bilhões entre 1948 e 1951.

22 Herbert Stanley Morrison (1888-1965): político trabalhista britânico, foi secretário das Relações Exteriores, vice-primeiro-ministro e secretário do Interior.

23 Sir Richard Stafford Cripps (1889-1952): político britânico trabalhista, foi embaixador na União Soviética no governo e guerra de Winston Churchill e presidente do Conselho de Comércio no governo trabalhista de 1945, o segundo cargo mais importante na Grã-Bretanha no terreno da economia.

24 Baronesa [Dra.] Edith Summerskill (1901-1980): política britânica, escritora e feminista.

25 Douglas Jay nasceu em 23 de maio de 1907 e foi conhecido por ter levado o pensamento do economista John Mayard Keynes ao Partido Trabalhista. Serviu como secretário de Finanças do Tesouro e foi presidente do Conselho de Comércio.

26 Whitehall: ver nota 2.

27 Guildhall: sede da Prefeitura de Londres.

28 East Anglia: região leste da Inglaterra.

29 *Melding*.

30 Otto Eduard Leopold von Bismarck-Shönhaousen, duque de Lauenburg (1815-1898): primeiro-ministro da Prússia de 1862-1890 e o principal unificador dos estados germânicos. Foi também o primeiro chanceler (primeiro-ministro) do unificado Império Germânico, entre 1871 e 1890, quando ficou conhecido como o "chanceler de ferro".

31 A Batalha da Jutlândia (Dinamarca) ou a Batalha de Skagerrak, como é conhecida na Alemanha (*Skagerrakschlacht*) foi a maior batalha naval da Primeira Guerra Mundial e foi travada entre 31 de maio e 1º de junho de 1916.

32 Príncipe Jorge, duque de Kent (1902-1942): o quarto filho do rei Jorge V e da rainha Maria, morreu em serviço na Segunda Guerra Mundial.

33 Oliver Cromwell (1599-1658): político e líder militar inglês. Liderou a revolução popular que depôs o rei Carlos I, que não abriu mão dos "direitos divinos" da Coroa. Após a destituição do monarca, Cromwell dirigiu os Estados da Inglaterra, da Irlanda e da Escócia como Lorde Protetor, de 1653 até a sua morte.

34 Reforma religiosa.

35 Guerra dos Trinta Anos: ver Parte IV, nota 17.

36 *Strand Magazine:* revista mensal britânica de contos.

37 Andrey Yanuaryevich Vyshinsky (1883-1954): jurista e diplomata russo.

38 Oscar Nemon: conhecido artista britânico da época.

39 Disraeli: ver Parte IV, nota 46.

40 David Bruce: famoso ator americano dos anos 40.

Apêndice

O Centro Churchill e as Sociedades Churchill

www.winstonchurchill.org

O editor original da obra tem o prazer de ser curador do Centro Churchill e recomenda a participação, como membro, a qualquer interessado em sir Winston Churchill.

Localizado em Washington D.C. e operando internacionalmente, o Centro Churchill foi fundado em 1968, de modo a estimular a liderança, a arte de governar, a visão e a ousadia nos povos democráticos e amantes da liberdade, por meio de pensamentos, palavras, obras e realizações de Winston Spencer Churchill. O número de membros ultrapassa três mil, com uma idade média de 48 anos, incluindo as Sociedades Churchill afiliadas no Reino Unido e no Canadá.

O Centro Churchill publica uma revista trimestral, *Finest Hour*, um informativo, *Chartwell Bulletin*, e compilações periódicas de documentos e discursos, *Churchill Proceedings*. Patrocina conferências nacionais e internacionais e exposições sobre Churchill, como as já realizadas na Grã-Bretanha, na Austrália, na França, na África do Sul e no Marrocos. A extensa página na Internet www.winstonchurchill.org agora inclui um componente didático, para uso em sala de aula, com o intuito de ajudar no ensino de jovens a respeito da vida e da liderança de sir Winston.

O Centro Churchill vem ajudando a editar a republicação de mais de 20 dos livros de Winston Churchill, que estavam esgotados há muito tempo. Em 1992, iniciou uma campanha para completar os volumes de documentos remanescentes para a biografia oficial, três das quais já foram publicadas até agora. Mais recentemente, tem patrocinado simpósios acadêmicos na América e na Grã-Bretanha – seminários onde estudantes e pesquisadores discutem os livros de Churchill –, bolsas de estudos sobre Churchill nas universidades de Edimburgo e Dallas e importantes trabalhos de referência sobre Churchill. Em 1998, iniciou a série de palestras Chuchill Lecture Series, em que figuras globais proeminentes aplicam a experiência de sir Winston ao mundo de hoje.

Em 2003, o Centro Churchill abriu a sua primeira sede oficial em Washington, a qual congrega o pessoal administrativo, a biblioteca e as instalações ligadas por computador aos principais arquivos de Churchill. Programas futuros incluirão apresentações de vídeo para crianças em fase escolar, cursos a nível universitário de graduação e pós-graduação sobre aspectos da carreira de Churchill, bolsas para auxiliar estudantes e estrutura para receber professores visitantes. O objetivo geral é transmitir as qualidades de liderança de Churchill para os líderes do século XXI.

A inscrição como membro no Centro Churchill e nas Sociedades Churchill está disponível por valores modestos de subscrição, com descontos especiais para estudantes. Para mais informações, favor contatar:

THE CHURCHILL CENTER
1750 17th Street, NW (Suite 312)
Washington DC 20002 USA
Website: www.winstonchurchill.org

INTERNATIONAL CHURCHILL SOCIETY
PO Box 1257, Melksham
Wilts, SN12 6GQ England
Tel.: 01-380-828609

INTERNATIONAL CHURCHILL SOCIETY
3256 Rymal Road, Mississauga
Ontario, L4Y 3C1 Canada
Tel.: (905) 279-5169

Agradecimentos da edição original

Gostaria primeira e principalmente de expressar meus agradecimentos a minha tia, lady Soames, por dividir comigo suas lembranças da maneira como o seu pai trabalhava quando preparava seus discursos. Meus agradecimentos são também devidos a Allen Packwood, diretor do Centro de Arquivos de Churchill, no Churchill College, em Cambridge, bem como aos assistentes do Centro de Arquivos – David Carter, Rachel Lloyd e Jude Brimer – pela sua ajuda infalível em fornecer documentos originais e na busca de fotografias.

Estou em dívida com sir Martin Gilbert, biógrafo oficial de sir Winston Churchill, que completou com tanta categoria "A Grande Biografia" na qual meu falecido pai Randolph Churchill tinha-se envolvido, pela orientação e conselhos. Sou também imensamente grato à verdadeira mina de conhecimentos relacionados às publicações e citações de Churchill, Richard M. Langworth, Presidente do Centro Churchill dos Estados Unidos (ver Apêndice).

Desejo também expressar o meu agradecimento a Robert Crawford, diretor-geral do Museu Imperial da Guerra e a Hilary Roberts, administradora da coleção do arquivo de fotografias, pelo auxílio no fornecimento de imagens, bem como a Esther Barry, bibliotecária do arquivo de imagens da BBC, e a Julie Snelling, do centro de arquivos de texto da BBC.

Desejo especialmente registrar minha dívida para com o meu falecido amigo e outrora colega parlamentar, Robert Rhodes James, que assistido por um exército de pesquisadores no mundo inteiro publicou em 1974 a imponente obra de oito volumes *Winston S. Churchill: Discursos Completos 1897-1963* (Chelsea House Publishers em associação com R.R. Bowker Company, Nova York e Londres), pelo trabalho magistral que fez em pesquisar e reunir a maioria dos discursos de meu avô. Seu trabalho foi inestimável na preparação deste livro e permanece sendo um tesouro para universidades, bibliotecas e pesquisadores. Contém 20 vezes o material que pôde ser acomodado no volume original desta obra e o recomendo para qualquer um que esteja buscando textos mais completos.

Finalmente, devo expressar a minha gratidão a James Rogers pelo seu encorajamento, bem como por sua assistência e por seu aconselhamento cuidadoso na verificação do material e na preparação do texto para os editores. Meus agradecimentos especiais também são devidos a minha secretária, Penelope Tay, pelos entusiasmados e incansáveis esforços na preparação do material. Também quero registrar o meu agradecimento a Jörg Hensgen, da Random House do Reino Unido, pela sua ajuda e pelos seus conselhos.

***Winston S. Churchill** (neto)*
Editor

Índice remissivo

a

b

c

d

e

f

j

k

l

m

n

o

p

q

r

s

t

u

v

w

Y

Z

Este livro foi composto em Minion e ITC Legacy
por Textos & Formas Ltda e impresso
por Geográfica Editora em outubro de 2005.